Uwe Böning · Exzellent führen

Für Brigitte

Uwe Böning

Exzellent führen

Was Führungspersönlichkeiten wirklich erfolgreich macht. Was tun sie? Wie wirken sie?

2. Auflage

Rudolf Haufe Verlag · Freiburg i. Br.

CIP-Titelaufnahme der Deutschen Bibliothek:

Böning, Uwe:

Exzellent führen: was Führungspersönlichkeiten wirklich erfolgreich macht; was tun sie?; Wie wirken sie? / Uwe Böning. – 2. Aufl. – Freiburg im Breisgau: Haufe, 1993

(Haufe-Management-Praxis)

ISBN 3-448-02781-2

ISBN 3-448-02781-2 Best.-Nr. 01.34

1. Auflage 1989 (ISBN 3-448-02026-5)

2. Auflage 1993

Umschlag-Entwurf: Philippe Dudek, Freiburg i. Br.

Herstellung: Rombach GmbH Druck- und Verlagshaus, Freiburg i. Br.

Vorwort zur zweiten Auflage

Seit dem Erscheinen der ersten Auflage des Buches 1989 hat sich die Welt dramatisch verändert. Es ist nur wenige Jahre her, aber die globale politische Szenerie ist wie ausgewechselt:
Der Kommunismus als Leitidee ist zerstoben. Der Ostblock existiert nicht mehr. Deutschland ist wiedervereinigt. Aus dem Osten Europas und anderen Teilen der Welt wandern ganze Völker in den Westen. Hunger und Wohlstandssehnsüchte sind mächtige Motoren. In Westeuropa stockt die politische Union. Die gegenwärtig größte Gemeinsamkeit scheint in der allgegenwärtigen wirtschaftlichen Krise und der geringen Regierbarkeit der Länder zu liegen.
Angesichts dieser dramatischen Veränderungen bleibt die Frage des Führens und des „richtigen Führungsstils“ natürlich aktuell. Und zwar nicht allein für Politiker, deren Ansehen im Hinblick auf Glaubwürdigkeit und Kompetenz erheblich gelitten hat, sondern gerade auch für die Führungskräfte der Wirtschaft, die in diesem Kompetenzrahmen potentiell zu neuen Leitbildern werden können, von denen man Antworten auf die drängendsten Fragen unserer Zeit erwartet. Denn was in turbulenten Zeiten gesucht wird, ist die Orientierung an Persönlichkeiten, die als Personen Stärke und Halt vermitteln und als Gestalter der Wirtschaft und des Wohlstands die Basis unseres Lebens sichern helfen.
Und darum geht es ja u.a. im vorliegenden Buch. Es geht um die Frage, was exzellente Führungskräfte kennzeichnet.
Die von mir gemachten Grundaussagen gelten nach wie vor, auch wenn sich einige wichtige Einzelheiten verändert haben.
Nixdorf ist als Firma zusammengebrochen. Der Nachfolger von Heinz Nixdorf konnte den Sturz nicht verhindern. Die neue Gesellschaft Siemens-Nixdorf (SNI) kämpft heftig gegen horrende Verluste an und zahlt heute für die Fehler von gestern.
Auch Goudevert hat seinen angekündigten Traum von einer Manager-Schule nicht verwirklicht, sondern ist als Top-Manager und

zweiter Mann zu VW gestoßen, also ins vertraute Gelände zurückgekehrt. Bleibt er damit ein Beispiel für den neuen Manager und für neue Werte?
Und Bernard Tapie hat mit der Übernahme und eigenwilligen Steuerung von Adidas viele Befürchtungen seiner Kritiker bestätigt, daß es ihm bei der Übernahme von Firmen in erster Linie um ein mehr oder weniger geschicktes Ausschlachten der jeweiligen Firma gehe. Während er Adidas angeblich als das beste Geschäft seines Lebens bezeichnete, vermissen die Firmenangehörigen die von ihm zugesagten Investitionen, um die Firma vor dem völligen Absturz zu retten. Der Weiterverkauf von Adidas wurde eher als Beleg seiner begrenzten Seriosität denn als Ausdruck seiner glänzenden Managerfähigkeiten und seiner hohen Mitarbeiterorientierung genommen, die sein (Selbst-)Image ursprünglich kennzeichneten. Auch daß er nur eine sehr kurze Verweildauer als Minister hatte, scheint seinen Spagat zwischen populistischer Zuwendung und fehlender Verantwortung und Stabilität zu zeigen.
Nun könnte man einwenden, durch die persönliche Geschichte von Tapie sei das Argument in Frage gestellt, ihn als Vertreter eines modernen Personalmanagements bzw. eines modernen Führungsverhaltens zu bezeichnen.
Ich sehe das anders: Die Ideale von Tapie sind nicht schon deswegen falsch, weil er selbst sie nicht (mehr) glaubwürdig vertritt. Mir scheint, er hat gleichwohl etwas Zeittypisches zum Ausdruck gebracht, was auch über ihn als Person hinaus gültig bleibt. In diesem Sinne halte ich es weiterhin für gerechtfertigt, den Abschnitt über Tapie im Buch zu lassen.
Wie gesagt, alle diese (relativ begrenzten) Korrekturen heben nicht die Grundaussagen des vorliegenden Buches auf. Diese gelten weiterhin.
Irgendwann wird das Buch natürlich überarbeitet und werden seine Inhalte und Themen fortgeschrieben werden müssen. Bis dahin aber hoffe ich, daß der Leser dieses Buch mit Gewinn in die Hand nehmen wird.

Frankfurt, im September 1992 *Uwe Böning*

Danksagung

Dieses Buch hätte nicht ohne die Unterstützung anderer geschrieben werden können.

Zuerst ist meine Frau Brigitte zu nennen, die viel Verständnis für mich aufbrachte. Als Kollegin nahm sie während der langen Zeit des Schreibens regen Anteil an meiner Arbeit. Sie beklagte sich nicht wegen der vielen Stunden, die ich an Wochenenden und im Urlaub verwandte, um zu lesen und niederzuschreiben. Sie machte es auch unseren Kindern leichter, die manchmal mit einem verständnisvollen „Schade!" ebenfalls auf mich verzichten mußten.

Der fünfjährige Gregor schenkte mir einen Stift zum Schreiben, Sarah überließ mich würdevoll meinem Nachdenken. Christian stellte meintwegen sogar sein dauernd laufendes Radio leiser, und Stefan kümmerte sich um verschiedene Erledigungen, damit ich Zeit hatte. Sie alle haben mir möglich gemacht, daß ich mit Freude schrieb.

Was die inhaltlichen Dinge angeht, so haben mich die Diskussionen mit meinen Mitarbeitern angeregt und zur Präzision gezwungen. Frau Karin Stiller und Herr Kaleb Utecht haben Material gesichtet und wichtige Gedanken beigesteuert. Am meisten danke ich jedoch unserer Sekretärin, Frau Bley. Sie hat ohne Klage und mit außerordentlich großem Einsatz auch an Wochenenden meine handschriftlichen Vorlagen mit geradezu archäologischem Spürsinn sorgfältig ins Reine geschrieben.

Es wär eine Nachlässigkeit, wenn ich nicht die Gesprächspartner, Führungskräfte und Seminarteilnehmer aus vielen Firmen, erwähnen würde, mit denen ich in den verangenen Jahren Führungsfragen erörtert habe. Diese Diskussionen und die Beratungen, die ich durchgeführt habe, haben direkt oder indirekt ihren Niederschlag in diesem Buch gefunden.

Irgendwann muß jedes Buch beendet werden. Natürlich gibt es Stellen, die ich besser, knapper, klarer, deutlicher oder anregender hätte schreiben können. Aber irgendwann muß Schluß sein, und auch das Bessere wäre dann unter Umständen einfach zu spät. In diesem Sinn betrachte ich das vorliegende Buch als Zwischenschritt zu weiteren Überlegungen. Ich würde mich freuen, wenn es beim Leser Gedanken, Assoziationen, Gefühle und vor allem Handeln auslösen würde.

Dies hat es zumindest beim Rudolf Haufe Verlag getan, mit dem sich die Zusammenarbeit schnell und unproblematisch gestaltete. Herr Brucker war ein freundlicher, klarer und fairer Partner in den Gesprächen. Mit seiner Geduld erleichterte er die Fertigstellung des Buches. Frau Mattern-Brucker als Lektorin förderte umsichtig die Gestaltung der letzten Buchfassung und ertrug die Last der „letzten“ Korrekturen.

Ich danke allen, die direkt oder indirekt zu diesem Buch beigetragen haben.

Konzeptionelle Mängel oder inhaltliche Fehler habe allerdings allein ich zu verantworten.

Frankfurt, im Juni 1989 *Uwe Böning*

Inhaltsverzeichnis

1. Kapitel

Einführung

Der Mensch ist frei geboren,
und überall liegt er in Ketten.

Jean Jacques Rousseau

Führung braucht Persönlichkeit!

Die eigentliche Kunst des Managens besteht darin, realistisch herauszufinden:

„Wo liegen meine gegenwärtigen Fähigkeiten und Grenzen – und wo die meiner Mitarbeiter?"

„Führung braucht Persönlichkeit" ist die programmatische Aussage dieses Buches. Nicht, daß wir uns mißverstehen: Eine eindimensionale sogenannte „Führer-Persönlichkeit" gibt es nicht. Aber eine exzellente Führungskraft ist immer auch eine „Persönlichkeit".

Doch, was sind exzellente Führungskräfte? Woran erkennt man sie? Kann man exzellente Führungskräfte ausbilden, heranziehen?

Da Persönlichkeiten nicht nur in sich äußerst vielgestaltig sind, sondern untereinander auch große Unterschiede aufweisen, **kann es keine Patentrezepte geben.** Das erstere ist Allgemeinwissen, das letztere bleibt – allen gegenteiligen Beteuerungen zum Trotz – im Beratungsgewerbe wie bei Unternehmern und Führungskräften oft ein Lippenbekenntnis. Lesen Sie einmal die letztjährige Neuerscheinungsliste über Führungsliteratur: nahezu genausoviele Patentrezepte wie Neuerscheinungen.

Wirklich erfolgreich wird auf Dauer nur der sein, der den Schritt vom Lippenbekenntnis zum Credo schafft. Das bedeutet Arbeit. Patentrezepte haben den Vorteil, nur wenig Arbeit zu verursachen: Ein Buch kaufen, ein Seminar besuchen, beifällig nicken, große Gedanken haben und dann weitermachen wie gehabt – und immer schön „positiv" bleiben.

Ein weiteres Mißverständnis ergibt sich aus der „patentmäßigen“ Anwendung der angebotenen Instrumentarien. Auf diese Weise sind schon gute Instrumente in Verruf geraten. Gleichwohl lassen sich bei Führungskräften oft erstaunliche Vereinfachungen und unkritische, rezeptüberorientierte Bedürfnisse, Einstellungen und auch Anwendungen von Führungswissen und -erfahrungen beobachten. Dabei werden u. a. die moderierenden Faktoren „Situation“ und „Person“ nicht genügend differenziert berücksichtigt.

In diesem Buch bildet die Persönlichkeit den Schwerpunkt der Betrachtung. Dadurch treten notwendigerweise einige andere Komponenten des Führungsprozesses zurück. Das soll nicht bedeuten, daß wir die betriebswirtschaftlichen, organisatorischen, strukturellen oder technischen Aspekte etwa gering schätzen. Auch diese Aspekte werden wir im Auge behalten (und sie im Alltag zusätzlich berücksichtigen).

Aber unser Augenmerk soll hier auf den personenbezogenen Aspekten des Führungsverhaltens liegen. Denn auf der Top-Ebene eines Unternehmens ist es primär die Persönlichkeit des jeweiligen Managers, die entscheidende Auswirkungen auf die Effektivität des Unternehmens hat, auf das Funktionieren der vorhandenen Organisation, auf das Steuern der fachlichen Kompetenzen und Ressourcen, auf die strategische Ausrichtung, auf die Unternehmenskultur, auf das Entscheidungsverhalten, auf die Konsequenz im Umsetzen von Entscheidungen und letztlich auf den Erfolg des Unternehmens. Fachkenntnisse allein genügen nicht. Die Männer und Frauen an der **Spitze** eines Unternehmens wirken sehr viel stärker – mehr als alle anderen Unternehmensmitglieder – durch und über ihre Persönlichkeiten – im Guten wie im Schlechten.

Ausgeprägte Persönlichkeiten sind mitunter unbequem für andere, repräsentieren aber nicht zwangsläufig einen destruktiven Querulanten-Typus. Hier wird ein großes Praxisproblem erkennbar: Erfolgreich sein bedeutet oft auch Anpassung und Konformität, was zuweilen in Überanpassung und hochbezahlte Mittelmäßigkeit umschlagen kann. Aber genau hier unterscheiden sich erfolgreiche von exzellenten Führungskräften.

Ich bin nicht der Meinung, daß sich alle Management-Probleme auf psychologische Faktoren allein reduzieren lassen. Betriebswirtschaftliche, organisatorische und strategische Fragen z. B. lassen sich nicht auf blanke Psychologie zurückführen. Allerdings glaube ich schon, daß die Lösung vieler Management-Probleme mit psychologischen Aspekten eine ganze Menge zu tun hat.

Unser eigenes Institut für Management-Beratung und Führungskräfte-Training berät Firmen und Einzelpersonen in Führungsfragen. Ob wir Einzelpersonen, Arbeitsteams, ganze Vorstände oder Führungsspitzen von Unternehmen (z. B. die gesamte 1. und 2. Ebene) coachen: Stets geht es uns – unter anderem – um die Beantwortung der folgenden Fragen:
- Wie ist die Unternehmenskultur in diesem Unternehmen?
- Wie lauten zentrale Spielregeln, nach denen das Unternehmen läuft?
- Was macht es erfolgreich? Was behindert seinen Erfolg?
- Wie werden Konflikte gelöst? Wie sieht die Motivation im Unternehmen aus?
- Wie gestalten die einzelnen Manager diese Unternehmenskultur?
- Welchen prägenden oder unwesentlichen Einfluß haben sie?
- Wie beherrschen die Manager die Organisation und deren Spielregeln – oder inwieweit beherrscht die Organisation die Manager?
- Was müssen welche Personen unternehmen, um die Firma erfolgreicher zu machen oder um bestimmte Probleme zu lösen?
- Wie könnte die Indentifikation mit dem Unternehmen erhöht werden?
- Was ist das für eine Persönlichkeit, die uns gegenüber sitzt? Wie funktioniert sie als Manager?
- Was könnte oder sollte der einzelne Manager tun, um in seinem

eigenen Arbeitsbereich effektiver zu werden? Was müßte er an seinem persönlichen Verhalten ändern?
- Was können die Führungskräfte überhaupt ändern an ihrem Arbeitsstil, an ihrer Informations- und Kommunikationspolitik?
- Was könnten oder sollten die einzelnen Manager tun, um hochleistungsfähig zu sein und es langfristig zu bleiben? Was könnten sie zum Streß-Abbau und zum sinnvollen Streß-Management ganz konkret tun? Sorgen sie für genügend Erholung und Wiederaufbaumöglichkeiten?

Usw. usw.

Wir beschäftigen uns also mit den psychodynamischen Prozessen innerhalb der einzelnen Personen, zwischen den Personen und zwischen Organisationseinheiten innerhalb einer Firma.

Natürlich gibt es auch Fragestellungen im Führungsbereich, die über unseren Arbeitsbereich weit hinausgehen. Wir sehen uns dadurch zu einer relativierenden Sichtweise auf unsere eigene Tätigkeit veranlaßt. Wir wissen und berücksichtigen, daß wir mit einer bestimmten Perspektive an die Führungsprobleme in einer Firma oder bei einzelnen Personen herangehen.

Das Rezeptions-Dilemma

Eine kleine Vorwarnung: Die nachfolgenden Gedanken sollten als ironische Beschreibung eines ernstgemeinten Sachverhalts den Leser lächelnd und nachdenklich zugleich stimmen.

Es ist bekannt: Seit tausenden von Jahren versuchen Menschen immer wieder, die Vielzahl der Erfahrungen, der Situationen, der erlebten Personen und der vermuteten Zusammenhänge zu ordnen und handhabbar zu vereinfachen. Denn eine zutreffende Systematik könnte menschliches Verhalten besser vorhersagbar und damit sinnvoll steuerbar machen. Großartige Systeme sind zum Teil dabei entstanden. Einige davon sind längst verstaubt, andere haben sich hervorragend bewährt. Alles ist jedenfalls recht komplex geworden. Und je weiter die Psychologie auf diesem Weg voran-kommt, ohne daß sie dabei ver-kommt, desto komplizierter scheint sie zu werden.

So ergab sich daraus für Führungskräfte (die ja anscheinend einem natürlichen Drang zum Aufschlüsseln und Begreifen von hoher fachlicher Komplexität unterliegen) selten ein klares Ergebnis, oft ein verwirrendes Ergebnis, meist aber ein verwirrend klares Ergebnis:

Je realistischer und zutreffender die zwischenmenschlichen Zusammenhänge dargestellt wurden, desto komplizierter waren die Darstellungen. Je komplizierter aber die Darstellungen, um so weniger wurden sie von den Praktikern zur Kenntnis genommen. Je weniger die Darstellungen zur Kenntnis genommen wurden, desto eindrucksvoller erschienen sie und umso weniger wurden sie in der eigenen Praxis angewendet. Andererseits jedoch: Je einfacher und sinnfälliger die Beschreibungen der zwischenmenschlichen Beziehungen daherkamen, desto eher wurden sie zur Kenntnis genommen. Je eher sie zur Kenntnis genommen wurden, desto eher wurden sie verstanden und geprüft. Verstanden wurden sie, wenn sie der ohnehin vorhandenen eigenen Meinung entsprachen. Geprüft wurden sie, wenn sie der eigenen Erfahrung widersprachen.

Dabei konnte in der Regel zweierlei herauskommen: Entweder war die Theorie einfach verständlich und entsprach im wesentlichen der eigenen Praxis, dann brauchte die Führungskraft am eigenen Verhalten nichts Grundsätzliches zu verändern. Oder die Theorie war einfach und verständlich, widersprach aber der eigenen Praxis. Dann konnte sie entweder nicht stimmen, weil sie zu einfach war – oder sie konnte nicht stimmen, weil sie der eigenen Erfahrung widersprach (Evidenzbeweis).

Sollten die Theorien, die der eigenen Erfahrung widersprachen, aber dennoch stimmen, dann konnten sie trotzdem nicht zur Anwendung kommen: Denn entweder waren es die Vorgesetzten oder es waren die Mitarbeiter, die einen an der als notwendig erkannten Veränderung des eigenen Verhaltens hinderten – oder es fehlte ganz einfach die Zeit, die die Umsetzung des als richtig erkannten Verhaltens partout nicht zuließ.

Nun möchte ich allerdings Ihnen nicht den Eindruck vermitteln, daß damit schon die Grenze des Einfallsreichtums beim Finden von Ausreden erreicht wäre. Dennoch werde ich auf diesen Aspekt der Innovationsfähigkeit unserer „Vordermänner“ hier nicht weiter eingehen. Schließlich müßte bis hierhin schon klar sein: Auf diese Weise hat sich Praxis nur selten konstruktiv verändert.

Wir wollen aber nicht vergessen, die Münze auch umzudrehen, um zu schauen, was sich auf der anderen Seite der Theorie-Dimension finden läßt.

Die Leute nämlich, die die komplizierten Theorien aufstellen, sind ja in der Regel Psychologen und andere Sozialwissenschaftler. Und „von denen weiß man ja“, daß sie ihre persönlichen Gründe gehabt haben müssen, warum sie sich nun gerade mit Psychologie beschäftigt haben. Außerdem leben sie hauptsächlich im Labor und haben vom wirklichen Leben in einem wirklichen Wirtschaftsunternehmen gar keine Ahnung. Andererseits: Diejenigen, die die glänzenden, übervereinfachenden Darstellungen schreiben, das sind die Journalisten oder erfolgreichen Praktiker, die anderen gern weihevoll ihre Küchenrezepte überlassen. Sie pflegen von Psychologie nur begrenzt Ahnung zu haben, sind aber umso mehr daran interessiert. Sie kommen als Leichtkost-Händler aber noch am ehesten an die Führungskräfte heran. Jene Leute, um die es aber eigentlich geht, die Führungskräfte selbst und deren Mitarbeiter in den Wirtschaftsunternehmen, die wiederum halten weder von den Psychologen noch von den Journalisten sehr viel, bedienen sich ihrer lediglich widerwillig – und das nur dann, wenn sie glauben, einen Nutzen davon zu haben.

Das von den Journalisten Geschriebene lesen sie noch, während sie vom Geschriebenen der Psychologen oft nur noch etwas hören. Viel glänzender, beeindruckender und glaubwürdiger sind für sie oft die Führungsgeschichten der „Großen". Wenn schon nicht Napoleon, Bismarck, Kennedy oder Adenauer, so muß es denn wenigstens doch Lee Iacocca sein, der neue, leuchtende Stern am Führungshimmel. Wobei die unkritische Sehnsucht nach den Mythen der „Großen" auf die eigene kindliche Verfassung der Wünschenden hinweist, die das Defizit an konkreter Vorbilderfahrung durch den verklärenden Blick auf die entfernten Geschichtsgrößen auffüllen.

Manchmal scheint es, daß man unseren gestreßten Hoffnungsträgern gar nichts völlig Richtiges sagen darf, weil es möglicherweise zu kompliziert und deshalb demotivierend sein könnte. Andererseits darf es aber auch nichts Falsches sein, denn bei offensichtlich fehlender wissenschaftlicher Grundlage würde es niemand mehr zur Kenntnis nehmen. Dann muß es auch noch in den überfüllten Terminplan hineinpassen, der für „Weiterbildung" ohnehin kaum Platz läßt (zuviel Zeit darf der Erfolg nicht kosten). Und außerdem

– ganz wichtig! – darf es den nach fachlich-inhaltlicher Innovation Suchenden und an Durchsetzung orientierten Manager vom „Neuigkeitswert“ her nicht überfordern: Es muß in die vorhandene Denkschablone passen; sonst haben selbst richtige Aussagen kaum eine Chance, ernst genommen zu werden.

Nach diesen Vorbemerkungen nun endlich der Hauptteil des Buches. Ich bin gespannt, zu welchen ironischen Bemerkungen der Leser über den Autor gelangen wird, nachdem er die Ironie des Autors über den Leser gleich zu Beginn ertragen mußte.

Vielleicht wird er schmunzeln, vielleicht wird er ernst. Am besten: schmunzelnd ernst.

2. Kapitel

Führungskräfte gesucht

Den Führungskräften von morgen
kommt die Aufgabe zu,
von leitenden Angestellten
zu leitenden Persönlichkeiten
für ihre Mitarbeiter zu werden.

Der Autor

Die Verhältnisse

Schlagworte zur Veränderung

„Internationalität der Märkte", „Auf der Suche nach Spitzenleistungen", „Innovationsmanagement", „Unternehmenskultur", „Wertewandel", „Systemdenken", „Sinn", „Vision" und „Freizeitorientierung" sind einige der wesentlichen Schlagworte, die in den 80er Jahren das Führungsverhalten und die Management-Theorie stark beeinflussen. „Strategie" wird gefordert, von „unternehmerischem Denken" wird gesprochen. „Von Partizipation" und „Konsensbildung" in den Betrieben ist die Rede. „Kreativität" und die „Bereitschaft zum realistischen Risiko" werden gesucht, mithin also auch die entsprechenden Manager-Persönlichkeiten. Das Spitzenmanagement entdeckt den Mitarbeiter und das Team neu. Bezüglich der sich eröffnenden Managemententwicklung beschwören einige Propheten teilweise eine rosige (wirtschaftliche und unternehmensbezogene) Zukunft mit völlig neuen Leitsätzen und radikalen Bewußtseinsveränderungen. Die „Wendezeit" ist angesagt, um einen Buchtitel von F. CAPRA zu zitieren. „New Age"-Philosophen werden salonfähige Diskussionspartner seriöser Herren.

Die Ausgangslage

Es liegt nahe, die Frage zu stellen: Warum kommt eine solche „Bewegung" gerade heute zustande?

Das Ziel, der marktwirtschaftliche Erfolg, ist selbstverständlich unverändert geblieben. Was sich gewandelt hat, sind einige der Rahmenbedingungen, in denen sich die wirtschaftlichen Prozesse abspielen. Dies bedeutet, daß bei der Begründung und Beurteilung der neuen Management-Diskussion die komplexen außerbetrieblichen und außerwirtschaftlichen Sphären miteinbezogen werden müssen.

JOHN NAISBITT (1984) hat in diesem Zusammenhang 10 „Megatrends" herausgearbeitet, mit denen er den „Paradigmenwechsel" der Wendezeit charakterisiert:

1. Auf dem Weg von einer Industrie- zu einer Informationsgesellschaft:

Steigendes Innovationstempo z. B. im Computersektor und die daraus folgende ständig komplexer werdende Sammlung und Vermittlung von Informationen werden zu einer Basis unserer gesellschaftlichen Steuerung.

2. Forcierte Technologie führt zu der Formel: Je höher die Technologie, desto höher das Kontaktbedürfnis:

Jede technologische Innovation ruft die Erwartung nach eventuellen psychologischen Folgen hervor. Durch den Technologiewandel ergeben sich neue Mitarbeiterstrukturen und neue Abhängigkeiten. Zum Beispiel müssen autonomie-orientierte Computerexperten oft anders geführt werden als Fachkräfte, deren traditionelle Sachgebiete die Vorgesetzten noch überschauen können. Die emotionalen Kontaktbedürfnisse steigen in einer versachlichten Welt. Neue und komplexe Organisationsstrukturen verlangen ein höheres Maß an kooperativer Abstimmung als bisher.

3. Von der Nationalökonomie zur Weltwirtschaft:

Die Wirtschaft ist in Zukunft aufgrund des kontinuierlich wachsenden, aber gleichzeitig für den einzelnen enger werdenden Marktes zunehmend als global wirksam zu begreifen. Selbst mittelständische Unternehmen (und nicht nur Großkonzerne) müssen sich dieser zunehmenden Komplexität stellen.

4. Von kurzfristig zu langfristig:

Der sich verändernde Markt fordert die Abkehr vom kurzfristigen „Renditedenken" zum langfristigen, antizipierenden „Planungsdenken".

5. Von der Zentralisation zur Dezentralisation:

Small ist nicht nur beautiful, sondern unter Umständen auch flexibler und innovativer. Die Möglichkeit situationsgerechter Entscheidungen wird so größer. Gleichzeitig wird so auch den Forderungen nach stärkerer Entscheidungskompetenz und Mitbestimmung durch die Aufteilung von Kompetenzen entsprochen. (Auch hier wird der Ruf von den und nach den entsprechenden „Persönlichkeiten" erkennbar.)

6. Von der institutionalisierten Amtshilfe zur Selbsthilfe:

Das informierte Gesellschaftsmitglied wird/soll immer mehr in der Lage sein, seine Angelegenheiten selbst in die Hand zu nehmen, wobei es allerdings Hilfe zur Selbsthilfe benötigt. Für das Management im besonderen gilt in diesem Zusammenhang: Der bisherige Manager wird zunehmend von einem „Unternehmertyp" abgelöst.

7. Von der repräsentativen zur partizipatorischen Demokratie:

Die Folgen der Möglichkeiten, selbständig entscheiden und handeln zu können, stellen unsere repräsentative Demokratie vor neue Fragen. Sie könnte verändert werden durch mehr partizipatorische Formen, was bedeutsame Folgen für die Führungspersönlichkeit der Zukunft haben dürfte: Der „Befehlsgeber" muß durch die Persönlichkeit des „Möglichmachers" und „Entscheidungserleichterers" ergänzt werden.

8. Von Hierarchien zu Verbundenheit, Verflechtung und gegenseitiger Abhängigkeit:

Hierarchische Strukturen werden zugunsten flexibel strukturierter und eher „informeller" Informationsnetze aufgegeben. Knotenpunkte dieser Informationsnetze sind relativ kleine „unternehmerische Einheiten", die sich als „partizipierende Elemente" in Betrieben stärker etablieren.

9. Regionale Verschiebungen:

Diesen Punkt bezieht Naisbitt auf die USA, wo sich ein Nord-Süd-Trend von den alten Industriestädten zu neuen Zentren bemerkbar macht. Als klassisches Beispiel ist hier das Silicon-Valley in Californien zu erwähnen. Eine ähnliche Tendenz ist allerdings auch in der BRD zu erkennen, wo sich deutlich ein Trend vom Norden und Nordrhein-Westfalen in Richtung Baden-Württemberg und Bayern abzeichnet: Neue Technologien suchen neue Standorte.

10. Vom Entweder-Oder zur multiplen Option:

Eine bessere und breitere Information über das Unternehmen, über den Markt usw. führt zur Kenntnis einer größeren Zahl von Entscheidungs- und Handlungsalternativen, was die Qualität von betrieblichen Entscheidungen und deren Durchführung steigern kann. Ob aber viele Führungskräfte mit ihrer „pragmatisch" vereinfachenden Sichtweise diesem Komplexitätszuwachs ihrer Arbeit künftig so ohne weiteres gewachsen sind, dies darf mit zweifelnden Fragen betrachtet werden.

Fortschritt als Rückschritt?

Die durch viele technische Innovationen und Informationen veränderte neue Lage, welche sich in einem positiv rückkoppelnden Regelkreis beschleunigend auf den sozialen Wandel auswirkt, erscheint vordergründig betrachtet vielen als „der“ Garant für den Fortschritt in einem immer „atemberaubenderen“ Tempo. Geht man dem heutigen Fortschrittsprozeß jedoch nicht nur auf den einen, sondern auch auf den anderen Grund, so gewinnt das Wort „atemberaubend“ eine auch wörtliche Bedeutung: Eskalierende Umweltbelastung, Kernenergieprobleme, Rüstungsfolgen und eine hohe Arbeitslosenzahl sind Beispiele für Prozesse, die in den Augen vieler Menschen den Fortschritt auch als Rückschritt erscheinen lassen. Die oft diskutierte Abkehr von der „Technikgläubigkeit“ äußert sich unter anderem in der steigenden Besorgnis vieler Bürger, daß die Menschen (Politiker? Wissenschaftler? Manager?) der technischen Beherrschung der Erde nicht mehr gewachsen sein könnten.

Hinweise gibt z. B. eine Umfrage mit dem Wortlaut: „Glauben Sie, daß die Technik alles in allem ein Fluch für die Menschheit ist?“ 1960 antworteten 72% der Befragten mit „nein“, während sich 1980 nur noch 30% zu einer solch klaren Aussage bekennen konnten. Dagegen waren die „teils/teils“ Antworten im gleichen Zeitraum von 17% auf 53% (vgl. Der Spiegel vom 27.05.1985).

Oder: Es äußert sich ein bemerkenswertes Unbehagen vieler Menschen über die immensen Datenerfassungsmöglichkeiten, was sich beispielsweise an den Diskussionen über den Datenschutz und die Volkszählung ablesen läßt.

Oder, um ein letztes Beispiel anklingen zu lassen, die Problematik des Fortschritts äußert sich auch in Vorbehalten gegenüber den „herrschenden“ (oft selektiven) Informationsmedien, deren normierende und verflachende, ja oft verdummende Wirkung in den Bereichen Unterhaltung und Werbung oft angegriffen wird.

Wie sich Wunsch und Wirklichkeit der Lebenswelten in den Augen der Durchschnittsbevölkerung manchmal unterscheiden, läßt sich u.a. aus der Abbildung auf Seite 31 erkennen, die Ergebnisse einer 1986 vom Institut für Demoskopie Allensbach veröffentlichten Umfrage wiedergibt (zit. nach der „Wirtschaftswoche" vom 17.10.1986, S. 68).

Gerät unsere Kultur aus den Fugen?

Es gibt also Entwicklungstendenzen, die neben der Chance zu einem positiven Fortschritt gleichzeitig auch Turbulenz und Gefahr bedeuten. Wir befinden uns vor dem Problem eines – in der Situation des schnellen Fortschritts auftretenden – „cultural lag": Die herrschenden Denk- und Einstellungsstrukturen sowie Verhaltensweisen der Menschen wandeln sich langsamer und/oder diffuser, als die technischen Ideen zur Wirklichkeit werden. Es entstehen Dissonanzen, die unsere Kultur fast aus den Fugen geraten lassen. Der oft diskutierte „Wertewandel" ist eine Chiffre für eben diesen Prozeß.

Die Führungskräfte der Wirtschaft müssen in die Diskussion mehr eingreifen und sie mit größerem Weitblick gestalten, als dies zur Zeit der Fall ist. Dafür gibt es mindestens zwei wesentliche Gründe: erstens ihre gesamtgesellschaftliche Verantwortung und zweitens ein Eigeninteresse der Wirtschaft, das sich auf zukünftige Entwicklungschancen bezieht. Die Wirtschaft darf sich künftig nicht mehr damit begnügen, in „politiker-typischer" Weise mit verbaler Beschwichtigung, mit Gesundbeten oder mit Disqualifizieren der Andersdenkenden zu reagieren. Fachimmanentes Argumentieren allein genügt allerdings auch nicht mehr in der Auseinandersetzung darüber, wofür sich Mitarbeiter, wofür sich Menschen überhaupt entscheiden und engagieren sollten.

Die Voraussetzungen und die Folgen des eigenen Tuns sind umfassender zu bedenken und zu vertreten als bisher. Die Diskussion

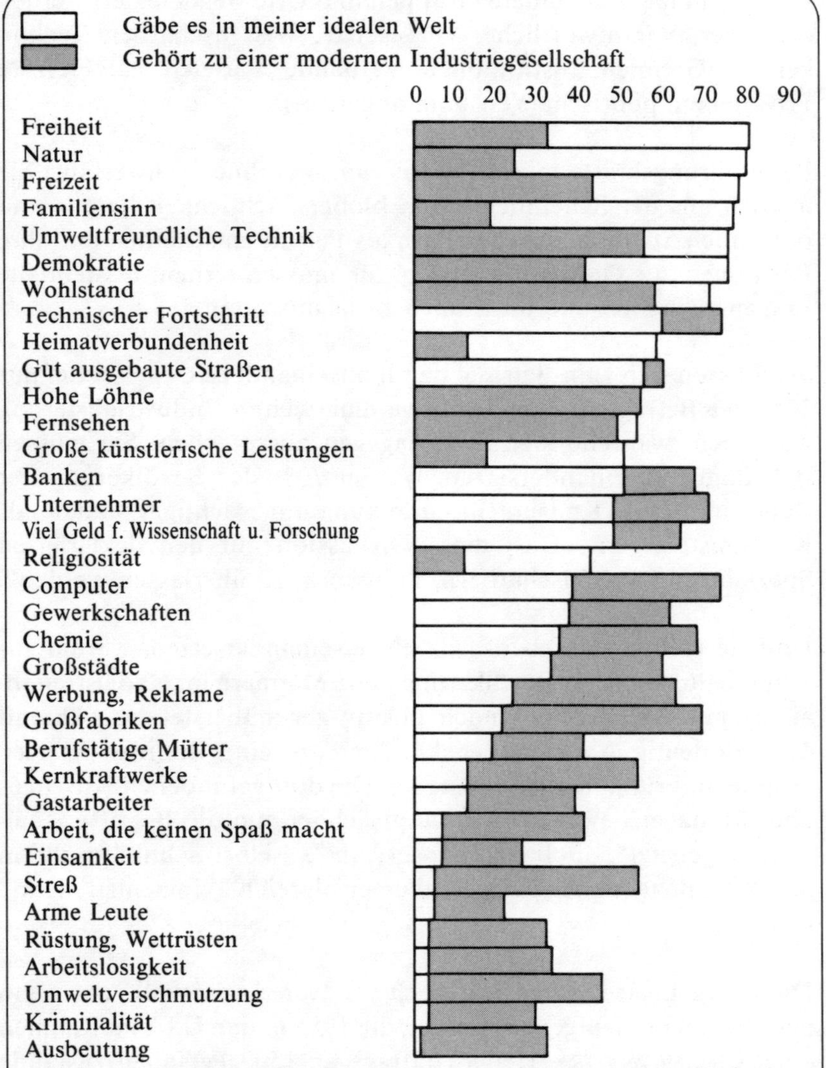

Wunsch und Wirklichkeit · Idealwelt und Industriegesellschaft

Quelle: „Wirtschaftswoche“ vom 17.10.1986, S. 68

kann nicht mehr an andere Gruppen und Orte wegdelegiert werden (Politiker, Verantwortliche, Vorgesetzte, Wissenschaftler, Techniker ...; Gremien, Institutionen, Verbände, Parteien ...; Freizeit, Privatleben, politische Versammlungen ...).

Die Führungskräfte müssen etwas tun, was ihnen schwerfällt: Sie müssen aus der Scheinneutralität bloßer Sachlichkeit heraus und persönlich Stellung beziehen, sich als Person entscheiden und ihre Positionen zur Diskussion stellen. Sie müssen lernen, existentielle Fragen zu stellen und diese auch zu beantworten.

Sie müssen sich zum Beispiel damit auseinandersetzen, warum nur 34% der Befragten einer Umfrage eine weitere Industrialisierung wünschen, während sich 50% dagegen aussprechen. Sie müssen sich damit auseinandersetzen, warum 70% der Bevölkerung der Bundesrepublik Konsumeinschränkung für wichtiger halten als Konsumsteigerung. Darf diese Diskussion nur den deklarierten Spezialisten (Wissenschaftlern, Politikern ...) überlassen werden?

Und sie sollten sich ebenso damit auseinandersetzen, warum zur Zeit nur 36% unserer Bevölkerung den „Männern im Nadelstreifenanzug mit Aktenkoffer“ noch positiv gegenüberstehen, während 45% eindeutig Abneigung bekunden, wie eine Berliner Arbeitsgruppe im Frühjahr 1987 feststellte. Die dort gefundenen Klischees über Manager bewegen sich hauptsächlich um die Begriffe: „aalglatt“, „gehetzt“, „politisch konservativ“, „selbst Schuld an ihrem Streß“, „nicht immer fähig – aber erfolgreich“, „machtstrebend“ usw.

Diese Ergebnisse muten fast noch als „verständnisvoll“ an, wenn man sie mit denjenigen vergleicht, die 1985 in den USA im Rahmen einer CBS/NEW YORK TIMES-Umfrage an 1509 Personen zustande kamen.

Was US-Bürger von ihren Managern halten, wird aus den folgenden Zahlen deutlich:

- 55% der Befragten glauben, daß die meisten Firmenbosse „unredlich“ sind.
- Nur 32% halten die Mehrzahl der Manager für ehrenwert.
- 59% der Befragten vermuten, daß die „Weiße-Kragen-Kriminalität“ sehr häufig vorkommt.

Sind das nur belanglose Klischees? Unerhebliche Trivialitäten? Oder sind es ernstzunehmende Daten, die zum Nachdenken anregen sollten? Inwieweit haben Manager zu diesem Bild selbst beigetragen? Kann es im Interesse von Wirtschaft und Staat liegen, wenn den Führungskräften so wenig Vertrauen entgegengebracht wird?

Wirtschaft und Gesellschaft gehören selbstverständlich zusammen

Für Unternehmen und ihre Führungskräfte bedeutet dies somit: Die sich immer schneller wandelnde Gesellschaft, in der Formen und Normen des Zusammenlebens mehr und mehr in Frage gestellt und verändert werden, wandelt ihre Bedürfnisstrukturen und ihre Erwartungen derart folgenreich, daß traditionelle, starr ausgerichtete Unternehmen leicht auf der Strecke bleiben, wenn sie den Zeitgeist aus der hochmütigen Stellung vergangener Erfolge und Verhältnisse nicht erkennen.

Zum Beispiel hat die aus einer Zersplitterung der Gesellschaft in „unzählige, verschiedene Lebensstile“ erwachsende Vielzahl von „Produktpräferenzen“ komplizierte Folgen für die Lage der Unternehmen am Markt, wie z. B. BENNIS/NANUS (1985) ausführen. So gerät eine Reihe von Firmen unter Umständen direkt in Kollision mit ihren Kunden, wenn sie beispielsweise deren Bedenken bezüglich ökologischer Mängel übergeht.

Genau dies haben die Waschmittelhersteller vor dem Einsatz des Phosphatersatzes erfahren. Massive Erfahrungen haben auch die Ölfirmen und Automobilhersteller im Zusammenhang mit der Umweltbelastung gemacht. Und die Rüstungsfirmen und Kraftwerkshersteller bzw. -betreiber haben sich mit Formen des politischen Protests auseinanderzusetzen, die zu heftigen Konfrontationen im politisch-gesellschaftlichen Raum führen. Ein anderer Bereich, der sich mit Vorwürfen in besonderem Maß auseinanderzusetzen hat, ist die im Kreuzfeuer der Kritik stehende Computerbranche, die großen Teilen der Bevölkerung als mitverantwortlich für die hohe Arbeitslosigkeit erscheint, weil sie außerordentliche Rationalisierungseffekte in Unternehmen ermöglichte und außerdem die Gefahr geist- wie gefühlloser Kommunikation zwischen Menschen heraufbeschwor; von den Gefahren totalitärer Überwachung ganz zu schweigen. Die neu um ihre Integrität ringende technologische Medizin (Apparatemedizin) sowie die Tabakindustrie, deren Sinn und Zweck für viele infrage gestellt ist, sind weitere Beispiele.

Eine Gefahr liegt in den Einstellungsdiskrepanzen zwischen Unternehmen und Führungskräften auf der einen Seite und Teilen der Gesamtbevölkerung auf der anderen Seite – was sich nicht nur an der bereits umseitig zitierten Untersuchung ablesen läßt:
So fand zum Beispiel das Institut für Umwelt und Gesellschaft 1984, daß sich Manager bezüglich der Umweltproblematik, insbesondere im Zusammenhang mit der Frage der Kontrollierbarkeit neuer Technologien, wesentlich positiver äußern als die sonstige Bevölkerung! Führungskräfte im allgemeinen und Techniker im besonderen glauben viel stärker an die Nützlichkeit und positive Beherrschbarkeit der Technik und ihrer Produkte als viele andere Menschen.

Die Frage ist, ob sich hierin bloß einfache (und damit zu vernachlässigende) Meinungsunterschiede ausdrücken oder ob dies unter Umständen einen gewissen Isolierungsgrad der Unternehmen und ihrer Führungskräfte signalisiert, der von der „Gegenseite“ als Unverständnis für die allgemeine Lage oder sogar als blinder wirtschaftlicher Egoismus interpretiert werden kann. Zumindest ist erkennbar, daß hier die wirtschaftlichen Interessen, Lebenspositionen und Zukunftswünsche verschiedener gesellschaftlicher Gruppen auseinanderdriften. Die Entwicklung der alternativen Bewegung zu einer stabilen politischen Größe (bei allen internen Schwierigkeiten dieses Konglomerats verschiedenster Gruppen und Interessen) zeigt einen gesellschaftlichen Veränderungsprozeß, der nicht ohne Auswirkungen auf die Wirtschaft bleiben kann.

Es ändern sich nationale und internationale Märkte, u.a. weil sich Lebensbedürfnisse – und damit Konsumbedürfnisse – ändern. Die Anforderungen an die Produkte (z.B. Qualität) und Verfahren (z.B. Sicherheit) sind bereits spürbar verändert. Der Markt wird enger, der informierte Kunde sensibler. Auf seine Bedürfnisse und Erwartungen einzugehen wird zum dringenden Gebot (z.B. Kundennähe, Service).

Dazu kommt, daß die Mitarbeiter selbst sich ändern. Ihre Arbeitszufriedenheit verändert sich (tendenziell nach unten), ihre Erwartungen an die Führungsleistungen der Vorgesetzten nehmen zu. Zum Beispiel werden wachsende Autonomie-, Beteiligungs- und Selbstentfaltungsbedürfnisse der Mitarbeiter zu wichtigen Einflußfaktoren im Führungsprozeß und damit für die Leistungsfähigkeit eines Unternehmens. Der Sinn von Tätigkeiten wird sowohl gesucht wie infrage gestellt. Die Vorgesetzten müssen Ziele vermitteln und Antworten geben, die oft über das rein sachliche Anweisen von operativen Tätigkeiten hinausgehen.

Wie gesagt, nicht nur innerhalb eines Unternehmens wird nach dem Sinn gefragt und nach der Richtigkeit des Vorgehens, auch am Markt und in der Gesellschaft werden zunehmend Sinn-, Wert- und Legitimationsfragen gestellt.

Ethik in der Wirtschaft: Produktethik

Eine Reaktion auf die Unzufriedenheiten und drängenden Fragen nach dem „Sinn" der Produktion (der Art und Weise ihres Zustandekommens sowie ihrer Auswirkungen) ist die Erstellung von neuen Kategorien der Ethik, der sogenannten „Produktethik".

Unter „Produktethik" werden verschiedene Dimensionen moralischer Handlungsmöglichkeiten im wirtschaftlichen Bereich verstanden. Als wesentliche Dimensionen, die im übrigen allesamt als „Gleichgewichts"-Aspekte anzusehen sind, gelten dabei (vgl. „Management-Wissen" 8/86):

– *Arbeitsethik,*
wobei hier Ethik vom Standpunkt des Mitarbeiters aus verstanden wird, zum Beispiel in Richtung Persönlichkeitsentfaltung, Freude an der Arbeit und Identifikation mit der Tätigkeit und dem Unternehmen.

– *Sozialethik,*
also das Bestreben, Arbeitsplatzbeschaffung, -verteilung und -gestaltung mit dem technischen Fortschritt in ein Gleichgewicht zu bringen.

– *Verbraucherethik,*
womit die „Verbraucherehrlichkeit" der Produkte angesprochen ist, die zum Beispiel durch „Schummelpackungen" und beschönigende Angaben über das Produkt geschmälert wird.

– *Umweltethik,*
hier steht das Gleichgewicht des Naturhaushalts und dessen Erhaltung oder Wiederherstellung im Mittelpunkt des Vorgehens.

– *Gesundheitsethik,*
wobei zum Beispiel die Chemie, die Kernkraftindustrie und die Genußmittelindustrie betroffen sind, die etwaige Nebenwirkungen ihrer Produkte genauestens zu überprüfen haben, um diesem Ethik-Aspekt standhalten zu können.

– *Dritte-Welt-Ethik,*
wobei die Würde der Menschen und deren Unterdrückung in den Vordergrund gerückt und der Handel mit den betreffenden Ländern in Frage gestellt wird.

– *Tierethik,*
überflüssige Tierversuche und Ausrottung von Tierarten fallen als Kritikpunkte unter diesen Ethik-Aspekt.

Wie stark die Wirtschaft auf diese Entwicklungen und die dahinter stehenden Sorgen reagiert, illustriert z. B. die auf der nächsten Seite wiedergegebene Anzeige der chemischen Industrie. Das Bemühen um Ausgleich wird spürbar, im doppelten Sinne des Wortes.

Bei all den angerissenen Entwicklungslinien erhebt sich natürlich die Frage, wie diese Veränderungen und ihre Ursachen zu interpretieren sind. Da es allerdings nicht der Zielsetzung der vorliegenden Überlegungen entspricht, hier nach endgültigen Antworten zu suchen, die die Fülle der wirtschaftlichen, soziologischen und psychologischen Aspekte umfaßt, möchte ich mich mit einem zwar pauschalen, aber gleichwohl nicht sinnlosen Hinweis auf einen Uralt-Vater der Motivationsforschung begnügen: MASLOW hat vor Jahrzehnten in seiner Motivationspyramide einen Verstehensansatz geliefert, der bei aller Vereinfachung und aller Notwendigkeit einer dynamischen Interpretation einen verblüffend einleuchtenden Zugang ermöglicht. Was MASLOW als typisch für die Entwicklung des Einzelnen erachtete, läßt sich nämlich in einer anderen Perspektive auch auf die Entwicklung des sozialen Prozesses übertragen. Betrachtet man die Entwicklung der Verhaltens- und Wertakzente in

Wer weist der Chemie beim Umweltschutz den Weg?

Chemie und Umwelt machen vielen unserer Mitbürger Sorgen. Wir in der Chemie verstehen diese Sorgen und nehmen sie sehr ernst.

Wir haben uns Leitlinien gesetzt, die uns eine klare Verantwortung für die Umwelt, die Gesundheit und die Sicherheit der Menschen auferlegen.

Wenn auch Rückschläge durch Unfälle, menschliches Fehlverhalten oder Material-Versagen nie ganz auszuschließen sind, so haben wir doch bei Arbeitssicherheit und Umweltschutz beträchtliche Erfolge erzielt.

So konnten wir z.B. in den letzten 20 Jahren die Gesamtemissionen um über 60% senken, obwohl gleichzeitig die Produktion auf das Zweieinhalbfache stieg. Die chemischen Werke sind heute an der organischen Belastung unserer Gewässer nur noch mit einem knappen Fünftel und zum Beispiel an der Schwermetallbelastung des Rheins nur noch mit etwa 10% beteiligt. Zur Gesamtbelastung unserer Luft tragen die chemischen Fabriken heute nur noch mit etwa 3% bei.

Damit sind wir aber noch lange nicht zufrieden. Deshalb investiert die chemische Industrie weiterhin so viel in umweltfreundliche Verfahren, in Umweltschutzeinrichtungen und Umweltforschung wie kein anderer Industriezweig.

Wenn Sie mehr über unsere Arbeit wissen wollen, fordern Sie ein Exemplar unserer Umwelt-Leitlinien an: Verband der Chemischen Industrie e.V., Karlstr. 21, 6000 Frankfurt/Main 1. ☎ 0130/5599. Zum Ortstarif.

Nicht zuletzt die Chemie selbst. Lesen Sie einmal nach, mit wieviel Erfolg wir nach unseren Umwelt-Leitlinien arbeiten.

Die Deutsche Chemische Industrie.

Quelle: „Die Zeit", Nr. 33, vom 7.8.1987, S. 5

der Bundesrepublik seit dem Zweiten Weltkrieg bis heute, so läßt sich eine weitgehende Übereinstimmung mit den von MASLOW vorher beschriebenen Entwicklungsschwerpunkten der Motivausrichtung beobachten. Nach MASLOW ergibt sich eine bestimmte Abfolge der dominierenden Motivausrichtungen: Nach der Befriedigung der menschlichen Basisbedürfnisse („physiologische Grundbedürfnisse" bei MASLOW), die den materiellen Grundbedürfnissen der Menschen in der Nachkriegszeit entsprechen, kommt die Stufe der Sicherheitsbedürfnisse, deren Entsprechung sich im Aufbau des sozialen Netzes (firmenintern und sozialpolitisch bzw. sozial-rechtlich) findet. Als dritte Stufe nennt MASLOW die sozialen Bedürfnisse, die sich in Kontakt- und Kommunikationsbedürfnissen äußern sowie in dem Wunsch, zu einer (bergenden) Gemeinschaft zu gehören. In der nach der „Freß-" und der „Einrichtungswelle" in der Bundesrepublik einsetzenden „Reisewelle" einerseits und der Betonung der emotionalen Nähebedürfnisse (bezogen auf Ehe, Partnerschaft und Familie) andererseits, lassen sich solche sozialen Bedürfnis-Akzentuierungen durchaus wiederfinden. Vergegenwärtigt man sich die zunehmende öffentliche Diskussion über Ehe und Partnerschaft seit den siebziger Jahren, dann kann man sowohl eine emotionale Aufladung der erlebten Zweierbeziehung konstatieren als auch einen Wandel der Ehe- und Partnerschaftserwartungen, der sich z. B. in der steigenden Rate der Ehescheidungen und einer größeren Liberalität und Flexibilität der eingegangenen Zweierbeziehungen äußert. In welcher Form auch immer: Die Alltagserlebnisse, die Literatur, die Presse und selbst wissenschaftliche Untersuchungen zeigen die Bedeutsamkeit der Nähe-Thematik in einer „versachlichten", einer „verwissenschaftlichen", einer „computerisierten" Welt. Im Arbeitsbereich äußern sich diese sozialen Bedürfnisse in den Themen „Kommunikation und Kooperation am Arbeitsplatz", „Kooperativer Führungsstil", „Einbeziehen der Mitarbeiter", „Teamarbeit", „Mitarbeitergespräche als Führungsinstrument" und auch in dem allgemein beobachtbaren Verhaltenstrend, stärker informelle Kontakt- und Verhaltensformen in die förmliche Arbeitswelt einzubeziehen.

Gerade in diesen Themenbereichen läßt sich auch die Auswirkung einer Facette der nächsten Entwicklungsstufe beobachten, der sogenannten ichbezogenen Bedürfnisse, zu denen Aspekte wie Anerkennung, Wertschätzung, Status und Respekt sowie Selbstvertrauen, Selbstachtung, Kompetenz, Leistung und Erfolg gehören. Betrachtet man nun den sogenannten Wertewandel der letzten Jahre, so fällt es auf, daß gerade auch diese Werte und Bedürfnisse zu wichtigen Gesichtspunkten des betrieblichen und des öffentlichen Lebens geworden sind. Im betrieblichen Bereich sind es besonders die Gruppen der Führungskräfte und der hochspezialisierten Fachkräfte, für die Aufstiegsmöglichkeiten, Kompetenzerweiterungen, repräsentative Attribute und herausfordernde Aufgaben und Projekte zu wichtigen Motiven geworden sind.

Wobei seit den siebziger Jahren ein eigentlich elitärer Anspruch geradezu populär und popularisiert wurde: das Bedürfnis nach Selbstentfaltung und Selbstverwirklichung. MASLOW und die Richtung der humanistischen Psychologie verstanden darunter die schöpferische Entwicklung der in einer Person angelegten Möglichkeiten. Wenn darunter auch etwas zu verstehen ist, was vom Inhalt her von Mensch zu Mensch verschieden sein kann, so gibt es im Unternehmensalltag doch allgemeine Realisierungsschwerpunkte: Dazu gehören u. a. und unter bestimmten Umständen solch äußere Dinge wie gleitende Arbeitszeit, unbezahlter Urlaub und im eigentlichen Sinne abwechslungsreiche Aufgaben, Jobrotation, Jobenrichment, Karriereplanung, Weiterbildung, mitarbeiterbezogene Führung, kreative Teamarbeit, Delegation, Einbeziehung in Planungs- und Entscheidungsprozesse, Mitbestimmung am Arbeitsplatz usw.

„Qualität" der Produkte und des Service, Produktivität durch Menschen, Sehnsucht nach mehr Lebensqualität, nach „Sinn" der Arbeit und des Lebens, nach „innerer Befriedigung" beim wesentlichen Tun, Abkehr von rein materiellen Sichtweisen, Kreativität, ganzheitliche Betrachtungsweisen, ganzheitliches Bewußtsein, alternative Lebensweisen, alternative Betriebe, Ausblick auf die Zukunft, Verantwortung für die Erde, auf der wir leben, all das sind beispielhafte Schlagworte, die die Bedeutung der „neuen Innerlichkeit“ in einer luxurierten Lebenswelt kennzeichnen.

Die Vorwürfe an die nachwachsende Generation, in verweichlichter Form, mit geringer Leistungsbereitschaft und mit überzogenen Anspruchshaltungen in die Arbeitswelt einzusteigen, relativieren sich unter dieser Perspektive, da sich hier dynamische Entwicklungsprozesse abspielen, die bei aller individuellen Belastung eine notwendige gesellschaftliche Logik aufweisen. Es sind eben genau die Kinder jener Eltern, die durch ihr eigenes Leben die anspruchsfördernden Voraussetzungen für ihre Kinder ja gerade selbst geschaffen haben.

Erste Konsequenzen

Welche Folgerungen resultieren aus diesen Skizzen für die Führungskräfte der Wirtschaft? Auch wenn sich diese Frage im Augenblick nicht vollständig beantworten läßt, einiges allerdings wird jetzt schon klar:

- Gerade obere Führungskräfte müssen in der Zukunft verstärkt überbetrieblich denken und handeln. Sie stehen vor der Notwendigkeit, weitreichende gesellschaftliche und nicht nur fachliche Fragen von Mitarbeitern, Kunden und Beobachtern (z. B. der Presse) beantworten zu müssen. Es wird von ihnen verlangt, ihre Positionen in Diskussionen zu vertreten und Überzeugungsarbeit leisten zu können. Fachimmanentes Argumentieren allein wird nicht mehr genügen. Persönliches Eintreten wird gefordert.
- Führungskräfte dürfen nicht nur bereichs- oder abteilungsbezogen denken und handeln (ihre sogenannte Sach-„Aufgabe" erfüllen), sondern sie müssen im Interesse des Unternehmens mehr als bisher gesamtunternehmerische Einstellungen entwickeln und konsequenter umsetzen. Damit ist ein komplexerer Handlungsansatz gefordert. Dies wird nicht nur eine Aufgabe unter vielen sein, sondern künftig eine der zentralen Aufgaben (zumindest für obere) Führungskräfte werden.
- Führungskräfte müssen ihre fachliche Qualifikation stärker als bisher zukunftsbezogen gestalten und ausbauen. Generalisten-Fähigkeiten und flexible Einsatzmöglichkeiten gewinnen gegenüber dem Spezialistentum deutlich an Gewicht.
- Nur Persönlichkeiten mit einem erkennbaren Profil sind in der Lage, eine leistungsorientierte Unternehmenskultur zu prägen und dafür zu sorgen, daß sich selbständige, innovative Mitarbeiter mit dem Unternehmen identifizieren und voll dafür einsetzen.

Richtlinien für den Höhenflug

Daß die genannten Anforderungen, so allgemein sie hier auch gehalten seien, nicht das Ergebnis akademischen Feierabend-Nachdenkens sind, sondern erfolgreiche Realität beschreiben, läßt sich unter anderem auch mit den bekannten Beschreibungen von PETERS/WATERMAN (1983) verdeutlichen. In ihrem – sensationell erfolgreichen – Buch machen die Autoren dem erstaunten Publikum auf griffige Weise klar, was exzellente Firmen auszeichnet. Es mußte offenbar erst 1983 werden, bis als allgemein akzeptierte Meinung gelten konnte, daß außerordentlich erfolgreiche – exzellent geführte – Unternehmen die „weichen" psychologischen Faktoren in hervorragender Weise im Unternehmen umsetzen.

Beispielhaft seien hier nur aufgeführt:

- *Primat des Handelns*
  Experimentierfreudigkeit und Beweglichkeit sind gefragt.
- *Freiraum für Unternehmertum*
  Hier läßt sich die Möglichkeit zum Eröffnen von Innovationen gerade am Schnittpunkt von fachlicher Kompetenz und Emanzipationsbedürfnissen beobachten.
- *Produktivität durch Menschen*
  Herausforderungen an und Förderung der Mitarbeiter müssen das Arbeitsklima prägen. Nur eine hohe Qualität der Mitarbeiter ermöglicht die nötigen Anpassungsprozesse in den Zeiten schnellen Wandels.
- *Anerkanntes Wertesystem*
  Streng genommen geht es hierbei um produktbezogene und verhaltensbezogene Werte, die sich oft in der Bindung an traditionelle Firmenursprünge zeigen.
- *Nähe zum Kunden*
  Hier geht es um die zentrale Erfordernis, ständig das Ohr am Markt zu haben und auf die erfaßbaren Kundenwünsche und ihre Veränderungen einzugehen.
  Auf diese Faktoren gehe ich noch in Kapitel 4 ein.

Identifikation statt Entfremdung

Trotz ihres relativ pauschalen Charakters weisen PETERS und WATERMANs Thesen gerade durch ihren vereinfachenden Kern darauf hin, daß im Unternehmen ganz bestimmte, reale Grundlagen, d.h. „Glaubwürdigkeiten“ geschaffen werden müssen, um es den Mitarbeitern überhaupt erst zu ermöglichen, mit ihrem sozialisatorisch geprägten Werte- und Normensystem in die Organisation „völlig“ einzusteigen. Der „reale“ Rahmen muß also stimmen, wenn ein Unternehmen Erfolg haben soll. Der Begriff der „Identifikation“ erhält hier eine zentrale Bedeutung: Soll Identifikation erfolgreich im innerbetrieblichen Bereich etabliert werden, so muß sie sich gegen die Erfahrung der „Entfremdung“ glaubwürdig behaupten können. Das heißt, Bekenntnisse zur „Experimentierfreudigkeit“, „Achtung des Mitarbeiters“, „Nähe zum Kunden“, „Streben nach Qualität“ und „realistisches Risikoverhalten“ dürfen keine Leerformeln bleiben. Mit anderen Worten: Es muß eine betriebliche „Ethik“ – die weit über die Produktethik hinausgeht – verwirklicht werden, um eine hohe Motivation der Führungskräfte wie auch der Mitarbeiter aufrecht zu erhalten.

Das bedeutet für die Unternehmen, zwar nach wie vor nach wirtschaftlichen Optimierungsprinzipien zu verfahren, gleichzeitig aber auch den Werte-Zeitgeist zu erkennen und zu berücksichtigen, um schließlich in dieser „turbulenten Zeit“ (P. DRUCKER, 1980) Hochleistung und Humanität aus ihrer scheinbaren Widersprüchlichkeit heraus in eine kreative Spannung hineinzuführen.

Das Zauberwort „Unternehmenskultur“

Oberflächlich gesehen erscheint diese Aufgabe für die Unternehmen nur schwer lösbar. Sie beinhaltet den Widerspruch: Festhalten am Bestehenden und Öffnung für Veränderungen.

PETERS und WATERMAN haben 1983 in ihrem Buch ein Wort verwendet, das in genau diesem Zusammenhang alsbald einen Siegeszug durch die Darstellungen zum Thema „Unternehmen und Wandel“ angetreten hat, den Begriff „Unternehmenskultur“ oder „corporate culture“.

Schon der Begriff allein suggeriert die Verbindung von ökonomischen, organisatorischen, sozialen und psychologischen Faktoren. „Kultur“ ist ein Wort, das früher im soziologischen Rahmen der Charakterisierung ethnischer Gruppen und deren sozialer Subsysteme wie Clans und Familien vorbehalten war. In seiner popularisierten Form und Anwendung auf der Ebene von Unternehmen geht es um das Focussieren von überzeugenden Leitideen und übergeordneten Grundeinstellungen, die die Mitglieder eines Unternehmens innerlich teilen und äußerlich konsequent in Verhalten umsetzen.

HEINEN, der von sich behauptet, der erste deutsche Betriebswirt zu sein, „der den Begriff Unternehmenskultur in die Lehre gebracht hat“ (vgl. Wirtschaftswoche vom 15. 11. 1985), sieht gerade in diesen Leitideen die zentrale Basis für das Entstehen einer spezifischen und wirksamen firmeninternen Kultur. Die Leitideen und Grundüberzeugungen verfestigen sich in einer starken Kultur zu einem System gemeinsam getragener und gelebter Wertvorstellungen und Überzeugungen. Darin liegt ein entscheidendes Motivationsinstrument für das gesamte Unternehmen.

NEUBERGER/KOMPA (1986) reden in diesem Zusammenhang vom „Geist“ oder vom „Stil des Hauses“, seiner „Linie“, seinem „Charakter“ oder seinem „besonderen Profil“. Im historischen Feld der Führungsstilentwicklung sehen sie die neue „Kulturtheorie“ als einen Trend an, der an die „Human-Relations-Bewegung“ der 30er Jahre anschließt, die damals als eine Reaktion auf die tayloristische Überbetonung der reinen Aufgabenbezogenheit entstanden war. Insofern könnte der heutige Kulturgedanke als ein Reflex auf die

„überzogene Technokratie und Rationalität“ der letzten Jahre interpretiert werden.

Das Management hat sich auf die „weichen“ Wert-Wandel-Prozesse im Markt und bei den Mitarbeitern einzustellen, hat den psychologischen Faktoren sowie seinem eigenen Führungs- und Kommunikationsstil im Hause größte Aufmerksamkeit zu schenken. Denn es sind in erster Linie die Führungskräfte an der Spitze, die über die bewußte und unbewußte Wirkung ihrer Persönlichkeit die Unternehmenskultur prägen, gewollt oder ungewollt, effektiv oder weniger effektiv (vgl. SCHEIN, 1986). Auch wenn ein Unternehmen ein System (ein Organismus) ist, in dem alle seine Mitglieder zum Erfolg oder Mißerfolg beitragen, so haben doch die Mitglieder an der Spitze (der Kopf) des Unternehmens eine hervorgehobene Einflußposition, die nicht ohne Nachteile übersehen werden kann.

Zu den wesentlichen Fragen des Unternehmenskultur-Prägeprozesses dürften unter anderem gehören:

- Mit welchem Selbstverständnis präsentieren sich Unternehmen, Führungskräfte und Mitarbeiter am Markt und gegenüber den Wettbewerbern?
- Gibt es eine „corporate identity“?
- Wie wird auf die Zukunft des Unternehmes reagiert? Planvoll oder zufällig?
- In welchem Verhältnis stehen Produkte, Dienstleistungen, Strategie und Mitarbeiterentwicklung zueinander?
- Was verkünden Führungskräfte offiziell?
- Wie verhalten sich Führungskräfte im Vergleich dazu im Alltag wirklich?
- Worauf richten Führungskräfte ihre Aufmerksamkeit? Womit beschäftigen sie sich – oder eben nicht?
- Welche Mitarbeiter-Orientierung drückt sich aus?
- Was kontrollieren die Führungskräfte exakt?
- Wie reagieren die Führungskräfte emotional?

- O Wie reagieren Führungskräfte auf kritische Vorfälle und Situationen?
- O Wie sprechen die Mitarbeiter über Fehler ihrer Spitze?
- O Was wird wie von den Führungskräften „belohnt"?
- O Was wird wie von den Führungskräften „bestraft"?
- O Wie wird eine gute Leistung tatsächlich wahrnehmbar anerkannt?
- O Wer erhält wann welche wichtigen Informationen?
- O Wie ist das Verhältnis zwischen Firmenleitung, Betriebsrat und Gewerkschaften?
- O Wie gehen Führungskräfte und Mitarbeiter miteinander um? Was charakterisiert die Arbeitsatmosphäre und das Organisationsklima?
- O Wie wird im Unternehmen Personalentwicklung betrieben?
- O Was charakterisiert die Aufbau- und Ablauf-Organisation?
- O Welche äußeren Symbole werden verwendet? Was signalisieren Gebäude, Kleidung, Parkplatzregelungen usw.?

Die Antworten auf diese und ähnliche Fragen verdeutlichen die in einem Unternehmen offiziell gewünschte und die tatsächlich vorhandene Unternehmenskultur. Wobei in der Sicht verschiedener Personen bzw. Personengruppen entsprechend unterschiedliche Kultur-Wahrnehmungen entstehen können. Das Übereinstimmen oder Auseinanderklaffen dieser Kultur-Ebenen und Kulturwahrnehmungen stellt sozusagen die „Kulturwelt" in einem Unternehmen dar, die sich mehr oder weniger homogen bis diskrepant entwickeln kann. Im letzteren Falle kann diese „corporate madness" (DE BOARD, 1978) zu derartigen Verkennungen der Unternehmens- oder der Marktrealität führen, daß daraus starke Beeinträchtigungen der Wettbewerbsfähigkeit des Unternehmens resultieren. (Neue Heimat, Grundig und AEG sind nur drei prominente Beispiele aus der Serie schwerer wirtschaftlicher Havarien der letzten Jahre, die fast beliebig fortgesetzt werden könnte.)

Kultivierte Merkmale

C. PÜMPIN (1983, 1984) hat den Aspekt des Realitätsbezuges im Rahmen der Unternehmenskultur aufgegriffen und den sogenannten „Relevanz-Dualismus" diskutiert. Damit meint er den Dualismus, der gebildet wird durch die expliziten strategischen Erfolgspositionen (SEP) und die damit verbundene Soll-Orientierung des Unternehmens auf der einen und der jeweiligen tatsächlichen Unternehmenskultur auf der anderen Seite.

PÜMPIN geht in diesem Zusammenhang von einigen wenigen grundlegenden Orientierungen aus, z. B. der
Kundenorientierung, Mitarbeiterorientierung und der Innovationsorientierung.

Völlig klar, daß die jeweilige dominierende Grundorientierung von den situativen Gegebenheiten des Unternehmens abhängt und in Übereinstimmung mit den erklärten strategischen Erfolgspositionen liegen sollte. Wobei vorausgesetzt wird, daß das Unternehmen überhaupt über geprüfte und formulierte strategische Erfolgspositionen verfügt bzw. verfügen sollte. PÜMPIN vertritt (wie in der Zwischenzeit viele andere auch) die Auffassung, daß die Unternehmenskultur längerfristig massiv z. B. Produktivität und Erfolg mitbeeinflußt, und zwar durch die unmittelbare Wirkung auf Verhalten und Motivation der Mitarbeiter. Verständlich ist, daß je nach der faktisch überwiegenden Unternehmens-Orientierung bestimmte unternehmerische Neu-Entscheidungen und Strategien mehr oder weniger gut im Unternehmen durchsetzbar sind. Die taktische Akzentuierung, die optimale Nutzung der Ressourcen, die prägnante strategische Ausrichtung des gesamten Unternehmens und die hohe Identifikation der Mitarbeiter sind nur dann erreichbar, wenn die an der Spitze des Unternehmens stehenden Führungspersönlichkeiten (und andere prägende Personen) nicht nur als Fach-Profis, son-

dern auch als **Persönlichkeiten** ein Vorbild für die das tägliche Geschäft ausführenden Mitarbeiter darstellen.
Somit kommt auf die Führungskraft die komplexe Anforderung eines mehrfachen Könnens zu:

- Verfügen über das notwendige, hohe fachliche Know-how
- Beherrschen der betriebswirtschaftlichen Instrumente
- Sinnvolles Umgehen mit strategischen Ausrichtungen, die das Gesamt-Unternehmen oder ein Subsystem betreffen
- Entfesseln der entsprechenden kulturellen Kräfte im Unternehmen
- Effektive Mitarbeiterführung durch ein angemessenes Führungskonzept

Alle diese Aspekte haben die Führungskräfte miteinander in Verbindung zu bringen, wobei gerade die zuletzt genannten Gesichtspunkte im Vordergrund der vorliegenden Überlegungen stehen. Den einzelnen Führungspersönlichkeiten obliegt es, betriebliche „Atmosphäre" mit unternehmerischem Erfolg produktiv zu verknüpfen. Denn nicht die Gesamtheit der Organisation handelt z. B. innovativ, ist kundenorientiert oder qualitätsbesessen oder servicefreundlich – es sind immer einzelne Personen, auch wenn es tausende sind.

Doch wer „macht" realistisch die Mitarbeiter risikobewußt, wer macht sie innovativ, qualitätsbewußt, selbständig und selbstbewußt und, und ...?

Die Frage ist, wer „entfesselt" denn die produktiven kulturellen Kräfte im Unternehmen? Wer kann denn in diesem Sinne führen, wenn „Führung" bedeutet, ganz durchschnittliche Mitarbeiter zu überdurchschnittlichen Leistungen zu bringen?

Somit stellt sich bei aller unumgänglichen Vereinfachung auch die Frage nach den Merkmalen jener Führungspersönlichkeiten, die ihre Mitarbeiter zu Hochleistungen stimulieren, die die Unternehmenskultur so prägen können, daß das Unternehmen am Markt erfolgreich ist, die ihr Unternehmen in der Öffentlichkeit so präsentieren können, daß sie in der gesellschaftlichen Auseinandersetzung mit Überzeugung bestehen können.

Diese Fragestellung soll keinesfalls einer naiven Fixierung auf eine reine Persönlichkeitsperspektive Vorschub leisten. Sicherlich läßt sich der Führungserfolg nicht auf bestimmte „Eigenschaften" von „Führern" reduzieren – ohne Einbezug weiterer situativer Aspekte wie z. B. Unternehmenssituation, konkrete Aufgabe, Ziel, organisatorische Rahmenbedingungen, Persönlichkeitsmerkmale der Mitarbeiter, gewohnte und eingeübte Verhaltensspielregeln, wechselseitige Erwartungen aneinander und Umfeld usw.

(Zu den Diskussionen über die verschiedenen Erklärungsansätze zum Führungserfolg wie z. B. der Eigenschaftstheorie der Führung, der Situationstheorie, den situativen Führungsstil-Ansätzen usw. vgl. z. B. A. WEINERT, 1981: „Lehrbuch der Organisationspsychologie"; W. HERKNER, 1983: „Einführung in die Sozialpsychologie".

Gleichwohl scheint es mehr als berechtigt, den Persönlichkeitsaspekten eine besondere Bedeutung beizumessen. Dies wird von den Praktikern ohnehin schon seit langem getan, wobei man sich fragen muß, inwieweit hier dann auch eine relativ unwissenschaftliche Popularisierung von persönlichkeitsbezogenen Erklärungsansätzen stattfindet, die man vielleicht nur in Unkenntnis der wissenschaftlichen Erkenntnisse so konsequent vornehmen kann. Die Führungspraxis lebt ja immer von Vereinfachungen (wissenschaftlich: von der „Reduktion der Komplexität"), und viele Menschen neigen in ihren popularisierenden Erklärungen zu einer schlichten Mythenbildung bezüglich großer Persönlichkeiten. Aber große Führungspersönlichkeiten sind nicht einfach nur Halbgötter. Und inwieweit die Übernahme geschichtlich verklärter Über-Vorbilder für die Lösung von alltäglichen Führungsproblemen geeignet ist, bedarf einer genaueren Abklärung.

Wie die Verhältnisse auch letztlich genau sein mögen: Nichts führt an der Identifikation jener persönlichkeitsbezogenen Merkmale vorbei, die erfolgreiche Führungskräfte – zumindest relativ gesehen – von anderen unterscheiden. Denn Persönlichkeitsaspekte sind situationsübergreifend und spielen daher in jedem Führungs-Kontext eine Rolle.

Kommen wir also auf die oben gestellten Fragen zurück: Welche Führungskräfte entfesseln die produktiven kulturellen Kräfte im Unternehmen? Welche Führungskräfte führen ihre durchschnittlichen Mitarbeiter zu überdurchschnittlichen Leistungen?

Was Führungskräfte brauchen

„Heute nämlich merken studierte Techniker im Alltag ihres Berufslebens jedenfalls ganz schnell, daß mit ihrer technisch-naturwissenschaftlichen Grundlage allein kein Staat und vor allem keine Karriere zu machen ist ... Im ureigenen Interesse ist die Wirtschaft gut beraten, deshalb ihren Techniker-Nachwuchs fit für Führungsaufgaben zu machen.“ (Wirtschaftswoche, Nr. 40/1986, Beilage „Karriere“)

Die Zeitschrift zitiert dann die Auflistung eines geforderten Führungskräfte-Profils, die das Institut der deutschen Wirtschaft bei 90 Unternehmen aller Branchen und Größen ermittelte. Danach sind die folgenden 20 außerfachlichen Persönlichkeitsmerkmale besonders gefragt. Die Liste gibt die Rangreihe der Nennungen wieder:

Einsatzbereitschaft, Engagement
Führungsfähigkeiten, -potential
Kreativität
Kooperationsfähigkeit
Durchsetzungskraft
Problemlösungsfähigkeit
Entscheidungsfähigkeit
Initiative
Zielstrebigkeit, Ergebnisorientierung
Integrationsfähigkeit
Analytisches Denkvermögen
Teamfähigkeit
Kommunikationsfähigkeit
Belastbarkeit
Flexibilität
Fremdsprachenkenntnisse
Regionale Mobilität
Innovationskraft
Eigenverantwortung
Interpersonale Kompetenz

Es fällt auf, daß die Merkmale kategorial nicht alle sauber voneinander getrennt sind und die Auflistung ein wenig an eine Backzutaten-Sammlung erinnert. So gehören z. B. Kooperations-, Kommunikations- und Teamfähigkeiten eng zusammen; „Führungsfähigkeiten" ist eigentlich ein Oberbegriff für viele andere Aspekte in der Aufzählung usw.

Nach meinem Eindruck lassen sich die genannten Merkmale im wesentlichen in fünf Clustern zusammenfassen, die offensichtlich für wichtig gehalten werden:

1. Power (Einsatz)
- Einsatzbereitschaft, Engagement
- Zielstrebigkeit, Ergebnisorientierung
- Belastbarkeit

2. Autonomie
- Durchsetzungskraft

- Entscheidungsfähigkeit
- Initiative
- Eigenverantwortung

3. Kognitive Problemlösungsfähigkeit
- Kreativität
- analytisches Denkvermögen
- Innovationskraft
- Flexibilität

4. Soziale Kompetenz
- Kooperationsfähigkeit
- Integrationsfähigkeit
- Teamfähigkeit
- Kommunikationsfähigkeit
- interpersonale Kompetenz

5. Äußere Mobilität
- Fremdsprachenkenntnisse
- regionale Mobilität

Es wird deutlich, was aus der Sicht der Firmen selbst als Voraussetzung für den persönlichen und unternehmensbezogenen Führungserfolg angesehen wird, wobei allerdings leider keine Spezifikation bezüglich der unterschiedlichen Führungsebenen vorgenommen wurde.

Es ist interessant, diese Merkmale einmal zu vergleichen mit dem qualitativen Index eines Psychologen, der Qualifikationskriterien für Topmanager zusammenstellte. LEVINSON, der an der Harvard Medical School lehrte, veröffentlichte 1981 im „Harvard Manager" diese Liste von 20 Persönlichkeitsmerkmalen, die nach seiner Auffassung einen grundsätzlichen Bezug zur Führungsrolle haben. Jenseits situationsspezifischer Anforderungen, die es als nicht sinnvoll erscheinen lassen, ein starres Ideal-Anforderungsprofil für den passenden Mann für alle Unternehmenslagen zu formulieren, glaubt er doch, mit den folgenden Hinweisen einige zentrale Beurteilungsaspekte nennen zu können. (Im übrigen Beurteilungsaspekte, die ja auch in „Assessment Centers“ eine hohe Relevanz haben.) Die 20 Merkmale sind in drei Gruppen eingeteilt; sie stellen keine Prioritätenfolge dar:

1. Denkweise

- Abstraktionsfähigkeit
  Kann Dinge auf den Begriff und unterschiedliche Daten in einen Bezugsrahmen bringen.

- Toleranz gegenüber Ambivalenz
  Kann mit unklaren, vieldeutigen Situationen und Unsicherheiten umgehen; kann Konfusion meistern, bis sich die Lage klärt.

- Intelligenz
  Kann nicht nur abstrakt denken, sondern verwertet Erfahrung und ist praktisch begabt.

- Urteilsvermögen
  Weiß, wann und wie im Rahmen der Gesamtzusammenhänge gehandelt werden muß.

2. Gefühle und Beziehungen

- Autorität
  Hat das Gefühl, in eine Führungsrolle hineinzugehören. Übernimmt Verantwortung, weil er glaubt, seine Sache gut zu machen. Übt auch Kontrolle aus und will anderen nicht nur gefallen.

- Aktivität
  Zeigt eine Orientierung an den Problemen und Erfordernissen des Unternehmens, die er strategisch und mit präzise definierter Zielsetzung angeht.

- Leistungsbewußtsein
  Hierbei gilt für ihn als primärer Bezugspunkt der Unternehmenserfolg, erst dann der persönliche Erfolg.

- Durchhaltevermögen
  Besitzt geistige und körperliche Energie, die er ständig umsetzt.

- Streßbelastbarkeit
  Zeigt Standvermögen bei besonderen Belastungen und kann sich darauf einstellen. Greift zu sinnvollen Regenerationsmöglichkeiten.

- Sinn für Humor
  Nimmt sich selbst nicht über-ernst. Kann auch lachen und mit anderen in natürlicher Weise umgehen.

3. Verhaltensweisen

- Weitblick
  Verfügt über eine zielgerichtete Phantasie und ist sich sehr im klaren darüber, in welche Richtung sich das Unternehmen, seine Karriere und sein Leben entwickeln sollen.

- Beharrlichkeit
  Ist in der Lage, Aufgaben auch dann zu Ende zu bringen, wenn Schwierigkeiten auftauchen. Vertraut optimistisch darauf, daß Lösungen gefunden werden können.

- Sensibilität
  Besitzt die Fähigkeit, die Gefühlsreaktionen anderer Personen richtig wahrzunehmen. Spürt Entwicklungen in einer Gruppe und im sozialen Umfeld schon relativ früh.

- Engagement
  Sieht sich selbst als aktiv teilnehmendes Mitglied der Firma. Besucht die Belegschaft vor Ort und forscht nach ihren Problemen.

- Persönliche Reife
  Verhält sich nicht fortwährend wie ein Heranwachsender, der seine Vorgesetzten ständig herausfordert. Kommt in der Regel mit seinen Vorgesetzten gut klar.

- Interdependenz
  Steht auf eigenen Füßen, weiß aber von den realen Abhängigkeiten. Sucht angemessenen Austausch von Informationen, Kritik und Kooperation.

- Artikulationsvermögen
  Vermittelt in seinem Auftreten einen guten Eindruck. Kann ausdrücken, was er meint, und flößt Zuhörern Vertrauen und Zuversicht ein. Kann auch mit einem unfreundlichem Publikum umgehen.

- Arbeitssystematik
  Ist effektiv in seiner Organisation und verfügt über eine sinnvolle Zeiteinteilung.

- Integrität
  Verfügt über ein solides Wertesystem. Hat ethische Ziele und ist von seiner Umgebung bezüglich seines persönlichen Verhaltens einschätzbar.

- Soziale Verantwortung
  Gesteht das Bedürfnis nach einer erkennbaren Führungsrolle ein, akzeptiert aber gleichzeitig die damit zusammenhängende soziale Verantwortung.

LEVINSON hatte die genannten Merkmale im Rahmen einer mehrstufigen Einschätzungsskala für Top-Führungskräfte verwendet. Unabhängig von allen situationsspezifischen Anforderungsprioritäten in einem konkreten Fall geben die Merkmale einfach einen praxisgeprägten Eindruck von den Anforderungscharakteristiken an Topmanager wieder.
Aber auch hier erscheint mir die Ordnung der Gesichtspunkte nicht ganz stringent. Denn die Zuordnung einzelner Merkmale zu den drei Kategorien wirkt zuweilen etwas gezwungen. Wenn man sich nämlich die Einzelheiten der Beschreibungen näher ansieht und wieder versucht, Cluster zusammenzustellen, so kommt eine sehr ähnliche Struktur wie bei der vorher zitierten Umfrage heraus – allerdings mit zwei interessanten Erweiterungen:

1. Power

- Leistungsbewußtsein
- Aktivität
- Durchhaltevermögen
- Streßbelastbarkeit
- Beharrlichkeit

2. Autonomie

- Toleranz gegenüber Ambiguität
- Autorität
- Sinn für Humor (eigentlich: Selbstsicherheit)
- persönliche Reife (eigentlich: findet die Balance zwischen Selbständigkeit und Anpassung, ohne überangepaßt zu sein)

3. Kognitive Problemlösungsfähigkeit

- Abstraktionsfähigkeit
- Intelligenz
- Urteilsvermögen

4. Soziale Kompetenz

- Sensibilität
- Engagement (eigentlich: Kontakt mit Mitarbeitern vor Ort)
- Interdependenz (eigentlich: weiß bei aller Selbständigkeit um die Notwendigkeit des Austausches von Informationen, Kooperation und Kritik)
- Artikulationsvermögen (eigentlich: persönliches Auftreten; Vermittlung von Vertrauen und Zuversicht)

Bis dahin sind die Cluster fast deckungsgleich mit der zitierten ersten Beschreibung (der technischen Führungskräfte). Nur der Aspekt „äußere Mobilität" fehlt. Hinzu kommen aber nun zwei interessante Cluster, die nicht nur eine einfache Ergänzung darstellen, sondern gerade als Hinweise auf besondere Anforderungen besonders bei oberen Führungskräften verstanden werden können. Möglicherweise werden hier funktions- und ebenenabhängige Schwerpunktunterschiede der Führungsaufgaben erkennbar.

5. Gesamt-Unternehmens-Interesse

- Aktivität (eigentlich: zeigt Orientierung an den Erfordernissen des Unternehmens)
- Leistungsbewußtsein (eigentlich: für ihn gilt zuerst der Unternehmenserfolg, dann der persönliche Erfolg)

6. Werte-Orientierung

- Integrität (eigentlich: verfügt über ein solides Wertesystem und ist in seinem persönlichen Verhalten einschätzbar)
- Soziale Verantwortung

In dieser Aufzählung spiegelt sich der endgültige, aber erforderliche Abschied des oberen Managements aus dem Schutz wie den Zwängen der ehemals quasi-heiligen Chef-Position wider. Die Situation des alten Manager-Typus, der sich oft als bloßer Verwalter von Sachlagen hinter seinen formalen Machtmöglichkeiten verschanzen konnte, hat sich verändert. Wenn das obere Management, das in der Unternehmensführung an die Stelle des früheren Unternehmers bzw. der Kapitaleigner getreten ist, sich nicht dem berechtigten Vorwurf aussetzen will, daß sich Unternehmensinteresse einerseits und persönliches Einkommensinteresse oder Geltungsstreben des einzelnen Managers andererseits oftmals nur ungenügend decken, dann muß sich das Management den neuen Herausforderungen stellen.

Und zu diesen Herausforderungen gehört unter anderem, die Wirkungen der eigenen Person und des eigenen Verhaltens auf Kollegen und Mitarbeiter nicht nur oberflächlich zu reflektieren. Es gehört dazu, die personale Verantwortung dafür zu übernehmen, wie durch die eigene Persönlichkeit die Kultur des Unternehmens mitgeprägt wird. Eine strategische wie personale *„Politik der Unternehmenskultur“* ist erforderlich, um erfolgreich die wirtschaftlichen, technischen, organisatorischen und personellen Strategien umsetzen zu können, die für die Erreichung der Geschäftsziele unumgänglich sind.

In einer Zeit beschleunigten Wandels und angesichts der Notwendigkeit permanenter Innovationen an vielen Stellen (Produkte, Verfahren, Organisation, Personalentwicklung usw.) müssen sich Manager künftig mehr als bisher zuerst am inneren Markt ihres Unternehmens bewähren, bevor ihr Unternehmen erstklassig den Wettbewerb am äußeren Markt (Kunden und Konkurrenten) bestehen kann.

Kundenorientierung, Innovationsorientierung, Leistungsorientierung, Ergebnis- und Qualitätsorientierung sind dauerhaft ohne eine glaubwürdige Mitarbeiterorientierung kaum möglich. Wenn die vom oberen Management intendierten Strategien und getroffenen Entscheidungen nicht in einer Fülle von offenen (oder meist verdeckten) Akzeptanzwiderständen scheitern sollen, dann muß neben der materiellen Befriedigung für eine positive Identifikation der Führungskräfte und der Mitarbeiter mit dem Unternehmen gesorgt werden. „Von oben" gefordertes fachimmanentes Eigeninteresse, verbale Appelle, Hinweis auf Notwendigkeiten und Druck in verschiedener Form halten die Mitarbeiter schon „am Laufen". Wer wollte das bestreiten? Aber wie gut – und wie lange?

Nützlichkeit und Ethik, soziale Verantwortung und der Leistungsgedanke selbst fordern von den Managern mehr als bisher eine kommunikative Orientierung. Kommunikation statt Kommando, Persönlichkeit und nicht nur Prestige, Glaubwürdigkeit und nicht Geld allein, Vorbild statt Verweise, mehr Empathie als bloße Egozentrik, wirkliche Stärke und nicht die blanke Sturheit – das sind Aspekte, auf die die Manager künftig mehr achten werden müssen, wenn sie von Leistung nicht nur reden, sondern auch Spitzenleistung faktisch wollen.

Ganz in diesem Sinne fanden BENNIS und NANUS durch Beobachtungen in verschiedenen Unternehmen und in Interviews mit 90 amerikanischen Top-Managern vier Schlüsselstrategien des erfolgreichen Führens. Weitgehend unabhängig von den persönlichen Besonderheiten, jenseits von den Verschiedenheiten der beobachteten Charaktere, den repräsentierten Firmen und Branchen, schienen ihnen als Quintessenz exzellenten Führungsverhaltens die folgenden vier Aspekte extrahierbar zu sein (BENNIS/NANUS 1985, S. 34ff.):

1. Strategie: Mit einer Vision Aufmerksamkeit erzielen!

„Aufmerksamkeit durch eine Vision zu erzielen bedeutet, einen Fokus, einen Brennpunkt zu schaffen. Jeder der 90 Interviewten hatte eine ... unvergleichliche Konzentration auf ein Ergebnis ... Intensität gekoppelt mit Engagement hat eine magnetische Wirkung ... Die Visionen, die diese verschiedenen Führungspersönlichkeiten vermittelten, schienen bei den Mitarbeitern Zuversicht auszulösen, eine Zuversicht, die sie mit der Überzeugung erfüllte, daß sie fähig seien, die notwendigen Aufgaben durchzuführen."

2. Strategie: Sinn vermitteln durch Kommunikation!

„Erfolg erfordert die Fähigkeit, ein überzeugendes Bild eines wünschenswerten Zustandes zu vermitteln – jene Art von Bild, das bei anderen Begeisterung und Engagement auslöst ... Die Mitarbeiter müssen festumrissene Ziele erkennen können, um sich dafür einzusetzen ... Durch die Vermittlung von Inhalten schafft Führung ein Klima des Lernens, das kennzeichnend für effektive Organisation ist."

3. Strategie: Eine Position einnehmen und damit Vertrauen erwerben!

„Vertrauen ist das Öl, das die Räder einer Organisation am Laufen hält."
Sie zitieren Theodore Friend: „Führung segelt mit soviel Selbstbewußtsein, Teamgeist und Energie vor dem Wind, daß sie in anderen den Wunsch erweckt, zu folgen. Welchen Kurs man wählt, ist weniger wichtig, als überhaupt einen zu wählen und in vernünftigen Grenzen daran festzuhalten ..."

4. Strategie: Entfaltung der Persönlichkeit durch ein positives Selbstwertgefühl!

„Wir stellen fest, daß der menschliche und zwischenmenschliche Bereich von um so größerer Bedeutung ist, je höher der Rang des Betreffenden ist. Unsere Spitzenmanager verbringen etwa neunzig Prozent ihrer Zeit mit anderen und beschäftigen sich während eines fast ebenso großen Teils ihrer Zeit mit der Verworrenheit der zwischenmenschlichen Probleme ... Von entscheidender Bedeutung ist der richtige Umgang mit sich selbst ... Eigene Stärken zu erkennen und Schwächen zu kompensieren, das sind die ersten Schritte zur Erreichung eines positiven Selbstwertgefühls ... Wir beobachteten, daß unsere neunzig Führungspersonen (durch ihr eigenes Selbstwertgefühl) bei ihren Mitarbeitern Respekt für andere auslösten." Diejenigen, die über ein positives Selbstwertgefühl verfügen (also innerlich autonom handeln), bedienen sich fünf entscheidender Fähigkeiten im Umgang mit anderen. Es sind:

- „Die Fähigkeit, Menschen so zu akzeptieren, wie sie sind, nicht, wie man sie haben möchte."
- „Die Fähigkeit, an Beziehungen und Probleme gegenwartsbezogen und nicht vergangenheitsorientiert heranzugehen."
- „Die Fähigkeit, Menschen in der engeren Umgebung mit derselben höflichen Aufmerksamkeit zu behandeln, die man Fremden und flüchtigen Bekannten entgegenbringt."
- „Die Fähigkeit, anderen zu vertrauen, selbst wenn das Risiko groß erscheint."
- „Die Fähigkeit, ohne ständige Zustimmung und Anerkennung seitens anderer auszukommen."

In diesen Ausführungen von BENNIS/NANUS wird deutlich, daß den Führungskräften von morgen die Aufgabe zukommt, von leitenden Angestellten zu leitenden Persönlichkeiten für ihre Mitarbeiter zu werden.

Eine überragende Rolle spielt in diesem Zusammenhang der intuitive, der emotionale Aspekt des Handels. „Autorität“ und „Rationalität“ verlieren zunehmend ihre absolute Top-Stellung in der Werteskala der „neuen Manager“ (GERKEN, 1986). „Emotionalität“ gerät dafür mehr als bisher in den Vordergrund. Zur tragenden Basis für den Erfolg werden das Verständnis für die Mitarbeiter und das Einfühlungsvermögen mit dem Ziel der Konsensbildung aller. Das Verhalten der Führungskräfte hat sich entsprechend vom überbetonten, aggressiven Durchsetzungsverhalten hin zum „kommunikativen, kooperativen“ Verhalten zu wandeln, das flexibel in den kulturellen Prozeß des Unternehmens eingefügt werden muß.

Wirtschaftlich erfolgsversprechende Lebenseinstellungen fernöstlicher Länder (wie z. B. Japan, Korea, Taiwan) werden hier für GERKEN interessant. Wenn auch GERKEN als Vertreter der New-Age-Bewegung im Laufe seiner Argumentation in einen (nach meiner Auffassung) übermäßig irrationalen Grundton hineingerät, so sind doch die hier angerissenen Aspekte der „neuen Gefühlshaftigkeit“ in einiger Hinsicht auch schon in völlig unverdächtigen Kreisen akzeptiert.

So lautet z. B. der Titel eines von THOMAS W. BECHTLER (1986) herausgegebenen Buches ganz einfach „Management und Intuition“. Darin schreiben ausgewiesene schweizerische Unternehmenspraktiker zum Beispiel über die „intuitiven Faktoren in Innovation und Produktentwicklung“, über die Stärkung der intuitiven Basis von Management-Entscheidungen“, über „Intuition in der Strategiefindung“ und über den „Platz der Intuition im modernen verteidigungsstrategischen und militärischen Denken“. Wobei klar ist, daß Intuition nur dann zu einem sinnvollen Teil der Handlungsgrundlage werden kann, wenn Emotionalität überhaupt als ein integraler Bestandteil der Persönlichkeit akzeptiert wird.

Was hier so groß formuliert erscheint, „ist doch eine Selbstverständlichkeit“, „war doch schon immer so“, mögen nun einige Stimmen kritisch einwenden.

Aber: War es in den vergangen Jahren und Jahrzehnten denn wirklich so? Wurde neben der Sach-Arbeit, beim rationalen Diskutieren vernünftiger Problemlösungen denn wirklich viel mehr gemacht, als das Wort „Vorbild" auszusprechen – und dann zur Tagesordnung übergegangen? Was war in der materiell defizitären Nachkriegszeit denn viel mehr erforderlich, außer einen scheinbar unbegrenzten Wachstumsmarkt mit Produkten zu versorgen, die Mitarbeiter finanziell zu saturieren und sich Stück für Stück juristische Mitspracherechte abtrotzen zu lassen?

Nicht, daß diese Leistung eine geringe gewesen wäre, ganz im Gegenteil. Aber die Märkte, die Politik, die Gesellschaft, die Lebens- und Arbeitseinstellungen haben sich verändert. Die Erfolgsbedingungen von heute sind nicht mehr die Erfolgsbedingungen von gestern. Die „Selbstverständlichkeiten der Gesellschaft" sind nicht mehr die gleichen. Das fast unbegrenzte Direktionsrecht wurde durch die Notwendigkeit des Interessenausgleichs ergänzt. Die „neuen Führungskräfte" haben die Mitarbeiter und Kollegen nicht mehr nur anzuweisen, sondern auch sachlogisch zu überzeugen, auch von übergeordneten Zielen, von Werten, von wichtigen Einstellungen – und nicht zuletzt von sich selbst. Ohne Kommunikation, technische wie zwischenmenschliche, können exzellente Spitzenleistungen nicht dauerhaft erbracht werden.

Eine Gefahr, die sich hier abzeichnet, liegt auf der Hand: Gefordert wird möglicherweise die scheinbar „alles" könnende und seiende Persönlichkeit, die in ihrer geradezu heiligen Ausprägung absoluter Menschlichkeit den Mitarbeitern die Vision des gelobten Landes überbringt, in dem Erfolg, Zufriedenheit und Glück fließen.

Aber der „Superboss" (D. FREEMANTLE, 1985) sollte nicht in einer grotesken Über-Anforderung, in eine mythische Erhabenheit entrückt werden, aus der der Sturz in die Lächerlichkeit dann um so tiefer wäre. Die realistische Erfüllbarkeit der Anforderungen an die Führungskräfte muß schon ein Kriterium bleiben, wenn irdischer Erfolg ein Ziel bleiben soll.

Aber – wird denn wirklich zuviel gefordert? Ist sie tatsächlich zu hoch angesetzt, die Forderung nach „transformierender" (BENNIS/NANUS), „transformationaler" oder gar „charismatischer" (BASS, 1986) Führung? Ist der Anspruch vermessen, daß die leitenden Angestellten der Zukunft sich zu leitenden Persönlichkeiten entwikkeln müssen?

Wenn ein Autor schon so fragt, dürfte die Antwort des wachen Lesers klar sein: Nein! Natürlich nicht!
Erstens gibt es all diese Fähigkeiten bereits. Zweitens schlummern sie in vielen Führungskräften. Drittens finden sie sich auch im Nachwuchs. Viertens kann man diese Fähigkeiten wecken, fördern und kultivieren!

Außerdem: Selbst in den Beschreibungen der reinen Verhaltensebene zeigt sich schon heute (belegt z. B. durch die im folgenden zitierte BOYATZIS-Untersuchung), wie die Praktiker ihr traditionelles Rollenverständnis zu transzendieren beginnen.

So führen Spitzenmanager heute

Wenn wir uns nun im folgenden mit einigen erwerbbaren, konkreten Merkmalen auf der Verhaltensebene beschäftigen (die im Prinzip von der oberen bis zur unteren Führungsebene vollzogen werden können), so beantworten wir damit auch die Frage, welche Verhaltensweisen die kulturprägenden Spitzenführungskräfte als „Berater und Trainer" ihrer Mitarbeiter im Unternehmen selbst durch ein konsequentes Vorbildverhalten und durch konsequente „Erziehungsarbeit" aufbauen können.

Die im nachfolgenden zitierte amerikanische Untersuchung bestätigt einerseits nochmals einige der in der vorliegenden Arbeit schon genannten Merkmale, geht aber auch operationalisierend (und damit anwendungsbezogen) darüber hinaus.

R. BOYATZIS befragte mehr als 2000 Manager, um aufzuzeigen, was das Verhalten besonders erfolgreicher Führungskräfte kennzeichnet. Aus den Angaben von BOYATZIS zog dann G. WESSELS (1985) jene spezifischen Verhaltensweisen heraus, die offenbar das erfolgreiche Führungsverhalten beschreiben.

Jenseits der besonderen situativen Anforderungen (Branche, Unternehmen, gegebene Situation, Aufgabe usw.) und unter der Berücksichtigung der konkreten Mitarbeiterpersönlichkeiten sowie der jeweils unterschiedlichen Art des individuellen Umsetzens scheinen die folgenden 19 Verhaltensweisen kennzeichnend für ein erfolgreiches Führen zu sein:

Ziele und Aufgaben definieren

Der erfolgreiche Manager
- entwickelt herausfordernde und erreichbare Ziele für seine Mitarbeiter,
- legt klare, spezifische Hauptaufgaben und Fähigkeiten für Mitarbeiterpositionen oder Stellen fest,
- erklärt Aufgaben und Projekte verständlich und gründlich,
- bestimmt meßbare beziehungsweise überprüfbare Kriterien für erforderliche Leistungen,
- klärt Probleme und ihre Ursachen vollständig ab, so daß Mitarbeiter sie korrigieren können.

Beraten und unterstützen

Der erfolgreiche Manager
- äußert mehr Anerkennung als negative Kritik,
- bietet Mitarbeitern Hilfestellung und Unterstützung an,
- vermittelt hohe persönliche Erwartungen auf informelle Art und Weise,

- legt Wert auf positive zwischenmenschliche Beziehungen zu seinen Mitarbeitern,
- gibt Mitarbeitern die Möglichkeit, ihre Fehler selbst herauszufinden und zu korrigieren, anstatt Probleme für sie zu lösen,
- bezieht Mitarbeiter in Zielfindungs- und Entscheidungsprozesse ein.

Leistungen beurteilen

Der erfolgreiche Manager
- fördert Mitarbeiter im Hinblick auf Innovations- und Risikofreudigkeit,
- bespricht regelmäßig mit Mitarbeitern ihren Leistungsfortschritt und Zielerreichungsgrad,
- verstärkt ausgezeichnete Leistungen seiner Mitarbeiter durch finanzielle und nichtfinanzielle Anreize,
- bezieht das Gesamtbeurteilungssystem (Belohnung, Beförderung, Anerkennung) in erster Linie auf das tatsächliche Leistungsverhalten, weniger auf andere Faktoren (zum Beispiel das Dienstalter).

Organisationsentwicklung

Der erfolgreiche Manager
- entwickelt Strategien und Ziele für die Organisation (Hauptabteilung, Abteilung usw.),
- führt Meetings so durch, daß hierdurch die Zusammenarbeit gefördert wird,
- ermutigt Mitarbeiter, Aufgaben und Projekte, die sie für wichtig halten, eigenständig zu entwickeln und zu übernehmen,
- zeigt persönliches Engagement in der Verfolgung übergeordneter strategischer Ziele.

In dieser Beschreibung wird sehr deutlich, daß es weder alleine noch primär auf aggressive bzw. dominierende Persönlichkeitszüge des Vorgesetzten ankommt, sondern vielmehr auf seine offene und direkte Kommunikation mit den Mitarbeitern. Die Art und Weise, wie er mit seinem unmittelbaren Verhalten auf seine Kollegen und Mitarbeiter positiv stimulierend wirkt, das ist entscheidend.

Exzellente Führung heißt folglich Kommunikation. Kommunikation aber bedeutet wechselseitigen Einfluß. Somit verlangt effektive Kommunikation Offenheit sich selbst und anderen gegenüber. Kommunikation darf nicht einfach mit Rhetorik gleichgesetzt werden, bedeutet nicht einfach Rationalität, ist nicht identisch mit Durchsetzungskraft. Kommunikation ist mehr als schriftliche Anweisungen zu geben, zu telefonieren, ständig mit dem PC zu arbeiten. Kommunikation kann dies alles bedeuten – aber vieles noch darüber hinaus. Es bedeutet ganz einfach das Schwerste und Schönste zugleich: einen achtungsvollen Kontakt mit wechselseitigem Nutzen zwischen Partnern.

Nichts gegen Hochleistung – im Gegenteil, ich bin sehr dafür. (Auch Sklavengaleeren waren über das Meer zu rudern, zuweilen gar nicht so langsam.) Aber Rekorde mit einer Mannschaft auf Dauer ohne menschenverzehrenden Verschleiß, das schafft nur ein guter Trainer. Die Erkenntnis, daß erfolgreiche Vorgesetzte (auf allen Ebenen) gute Trainer ihrer Mitarbeiter sind – und nicht nur ichbezogene Karriererenner –, diese Einsicht wird bei allem Gewicht eines eigennutzbezogenen Verhaltens zunehmend in der Wirtschaft umgesetzt.

Ganz in diesem Sinne sind die veröffentlichten Umfrageergebnisse einer von der Zeitschrift „Management Wissen" (WEBER, Oktoberheft 1986) durchgeführten Studie zu verstehen. Unter der Überschrift „Der Chef als Coach" wurden hier die Antworten von rund 170 Personal- und Weiterbildungschefs sowie Personalberatern auf die Frage nach dem „Eigenschafts- und Anforderungsprofil des Managers von morgen" zusammengetragen.

Als Umfeldaspekt wird in diesem Artikel die Entwicklung von eher materiellen zu mehr ideellen und kulturellen Werten angesprochen: Die besser ausgebildeten, selbständigeren und reiferen Mitarbeiter, die im Zuge gesamtgesellschaftlicher Wandlungsprozesse höhere Anforderungen an Information und Partizipation, an Sinn der Arbeit und Lebensqualität, an human gestaltete Arbeitsplätze und Kommunikation mit dem Vorgesetzten stellen, müssen künftig mit mehr „Persönlichkeit" oder „Charisma" geführt werden. Anders sei der weit verbreiteten „Job-Tristesse" nur schwer beizukommen, zumal die zunehmend vernetzten internationalen Märkte eine Innovationsfähigkeit und Flexibilität der Unternehmen verlangen, die durch eine rein organisatorische Hierarchieverflachung nicht geleistet werden kann. Rein technokratische Führungskonzepte haben sich nicht genügend bewährt.

Das Wort eines Weiterbildungsmanagers von der „Renaissance des Führerbegriffs" wird beispielhaft zitiert, um schlaglichtartig zu beleuchten, welche personellen und kommunikativen Aspekte für den Manager künftig noch wichtiger werden, als sie es heute schon sind. Wobei mit dem Phänomen „Charisma" ein letztlich irrationaler Boden betreten wird und hier die Erlernbarkeit des Verhaltens an klare Grenzen stößt.

Das Bild der künftigen Führungskräfte umfaßt nach weit übereinstimmender Meinung der beauftragten externen und internen Experten (vgl. WEBER, 1986) die folgende Merkmalsskala:

„Der Manager von morgen wird
- mehr als heute die Unternehmenskultur pflegen müssen,
- mehr Wert auf Spaß bei der Arbeit legen,
- vermehrt eine Frau sein,
- gewisse Fähigkeiten eines TV-Moderators haben müssen, weil er die Unternehmenspolitik einer sehr kritischen Öffentlichkeit wirksam verkaufen muß,
- mehr Charisma haben müssen,

- bei seinen Leuten beliebter sein müssen,
- nur für eine begrenzte Lebensspanne Manager sein,
- vermehrt zum Aussteiger werden,
- seinen Leuten mehr als heute privat zur Seite stehen,
- mehr Politiker als Geschäftsmann sein,
- bei seiner Karriere auf die Zustimmung seiner Mitarbeiter angewiesen sein,
- Statussymbolen weniger Bedeutung beimessen."

Erheblich höheren Anforderungen werden die Führungskräfte von morgen besonders bezüglich der folgenden Eigenschaften genügen müssen (so die Personal- und Weiterbildungs-Chefs):

- O Kommunikations-/Kooperationsfähigkeit,
- O Motivationsfähigkeit,
- O Persönlichkeit, Charisma,
- O Fremdsprachen,
- O Auslandserfahrung,
- O Phantasie, Kreativität, Originalität,
- O diskursive Intelligenz und
- O Mobilität/Flexibilität.

Sind dies die prägnantesten künftigen Erfordernisse, so sind sie natürlich zu ergänzen um diejenigen Merkmale, die zwar weniger wachsen, die aber gleichwohl wichtig sind und es auch bleiben werden:

- O Fachwissen,
- O Sicherheit im Auftreten,
- O Zielstrebigkeit/Entscheidungsstärke und
- O Streßbelastbarkeit/Fitneß.

Gerade das letzte Merkmal wird als solches begreifbar, wenn man bedenkt, daß die künftigen Anforderungen an die Manager nicht ab-, sondern zunehmen werden. Denn Arbeitsdruck wie Arbeitsmenge werden auch in Zukunft vermutlich nicht abnehmen – zumindest nicht für mittlere und obere Führungskräfte. Die stets komplexer werdenden Abläufe und Vernetzungen werden für eine noch geringere Überschaubarkeit der Arbeitszusammenhänge sorgen, der Innovationsdruck wird steigen, die langfristigen Folgen von Entscheidungen müssen immer mehr berücksichtigt werden, die Informationsflut wird wachsen, die Mitarbeiter werden anspruchsvoller im menschlichen Umgang werden, die Familie zu Hause wird sich nicht ohne Probleme stets hinter die Arbeit stellen lassen.

Zusammenfassend läßt sich sagen, daß sowohl die aus der BOYATZIS/WESSELS-Untersuchung wie auch die aus der Umfrage vom „Management Wissen" resultierenden wichtigen Führungsmerkmale sich in die bisher herausgearbeiteten Cluster einfügen lassen. Wobei auffällt, daß gerade die BOYATZIS/WESSELS-Kriterien einen starken Akzent in der Mitarbeiterorientierung aufweisen, also in die Cluster „Autonomie" und „soziale Kompetenz" eingeordnet werden könnten (Kategorie: Beraten und Unterstützen; Kategorie: Leistungen beurteilen). Anders gesagt: Klare und motivierende Ziele müssen hochkommunikativ an die Mitarbeiter weitergegeben werden. Das bedeutet aber auch, über ständiges und eindeutiges Feedback die Mitarbeiter im Vollzug ihrer Aufgaben weiterhin zu motivieren. Dabei sind die Gesamtunternehmensbelange besonders im Auge zu behalten und Mitarbeiter in Richtung Selbständigkeit und Initiative weiterzuentwickeln.

Somit kehren in der Umfrage vom „Management Wissen" die schon vertrauten Merkmale wieder. Der genannte relative Stellenwert der einzelnen Merkmale macht deutlich, daß die traditionellen, eher statischen Merkmale wie Fachwissen, preußische Formaltugenden, gute Examensnoten, familiäre Herkunft und gewähltes Studienfach eher an Bedeutung verlieren. Demgegenüber rücken künftig immer mehr jene Aspekte in den Vordergrund, die wir in der Diskussion wiederholt herausgearbeitet haben:

Soziale Kompetenz
- Kommunikations- und Kooperationsfähigkeit,
- Motivationsfähigkeit,
- Moderationsfähigkeiten und
- Pflege der Unternehmenskultur.

Autonomie
- Persönlichkeit, Charisma,
- Sicherheit im Auftreten und
- Zielstrebigkeit, Entscheidungsstärke.

Kognitive Problemlösungsfähigkeit
- Phantasie, Kreativität, Originalität und
- diskursive Intelligenz.

Power
- Streßbelastbarkeit, Fitneß.

Äußere Mobilität
- Fremdsprachen,
- Auslandserfahrungen und
- Mobilität, Flexibilität.

Sowohl bei BENNIS/NANUS wie auch bei BOYATZIS/WESSELS stehen am Anfang ihrer Ausführungen die Hinweise auf motivierende Ziele. Es geht beiden Autorengruppen um „Visionen", um eine außerordentliche Konzentration auf erreichbare Ziele. Und beide Gruppen betonten (viel konkreter als die anderen Autoren, die überwiegend Wort-Etiketten verwenden wie Kommunikation und Kooperation) die Wichtigkeit des Selbstwertgefühls (Selbstvertrauen) und spezifische Formen des fordernden und fördernden zwischenmenschlichen Umgangs zwischen Führungskraft und Mitarbeiter. Nur autonome (Führungs-)Persönlichkeiten sind in der Lage, auf angemessene Weise mit den Mitarbeitern umzugehen und sie auf mehr Eigenständigkeit und Initiative hin weiterzuentwikkeln. Nur autonome Persönlichkeiten (hohes Selbstwertgefühl) schaffen ein kreatives und kooperatives Arbeitsklima. Angst zwischen Menschen ist eben dort geringer, wo die Menschen in sich selbst weniger Angst haben. Nur wer sich selbst akzeptiert, kann andere respektvoll und auf Dauer positiv motivierend führen.

So erklären Führungskräfte ihren Erfolg selbst

Auf der nachfolgenden Seite finden Sie ein interessantes Untersuchungsergebnis. Es geht um die Frage, wie erfolgreiche Führungskräfte ihren eigenen Erfolg erklären. Welche Faktoren führen Sie selbst an?

Fleiß, harte Arbeit	24
Ehrgeiz	13
Glück	7
Arbeitseffektivität	7
Ausdauer	6
soziales Geschick	5
Intelligenz	4
Integrität	4
Urteilsvermögen	3
Menschenführung	2

Aufstieg durch harte Arbeit
Faktoren, die laut einer Umfrage unter 1362 US-Managern für den beruflichen Erfolg am wichtigsten sind (in Prozent)

Quelle: „Management Wissen", Nr. 9/1986, S. 10

Die Ergebnisse können durchaus als überraschend angesehen werden. Ihr Arbeitseinsatz war nach Auffassung der Manager für ihren beruflichen Erfolg wichtiger als faktische Effektivität oder Menschenführung.

Wie ist dieses Ergebnis zu interpretieren? Widerspricht es unseren Ausführungen? Oder handelt es sich um eine Bestätigung – z. B. für die Bedeutung des Faktors Power? Oder spielen Kulturunterschiede (USA – BRD) eine Rolle? Spielt in den USA der Individualismus eine größere Rolle als die soziale Kompetenz? Oder handelt es sich um einen faktischen Widerspruch zwischen Theorie und Praxis? Oder gilt in den USA der rein individuelle Einsatz eben mehr als ergänzende (kommunikative oder andere) Führungsaspekte? Oder handelt es sich nur um „durchschnittliche" Manager, ist das Ergebnis also nur für eine Teilgruppe der Manager gültig? Spielt Aktivität in den USA die große Rolle, während Effektivität nur eine untergeordnete Rolle innehat? Oder zeigt sich hier ganz einfach ein (mythologisierender) Selbsterklärungsansatz der Führungskräfte nach dem Muster: „Wer will, der kann auch nach oben kommen!“, getreu dem amerikanischen Vom-Tellerwäscher-zum-Millionär-Traum?

Oder geben die Manager einfach ihre Erfahrung davon wieder, was in den meisten Unternehmen am deutlichsten belohnt wird? Geben sie (vielleicht mit einer falschen Erklärung) eine wahre Wirklichkeit wieder?

Die Interpretation ist nicht einfach. Mehrere Ansätze scheinen möglich. Ich selbst neige dazu, die Selbsterklärung dieser Führungskräfte mit der Phantasie von der Machbarkeit der Dinge und der Eigenverantwortung für das eigene Leben in Verbindung zu bringen. Aktivität ist im Vergleich zu den anderen auch ein relativ gut selbst zu beeinflussender Faktor. Was liegt also näher, als in einem Umfeld, das die Machbarkeit der Dinge zu einem Mythos hochstilisiert, diesen Mythos auf das eigene Selbst anzuwenden?

Manager sind auch nur Menschen

Betrachtet man die oben zitierten Anforderungen und die immer komplexer werdenden Führungsstilmodelle, wie sie z. B. RAIDT (1985) zusammengestellt hat, so fällt auf, daß steigende Anforderungen an die einzelnen Führungskräfte gestellt werden. Auch klare Tendenzen zur verstärkten Kooperation aller Beteiligten zeichnen sich ab.

Es scheint, als herrsche ein bemerkenswerter Optimismus bezüglich dessen, was dem Manager noch alles abverlangt werden könne, und bezüglich des „Reservoirs" an fähigen und vor allem positiv eingestellten Leuten, die bereit sind, sich für die ständig komplexer werdende Aufgabe der Führung zu interessieren.

Wird von Vorgesetzen, von Kollegen und von Mitarbeitern genügend beachtet, daß nicht nur die Mitarbeiter Bedürfnisse und Werte haben, sondern die Führungskräfte in ähnlicher Weise? Daß „Manager auch nur Menschen" sind?

Wie die Literatur zeigt, wird man sich allgemein erst langsam der Tragweite dessen bewußt, daß sich nicht nur die Gesellschaft und die Unternehmen wandeln, sondern mit ihnen auch die jungen Aspiranten auf heutige und künftige Führungspositionen. Beispielsweise haben es Rüstungsunternehmen in letzter Zeit wesentlich schwerer, Hochschulabgänger für ihre Ziele zu erwärmen (PRIEWE, 1986).

„Sinn" tritt in den Vordergrund: Die „handlungsleitende Ethik" hat das Ziel des bloßen Profits abgelöst und zu einer von mehreren Bedingungen gemacht, wenngleich auch immer noch zu einer zentralen. Entsprechend hört z. B. W. DOSTAL von der Bundesanstalt für Arbeit oft von jungen Arbeitssuchenden kritische Bedenken gegenüber der Rüstungsindustrie. Auch der Personalberater W. HATESAUL erlebt, daß moralische Kriterien zunehmend wichtiger werden, und G. SWIERZY vom Frankfurter Personalbüro Plan sieht sich immer öfter mit ethischen Überlegungen konfrontiert (vgl. PRIEWE 1986). R. K. STREICH (1985) bezeichnet in diesem Zusammenhang die Werthaltungen der nachrückenden Generation als „postmaterialistisch". Nach L. VON ROSENSTIEL (1983) stehen bei den Jüngeren „Selbstverwirklichung" und „soziale Akzeptanz des Handelns" mehr im Vordergrund als bei den Älteren. Sie wünschen eher „freie Meinungsäußerung" und eine „intakte Umwelt" (vgl. ROSENSTIEL, 1986; „Der Spiegel", Nr. 16/1986).

Die „Wirtschaftswoche" (9.11.85) verwandte den Begriff des „karriere- **und** freizeitbezogenen Managers" und verweist damit auf einen weiteren Aspekt, der bezeichnend ist für die junge Generation: die hohe Wertung der persönlichen Lebensqualität.

Die Problematik ist klar, vor der diejenigen Unternehmen stehen, die in ungenügender Weise auf die Tendenzen bei ihren jungen Führungskräften eingehen: „Innere Kündigung" der Mitarbeiter und die Verlagerung der persönlichen Energie auf den außerberuflichen Bereich mit dem Ziel einer „zweiten Karriere" können die Folgen sein. Ein Grund hierfür liegt in dem Umstand, daß ein wichtiger Teil des persönlichen Entwicklungsprozesses der jungen Führungskräfte – durch wachsende Bildungs- und Ausbildungszeit bedingt – außerhalb des Unternehmens stattfand und damit im „praxisfernen" Raum verlief. Man darf vermuten, daß dadurch Lebenspositionen geschaffen wurden, die nicht so ohne weiteres aufgegeben werden können, bzw. daß bei ihnen das verständliche Bestreben besteht, die neu gewonnenen Einstellungen auch in den Arbeitsbereich zu übertragen.

So denken und leben die neuen Manager zunehmend ganzheitlich orientiert. F. FÜRSTENBERG betont die Tendenz, daß ein „individuelles Gleichgewicht zwischen den Lebenssphären" angestrebt wird, und B. STRÜMPEL gebraucht in diesem Zusammenhang den Begriff der „Gleichgewichtsethik“, deren Vertreter eine immer größer werdende Gruppe darstellen (vgl. FÜRSTENBERG, 1986). Bei ihnen ist Arbeit zwar von hoher subjektiver Bedeutung, ihre Motivation hängt aber mit bestimmten ethischen Werten zusammen, die auf die Intention hinauslaufen, Arbeit in den ganzen Lebenszusammenhang einordnen zu können.

Angesichts alarmierender Daten über die Wirkungen von krankmachendem Streß und der Erkenntnis, daß Arbeit „Spaß“ machen muß, wenn man sie über lange Jahre hinweg erfolgreich und gesund erleben will, erhebt die junge Generation Ansprüche auf lebenswerte Arbeitssituationen, wobei Selbstentfaltung, Eigeninitiative und großer Entscheidungsfreiraum den höchsten Stellenwert erhalten.

Für die alteingesessenen Führungskräfte mögen diese Forderungen möglicherweise unangemessen erscheinen, aber die neuen Einstellungen sind im Grunde nichts weiter als die konsequente Anpassung an die veränderten (immer aufreibenderen) Weltverhältnisse.

In diesem Sinne sind auch z. B. A. CORELLS (1986) „zehn Regeln für mehr Erfolg“ zu verstehen, in denen er vertrauensvolle Beziehungen zu anderen, Freizeitspaß nach eigenem Belieben, Gelassenheit und Humor als Grundpfeiler zufriedenstellender Arbeitsergebnisse beschreibt. Damit gibt er quasi eine Teilcharakteristik der „jungen Alternativen“ ab und beschreibt als salonfähig, was noch vor einigen Jahren als eher erfolgsgefährdend eingestuft wurde.

Die traditionellen Manager

Wie bereits erwähnt, gelten für die schon länger im Geschäft tätigen Führungskräfte diese neuen Werte nur begrenzt. Im Gegenteil: Es ist allgemein zu beobachten, daß in bestimmten Managementkreisen (je höher, desto mehr) die Bedürfnisse und Probleme der eigenen Person kein offizielles oder prominentes Thema darstellen. Hier zählen vielmehr Arbeitseinsatz und Pflichterfüllung - wenn man von Geld und Karriere einmal absieht.

Beispielsweise hat eine Emnid-Umfrage (Handelsblatt vom 13.5.1985) bei 700 Führungskräften ergeben, daß „Freizeit" von diesen als „nicht so wichtig" angesehen wurde. Vermutlich kann hier von einer etwas realitätsfernen Fehleinschätzung gesprochen werden. Ein Grund dafür könnte in der hohen intrinsischen Arbeitsmotivation liegen, die R. K. STREICH (1985) als „traditionelle Arbeitsmoral" bezeichnet. Der damit zusammenhängende Lebensstil zeigt oft die folgenden Merkmale (vgl. STREICH 1985; Handelsblatt vom 13.5.1985):

- hoher Vorrang der Arbeit vor dem Privatleben,
- hoher zeitlicher Arbeitseinsatz (ca. 55–70 Arbeitsstunden pro Woche und mehr),
- starke gedankliche Ausrichtung auf das Arbeitsleben,
- Diskrepanz zwischen dem zugesicherten und dem wirklich planbaren bzw. vollzogenen Urlaubsumfang,
- begrenzte Möglichkeiten, das verdiente Geld in einen erholsamen oder nutzenbringenden Ausgleich umzusetzen,
- hohe Bereitschaft, in diesem Stil weiterzuarbeiten, auch wenn es finanziell nicht nötig wäre.

Und ich selbst möchte hinzufügen (allerdings nicht als ein Untersuchungsergebnis, sondern „nur" als Ergebnis einer mehrjährigen Praxisbeobachtung):

- Neigung zur Selbstüberschätzung des eigenen Wirkungsgrades und der eigenen Bedeutung,
- begrenzte bis geringe Selbststeuerungsfähigkeiten in Richtung höherer persönlicher Arbeitseffektivität bei gleichzeitig geringerer Streßbelastung,
- oftmaliges Verkennen der faktischen Motivationsbedingungen bei den Mitarbeitern („Eigentlich müßten ‚die' doch ... !"),
- Fehleinschätzung bis Leugnung der tatsächlich vorhandenen eigenen und familiären psychischen und physischen Beeinträchtigungen als Folge der über-vereinseitigten Arbeitsausrichtung.

Nun könnte der Leser in diesen Hinzufügungen eine blickverengte Zuspitzung sehen. Aber da sprechen die Alltagsbeobachtungen und die zunehmenden Veröffentlichungen über die Situation der streßgeplagten Manager eine deutliche Sprache dagegen (vgl. zum Beispiel die „Wirtschaftswoche" vom 18. 10. 1985). Wobei die Streßbelastung, um diesen Pauschalbegriff einmal zu verwenden, nicht allein aus aktuellen Arbeitsbezügen (zeitliche und inhaltliche Belastungen), sondern, wie E. RINGEL zum Beispiel (in der „Süddeutschen Zeitung" vom 12. 11. 1986) ausführt, auch aus stark biographisch geprägten Erfahrungen resultiert: Oft unter harten Bedingungen mit wenig elterlicher Liebe aufgewachsen, mit dem Stachel der erlebten „Minderwertigkeit" versehen, flüchten sich Manager häufig in kompensative Leistungs- und Machtriten. In einer Atmosphäre der Einsamkeit und des betrieblichen Mißtrauens versuchen sie durch eine unbändige Arbeitswut sich von einem Blick in die eigene Person abzulenken. Sie leisten viel und sind ausdauernd, opfern sich auf und jagen mit hoher Geschwindigkeit einem erträumten Glück hinterher, das sie an anderer Stelle suchen müßten, um es wirklich zu finden.

Hier zeichnet der Arzt und Psychotherapeut RINGEL ein deutliches Kontrastbild des Managers im Vergleich zu den euphorisierten Beschreibungen, wie sie vor einiger Zeit in der Zeitschrift „Manager Magazin“ zu lesen waren.

Der junge, dynamische Führungsnachwuchs für die Spitze

„Manager Magazin“ hatte 1986 eine Fragebogenaktion gestartet, um die fähigsten Nachwuchsmanager zu küren (vgl. „Manager Magazin“ 11/86). Unter den 4360 Teilnehmern hatten zwar immerhin 165 die Aussage bejaht „Karriere machen lohnt sich nicht“, aber ansonsten bekam die Jury (bestehend aus fünf Spitzenmanagern, zwei Journalisten und zwei Personalberatern) eigentlich das zu lesen und zu hören, was sie offensichtlich gerne hörten. Die Grundeinstellung von ZEHNDER ist klar und einfach: Erfolgreiche Manager zeichnen sich für ihn durch „überdurchschnittlichen Arbeitseinsatz, gründliche, internationale Ausbildung, Enthusiasmus, Charakter und Glück“ aus.

Die gefundenen Nachwuchsmanager (Durchschnittsalter: 32 Jahre) hatten zum größten Teil Wirtschaftswissenschaften studiert, mit einem Notendurchschnitt von 2,18 Examen gemacht, waren seit etwa sechseinhalb Jahren berufstätig und waren überwiegend mindestens Abteilungsleiter.

Für die drei wichtigsten Karrierefaktoren hielten die Führungskräfte im allgemeinen selbst:

- Umgang mit Menschen,
- Tüchtigkeit und
- Belastbarkeit, Gesundheit.

Die 10 besten Kandidaten unterschieden sich bezüglich der drei genannten Faktoren wenig von den Einschätzungen des Teilnehmer-

Durchschnitts. Sie lagen leicht wahrnehmbar noch etwas höher. Nur bei 3 Faktoren (aus einer Liste von insgesamt 13 Items) gibt es auffallende Differenzen: Die „Top Ten" halten Allgemeinbildung und Anpassungsfähigkeit/Loyalität deutlich für noch wichtiger als der Durchschnitt – und sie sehen den Faktor Glück als für ihre Karriere recht erheblich an, während die anderen diesem Faktor nur eine geringe Bedeutung beimessen.

Die Einstellungen der Führungskräfte zum Beruf wurden im Durchschnitt so charakterisiert:

- Mein berufliches Fortkommen ist für mich wichtig
- Ich opfere viel Freizeit für meinen Beruf
- Der Inhalt meiner Arbeit ist mir wichtiger als Aufstieg und viel Geld
- Ein möglichst hohes Einkommen ist für mich wichtig

Im Vergleich zum Durchschnitt lassen sich bei den Top Ten zwei deutliche Unterschiede festhalten: Das hohe Einkommen ist für sie erheblich wichtiger (rückt fast an die zweite Stelle), und der Inhalt der Arbeit ist für sie weniger wichtig als für die anderen!

Weniger als 50% aller Befragten stimmten dann den folgenden Aussagen zu (Rangreihe):

- Eine 60- bis 80-Stunden-Woche halte ich nicht für erstrebenswert
- Mein Beruf geht zu Lasten meiner Familie
- Freizeit ist für mich ebenso wichtig wie mein Beruf
- Sicherheit des Arbeitsplatzes ist für mich sehr wichtig

Was die Wichtigkeit für den richtigen Führungsstil anbelangt, so stimmten alle Kanditaten im Durchschnitt den folgenden Aussagen in der genannten Reihenfolge zu:

- offen sein für Mitarbeiterprobleme,
- der Führungsstil muß sich anpassen,
- Information motiviert am besten,
- Führung ist in jedem Fall Teamwork,
- persönliches Vorbild allein motiviert,
- Intuition ist am wichtigsten,
- Alleinverantwortung ist unverzichtbar,
- Entscheidungen vorher diskutieren,
- Durchsetzen, wenn auch autoritär und
- Hierarchie ist unverzichtbar.

Bei der Betrachtung der Daten fällt auf, daß die Top Ten im allgemeinen fast das gleiche Profil haben; doch zwei gravierende Abweichungen sind anzumerken: Ganz anders als der Durchschnitt halten sie „Alleinverantwortung" als für nahezu unverzichtbar und rücken diesen Punkt klar an die dritte Stelle. Und bei „Führung ist in jedem Fall Teamwork" tauchen die Top Ten gar nicht auf. Sie zeigen somit – so könnte man folgern – eine gewisse Bereitschaft zum egozentrischen bis autoritären Durchsetzen.

Dies kann man verknüpfen mit den Angaben in der Umfrage, daß nach der Selbsteinschätzung der Teilnehmer zwar überwiegend ein „sachlicher" Führungsstil herrsche, aber gleichzeitig auch mit steigender Hierarchiestufe die Bereitschaft zunähme, autoritär zu reagieren.

Zwar berichtet die Zeitschrift stolz, die „4360 Teilnehmer beeindruckten mit einer Superausbildung, mit beruflicher Klasse und einer ausgeprägten Persönlichkeit", aber bei der Betrachtung aller ausgebreiteten Daten und nach Art ihrer Aufbereitung kann ich mich eines Eindrucks nicht erwehren: Hoch geschätzt wurden von der Jury mit konservativen Maßstäben diejenigen, die jung waren, nach einer guten Ausbildung schnell nach oben kamen, viel Geld und viel Macht wollten. Die Identifikation mit der inhaltlichen Arbeit und der wertschätzende Umgang mit dem Mitarbeiter wurden

Fragen: „Welche dieser Eigenschaften erwarten Sie von einem guten Vorgesetzten?" – „Was trifft auf ihren direkten Vorgesetzten zu?"

Eigenschaften	Angaben in Prozent	
	Das sollte auf einen guten Vorgesetzten zutreffen	Das trifft auf meinen Vorgesetzten zu
Faktor 1: Kann führen	∅ 64	∅ 36
Kann gut mit Leuten umgehen	81	43
Kann sich gut durchsetzen	57	36
Aufgeschlossen für Vorschläge der Mitarbeiter	75	41
Gibt klare, verständliche Anordnungen	68	37
Hat eine klare Linie, konsequent	59	33
Begründet die Anordnungen immer ausführlich	44	23
Faktor 2: Menschlich nett	∅ 61	∅ 40
Freundlich	75	57
Verständnisvoll	80	46
Hilfsbereit	54	37
Vertrauenserweckend	58	31
Höflich	49	43
Humorvoll	50	26
Faktor 3: Engagiert in der Arbeit	∅ 39	∅ 27
Geht in der Arbeit auf	19	27
Kann praktisch arbeiten	46	41
Kann andere mitreißen, begeistern	44	13
Läßt jeden möglichst viel selbst entscheiden	48	27
Faktor 4: Klug, guter Charakter	∅ 73	∅ 41
Intelligent	60	42
Ehrlich	74	37
Gerecht	84	43

Wie der Chef sein sollte – und wie er ist

Quelle: Capital, 9/1983

wie zur PR-betonten Legitimation lediglich als Anklang mitgeliefert. Gesellschaftsbezüge und entsprechende Verantwortlichkeiten schienen nicht zur Sprache gekommen zu sein.

Ob ERWIN RINGEL mit seiner Beschreibung von der Einsamkeit der nach oben gelangten Manager so falsch lag? Ob er Ausnahmen beschrieb? Kommen tatsächlich einfach die „Besten“ nach oben? Die „Besten“ in welchem Sinne? Für sie selbst? Für das Unternehmen? Für die Mitarbeiter? Muß nach „oben“ gelangen auch bedeuten, sich von „unten“ zu entfernen? Wie effektiv, außer für die eigene Karriere, und wie verantwortungsvoll für das ganze Unternehmen sind denn Führungskräfte, wenn Mitarbeiter in einer Umfrage das Folgende konstatieren?
Nicht der sich durchsetzende und in der Arbeit aufgehende Vorgesetzte wird von den Mitarbeitern bevorzugt, sondern der gerechte, der kommunikative und der verständnisvolle Chef. Der Chef, der kalkulierbar ist, auf Vorschläge der Mitarbeiter hört und klare Anweisungen gibt!

Nach meinen persönlichen Beobachtungen und Eindrücken im Wirtschaftsbereich läßt sich dieses Ergebnis nicht damit erklären, daß die Mitarbeiter nur aus Bequemlichkeit einen „weichen“ Vorgesetzten suchen. Das Ergebnis spricht nach meiner Auffassung vielmehr dafür, daß viele Vorgesetzte zu wenig richtig auf die Mitarbeiter eingehen und deshalb ein riesiges Motivationspotential ungenutzt brach liegen lassen. Zwar wird von den Vorgesetzten eine mehr oder weniger formale Höflichkeit und Freundlichkeit gezeigt; aber ein tieferes Eingehen auf die Mitarbeiter gelingt offenbar nicht vielen. Nach der Einschätzung der Befragten können Vorgesetzte das am wenigsten: „andere mitreißen, begeistern“ und „die Anordnungen immer ausführlich begründen“.

Was heißt das anderes, als mit der eigenen Persönlichkeit beeindrucken und Ziele (Visionen) vermitteln zu können? Was die Chefs aber tun: Sie „gehen in der Arbeit auf“ – das einzige, was sie mehr tun, als die Mitarbeiter es wünschen. Auch wenn die USA und die Bundesrepublik in diesem Punkt nicht völlig gleich zu sehen sind, eine übermäßige Konzentration auf sachliche Aktivitäten und ein zu geringes Eingehen auf die Mitarbeiter zeigen offensichtlich die durchschnittlichen Vorgesetzten beider Länder!

Erfolgreiche und exzellente Führungskräfte

Hier wird in Anbetracht aller bisher diskutierten Ergebnisse erkennbar: Was gut ist für die eigene Karriere von Führungskräften, muß nicht gut sein für die Mitarbeiter, für deren Arbeitsmotivation und Identifikation mit dem Unternehmen, muß auch nicht gut sein für das Unternehmen!

Leicht spekulativ läßt sich also formulieren: Es gibt erfolgreiche und es gibt exzellente Führungskräfte. Die *exzellenten* unterscheiden sich von den „bloß erfolgreichen" durch

---

- ihre inhaltliche Identifikation mit der Arbeit,
- ihren visionären Weitblick und ihr klares Wissen darüber, welche Ziele mit aller Kraft realisiert werden sollten,
- ihr gesamtunternehmerisches Denken und Handeln,
- ihr hohes Selbstwertgefühl, das ihnen erlaubt, nicht nur ihre eigenen Stärken und Schwächen realistisch zu behandeln, sondern auch die ihrer Mitarbeiter,
- ihre überdurchschnittlich guten kommunikativen Fähigkeiten, die es ihnen möglich machen, gerecht und verständnisvoll mit ihren Mitarbeitern umzugehen, weshalb ihr Vorbild Identifikationen bei den Mitarbeitern stiftet,
- ihre (wie auch immer geartete) Persönlichkeit, die die Unternehmenskultur in einer förderlichen Weise prägen kann.

Fazit: Oben zu sein ist möglich und wird von vielen angestrebt. Aber es ist offensichtlich nicht alles. Profit und Einkommen sind zentrale Ziele. Aber es sind nicht die einzigen. Erfolg zählt. Sinn beruhigt. Bei der Führung ist es wie bei der Liebe: Man kann zwar ohne sie nicht leben, aber wie man sie am besten hinbekommt, darüber zerbrechen sich die Leute seit Tausenden von Jahren den Kopf.

Spontan fällt mir hier die folgende Assoziation ein, eine kleine Anekdote – wie wahr oder unwahr sie auch sein möge:

Einige Führer der Französischen Revolution waren bei einer Versammlung und diskutierten ihre Ziele und ihr weiteres Vorgehen. Plötzlich war Lärm auf dem Marktplatz. Einer der Volksführer eilte zum Fenster, schaute hinaus und beobachtete das Geschehen. Kurz darauf rief er aus: „Wo ist mein Volk? Ich muß ihm nach, denn ich will es führen!“

3. Kapitel

Renaissance oder Wende?

Ethik ist ins Grenzenlose erweiterte Verantwortung gegen alles, was lebt.

Albert Schweitzer

Die Werte-Diskussion

In diesem Kapitel beschäftigen wir uns mit einem Themenkreis, der sich zunehmend in der Diskussion Bahn bricht: dem überall festzustellenden Wertewandel und einer Werteorientierung, die für die Felder Führung, Personalpolitik und Weiterbildung immer relevanter werden.

In der Zeit nach dem Zweiten Weltkrieg hatte sich in der Bundesrepublik eine Situation ergeben, in der im gesamten politisch-gesellschaftlichen Bereich eine Skepsis gegenüber starken ideologischen Aussagen herrschte. Das Drama des Dritten Reiches und die Katastrophe des Zweiten Weltkrieges führten u.a. auch zu einer Versachlichung vieler Lebenszusammenhänge, zumindest zu dem Bemühen um Versachlichung.

Daß sich dabei unter dem Mantel der „Ideologiefreiheit" auch (z.T. unbewußt) neue Ideologien entwickelten, ist (heute) klar. Gleichwohl läßt sich wenigstens graduell ein starker Zug zu den neuen Werten der Sachlichkeit, der Vernunft, der Sach-Rationalität, der Sach-Bereiche und der Sach-Zwänge feststellen. Die „skeptische Generation" (SCHELSKY) scheute vor einer übermäßigen Politisierung der Sach-Aufgaben und des gesamten Lebens zurück. Naturwissenschaft, Wissenschaft überhaupt, Technik, Funktionalität, Sachlogik, Empirie und möglichst wenig Metaphysik wurden hochgehalten. Die bittere Ernüchterung war eingekehrt. Zahlen, Daten und Fakten gaben scheinbar wert-neutral Entscheidungsnotwendigkeiten vor. Die Wirtschaft bemühte sich strikt um eine Entpolitisierung ihres Bereiches. Scheinbar „rein wirtschaftliche" Gesichtspunkte prägten das Handeln.

Die 68er Bewegung wackelte an vielen Festungen und Thronen des „kapitalistischen Systems". Dieses bekam Risse, es wurde reformiert – und steht heute stärker denn je da, allerdings auch verändert.

Mit dem Abstand von zwanzig Jahren läßt sich heute festhalten: Offensichtlich war die Studentenbewegung eine von vielen Entwicklungslinien, die unser Wirtschaftsleben, das politische System und die Gesellschaft als Ganzes erfaßten. Viele andere Veränderungen kamen in der Zwischenzeit dazu. Um es bruchstückhaft anzudeuten: Demokratisierung der Gesellschaft, Freizeitorientierung vieler Arbeitnehmer, Konsumluxurierung, Vollbeschäftigung, Ostverträge. Umweltverschmutzung, Arbeitslosigkeit, Entpolitisierung der öffentlichen Diskussionen Mitte der siebziger Jahre, Rückzug im Privaten, Wiederpolitisierung durch neue soziale Bewegungen. Alternative Lebensformen, die Partei der Grünen, der Siegeszug der Computer, die Datenerfassung und die Volkszählung, die Entwicklung der wirtschaftlichen Nutzung der Atomenergie, der Kampf um Brockdorf und Wackersdorf, die politische Wende in Bonn, der neue Konservatismus, die Friedensbewegung in Ost und West ... Ölverschmutzung der Meere, Gentechnologie, Schuldenkrise der Dritten Welt, Umweltbewußtsein, die Euphorie der westlichen Industrienationen über eine ungewöhnlich lange gut laufende Konjunktur, ein siebenjähriger Autoboom ...

Viele weitere Phänomene ließen sich aufzählen, die sehr heterogene Veränderungen in völlig verschiedenen Bereichen beschreiben würden. Ich glaube aber, es genügen an dieser Stelle die Andeutungen, denn ich möchte einfach nur folgendes klarmachen: In einer Zeit außerordentlicher technischer, wirtschaftlicher, politischer, gesellschaftlicher, ja man kann einfach sagen „globaler" Veränderungen in fast allen Bereichen kann der wirtschaftliche Bereich nicht unberührt bleiben von einer Reflexion seiner „Spielregeln". Das läßt sich in der Retrospektive leichter konkretisieren als während der Anfangsphase von Entwicklungen. Konstatieren kann man aber heute schon eine Intensivierung der Diskussion über die Einstellung zur Arbeit, neue Werte, neue Moral und Ethik auch im Wirtschaftsbereich.

Fern der Absicht, hier auch nur im Ansatz den Versuch machen zu wollen, eine umfassende Sozialgeschichte der Bundesrepublik Deutschland zu schreiben, will ich mit den oben angeführten ungeordneten Stichworten einfach auf den inneren Zusammenhang hinweisen: Die erregend positiven wie problematischen Veränderungen in allen Lebensbereichen lassen auch und gerade für den Führungsbereich viele neue Fragen entstehen. Was Mitte der siebziger, Anfang der achtziger Jahre mit einigen wenigen Artikeln und Büchern über die Sinnfrage im Führungszusammenhang, über sinnorientierte Motivation und Mitarbeiterführung begann, hat sich in der Zwischenzeit schon in einige konkretere Konzepte zur Führungsethik und werteorientierten Mitarbeiterführung hinein-entwickelt, ohne damit schon wirklich durchgestaltet zu sein. Immerhin, Anfänge sind geschaffen. Natürlich ist es nicht einfach, etwas so schwer Faßbares wie Ethik, Werte, Sinn usw. in eine so mit Anfaßbarem befaßte Welt wie die der Industrie zu transportieren. Aber die Globalisierung und Totalisierung der zu verantwortenden Zusammenhänge macht eine Reflexion von Legitimationsaspekten erforderlich. Noch sind „wir" damit nicht sehr weit gekommen. Die „wirtschaftsethischen Ergebnisse" sind noch rudimentär, noch etwas unzusammenhängend und nur begrenzt praktisch anwendbar. Immerhin, die ersten Reflexions- und Systematisierungsschritte sind gegangen, und deshalb soll in diesem Abschnitt davon auszugsweise die Rede sein.

Das Thema ist in Mode und wird als so bedeutsam empfunden, daß prominente Autoren und Profis sich gar zu Schnellschüssen hinreißen lassen. (Vgl. GERD GERKEN mit seiner Schlagzeile „Mehr Rendite durch mehr Ethik".) Darüber hinaus sind etliche umfängliche Arbeiten dazu in den letzten Jahren erschienen, z. B. T. TULEJA: „Ethik und Unternehmensführung", 1985; z. B. W. SCHMIDT: „Führungsethik als Grundlage des betrieblichen Managements", 1986; z. B. E. NOELLE-NEUMANN / R. KÖCHER: „Die verletzte Nation", 1987; z. B. P. G. VON BECKERATH: „Verhaltensethik im Personalwesen", 1988.

Die Anzahl der Zeitschriftenartikel über „Ethik und Management“, die im Laufe des letzten Jahres erschienen sind, ist gar nicht mehr richtig zu verfolgen. „Ethik und Management“ ist das intellektuelle Modethema der Saison.

Bevor im folgenden die wissenschaftlichen Daten und Überlegungen besprochen werden, möchte ich zur Einleitung von einer kleinen Nachricht erzählen, die ich vor einiger Zeit zwischen zwei Musikstücken während einer Autofahrt im Radio (SWF 3) hörte: In St. Gallen wurde ein neuer Lehrstuhl eingerichtet – für das Fach Wirtschaftsethik! (Auch die Katholische Universität Eichstätt bereitet in der Zwischenzeit die Einrichtung eines Lehrstuhls für Wirtschafts- und Unternehmensethik in Ingolstadt vor.)

Der neue ordentliche Professor in St. Gallen, PETER ULRICH, der mit diesem Amt betraut worden war, stellte seine Aufgabe vor. Er wandte sich u. a. entschieden gegen Erwartungen an eine Art Ethik-Vorschrift, die von seinem Lehrstuhl ausgehen sollte. Er wandte sich gleichzeitig auch gegen Kritiker, die in seiner Arbeit lediglich eine Legitimations- und Alibifunktion für die herrschenden erfolgreichen Wirtschaftspraktiken sehen. Er sah seine Aufgabe vielmehr im Bewußtmachen und Klarlegen von Begriffen und Verhaltensweisen, die in der Wirtschaft oft als „selbstverständlich“ angenommen werden, deren vollständiger Sinn im täglichen Leben jedoch teilweise ausgeblendet erscheint. Der Interviewer fragte ihn, ob er sich als eine Art „Querdenker“ fühle. Der Wissenschaftler empfand diesen Begriff als nicht so abwegig.

Nicht zuletzt dieses Interview signalisiert: Ethik im Wirtschaftsleben ist „in“. Man hat seine Relevanz erkannt. Zum Zweck eines unvollständigen Überblicks die nachfolgenden Ausführungen.

Wertewandel in der Bundesrepublik

In ihrem Buch „Die verletzte Nation“ (1987) stellen E. NOELLE-NEUMANN und RENATE KÖCHER empirisches Material vor, das ihre folgende These illustriert: Im Vergleich zu anderen Ländern der westlichen Welt haben die Deutschen große Teile ihrer Wertvorstellungen drastisch verändert. Die nachfolgenden Ausführungen sollen diesen Wandel näher beleuchten.

Wir – die Deutschen – haben in den letzten 35 Jahren einen Wandel in der Familienstruktur erlebt:
- die Familien werden kleiner,
- die Einzelhaushaltszahlen nehmen zu (1950: 20%, heute: 31%),
- seit 1965 geht die Geburtenrate zurück,
- zwischen 1960 und 1975 verdoppelte sich die Scheidungsrate,
- heute kommt auf drei Eheschließungen bereits eine Scheidung,
- 3 Millionen Menschen leben heute unverheiratet zusammen.

Ebenso der Wandel in der Religiosität:
- die Besucherzahlen der Kirchen sind gewaltig gesunken,
- die Gottesdienstgemeinden sind im Verhältnis zur Gesamtbevölkerung völlig überaltert und zur Domäne der (älteren) Frauen geworden,
- die familiäre Auseinandersetzung mit Glaubensgrundsätzen und deren Pflege (Beten, Bibellektüre) hat drastisch abgenommen.

Daraus zieht RENATE KÖCHER in NOELLE-NEUMANNs Buch das Fazit einer Individualisierung und „Deinstitutionalisierung der Kirche“. Sie sieht die o. a. Fakten als bestimmende Faktoren für unsere heutigen Normen- und Wertvorstellungen an und interpretiert diese als:
- eine Schwächung der die Normen konstituierenden Funktion der Familie in unserer Gesellschaft, d. h., die Familie ist mehr und mehr beschränkt auf ihre emotional ausgleichende Funktion – und das zunehmend „auf Widerruf“;

- extrem große ideologische Diskrepanzen zwischen Kindern und Eltern, die mit einer großen emotionalen Kluft zwischen den Generationen einhergehen;
- eine Schwächung der die Werte übertragenden Funktion des Vaters;
- eine Schwächung der normengebenden kirchlichen Organisationen;
- eine verstärkte Zustimmung bezüglich der Erziehung zu individueller Autonomie, gepaart mit einer zunehmenden Ablehnung von solchen Erziehungszielen wie z.B. Loyalität und Pflichtbewußtsein.

NOELLE-NEUMANN äußert in ihrem Kapitel über das deutsche Nationalbewußtsein, daß die Deutschen sich offenbar wie „Instinktwesen" fühlen, die keines Wertetransfers von einer Generation auf die andere zu bedürfen scheinen – oder wollen. Die Soziologin konnte vergleichend erarbeiten, daß die Bevölkerung in der BRD in bezug auf Mißtrauen gegenüber Autorität, althergebrachten Normen und konventionellen gesellschaftlichen Verpflichtungen im Vergleich zu anderen westlichen Industrienationen außergewöhnlich hohe Werte aufweist (besonders die junge Generation).

Der „Stern" (Nr. 22/1988, S. 204) berichtete von Befragungsergebnissen, die diese Aussage unterstützen: Während 1987 ca. 41% der Bundesbürger ihr Mißtrauen gegen die Verwaltung äußerten, war 1988 dieser Anteil schon auf ca. 59% gestiegen. Ähnlich verhielt es sich bezüglich des Mißtrauens gegenüber den Politikern (von 42% auf 61% gestiegen) und gegenüber der Justiz (von 58% auf 72%).

Der Staat selbst wird von den Jüngeren sogar oft in seiner Verteidigungswürdigkeit in Frage gestellt. Außerdem ist der einzelne vermehrt bestrebt, sich aus seiner Eingebundenheit in das soziale Pflichtensystem herauszulösen.

NOELLE-NEUMANN konstatiert im Rahmen dieses Überbordwerfens von alten Orientierungsmustern eine weitverbreitete Unzufriedenheit mit der familiären und der beruflichen Situation. Es fällt den BRD-Deutschen beispielsweise schwerer als den Angehörigen anderer Industriestaaten, ein Gefühl des Stolzes auf ihr Land zu entwickeln. Und die Freude an der beruflichen Arbeit bei unter Dreißigjährigen nahm in den letzten 24 Jahren signifikant ab: Auf die Frage: „Welche Stunden sind Ihnen ganz allgemein am liebsten: Die Stunden während der Arbeit oder die Stunden, während der Sie nicht arbeiten, oder mögen Sie beide gern?“, gaben 1962 noch 53% der Befragten der Arbeitszeit eine gleichrangige, wenn nicht gar höhere Position in ihrer persönlichen Beliebtheitsskala. 1986 hatten nur noch 42% diese Einstellung. (Allerdings ist zu bemerken, daß dieser Prozentsatz zwischen 1985 und 1986 bereits wieder um 1% angestiegen war.)

Umgekehrt ist es mit der positiven Bewertung der Freizeitstunden, die 1962 von 39% der Befragten vorgezogen wurden, während 1986 55%, also über die Hälfte der jungen Arbeitenden, die außerberufliche Zeit favorisierten. Aber auch hier scheint sich der Wind zu drehen: Man war 1985 noch um 2% arbeitsunlustiger.

Ob hier schon eine Trendwende festzustellen ist, das läßt sich aus dem vorhandenen Datenmaterial allerdings noch nicht ablesen. Alltagsbeobachtungen in Schule, Universität und Unternehmen scheinen jedoch für diese Trendwende zu sprechen. Denn viele Beobachter glauben dort eine neue Tendenz in Richtung des beruflichen Engagements, von Ehrgeiz und Karriere registriert zu haben. Die ganz Jungen wollen offenbar wieder „richtig“ arbeiten.

In jedem Fall sind die berufsbezogenen Daten, die NOELLE-NEUMANN 1985 erhob, im internationalen Rahmen bemerkenswert:

Frage: „Hier unterhalten sich vier Leute über die Arbeit und warum man arbeitet. Welcher der vier sagt am ehesten das, was auch Sie denken?"

	Berufstätige		
	USA	Schweden	Bundesrepublik Deutschland
	%	%	%
„Ich möchte immer mein Bestes geben, so gut ich kann, unabhängig davon, wieviel ich verdiene."	50	45	25
„Ich finde meine Arbeit interessant, aber ich lasse es nicht soweit kommen, daß sie mein übriges Leben stört."	20	39	44
„Ich sehe die Arbeit wie ein Geschäft. Je besser ich bezahlt werde, desto mehr tue ich; je schlechter ich bezahlt werde, desto weniger tue ich."	9	5	11
„Arbeiten, um zu leben, ist eine unangenehme Lebensnotwendigkeit. Wenn ich nicht müßte, würde ich gar nicht arbeiten."	17	7	15
Unentschieden	4	4	5
	100	100	100
n =	845	1128	741

Arbeitsethik in drei Ländern

Quelle: NOELLE-NEUMANN/KÖCHER, „Die verletzte Nation", 1987, S. 43

Die Deutschen nehmen offensichtlich ihre konkrete berufliche Arbeit weniger ernst als die Angehörigen der beiden anderen Staaten. Weitere Daten verstärken diesen Eindruck: Auf die Vorgabe „Hier unterhalten sich zwei über ihre Arbeit. Welcher von beiden sagt eher das, was Sie denken?“, tendierten die Deutschen (42%) gegenüber Amerikanern (68%), Schweden (56%) und Briten (66%) am wenigsten zu einer Antwort wie: „Ich setze mich in meinem Beruf ganz ein und tue oft mehr, als von mir verlangt wird. Der Beruf ist mir so wichtig, daß ich ihm vieles opfere.“

BRD-Bürger zeigten jedoch die größte Sympathie (41%) im Vergleich zu den Angehörigen der anderen Staaten (USA: 24%; Schweden: 36%; Groß-Britannien: 30%) für den Satz: „Ich tue bei meiner Arbeit das, was von mir verlangt wird, da kann mir niemand etwas vorwerfen. Aber daß ich mich darüber hinaus noch besonders anstrengen soll, sehe ich nicht ein. So wichtig ist mir der Beruf nun auch wieder nicht.“

Besonders drastisch erscheint der Vergleich BRD und Schweden in bezug auf die Verbundenheit mit dem Betrieb. Den Satz: „Ich fühle mich meiner Arbeit sehr verbunden und empfinde mich als nützlicher Mitarbeiter einer wichtigen Firma oder Dienststelle“ bejahten 81% der Schweden, aber nur 56% der Deutschen. Jedoch standen 32% der BRD-Bürger zu der Aussage: „Im Grunde interessiert mich nur das, was ich selbst tue und leiste. Meinem Arbeitgeber oder meiner Firma fühle ich mich nicht besonders verbunden“, im Gegensatz zu nur 14% der Schweden.

Ob hierin eine „schlechtere Arbeitsmoral“ der Deutschen zu sehen ist oder einfach eine „Normalisierung“ (vielleicht sogar auf hohem Niveau) der Arbeitseinstellung bei den (angeblich oder tatsächlich) ursprünglich arbeitswütigen Deutschen, das läßt sich nicht so einfach feststellen. Wie auch immer: Es bewegt sich etwas Gravierendes.

In diesem Kontext ist auch ein Zusammenhang zwischen Berufseinstellung und „Kirchennähe" erwähnenswert:

– Auszug –

Es halten persönlich an einem Beruf für besonders wichtig	18- bis 29jährige Katholiken		18- bis 29jährige Protestanten	
	kirchennah %	kirchenfern %	kirchennah %	kirchenfern %
– gute Bezahlung	69	78	72	82
– sicherer Arbeitsplatz	66	74	57	70
– ein Beruf, bei dem man etwas Nützliches für die Allgemeinheit tun kann	49	31	56	41
– ein Beruf, bei dem man mit Menschen zusammentrifft	64	55	89	63
– ein Beruf mit Verantwortung	57	47	68	54

Berufliche Prioritäten

Quelle: NOELLE-NEUMANN/KÖCHER, „Die verletzte Nation", 1987, S. 196

RENATE KÖCHER sieht in der Präferenz (der Jüngeren, Kirchenfernen) von guter Bezahlung und gesichertem Arbeitsplatz (bei gleichzeitiger Niedrig-Bewertung von Allgemeinnutzen des Berufes, von Verantwortung und Zuwendung gegenüber anderen Menschen) ein Indiz für die zunehmende „egoistische" Bedeutung von Arbeit.

Während wir uns bisher mit Großtendenzen im allgemeinen gesellschaftlichen Bereich beschäftigt haben, ist die Frage noch offen geblieben, inwieweit diese oder ähnliche Entwicklungen auch den Führungsbereich betreffen. Wie sieht es bei Führungskräften aus?

Auch die jüngeren Führungskräfte geben Antworten auf Fragen zu ihrem Führungsverständnis, die eine in den letzten Jahren gewandelte Einstellung signalisieren. WALTER SCHMIDT (1986) bestätigt NOELLE-NEUMANNS / KÖCHERS „Individualisierungs-Theorie", wenn er in seinem Buch die Ergebnisse einer Untersuchung von ULRICH und PROBST (1982) vorstellt, in deren Rahmen 1980/81 604 Führungskräfte befragt wurden, die an Management-Weiterbildungskursen der Hochschule St. Gallen teilnahmen.

Jüngere und ältere Führungskräfte zeigten deutlich verschiedene Meinungsbilder. Bezüglich Mitarbeiterführung befürworteten die jüngeren Führungskräfte eine weniger straffe Führung, sprachen sich mehr für eine Mitarbeitervertretung im Verwaltungsrat aus und fanden zu einem größeren Prozentsatz, daß sie das Privatleben ihrer beruflich Unterstellten nichts anginge. In bezug auf Unternehmensorganisation stellten sie Hierarchie und Leistungsorientierung der Organisation weit weniger als ihre älteren Kollegen in den Vordergrund.

Am stärksten gewinnorientiert zeigte sich die Führungsgruppe mittleren Alters (35- bis 45jährig), und am mißtrauischsten gegenüber jugendlicher Leistungsbereitschaft waren Ältere sowie Angehörige großer Unternehmen und/oder des Top-Managements. Das Selbstbild der Jüngeren liefert ein Indiz für die Berechtigung dieses Mißtrauens: Jüngere „zeigen eine geringere Bereitschaft, wenn es um Überstunden geht oder das Abverlangen von Opfern ihrer Familien. Sie zeigen sich zurückhaltender in der Forderung nach Durchsetzungskraft. Vom positiven Effekt einer Offizierslaufbahn für die Führungstätigkeit sind sie weniger überzeugt, wohingegen sie Frauen eine größere Führungskompetenz zubilligen, als es ältere tun. Während ältere Führungskräfte (verglichen mit den anderen Altersgruppen) am stärksten für wirtschaftliches Wachstum plädierten, betrachteten die Jungen den Konsumentenschutz stärker als Notwendigkeit, verglichen mit den älteren Managern." (vgl. SCHMIDT 1986, S. 30).

Auch wenn man sich über die Interpretationen streiten kann, die Daten belegen: In der BRD (und wie SCHMIDT bestätigt, nicht nur dort) ist ein weitreichender Wertewandelprozeß im Gange. Alte Normen verlieren ihre Orientierungsfunktion für weite Teile der Bevölkerung.

In besonderem Maße sind junge Deutsche davon betroffen; Personen, die zu einem Großteil vor oder am Anfang ihres beruflichen Weges stehen. Es liegt auf der Hand, daß sie mit ihren neuen Meinungen, Verhaltensweisen und Unsicherheiten nicht vor ihren Arbeitsstätten halt machen werden. Ihre oft kritischen Einstellungen teilen sie mit weiten Bevölkerungsgruppen, die (angesichts evident werdender ökonomisch-ökologischer Konfliktsituationen) eine Reflexion über Moralgrundsätze im Wirtschaftsbereich anstellen.

NOELLE-NEUMANN macht bezüglich der Auswahl aktueller Verhaltensregeln auf ein Dilemma aufmerksam. Sie betrachtet die heutigen Tendenzen der Aufweichung von alten Normen und Leitideen sehr kritisch und deckt die „egoistische" Seite des modernen Freiheitsverständnisses auf. Sie betont die negativen Aspekte, welche mit dem verstärkten Autonomiestreben verbunden sein können. Sie spricht die Gefahr an, vor lauter Ich-Bezogenheit sich selbst in seiner Ich-Suche zu verlieren.

Während NOELLE-NEUMANN ein Bannen der Egoismus-Gefahren in der Rückkehr zu einer wieder Familie und Staat stärkenden normativen Unterordnung sieht, stellt RENATE KÖCHER in diesem Zusammenhang (lediglich) eine alte Prophezeiung von MAX WEBER zur Diskussion: WEBER sah die Zukunftsalternativen folgendermaßen: Neue Perspektiven" oder „eine mächtige Wiedergeburt alter Gedanken und Ideale" stehen der Möglichkeit „einer Art krampfhaften Sich-wichtig-nehmens" gegenüber (vgl. NOELLE-NEUMANN, S. 197).

Daß dies nicht nur ein deutsches Phänomen ist, verdeutlicht NOELLE-NEUMANN anhand eines Wertevergleichs bei jüngeren und älteren Japanern (von A. FUKUSHIMA), in dem sie auffallende Parallelen zwischen Nippons Bevölkerung und den Bundesdeutschen erkennt, zweier „Völker, die Niederlagen erlebten" (ebenda, S. 46):

Bereich	Ältere Generation	Neue Generation
Denkungsart	Logisch, bewußt	Intuitiv, vor-bewußt (analogisch)
Wert	Realitätsprinzip (fleißig, sparsam, gewissenhaft, asketisch, altruistisch, Scham, Ehre)	Hedonistisches Prinzip (Empfindungen, die selbstzentriert, stilvoll, spielerisch sind)
Dominierendes Prinzip	Paternalistisch (Autonomie)	Maternalistisch (abhängig)
Einstellung	Aktiv (realistisch, kooperativ)	Passiv (illusionär, subjektiv)
Mängel	Realismus (sozialfeindlich)	Illusionär, konsumbezogen (asozial, sozialfremd)

Bewußtsein und Handlungen der älteren und der neuen japanischen Generation

Quelle: NOELLE-NEUMANN/KÖCHER, „Die verletzte Nation", 1987, S. 46

Im Unterschied zu NOELLE-NEUMANN sehe ich die Rettung nicht unbedingt in der Rückkehr zu alten Idealen. Diesem eher konservativen Rat möchte ich eine eher funktionale, d.h. eine evolutions-orientierte Interpretationsmöglichkeit gegenüberstellen: Wenn man Konflikte und Krisen als Übergangsphänomene in einem Entwicklungsprozeß begreift, dann lassen sich die individuum- und autonomie-orientierten Einstellungen der jüngeren Menschen, die mehr als früher mit persönlicher Befriedigung, mit Selbstverwirklichung, mit Lust, aber auch mit (Über-)Versorgungs- und (Über-)Verwöhnungserwartungen zu tun haben, einfach als Übergangsphänomene verstehen.

Als Entwicklungsprozeß vermute ich folgenden Verlauf: In einer das Individuum betonenden Gesellschaft geht die Transformation dieser Gesellschaft (bzw. der westlichen Gesellschaften) eben zentral über Prozesse, die am Individuum festgemacht werden müssen. Was hier vordergründig als „egoistisch" erscheint, als weniger leistungs- und mehr genußorientiert, als eher kooperations- und weniger hierarchiebezogen (usw.), all das kann verstanden werden als Ausdruck eines scheinbar paradoxen, in Wirklichkeit aber einfach hochkomplexen Wechselwirkungszusammenhangs verschiedener Phänomene auf verschiedenen Ebenen: In einer Gesellschaft, die wirtschaftlich blendend dasteht, aber Wachstums-Grenzprobleme hat, zeigen sich auch demgemäß komplementäre – und sich nur scheinbar widersprechende – Einstellungsreaktionen.

Konsumverzicht und Freizeitorientierung als Reaktion auf Überluxurierung und abgestillte materielle Bedürfnisse sind in Verbindung mit Selbstverwirklichungsansätzen eher eine gesellschaftliche als eine individuelle Reaktion auf das, was unsere Väter und Mütter in der Wiederaufbauzeit geschaffen haben. „Sinn" und andere höhere Bedürfnisse können jetzt ins Blickfeld kommen. Außerdem: Die Kinder des Konsumzeitalters tun einfach das, was man ihnen beigebracht hat: Sie stellen Ansprüche und wollen einfach noch mehr für sich haben. Hineingeboren in ein goldenes Wirtschafts-Bett, sollen sie jetzt maßhalten und in großer Bescheidenheit Gegenleistungen anbieten? Wo sollen sie diese Einstellung gelernt haben?

In einer technisch, menschlich und organisatorisch immer komplexer werdenden Welt werden die wechselnden Abhängigkeiten immer größer. Einfache hierarchische Strukturen genügen nicht mehr zur Bewältigung der Probleme und Aufgaben. Kommunikation und tendenziell egalitäre Kooperation werden bedeutsamer.

Schließlich: In einer immer internationaler werdenden und zunehmend globaler werdenden Verflechtung der Wirtschaftsunternehmen, der politischen Gebilde und Ideen, der Informations- und technischen Kommunikationsmöglichkeiten reichen die bisherigen einfachen psychischen Strukturen nicht aus. Eine Ent-Stereotypisierung und damit eine größere bewußte Innerlichkeit sind im Sinne der zukünftigen menschlichen kommunikativen Anforderungen vonnöten. Das Rausgehen aus den alten Ordnungen dürfte kaum stehenbleiben bei einem blanken „Egoismus", sondern wird vermutlich nach einer Phase der Sinnsuche (die gegenwärtig ja überall diskutiert wird) wieder übergehen in eine neue Ordnung, die sich dann erst wieder stabilisieren muß.

Indizien für diesen Entwicklungsverlauf sehe ich in der „neuen Religiosität", in dem Wiederaufblühen von Astrologie, Parapsychologie und Okkultismus oder anderen Varianten der Esoterik: In der Phase des Umbruchs müssen die alten Krücken noch Orientierungshilfen geben. Die neuen Leitideen sind noch nicht gebrauchsfertig. Man bastelt noch. Und da die Ideen noch nicht fertig sind, sind es die politischen Gebilde und die gesellschaftlichen Neu-Formen der sozialen Organisation auch noch nicht.

Aber ein Bereich der sozialen Organisation hat schon längst begonnen, sich im Sinne der Entwicklung zu formieren, zumindest teilweise: die international tätigen Unternehmen, die multinationalen Unternehmen. Hier hat die globale Vernetzung schon längst begonnen und konkrete effektive Formen angenommen.

Das Weltdorf „Unternehmen“ braucht aus vielerlei Gründen neue „Spiel“-Regeln. Ist es da verwunderlich, daß Führungs-Ethik und Unternehmenskultur zu wichtigen neuen Begriffen werden? Die Unternehmen dürften ein entscheidender Ort werden, an dem sich künftige vielfältige Prozesse der gesellschaftlichen und politischen Legitimation, Integration und Neu-Koordination ergeben und gelöst werden müssen.

Insofern dürften die leitenden Führungskräfte eines Unternehmens, indem sie zu den „sozialen Architekten“ einer starken Unternehmenskultur werden, indem sie das Weltdorf Unternehmen gestalten, auch zu Gestaltern der künftigen Welt werden.

Und hierbei ist Ethik zwar nicht alles, aber vieles wird nichts ohne Ethik.

Ethik und Unternehmen

Daß man sich heute ganz allgemein kritische Gedanken über Unternehmenspraktiken macht, kann TADEJUS TULEJA mit einigen Zahlen aus den USA belegen, die man wohl in ihrer Tendenz auch auf hiesige Verhältnisse übertragen kann; zumal unter dem Aspekt, daß die Amerikaner insgesamt (und die dortige junge Generation im besonderen) eine wesentlich positivere Haltung gegenüber den herrschenden Normen (so NOELLE-NEUMANN) zeigen.

TULEJA beschreibt pointiert eine Karikatur des Magazins „New Yorker“, in der ratlose, leitende Angestellte dargestellt sind, von denen einer per Sprechanlage seine Sekretärin bittet: „Frau Krauß, würden Sie bitte jemand hereinschicken, der Gut und Böse unterscheiden kann?“ Der Autor gibt an, daß nach einer Gallup-Umfrage 1983 nur 18% der befragten Amerikaner das Niveau der Wirtschaftsführungskräfte als „hoch“ oder „sehr hoch“ einschätzten. Eine andere Untersuchung (ebenfalls durch Gallup, vgl. TULEJA,

S. 5) ergab, daß etwa 50% der Befragten annahmen, „die Wertschätzung der Geschäftsleute habe in der vergangenen Dekade abgenommen"; knapp 75% hielten die Spesenbezüge von Geschäftsleuten für zu hoch.

Eine Studie von HARRIS (zit. in TULEJA, S. 5) im gleichen Jahr legte eine große Differenz in den allgemeinen Einstellungen zur „Leitung wichtiger Firmen" zwischen 1966 und 1983 offen. „Großes Vertrauen" bescheinigten den Betriebsführungen in den 60er Jahren noch 55%, während 1983 nur noch 18% eine positive Haltung zeigten. Die mehr und mehr in den regionalen und internationalen Kontext eingebundenen Unternehmen stehen ganz offensichtlich bei der Bevölkerung tendenziell eher in Mißkredit. Mit dem Grad ihrer sozioökonomischen Relevanz stieg offenbar auch das Maß der Verantwortlichkeit, das man von ihnen erwartet.

TULEJA zitiert „Professor THOMAS DONALDSON von der Loyola-Universität, der umfassend über die ethische Verantwortung der korporativen Führungskräfte geschrieben hat". Auch dieser bestätigt diese hohe Erwartungshaltung: „Große Unternehmen kommen ihren sozialen Verpflichtungen heutzutage beträchtlich besser nach als vor fünfzehn Jahren noch. Das ist jedoch gleichzeitig dem Publikumsurteil über den ethischen Charakter des Geschäftswesens entgangen. Für mich bedeutet es einen Beweis des gewandelten öffentlichen Mandats. Die Gesellschaft hat ihre Normen angehoben; sie erwartet mehr von einer Aktiengesellschaft."

Die Quellen der Ethik im Unternehmen

Erklärt man nun das gesellschaftliche Verantwortungsbewußtsein und eine moralische Haltung betrieblicher Organisatoren und Mitarbeiter zu einem aktuellen und relevanten Thema, so ergibt sich die Frage: Was bedeutet in der gegenwärtigen Zeit moralisches Handeln? Mit anderen Worten: Welche Ethik sollte im Zeitalter der

„Ethik-Kritik“ als Grundlage angenommen werden? Der hellenistisch-jüdisch-christliche Moral-Rahmen ist die Basis der Unternehmens- und Führungsethik, die TULEJA (1985) und SCHMIDT (1986) vertreten und die sie als einen im Geschäftsleben etablierten Orientierungsrahmen ansehen.

SCHMIDT führt Prof. H. KIEFER, den Vorstandsvorsitzenden des Ruhrinstitutes für Gesellschaftspolitische Forschung und Bildung, an, der sich vor oberen Führungskräften des BMW-Konzerns wie folgt äußerte: „Es mag Ihnen vielleicht zu einfach erscheinen: Aber das nüchternste auf das Wesen des Menschen am besten überlegte ethische Gerüst sind die in der klassischen Philosophie Europas seit der Antike entfalteten Kardinaltugenden.“ Damit beruft er sich auf Platon, der als Kardinaltugenden die Klugheit (Weisheit), Starkmut (Tapferkeit), Mäßigung (Besonnenheit) und Gerechtigkeit definiert hatte.

Zunächst soll im folgenden darauf eingegangen werden, nach welchen allgemein logisch begründeten Richtlinien sich der „Tugendhafte“ richten kann. TULEJA stellt diesbezüglich vier Ethik-Typen vor, die seit der Antike (vorwiegend in der abendländischen Welt) entwickelt wurden:

1. *Der ethische Absolutismus,* dessen Richtlinien von einem schriftlich fixierten Gebots- und Verbots-Katalog ausgehen, wie ihn die Bibel oder der Koran darstellen. Die von diesen Büchern ausgehende fundamentalistische Moralität besitzt nach TULEJA u. a. einen wichtigen Schwachpunkt. Sie versetzt den Gläubigen in das Stadium einer nicht hinterfragbaren Abhängigkeit von einem übergeordneten Gesetz und nimmt ihm damit alle direkte Verantwortlichkeit. Obendrein sind diese Schriften an vielen Stellen unterschiedlich interpretierbar und außerdem mit dem Verbot einer grundsätzlichen Kritik an ihnen versehen.

2. *Der ethische Relativismus.* Motto: Alles ist relativ. Nichts kann endgültig entschieden werden, also kann jeder – mit welcher Meinung auch immer – recht haben. Jeder ist (frei nach TULEJA) quasi die „Negativ-Ausgabe" des Absolutismus mit letztendlich gleichem Manko. Beide Theorien lassen ihre Gläubigen gleichermaßen aus der Verantwortung fliehen. Er meint: „In unserem Jahrhundert hat sich der ethische Relativismus besonders unter Geschäftsleuten zu einer Art Entschuldigung dafür entwickelt, daß die Moralbegriffe anderer Kulturen so oft vernachlässigt werden."

3. *Der Utilitarismus,* ein teleologisches System, das von Jeremy BENTHAM begründet wurde. Teleologisch bedeutet hier, daß eine moralische Tat nach ihrem Resultat beurteilt werden soll. Dieses Resultat ist gut, wenn das größtmögliche Glück für die größtmögliche Zahl von Personen erreicht wird. Amoralisch dagegen ist es, dieses Glück zu beschränken. Glück bedeutet hierbei dasjenige, „was immer Freude, Genuß verursacht". Zur „Berechnung" von Gut oder Böse gibt Bentham ein „hedonistisches Kalkül" an: Es schließt die Analyse von „Intensität, Dauer, Sicherheit oder Unsicherheit, Nähe oder Ferne und Fruchtbarkeit der Freude bzw. des Schmerzes sowie der Reinheit des in Frage stehenden Wertes" ein.

   TULEJA nennt diese Moral „volkstümlich", weil sie von den meisten, ob bewußt oder unbewußt, im täglichen Leben angewendet werde. Woran es ihr allerdings mangele, sei ein verläßliches Maß an Objektivität. Subjektive Befangenheit und die Neigung, die eigenen Angelegenheiten zu „Sonderfällen" hochzustilisieren, schränken nach TULEJA die Brauchbarkeit dieser Ethik ein.

4. *Die Deontologie* ist eine „formalistische" Ethik, da sie auf allgemein gültigen Prinzipien aufbaut. Diese Prinzipien sind dem Subjekt übergeordnet, sie sind universalistisch. Bedeutendster Vertreter dieses Ansatzes ist KANT. Seine Vorstellung von der

Entwicklung einer moralischen Haltung fußt auf der Basis von überindividuellen „Imperativen“, die, im Gewissen des einzelnen internalisiert, als Handlungsrichtlinien die Beherrschung von Affekten und Emotionen im Umgang mit anderen erst ermöglichen. Diese „kategorischen Imperative“ folgen „vor aller Erfahrung“ ... „nur aus der Natur des menschlichen Willens“.

Der oberste Grundsatz, der „allgemeinste kategorische Imperativ“, lautet: „Handle so, daß die Maxime deines Willens jederzeit als Prinzip einer allgemeinen Gesetzgebung gelten könnte.“

An diesem „Sittengesetz“ macht TULEJA die vorzügliche Brauchbarkeit kantianischer Vorstellungen für die Geschäftswelt deutlich. Er sieht das „Fairplay“-Gebot in KANTS Moralphilosophie als die Überarbeitung der goldenen Regel „was Du nicht willst, das man Dir tu' – das füg' auch keinem andern zu“ und deckt damit den selbstbezogenen Charakter im Kantschen Altruismus auf. Man fragt z. B. nicht „Wie fühlst du dich?“, sondern: „Wie würde ich mich fühlen, wenn ich du wäre?“ Somit ist darin nach TULEJA die „Selbstsucht“ als produktiver Bestandteil eines für alle Beteiligten positiven moralischen Handelns mit eingebaut.

Der Autor tendiert (wie auch SCHMIDT) eindeutig zur Anlehnung seiner eigenen Vorstellungen an KANTS Maxime, bescheinigt ihr jedoch eine „in der Anlage vorhandene Undurchführbarkeit“ und entschließt sich beim Bau seiner eigenen Devise für eine Art Mischform. Er schreibt: „Die Prämisse meines künstlichen Denkmodells heißt ganz einfach: Im Geschäftsleben muß das Individuum fair behandelt werden, und zwar genau so, wie jeder einzelne wünscht, daß mit ihm umgegangen würde, wäre er selbst eines jener Individuen. Man kann die Prämisse auch anders ausdrücken: Das Geschäftswesen ist gehalten, dem Einzelwesen Mensch (allen) gegenüber bestimmte Verpflichtungen zu erfüllen, also daß Wirtschaftsführer überlegen, was sie anderen schulden. Ein Arbeitsgrundsatz dieses Buches geht davon aus, daß auf die Ethik ausgerichtete Firmen ernsthaft versuchen, ihre Obliegenheiten bezüglich eines jeden zu erfüllen, mit dem sie zu tun haben."

Diese allgemein-philosophischen Ausführungen leiten zu der Frage hin: Wie sieht denn nun konkret die Erfüllung solcher Obliegenheiten aus?

Ethik im Unternehmen unserer Zeit

TULEJA fragt zunächst nach den heute von den Unternehmensaktivitäten tatsächlich Betroffenen. Er nennt sie „Beteiligte":

1. Aktionäre bzw. Anteilseigner,
2. Mitarbeiter,
3. Kunden,
4. lokale Gemeinden,
5. die gesamte Gesellschaft.

Der weitgefaßte Bezug auf die Gesamtbevölkerung führt ihn zu dem Statement: „Die Herausforderung für das Management von heute besteht nicht darin, ausgezeichnete Noten für Moralitätsprüfungen zu erzielen, sondern einen inneren Zusammenhang herzustellen ..." Für TULEJA geht es in erster Linie darum, die Bedürfnisse der Beteiligten zu erkennen, um adäquat auf sie eingehen zu können. Nur so ist es seiner Meinung nach überhaupt möglich, in der Informationsgesellschaft als Unternehmen überleben zu können.

Nun also zu den einzelnen Beteiligten:

Die Aktionäre

Sie sind ja letztendlich die Grundlage eines Unternehmens. TULEJA sieht die Funktion der Führungskräfte auch in einer bewahrenden und schützenden Treuhänderschaft der Einlagen. In diesem Zusammenhang diskutiert er auch die Fragwürdigkeit von überzogenen Spesenansprüchen sowie die Einrichtung sogenannter „goldener Fallschirme", d.h. der Abstandszahlungen für ausscheidende Führungskräfte, und sieht darin sowohl negative, geschäftsschädigende wie auch positive, „motivationsfördernde" Aspekte. Konsequent denkend kommt er zu dem Schluß, daß sich aus der alten Devise „Was für den Eigner gut ist, ist gut für das Geschäft" eine moderne Treuhandversion entwickelt habe: „Was gut für das Geschäft ist, ist auch gut für die Besitzer".

Die Mitarbeiter

TULEJA betont in seinem Plädoyer für eine konsequente Mitarbeiterorientierung die große Relevanz von gesunden, sicheren Arbeitsplatzbedingungen, das Bemühen um Arbeitsplatzerhaltung und angemessene Löhne auch in Krisenzeiten. Erinnernd an KANTS Moral, in der Selbstsucht zu einem konstitutiven Moment wird, hält er die Bedeutung eines betrieblichen „Jeder-gewinnt-Umfeldes" für äußerst wichtig.

Er sieht vier Hauptvorteile der Mitarbeiterorientierung: Beständigkeit und sehr geringe Fluktuation, wenige Probleme am Arbeitsplatz, hoher Grad von Zusammenarbeit und Flexibilität und höhere Produktivität und bessere Qualität.

Die Kunden

Auch hier vertritt TULEJA ein „Jeder-gewinnt"-Modell. Er zitiert: „Jeder-gewinnt-Verkäufer und -Verkäuferinnen schwatzen ihren Kunden nicht zu viel Ware auf. Sie drängen, drohen oder schmeicheln auch nicht, bitten nicht um bloße Gefallen und bieten sie nicht an. Sie versprechen nicht zuviel und halten es nachher nicht. Sie stellen das Verhältnis zwischen dem Produkt und dem Verbraucherbedarf nicht falsch dar. Im Gegenteil, sie arbeiten mit dem Kunden so zusammen, daß jeder Beteiligte zufrieden ist ... Weit davon entfernt, sich wie eingeschworene Feinde der Kunden zu benehmen, handeln sie statt dessen wie Partner." (So Robert Miller und Stephen Heiman, Teilhaber von Miller Heiman Inc.)

TULEJA beruft sich auf Paul HAWKEN, der erfolgreiche Firmen vorgeblich daran erkennt, daß sie „eine nicht gewinnsüchtige“ Firmenkultur besitzen. Sie agieren angeblich nach drei Prinzipien:

- Menschen sind intelligent und entwickeln sich ständig in dieser Richtung weiter.
- Jene, die Erfolg haben, „werden ihre Kunden und Verbraucher so behandeln, als wären sie es selbst“.
- Schließlich werden in der Informationsgesellschaft erfolgreiche Unternehmen „nicht mehr zwischen ihrem eigenen Tun und der Welt unterscheiden und dem, was sie von der Umwelt und sich selbst gegenüber erwarten“.

Lokale Gemeinden

„Gewinn ist die Triebfeder, das Schlüsselwort, dem ein Unternehmen sein Vorwärtskommen dankt. Heutzutage wird aber allgemein anerkannt, daß höchster Gewinn auf Kosten sozialer und menschlicher Werte das Spiel zu verlieren bedeutet. Uns liegt gegenwärtig das weitaus schwierigere Spiel am Herzen: Ertragsschöpfung und die sozialen sowie menschlichen Werte gegeneinander abzuwägen.“ (Donald MacNaughton, früherer Aufsichtsratsvorsitzender der Prudential Life Insurance).

„Wir glauben, daß ein gut integriertes sowie umfassendes Programm der Einbindung in das Gemeinwesen die Bilanzergebnisse nicht nur fördert, sondern sie selbst verkörpert.“ (William A. Andres, Aufsichtsratsvorsitzender der Dayton Hudson Corporation).

TULEJA stellt einige Firmen vor, die sich auf verschiedenen Gebieten um ihre Gemeinde, insbesondere um benachteiligte soziale Gruppen bemühen. Sie schaffen sich damit wiederum selbst eine Umgebung, in der das Unternehmen gedeihen und seinen Kundenkreis erweitern kann. Er zitiert Hutchinson (Stellvertretender Geschäftsführer von Dayton & Co.), der meint: „Unsere Dienstleistungsphilosophie basiert auf strategischem Selbstinteresse.“ (Womit wir wieder bei KANT angelangt wären).

Es werden in diesem Zusammenhang folgende Aspekte für wichtig erachtet:
- Die potentielle Kundengruppe wird unterstützt,
- man beginnt im regionalen Bereich und
- benachteiligte Gruppen werden nach der Devise „Lehre-einen-Mann-zu-fischen“ unterstützt.

Ganz praktisch sieht das dann zum Beispiel so aus:
- „Die Aetna Life and Casualty Foundation unterstützt laufend verschiedene Rechtshilfeeinrichtungen in der Nachbarschaft, die gemäß Ressortchef Robert Roggeveen aus der Tatsache erwachsen, daß Aetna – wie alle Versicherungsgesellschaften – eine ‚Rechtsstreitfabrik‘ ist, die Rechtsauslegungen herausfordert. Das Unternehmen finanziert auch Forschungsvorhaben der Jurisprudenz, ermutigt seine Mitarbeiter, auf diesem Gebiet innerhalb der eigenen Gemeinde tätig zu werden, und hat Schiedsverfahren zur Beilegung von Auseinandersetzungen sowohl für den privaten als auch für den öffentlichen Sektor entwickelt.“
- Johnson & Johnson konzentriert seine Zuwendungen auf die medizinische Wissenschaft und auf biologische Forschungsvorhaben. Der Aufsichtsratsvorsitzende James Burke spricht von einem „strategischen Plan“. „Unser Geld, so meine ich, sollte in einer Weise zur Verfügung gestellt werden, die im weitesten Sinn unseren eigenen Interessen dient.“
- Bei Eastman Kodak geht die lokale Einbindung auf den Gründer George Eastman zurück, der den Ausdruck „Gemeinwesentruhe“ (Schatzkammer) geprägt hat. Heute gibt das Unternehmen dem „United Way“ (einer Hilfsorganisation) sowie zahllosen anderen öffentlichen Institutionen und der Einrichtung von verschiedenen „Verkaufsschulungszentren“ in Kodak-Städten seine Unterstützung, wo Kurse über das Fotografieren den Leuten etwas beibringen und sie zu Benutzern von audiovisuellen Ausrüstungen machen.
- Da Xerox, wie alle Firmen der Hochtechnologie, einen großen Einfluß auf den Arbeitsplatzwandel ausübt, konzentriert sich die

Xerox-Stiftung auf solche Gebiete wie Beschäftigungspolitik, Computer-Technologie und Produktivität. Der zweite Mann in der Stiftung, Robert Gudger, drückt die dahinterstehenden Vernunftgründe so aus: „Bei der Versorgung der Leute mit dem Notwendigen sollte es eigentlich keine Konkurrenz geben, doch glauben wir, daß jeder Bedarf von irgend jemand abgedeckt werden kann und sollte. Weil wir selbst dazu nicht in allen Fällen in der Lage sind, versuchen wir, diejenigen, von denen und über die wir etwas wissen, in aussagefähiger Weise anzusprechen."

Die gesamte Gesellschaft
TULEJA zitiert in diesem Zusammenhang WALTER FALLON (Kodak-Chef), der Anwendungen seines Unternehmens in Richtung Gesellschaft als „dem Geschäft zukommende Investition" betrachtet: „Unsere finanziellen Beiträge sind Einlagen in die Zukunft der (menschlichen) Gesellschaft. Ihre Bestimmung besteht darin, für uns alle Dividenden abzuwerfen."

Weiterhin läßt er Geraldine Morrissey von Aetna zu Wort kommen: „Das Ich-selbst-Sein hängt von anderen ab. Der geistige Inhalt öffentlicher Einbeziehung in das korporative Geschehen bedeutet eine Anerkennung der gegenseitigen Abhängigkeit."

Ethik und Führung

Bezüglich des Begriffes „Führungsethik" gehen SCHMIDT und TULEJA von unterschiedlichen Ansätzen aus. Beide aber kommen sie aus dem anthropologisch zentrierten abendländischen Ethikverständnis. Während SCHMIDT unter Berufung auf die bereits angesprochenen „Kardinaltugenden" ein Idealbild der vollkommenen Führungskraft entwirft, geht TULEJA von einer Richtlinie KANTscher Prägung aus und versucht seinen Grundsatz der Universalität und der Rückbezüglichkeit von Handlungen mit Hilfe von konkreten Beispielen zu erläutern. Es spricht für ihn, daß er sich damit nicht in konkretistischen Rezepten verliert, sondern sich von folgender Vorstellung leiten läßt: Ethisches Urteilsvermögen heißt nicht, jederzeit die richtige Antwort parat zu haben, sondern fortwährend die richtigen Fragen zu stellen.

SCHMIDT sieht das wesentliche Ziel seines Führungskonzepts in der „Reduzierung der Fremdbestimmung der menschlichen Arbeit in der Wirtschaft". Zugleich betont er jedoch, daß die von ihm konzeptionell angestrebte „Eigenverantwortung und Selbststeuerung" natürlich ... „entwickelter Wertvorstellungen bei allen Arbeitnehmern" bedürfe.

Er plädiert in diesem Sinne für Reflexion bezüglich dieser Werte und für die Etablierung einer „Führungsethik". In diesem Sinne führt er folgendes aus: „Die Führungsethik untersucht, welche ethischen Werte bei der Zusammenarbeit und dem Zusammenleben in Betrieb und Verwaltung das Führungsverhalten bestimmen sollen. Diese Werte sind sowohl auf die Situation des arbeitenden Menschen als auch auf die Persönlichkeit zu beziehen."

Im Zusammenhang mit dem Persönlichkeitsbezug lehnt sich SCHMIDT an das Grundgesetz an, in dem die „Würde" des Menschen für unantastbar erklärt wird. Für ihn bedeutet dies bezogen auf das Arbeitsleben:

1. Der Mensch ist zu eigenverantwortlicher Lebensgestaltung begabt und zur Übernahme von Verantwortung bereit.
2. Der Mensch ist in der Lage, im Rahmen seines Aufgabengebietes selbständig Entscheidungen zu treffen.
3. Der Mensch soll sich am Arbeitsplatz entsprechend seinen individuellen Fähigkeiten entfalten können; daher soll ihm die Möglichkeit zur Selbstentfaltung gegeben werden.
4. Die Achtung der Würde eines Menschen zeigt sich in der Achtung seines Selbstbildes. Er hat das Recht, daß sein Selbstbild, seine Selbstachtung und damit seine Würde geachtet und respektiert werden.

5. Der Mensch soll zum Subjekt und nicht zum Objekt der Arbeit werden; der Grad der „Fremdbestimmung“ muß durch kreative Arbeitsgestaltung reduziert werden.

Diese fünf Punkte geben konkrete Denkanstöße, wie eine an der Achtung der Menschenwürde orientierte Mitarbeiterführung verwirklicht werden kann.

In seinen Augen steht also die „Achtung des Mitarbeiters, die Anerkennung der erbrachten Leistung im Mittelpunkt eines ethisch fundierten betrieblichen Führungsstils“.

Angelehnt an die bereits erwähnten „Kardinaltugenden“ Klugheit/Weisheit, Gerechtigkeit, Starkmut/Tapferkeit und Mäßigung/Besonnenheit malt SCHMIDT das Bild einer geradezu perfekten Führungskraft, der das Bestreben innewohnt, sich selbst in optimaler Weise für das Unternehmen einzusetzen und gleichzeitig seinen Mitarbeitern die Grundlage für Selbstentfaltung und Vervollkommnung zu bieten. Er beschreibt seine Idealvorstellung vom leitenden Manager als einer bereits vollkommenen Persönlichkeit und stellt damit unerreichbare Forderungen auf, wenngleich seine „Gebote“ doch als Richtlinien dienen können.

Darüber hinaus unterbreitet er dem Leser konkrete Ratschläge (anders als TULEJA), beispielsweise bezüglich der Zusammenarbeit mit den Mitarbeitern:

- nicht alles selbst machen wollen,
- nicht alles hier und jetzt machen wollen,
- sich nicht durch die Dynamik des Gemachten überfordern lassen,
- stets daran denken, daß sich manches nicht machen läßt, weil es reifen und wachsen muß.

Oder in bezug auf kreatives Handeln:

Wer schöpferisch tätig sein will, muß

- auf Informationen aus sein und sich durch sie anregen lassen,
- aus der eigenen Erfahrung und aus den Erfahrungen anderer lernen,
- den Umgang mit schöpferischen Menschen und wichtigen Informationsträgern pflegen,
- das Wagnis und das Risiko stärker lieben als die Sicherheit,
- dem Neuen aufgeschlossen entgegengehen,
- Dynamik und Initiative bei sich selbst und bei seinen Mitarbeitern steigern,
- Wunschvorstellungen in konkrete Ziele umwandeln lernen,
- Ziele mit den Merkmalen des Interessanten, des Attraktiven und des Erreichbaren ausstatten und
- das Strategische selbst erledigen, das Taktische delegieren.

Er plädiert für die Suche nach neuen Arbeitsformen zur gleichzeitigen Leistungs- und Zufriedenheitssteigerung der Mitarbeiter. Er schlägt „Job Rotation", „Job Enlargement", „Job Enrichment" und teilautonome Gruppen vor, um dem Mitarbeiter einerseits eine vielseitige und verantwortungsvolle Aufgabenpalette zu bieten, und um andererseits durch dessen Zufriedenheit und sein Gefühl gefordert zu werden, die Belange des Unternehmens leistungsbezogen zu berücksichtigen.

Natürlich ist ihm klar, daß die Kontrollfunktion des Vorgesetzten durch nichts zu ersetzen ist. Allerdings sollte der Vorgesetzte vor der Durchführung der Kontrolle eines Mitarbeiters entsprechende Vorüberlegungen anstellen:

- Worin liegen erfahrungsgemäß die individuell bedingten Probleme des Mitarbeiters bei seiner derzeitigen Arbeitsaufgabe?
- Wo liegen die „kritischen" Einzelaufgaben des Mitarbeiters im Hinblick auf die Gesamtaufgabe?
- Welche institutionellen Normen beachtet der Mitarbeiter nicht auszureichend (etwa: Einhaltung der Arbeitszeit, Unfallschutzvorschriften, Arbeitsanweisungen)?

- Wie „großzügig“ setzt sich der Mitarbeiter über Weisungen des Vorgesetzten hinweg?
- Wie verbindlich wertet der Mitarbeiter gesetzte oder vereinbarte Ziele?
- Wie loyal verhält sich der Mitarbeiter dem Vorgesetzten und dem Betrieb gegenüber, wenn ein besonderes Engagement gefragt ist (etwa beim Ausfall eines Kollegen oder bei einer dringlichen Arbeit)?

Im Zusammenhang der Bedeutung von Anerkennung und Kritik rät er, NEUBERGERs (1976) Zusammenfassung einiger psychologischer Grunderkenntnisse zu beachten:

- Erfolg – wenn er nicht gewohnheitsmäßig erzielt wird – führt zu einer Erhöhung der Anstrengungen.
- Bei geschwindigkeitsbetonten Routinearbeiten hat sich der Mißerfolg als leistungssteigernd erwiesen.
- Bei komplexeren, kreativen Arbeiten hat Kritik eine leistungsmindernde Wirkung.
- Ängstliche Personen werden duch Mißerfolgserlebnisse noch leistungsgehemmter.
- Haben Personen gewöhnlich eher positive Erfolgsrückmeldungen, werden sie durch Mißerfolgserlebnisse eher zur Steigerung der Anstrengungsbereitschaft stimuliert als solche, die des öfteren Mißerfolge erlebten.
- Wiederholte Mißerfolgserlebnisse führen zum Auf- und Ausbau von Abwehrreaktionen (Abwehrmechanismen).

SCHMIDTs Ausführungen münden in Zusammenhang mit der Forderung nach „Starkmut“ und „Tapferkeit“ in eine starke Betonung der Entschlußfähigkeit. Doch gerade hier glaubt er, eine Gefahr zu erkennen: Durch die „Hinlenkung der Aufmerksamkeit auf das eigene Innenleben“ könnnen „eine gewisse Verkrampfung, Unechtheit, Gekünsteltheit bis hin zur Verstellung“ eintreten, die in „Härte, Rücksichtslosigkeit“ sowie „Eigen- und Starrsinn“ umschlagen können. Diese Gefahr könne nur durch eine Entwicklung des „Gemüts“ gebannt werden. Hier orientiert SCHMIDT sich an LERSCH (1956) und führt aus: „Gemüt besitzen heißt: fähig sein, Bindungen einzugehen mit seiner Um- und Mitwelt; das Gemüt ist der Ort unserer Bindungen.“

So weit, so gut?

Hier zeigt sich nach meiner Auffassung ein leicht verstaubter Psychologie-Ansatz, der mir für die 50er Jahre noch als angemessen, in dieser vereinfachten Form aber heute nicht mehr als zeitgemäß erscheint.

Die Rechtfertigung ethisch fragwürdigen Verhaltens

SAUL W. GELLERMAN, Dekan der Graduate School of Management der University of Dallas, behandelt in seinem Artikel (HARVARD manager, 1/1987) die Frage, „warum gute Manager ethisch fragwürdige Entscheidungen treffen“ – so der Titel des Artikels.

Er verweist auf seinen Soziologie-Kollegen AMITAI ETZIONI aus Washington, der nachgewiesen hatte, daß in den vergangenen 10 Jahren ca. zwei Drittel der 500 größten amerikanischen Firmen gegen das Gesetz verstoßen hatten. Ob Asbest die Gesundheit der Mitarbeiter schädigt oder die eigene Geldpolitik das eigene Geldhaus an den Rand des Bankrotts bringt, oder ob ein Brokerhaus in ca. 2000 Fällen Kreditbetrug begeht – all das sind nur Varianten eines „normalen“ amoralischen Verhaltens.

GELLERMAN bezieht sich auf 4 zentrale Rechtfertigungen für amoralisches Verhalten („Rationalisierungen“), von denen er annimmt, daß sie schon seit Urzeiten immer wieder angewendet werden:

1. „Das Fehlverhalten befindet sich noch innerhalb von Gesetz und Moral."
   In nicht ganz eindeutigen Situationen kommen einige Menschen zu dem Schluß, daß dasjenige erlaubt sei, was nicht eindeutig verboten ist. Diese Haltung kann durch das Management dadurch erleichtert werden, daß es Fehlverhalten der Mitarbeiter nicht zur Kenntnis nimmt (oder gar nicht erst sieht), was dem Unternehmen letztendlich nutzt. Das Entscheidende sind dabei die Unternehmensziele, weniger der Weg dorthin. Die Gefahr hierbei liegt in der Betonung der kurzfristigen Gewinnmaximierung und der Vernachlässigung der langfristigen Überlebensaspekte des Unternehmens.

2. Das Fehlverhalten „dient dem eigenen oder dem Interesse des Unternehmens".
   Dieses Motiv beruht üblicherweise auf einer eingeschränkten Sicht und Interpretation der Interessen des Unternehmens. Auch hier ist die kurzfristige Maximierungs-Ausrichtung handlungsleitend. „Ehrgeizige Manager, die die Leistung ihrer Kollegen übertreffen wollen, kommen oft zu der Ansicht, daß es nicht allzu schwierig ist, auf kurze Sicht glänzend dazustehen: Man unterläßt einfach Maßnahmen, die sich erst langfristig auszahlen." (a. a. O., S. 128) Das Paradoxe dabei ist, daß die Manager oft gerade wegen solcherart erzielter Ergebnisse befördert werden, während die Nachfolger dann mit den Folgen dieser Vorgehensweise umgehen müssen. GELLERMAN fordert deshalb in diesem Zusammenhang, daß nicht nur die bloßen Ergebnisse kontrolliert werden sollten, sondern auch der Weg dorthin.

3. Das Fehlverhalten ist „ganz ungefährlich, da es ja doch nie ans Tageslicht kommt …".
   Da GELLERMAN von dem „hohen Abschreckungseffekt einer hohen Kontrolldichte" ausgeht, schlägt er als Verhütungsstrategie die nicht vorhersehbare Häufung und Terminierung von Revisionen vor. Dabei bestehe das Ziel weniger darin, Verflechtun-

gen erst aufzudecken, sondern diese gerade schon zu vermeiden. An erkannten „Missetätern" solle das Management Exempel statuieren.

4. „Die Firma wird, da ihr das Fehlverhalten nutzt, den Missetäter im Zweifelsfall decken."
Übertriebene Loyalität zum Unternehmen kann das betriebliche Fehlverhalten sogar fördern. Vermeiden ließe sich das nach GELLERMAN, wenn das Top-Management allen Mitarbeitern klarmachen würde, daß „Firmenloyalität keine Entschuldigung für unmoralisches Verhalten darstellt" und daß notfalls mit der Entlassung gerechnet werden müsse. Als Maxime müsse den Mitarbeitern die Einsicht vermittelt werden: „Moralisch einwandfreies Verhalten ist gut fürs Geschäft."

So gutherzig die Ermahnungen und Vorschläge von GELLERMAN auch sein mögen, es ist doch zweifelhaft, ob durch sie so ohne weiteres der Druck der Verhältnisse in Unternehmen und vor allem der komplexe Veränderungsdruck in der Gesellschaft stark verändert werden kann. Nicht, daß ich den Impuls von der Zielsetzung her in Frage stellen will, meine Skepsis setzt einfach an der Unvollkommenheit der menschlichen Natur und an den grundsätzlichen Spielregeln im allgemeinen gesellschaftlichen Bereich an. Die Stichworte hierfür sind beispielsweise die steigende Kriminalität (gerade die sogenannte Wohlstandskriminalität), die gesellschaftliche Normen-Entbindung, die steigende Aggressivität in überbevölkerten Städten und die auffallende Polarisierung in Richtung eines gesteigerten allgemeinen Verantwortungsbewußtseins einerseits und die faktischen sozialen Desorganisationsphänomene wie Drogenprobleme und vieles andere mehr auf der anderen Seite.

Für RENATE KÖCHER jedenfalls erscheint die sozio-kulturelle Katastrophe als nahezu vorbestimmt. Mit Besorgnis erfülle es sie, so schreibt sie, wenn „in einer Zeit, in der Optionen des technisch-wissenschaftlich Machbaren außerordentlich zunehmen ... ethische

Maßstäbe schwinden, mit Hilfe derer die Gesellschaft klare Entscheidungen fällen kann, welche Möglichkeiten genutzt und welche ausgeschlossen werden“ (NOELLE-NEUMANN/KÖCHER, 1987, S. 304).

Ihre Vision einer Gesellschaft am Vorabend des Chaos, deren Vademecum nur ein allgemeines moralisches „Zurückpfeifen“ sein kann, basiert u. a. auf dem umfänglichen Datenmaterial des Allensbach-Institutes.

Die Vision selbst allerdings wird fragwürdig, sobald man sich die Dimensionsbreite der „Fragen“ anschaut, deren Beantwortungen ja dieses düstere Gesellschaftsbild erst statistisch signifikant machten: Man stellte zum größten Teil Fragen, deren Substanz auf Anerkennung oder Ablehnung traditionell-gesellschaftlicher Konventionen abhob (Die zehn Gebote, Autoritätsbejahung, Würdigung der Ehe, privatistische Egozentrik, Aussteigertum). Was aus solchen Fragen hier und jetzt in einer Zeit des Wandels und der damit verbundenen sozialen Instabilität allein erwachsen kann, kann ja nur das Bild einer allumspannenden kulturellen Zerstörung sein. Denn die Fragen sind daraufhin angelegt.

Wertedifferenzierungen bei Führungskräften

Eine Studie von ROSENSTIEL und STENGEL, deren erste Ergebnisse im November 1987 in der Zeitschrift „Psychologie heute“ nachzulesen waren, beschäftigt sich differenziert mit dem Wertewandel. Sie vergleicht Führungskräfte und Führungsnachwuchs mit der Gesamtbevölkerung. Die Fragestellung klärt die „Berufsorientierung“ auf.

Aufgrund umfangreicher Befragungen unterscheidet die Untersuchung drei verschiedene Typen der „Berufsorientierung“:
- die „Karriereorientierung“,

- die „Freizeitorientierte Schonhaltung“ (oder „Instrumentelle Arbeitseinstellung“) und
- das „Alternative Engagement“.

Für sich alleine gelesen hat die in der Darstellung nachzulesende Prozentverteilung dieser Berufsorientierungen nur eine begrenzte Aussagekraft. Man könnte sie aber tendenziell als Werteverfall interpretieren.

Gleichzeitig wurde in der Untersuchung eine Gegenüberstellung der von etablierten Führungskräften und Führungsnachwuchskräften erlebten „Soll-“ und „Ist“-Ziele großer Organisationen erhoben.

Die folgende Abbildung zeigt eine weitgehende Übereinstimmung von Managern und dem Führungs-Nachwuchs in den erlebten „Ist“-Zielen von Organisationen. Die „Soll“-Ziele aber differieren deutlich! Bei als stark erlebter Soll-Ist-Diskrepanz ergibt sich einleuchtenderweise eine niedrigere Karrieremotivation! Es ist hinreichend bekannt, daß eine solche Diskrepanz die Identifikationsbereitschaft geradezu zwangsläufig mindert.

Somit kommt es zu folgender Beschreibung der drei Typen der Berufsorientierung:

- *Karriereorientierung* (Typ 1)
  Kein Erleben von diesbezüglichen Diskrepanzen
- *Freizeitorientierte Schonhaltung* (Typ 2)
  Erleben von Diskrepanzen bei gleichzeitiger „Flucht“, d. h. Engagement-Verlagerung in außerberufliche attraktive Bereiche
- *Alternatives Engagement* (Typ 3)
  Erleben von Diskrepanz bei gleichzeitigem „Angriff“, d. h. Engagement bei der Veränderung von Ist-Zielen

Die Untersuchung ist interessanterweise auch als Längsschnitt-Studie angelegt: Kurz vor ihrem Studienabschluß wurden 300 Wirtschaftswissenschaftler, Soziologen und Ingenieure befragt und den drei Typen der Berufsorientierung zugeordnet. In Jahresabständen soll nachgefaßt werden, um den Einfluß der typischen Orientierungen auf das Erreichen einer Anstellung und die weitere Karriere zu erheben. Weiter soll untersucht werden, inwieweit ein „Praxisschock" oder Arbeitslosigkeit die typischen Orientierungen verändern können.

Das Ergebnis der ersten Nachbefragung liegt vor:

„Erwartungsgemäß fanden von den Karriereorientierten 73,3 Prozent und damit mehr Bewerber eine Anstellung als von jenen mit freizeitorientierter Schonhaltung (70,3 Prozent) und jenen mit alternativem Engagement (60,8 Prozent). Fragt man nun weiter, wodurch jene innerhalb der Typen ausgezeichnet waren, die eine Anstellung gefunden haben, so zeigt sich durchgängig für alle drei Typen, daß dies Personen waren, die eine höhere Identifikationsbereitschaft zeigten.

Wie unsere Untersuchung weiter zeigt, ändert sich die Identifikationsbereitschaft durch den Eintritt in ein Unternehmen. Allerdings in einer je nach Berufsorientierung unterschiedlichen Weise.

So steigern die Karriereorientierten, die sich ohnehin schon durch eine relativ hohe Identifikationsbereitschaft auszeichnen, diese im Laufe einer kurzen Tätigkeit in einer Firma noch weiter; für die Personen mit freizeitorientierter Schonhaltung gilt dies auch, allerdings in deutlich abgeschwächter Weise. Die alternativ Engagierten aber veränderten sich nicht. Hier allerdings sind wir gespannt, wie ihre Identifikationsbereitschaft aussehen wird, wenn sie noch ein weiteres Jahr im Unternehmen gearbeitet haben. ... vielleicht darf man gerade von diesen Personen erwarten, daß sie neue Ideen in die Unternehmen tragen und Motor notwendiger Organisationsentwicklungen werden."

	Karriere-orientierung	freizeitorien-tierte Schon-haltung	alternatives Engagement
höhere Führungskräfte	72,4	9,5	17,3
männliche deutsche Nachwuchs-führungskräfte	26,8	32,3	39,1
Gesamtbevölkerung	24,8	50,3	24,9

(Häufigkeit in Prozent)

Berufsorientierung im Vergleich: Führungskräfte, (männlicher deutscher) Führungsnachwuchs und Gesamtbevölkerung

Quelle: ROSENSTIEL/STENGEL, Psychologie heute, 11/87, S. 54

Die im „Spiegel“ (Nr. 16/1989) einige Zeit später zitierten Ergebnisse über die fortgeführte Untersuchung (v. ROSENSTIEL/NERDINGER) bestätigen die früheren Erkenntnisse. Die Daten zeigen nur unwesentliche Veränderungen. Bei den in der Zwischenzeit auf ca. 500 Studenten ausgedehnten Interviews zeigte sich folgendes:

- Für ca. 23 % gilt, daß sie den Aufstieg schon beim Einstieg praktizieren. Im Unternehmen gilt für diesen karriereorientierten Typus, daß „er will, was er soll“. Er akzeptiert den „sehr brutalen Erfolgsdruck“ mit einem hohen Arbeitszeitaufwand, auch wenn es mit dem Partner „jetzt öfter mal Knatsch“ gebe. Firmenerwartung und individuelle Karriereausrichtung entsprechen einander.
- Beim Typus mit „freizeitorientierter Schonhaltung“ (ca. 32 %) ergibt sich offenbar wechselseitig nur ein begrenzter Anreiz bei der Auswahl von Arbeitsstellen und Bewerber.
- Für die Mehrheit (ca. 45 %) des akademischen Nachwuchses (Typ 3) gelten etwas kompliziertere Verhältnisse. Sie sind zwar

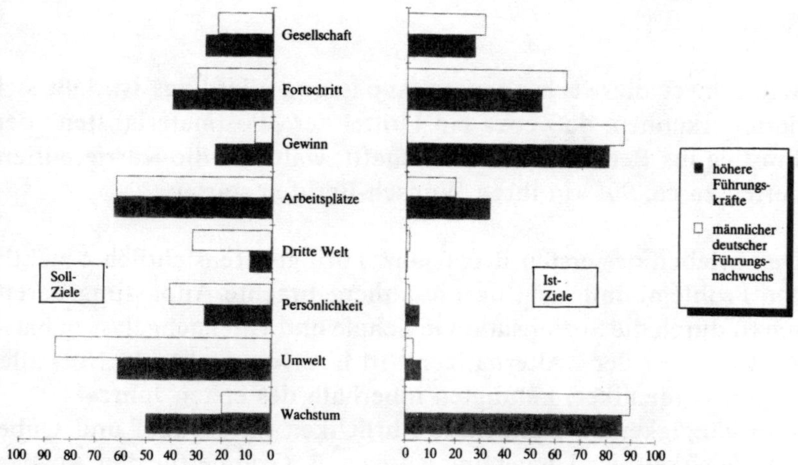

Vergleich von „Ist-" und „Soll-Zielen" der großen Organisationen der Wirtschaft bei Führungskräften und (männlichen deutschen) Führungsnachwuchskräften

Quelle: ROSENSTIEL/STENGEL, Psychologie heute, 11/87, S. 53

„hochmotiviert und leistungsbereit", jedoch nur für Unternehmen und Ziele, die sie für „menschenwürdig" halten. Fragen des Umweltschutzes und der Dritten Welt haben für sie ähnliche Bedeutung wie Aspekte der kollegialen Zusammenarbeit, der Mitbestimmung und der Entfaltung der eigenen Persönlichkeit. Verständlich, daß bei der Job-Suche die Verhältnisse im einzelnen genau abgewogen werden. Während in einigen Fällen (z. B. bei Rüstungsfirmen) die Abneigung oft gegenseitig ist, kann es in anderen Fällen (z. B. BMW, Hewlett-Packard) attraktiv sein, zu einem gemeinsamen Engagement zu gelangen. Dann sind die kreativen und querdenkerischen Fähigkeiten der Alternativen gefragt, denen man z. B. mit flexiblen Arbeitszeiten, hoher Eigenverantwortlichkeit und Aufwärtsbeurteilungen zeitgemäß und motivationsfördernd zu entsprechen sucht.

Wie schwer die wechselseitige Anpassung allerdings ist, läßt sich daran erkennen, daß etwa ein Drittel der „Postmaterialisten" den Einstieg ins Berufsleben nicht schafft, während die Karriereorientierten zu ca. 90% in ihren Wunsch-Berufen starten.

Das Erleben des ersten Berufsjahres bringt offensichtlich beachtliche Probleme mit sich, da die althergebrachte Anpassungsbereitschaft durch die Sozialisation in Schule und Uni nachgelassen hat:
- Etwa 27% der „Alternativen" (d.h. etwas mehr als 10% aller Jungakademiker) kündigten innerhalb des ersten Jahres!
- Abhängigkeiten, mangelnde Ehrlichkeit im Verkauf und Unbeweglichkeit der Umgebung waren z. B. Gründe für den Anstieg, der bei einem nicht unerheblichen Teil schließlich sogar dazu führte, sich selbständig zu machen.
- Festzuhalten ist aber auch, daß bei über 25% der Alternativen die Anpassung und die Übernahme der freizeitorientierten Schonhaltung der Weg ist, den sie im Unternehmen wählen.

Auch das ist eine Herausforderung, mit der sich Führungskräfte auseinandersetzen müssen. Wenn hier die eigenen und die fremden Motivstrukturen nicht zusammenpassen, sind der tägliche Umgang miteinander und eine produktive Zielerreichung nicht ganz einfach. Aber wie schon oft betont: Herausforderung ist ja auch angesagt.

Praktische Ethik

A. WOLLERT stellt in einer Veröffentlichung der BMW AG eigene Untersuchungen vor. (WOLLERT, A. und BIHL, G.; Werteorientierte Personalpolitik – Ein Beitrag zur Diskussion des personalpolitischen Gesamtkonzepts der Zukunft; Personalführung 8, 9 und 10/83 sowie Mitarbeiterinformation der BMW AG, PZ, Heft 7).

WOLLERT, der bei BMW einige Zeit mitverantwortlich für die dortige Personalpolitik zeichnete, entwirft ein gut differenziertes Bild der Veränderung von Meinungstendenzen und Einstellungen, welches die Aussagen von NOELLE-NEUMANN und KÖCHER in bestimmten Teilen stark revidiert.

Seine Übersicht über alte und neue Werteinstellungen gliedert er folgendermaßen (siehe Tabellen im Anhang):

Aus den „Grundrechten des Grundgesetzes als Ausgangspunkt der traditionellen Werteordnung" (Kategorie I) ergeben sich für ihn „daraus abgeleitete Wertvorstellungen, Ideale und Leitbilder" (Kategorie II), „Prozesse der Werteveränderung" (Kategorie III) und die „Progressiven Grundwerte/Grundwerte der Jugend" (Kategorie IV). Diese Kategorien stellt er tabellarisch nebeneinander, so daß von links nach rechts eine einleuchtende Konsequenzen-Linie gelesen werden kann. Das sieht zum Beispiel so aus:

Das Grundrecht auf „freie Entfaltung der Persönlichkeit" (Kategorie I) führt in Kategorie II zu
a) Recht auf persönliche Freiheit,
b) Selbständigkeit und
c) Liberalität und Toleranz.

In Kategorie III ist zu konstatieren:
zu a): Das Individualitätsstreben verstärkt sich noch weiter; antiautoritäre Tendenzen; trotzdem ist das Bedürfnis nach sozialen Kontakten stark ausgeprägt.
zu b): Entgegen dem unveränderten Drang zu Selbständigkeit nimmt die Bereitschaft, persönliche Verantwortung zu übernehmen, tendenziell ab.
zu c): Teilweise ist ein Abnehmen von Liberalität und Toleranz unverkennbar (z. B. wachsende Ausländerfeindlichkeit).

In Kategorie IV zeigt sich:

zu a): Ein Wiederaufbau „verlorener" Freiräume (zum Teil als Ausweichen ins Private) sowie der Drang zum Individualismus – innerhalb der Gruppengemeinschaft.

zu b): Selbstbestimmung nimmt einen hohen Rang ein (auch und gerade bei der Gestaltung der persönlichen Lebensziele).

zu c): Folglich hat auch der Minderheitenschutz gerade bei der Jugend eine hohe Priorität (trotz der allgemein gültigen Feststellung einer Toleranz-Abnahme in Kategorie III). Hier zeigen sich auch größere Aufgeschlossenheit und Toleranz („ein weniger verkrampftes Lebensgefühl" – wie WOLLERT das nennt).

Ein anderes Beispiel mag die Linie darstellen, ausgehend vom Grundsatz auf Eigentum:

In Kategorie II findet sich dazu:

a) das Leistungsprinzip (auch das Prinzip von Leistung und Gegenleistung);
b) das Streben nach materieller Sicherheit, Lebensstandard, Besitz, Karriere und nach Statussymbolen;
c) die Bereitschaft zur Übernahme von persönlicher Verantwortung und Risiko.

Kategorie III zeigt dann:

zu a): eine Verlagerung von Leistungsprinzip und -motivation in den außerbetrieblichen Bereich, sobald der einzelne sich im Betrieb nicht genügend angesprochen und gefordert fühlt sowie eine zunehmende Freizeitorientierung (selbst unter Inkaufnahme von Entgelteinbußen: siehe Teilzeitarbeit);

zu b): eine Tendenz zum Streben nach „höheren" als allein materiellen Werten;

zu c): die deutlich abnehmende Bereitschaft, mit einem dementsprechenden Risiko behaftete Einzelverantwortung zu übernehmen (innere Verbeamtung).

Die progressiven Grundwerte der Kategorie IV zeigen in dieser Grundrechtslinie

zu a): die Maxime „Arbeiten um zu leben – und nicht umgekehrt" – bei allerdings gleichzeitiger(!) Attraktivität einer interessanten beruflichen Tätigkeit sowie ein verstärktes Engagement für außerbetriebliche Leistungsziele und schließlich die zunehmende Vernachlässigung einer wie auch immer gearteten Verbindung von „Leistung und Gegenleistung" gerade bei der Jugend.

zu b): Es steigt die Anzahl der Menschen mit Tendenzen zu Selbstbeschränkung, Rückkehr zu einfacheren Lebensformen, Bevorzugung immaterieller Werte und dem Streben nach privatem Glück.

zu c): Hier zeigt sich schließlich im Sinne einer „Solidaritäts-Maxime" doch auch das Anstreben von gemeinsamer Verantwortung.

Diese Linien führt WOLLERT auch für die anderen Grundrechte aus (Menschenwürde, Gleichheit vor dem Gesetz, Meinungs- und Informationsfreiheit, Wahlfreiheit von Beruf und Arbeitsplatz, soziale Verpflichtung des Eigentums, Bekenntnis zur Demokratie).

Eine so differenzierte Darstellung führt selbstverständlich auch zu noch viel differenzierteren Interpretationen des Wertewandels, die hier aber nicht wiedergegeben werden. Sehr viel interessanter sind im Zusammenhang dieses Buches die daraus erwachsenen Implikationen für eine zeitgemäße (und erfolgreiche!) Personalpolitik bei BMW.

Mit einer solch differenzierten Wertebeschreibung läßt sich eher ein konkreter Maßnahmenkatalog für den innerbetrieblichen Rahmen erarbeiten als mit moralischen (Ab-)Wertungen faktisch vorhandener Tendenzen. Geradezu innovativ war WOLLERTs für BMW erarbeitetes personalpolitisches Konzept, das von der „Orientierung des Verhaltens an ethischen Zielen" ausgeht. Eine neue Führungsethik sollte erarbeitet werden, aber eine praktikable.

So teilt sich die entsprechende Personalpolitik in „Strategien/Konzepte“ (hier: Kategorie VII) und „Instrumente/Maßnahmen“ (hier: Kategorie VIII).

Auch diese Aufstellung finden Sie im Anhang dieses Buches – sie ist lesenswert. Die Linien aus den hier so genannten Kategorien I bis IV werden dort wieder aufgenommen und kristallisieren sich in konkreten Maßnahmen.

Lassen Sie uns zur Verdeutlichung seines Konzeptes bei den hier gewählten Beispiel-Linien bleiben:

Nehmen wir die Werte Liberalität und Toleranz, so ergeben sich als Ziele hier konsequenterweise eine „angemessenere Berücksichtigung von Randgruppen und Minderheiten“, was in der Kategorie „Strategien/Konzepte“ zum einen eine „kontinuierliche Ausländerpolitik“ bedeutet und zum anderen die „Integration der ausländischen Mitarbeiter“.

Die entsprechenden konkreten Maßnahmen und Instrumente lauten dann hier: Sprachkurse, Wohnraumbereitstellung, spezielle Personalentwicklungsmaßnahmen (z. B. Facharbeiterschulungen für jugendliche Ausländer), „Lernstatt“-Einrichtungen, fremdsprachige Werkszeitungen und Bereitstellung von Dolmetschern.

Nehmen wir die Werte Selbständigkeit und Individualität, so führt dies zu den Zielen Schaffung persönlicher Freiräume und Wahlmöglichkeiten, woraus sich als Strategien/Konzepte die Flexibilisierung von Zusatzleistungsprogrammen und der Arbeitszeit ergeben.

Die folgenden konkreten Instrumente und Maßnahmen lauten hier z. B.: ein Cafeteria-System, Teilzeitregelungen, Trennung von Arbeitszeit und Betriebszeit, Gleitzeit, Brückentagregelungen, vorzeitige Pensionierung sowie alternative Schichtpläne.

Wenn wir weiterhin ausgehend von den Grundwerten Selbständigkeit und Individualität zu den Zielen gehen, so stoßen wir auf das Ziel „Förderung der Selbständigkeit". Die entsprechenden Strategien/Konzepte lauten: Förderung der Übernahme persönlicher bzw. gemeinsamer Verantwortung, Umsetzung eines Systems der Zielvereinbarung sowie die Beteiligung der Betroffenen an Entscheidungen.

Die hieraus folgenden Instrumente/Maßnahmen lauten: entsprechender Führungsstil, Delegations-Prinzip, Projektmanagement und Teamarbeit, Beteiligung der Mitarbeiter an den Zielvereinbarungen, Lernstätten und Qualitätszirkel, diverse Organisationsentwicklungsmaßnahmen sowie die Einbeziehung der Mitarbeiter in Arbeitsgestaltungskreise (beispielsweise beim Behindertenprojekt der Firma).

Sie sehen, was bei einer entsprechenden Betrachtungsweise und einer konsequenten Umsetzung möglich ist, um Ethik und Alltag, um Werte- und Verhaltensebene, um Konzept und Tat zusammenzubringen.

Relativierte Sichtweise

In den Veröffentlichungen der Wissenschaftler und Meinungsforscher tauchen mittlerweile immer öfter Erkenntnisse und Meinungen auf, die den Befürchtungen der Schwarz-(weiß-)Seher zuwiderlaufen.
In „Management Wissen" vom Januar 1988 zum Beispiel wird unter anderem der Berliner Psychologieprofessor Dr. OTTO HASELOFF (Inhaber des Meinungsforschungsinstitutes Sigma) zitiert.

HASELOFF sieht nicht etwa einen „Werteverfall", sondern eher eine „Werte-Polarisation", die sich immer deutlicher durch die gesamte Republik zieht, wobei er den Wertewandel selbst auch nicht auf den laufenden Technologiewandel zurückführen möchte. Eher sei es so, daß der Wertewandel manche technische Innovation bremse, indem er – etwa bei der Gentechnologie – die Frage nach dem moralischen Preis/Leistungs-Verhältnis aufwirft – um es einmal salopp zu sagen.

Auch die Behauptung des Werte-Forschers LUTZ VON ROSENSTIEL, der Wertewandel hätte sich in der Hauptsache zwischen den 60ern und 70ern abgespielt, wird inzwischen kritisiert. Der Wertewandel halte unvermittelt an, behauptet z. B. MANFRED SENKEL, Chef der wertewandel-orientierten Werbeagentur DieWerbeEuro-Advertising.

Für HASELOFF zeigen sich drei Untergruppen der bundesrepublikanischen Gesellschaft:

- die *„fun-society"*,
  die vor allem die postmateriellen Werte pflegt: Selbstverwirklichung, Spaß an der Arbeit usw.
- die *„achievement-society"*,
  die nach Leistung in jeder Form strebt,
- die *„safety-society"*,
  deren Angehörige in der Hauptsache auf Sicherheit bedacht sind.

In diesem Zusammenhang stellt auch die Wertewandel-Expertin CARMEN LAKASCHUS fest, daß das Leistungsstreben in letzter Zeit wieder stark zunimmt!

Trotzdem (und das ist nur scheinbar ein Widerspruch) verstärken sich auch die hedonistischen wie die sicherheitsbetonten Orientierungen in den Menschen. Diese gleichzeitige Verstärkung dreier scheinbar einander widersprechender Orientierungen in den Menschen kann in unserem Kulturrahmen nur zu einer Verstärkung der Individualisierung führen, so ließe sich interpretieren. (Was die meisten Forscher hier feststellen, ist ja ein verstärkter Trend zu „innerer Unabhängigkeit", zu verstärkter Individualisierung eben.)

Selbst die älteren Mitbürger individualisieren sich zunehmend. Die in „Management Wissen“ 1/1988 veröffentlichte Umfrage spricht gar von einer „Radikalisierung“. Hier sieht HASELOFF u.a. dann auch die „Krise der CDU“ begründet: „Nicht die sogenannte Lagertheorie, sondern die zunehmende Aufmüpfigkeit der Älteren“ sei „einer der Gründe für die tiefe, existenzielle Krise der CDU“, die sich ja vorwiegend auf diese Schicht ehemals bescheidener und treuer Stammwähler stütze.

„Management Wissen“ (1/1988) stellt darüber hinaus fest:

„Daß die Manager den Wertewandel mit Mißtrauen beobachten, führen Experten vor allem auf einseitige Interpretation der Allensbach-Chefin und Publizistikprofessorin ELISABETH NOELLE-NEUMANN zurück, die aus wachsenden Ansprüchen an Arbeitsplätze wie -inhalte eine ‚Vergiftung unseres Arbeitslebens‘ und das Faulwerden der einst für ihren Fleiß gerühmten Deutschen herausliest. Gerade die Studie von LUTZ von ROSENSTIEL zeigt dagegen, daß beispielsweise der Managementnachwuchs nicht aus Trägheit weniger karrierewillig erscheint als die Älteren, sondern weil er sich nicht mit der gewöhnlich tiefen Kluft zwischen erlebten Ist- und erwünschten Sollzielen der Organisationen abfinden möchte.“

Und genau das könnte uns nicht nur Anlaß zur Sorge, sondern auch ein Anlaß zur Hoffnung sein.

Abschließende Gedanken

MILTON FRIEDMAN schreibt in „Kapitalismus und Freiheit“:

„Wenige Trends können die wahren Grundlagen unserer freien Gesellschaft so völlig unterminieren wie der, daß die Verantwortlichen in den Unternehmen eine andere soziale Verpflichtung akzeptieren als die, soviel Gewinn wie möglich für ihre Aktionäre herauszuholen.“

Auch einfache Weltbilder und Warnungen machen die Sache nicht einfacher, denn normatives Fordern allein kehrt faktische Trends nicht einfach um, auch wenn die Prominenz eines Autors ihm besondere Aufmerksamkeit sichert.

Kann Gewinn wirklich die einzige Maxime sein, so wie FRIEDMAN es fordert? Gewiß ist die Aufgabe eines Managers einfacher, wenn er ethische Standards aus seinem Blickwinkel verbannt. Aber ein Unternehmen ist Teil der Gesellschaft und kann sich nicht ohne direkte oder indirekte Nachteile aus diesen Bezügen lösen. Deshalb muß das Management eines Unternehmens auch die längerfristigen sozialen Konsequenzen seiner Aktivitäten mitberücksichtigen. Es hat auch die Verpflichtung, für das Wohlergehen seiner eigenen Mikrogesellschaft (seines Unternehmens) zu sorgen und zusätzlich Mit-Verantwortung für das soziale Umfeld zu tragen.

Viele Manager leben somit in einem Spannungsfeld zwischen ihren eigenen Motivlagen und ethischen Standards einerseits, den Anforderungen der Sachaufgabe und den Zielen des Unternehmens andererseits sowie den ethischen Ansprüchen der sie umgebenden Gesellschaft auf der dritten Seite. Auch wenn sich für Manager zuweilen noch eine Deckungsgleichheit der Standards aller Bereiche ergibt (oder Widersprüche ausgeblendet werden), so zeigen doch viele Risse im gesamten Gesellschaftsgebäude, daß hier eine Veränderung stattfindet, die alle Führungskräfte zur Reflexion ihrer eigenen Position auffordert, u. U. sogar zwingt.

Aber auch die Gesellschaft hat ihrerseits die Verantwortung, die von den Unternehmen gesetzten Maßstäbe nicht einfach zu boykottieren, sondern sich damit auseinanderzusetzen. Die Verbraucher tragen auch selbst eine Verantwortung, indem sie selbst z. B. durch den Kauf von umweltfreundlichen Produkten Einfluß nehmen – und nicht ihrerseits aus Preisgründen die Unternehmen zur Bevorzugung von umweltschädlichen Produkten veranlassen sollten.

Wandel und Renaissance

Ausgangspunkte der in diesem Kapitel vorgestellten Denkansätze waren das immer „komplexere“ Informationsfeld, in dem Führungsentscheidungen getroffen werden, und die geforderten „komplexeren“ Qualitäten, Werte und Verhaltensweisen von Führungskräften, die daraus erwachsen.

Die neue „Produkt-Ethik“ beachtet in allen ihren Ausformungen den Gleichgewichtsaspekt. Die Frage nach Aufwand und Wirkung wird anhand des Soll-Wertes des homöostatischen Regelkreises gestellt: Rechtfertigen die Nebenwirkungen von Entscheidungen und Technologien den zu erwartenden „Mehrwert“? Hier haben wir es also mit einer das Prozeßhafte betonenden, zunehmend „systemischeren“ Sichtweise zu tun.

Diese Sichtweise findet sich auch schon bei NAISBITTS sogenannten „Megatrends“, die ja nicht einfache Trends sind, sondern die eine Beschreibung von globalen (Gegen-)Reaktionen darstellen, wie sie in einem sich wechselseitig beeinflussenden Regelkreis ablaufen.

So beschreibt NAISBITT z. B. die positive Abhängigkeit von forcierter Technologie einerseits und dem zunehmenden Kontaktbedürfnis andererseits. Es ist anscheinend die zunehmend als anonymer erlebte Arbeitswelt, die ein Defizit an Sozialkontakten schafft. Dabei aber sieht es vielleicht nur so aus, als ob das Kontaktbedürfnis stiege; in der Tat ist es möglicherweise gleich geblieben – wird aber nunmehr unzureichend befriedigt.

Wie dem auch sei, es geht primär um die faktische und systemische Abhängigkeit zwischen zuweilen unverbunden scheinenden Prozessen.
Auch der Megatrend von kurzfristig zu langfristig ist u. U. nichts an-

deres als eine Re-Aktion aus der Erkenntnis, daß es sehr gefährlich sein kann, den Zauberbesen so „perfekt“ zu konstruieren, daß man später den „Aus“-Schalter nicht mehr finden kann (eine Erkenntnis, die auch schon Goethes Zauberlehrling schmerzhaft bewußt werden mußte).

Die zunehmend komplexere Umwelt und die zunehmend komplexeren Folgen unserer Eingriffe in die Welt kommen jedoch nicht nur produkt-„ethisch“ und „trend“-mäßig immer mehr zum Tragen: Das Stichwort „Unternehmenskultur“ macht seit PETERS und WATERMAN auch in weniger avantgardistischen Kreisen Furore. Und Unternehmenskultur ist zunächst Ausdruck einer systemischen Steuerung der Informations- und Kommunikationsabläufe, die wichtig sind im Zusammenhang mit der Leistungsfähigkeit des Unternehmens. Leistung aber entsteht nicht einfach aus technologischer Entwicklung, sondern auch und gerade durch Menschen, also aus konkreten Individuen. So ist man inzwischen mehr und mehr dazu geneigt, die herkömmliche Sichtweise auf das anonyme Heer der Arbeitskräfte zugunsten einer differenzierteren Sichtweise aufzugeben.

Damit verbunden sind dann zwangsläufig neue Vorstellungen über die Qualifikation und die Verhaltensweisen von Führungskräften. Ein Manager, der die Produktivkräfte seiner durchschnittlichen Mitarbeiter derart „entfesselt“, daß sie zu „überdurchschnittlicher“ Leistung auflaufen, muß selbst überdurchschnittlich sein. Ein „komplexerer“ als der herkömmliche Vorgesetzte ist gefordert. Sein Fähigkeiten-Profil umfaßt nun nicht mehr allein fachliche Qualifikationen. Er entdeckt zunehmend fachfremde und doch der Leistung förderliche Qualifikationen wie z. B. Kommunikationsfähigkeit, Toleranz, Sinn für Humor, soziale Verantwortung, soziale Empathie usw. Kurz, Persönlichkeit an sich scheint wieder en vogue. Das bedeutet z. B. die Bereitschaft zum (realistischen) Risiko, die Fähigkeit zum Aushalten von Widersprüchen und zum Ertragen autonomer Mitarbeiter, das Prägen einer leistungsorientierten Unternehmenskultur, Durchsetzungsfähigkeit bezüglich der eigenen Ideen bei gleichzeitigem Teamgeist und eine realistische Haltung zur eigenen Emotionalität.

Was den Wertewandel betrifft: Das Stöhnen allein über die Zustände war noch nie fruchtbar für konstruktive Veränderungen, wohl aber deren Akzeptieren – als Vorbedingung und Impuls für sinnvolles Handeln. Dabei gibt uns der Wertewandel auch wieder die konstruktiven Ansätze zurück, mit denen eine Lösung möglich scheint: Ein systematisches Ganzheitsbewußtsein erobert sich seinen angestammten Platz zurück. Und außerdem: In unserem Zeitalter von Massenkommunikation, Massenproduktion, Massenhysterie, Massenakkumulation, Massenarbeitslosigkeit, Massensport, Massendemonstrationen, Massenvernichtungsmitteln und Massenkonsumartikeln, in dieser „Massen"-Ära, die den Zenit ihrer Konformität nun überschritten zu haben scheint, da kommt die Individualität wieder hervor: Der „einzelne" ist wieder gefragt. Mehr und mehr wird klar, wie in „alten Zeiten": Auf den einzelnen kommt es an.

Diese Feststellung ist verständlich: In schweren Zeiten und Gefahr wachsen die Wünsche nach großen Persönlichkeiten fast ins Mystische. Und wir erleben heute sozusagen eine demokratische Variante dieser Anforderung.

„Die Zeiten sind schwer, also müssen wieder Persönlichkeiten her" – so könnte man reimen. Allerdings ist dies nicht reine Poesie, sondern Realität. Die Ressourcen des einzelnen und der besonders Befähigten müssen ausgeschöpft werden, um die Anforderungen aus Wirtschaft, Politik, Gesellschaft, Technik, aus Umwelt und bezüglich des Daseins-Sinns bewältigen zu können. Wir brauchen (wieder) neue Leuchttürme.

Insofern läßt sich unter Bezugnahme auf die frühere Kapitelüberschrift „Renaissance oder Wende" festhalten: Wir müssen uns in der Bundesrepublik und international mit schwerwiegenden, langfristigen Wandlungsprozessen auseinandersetzen. Auch wenn der Wandel bekanntermaßen etwas Konstantes ist, gegenwärtig erleben wir offensichtlich eine besonders intensive Phase des Wandels. Im Rahmen dieses Wandlungsprozesses erfährt die „Persönlichkeit" wieder eine Aufwertung. Deshalb läßt sich durchaus von einer „Renaissance der Persönlichkeit" sprechen – allerdings in einer wertegewandelten Form. Folglich kann abschließend gesagt werden: In den Zeiten des gesellschaftlichen Wandels erleben wir eine Renaissance der Persönlichkeit. Also: Wandel und Renaissance.

Es gibt etliche Wirtschaftsführer, die als **Persönlichkeiten** ihren ganz „persönlichen Ist-Wert" recht gut mit dem „Soll-Wert der Theorie" in Einklang gebracht haben und die – bei aller persönlichen Verschiedenheit – bemerkenswerte Gemeinsamkeiten aufweisen. Die Verschiedenheiten sind natürlich nicht nur von den charakterlichen Besonderheiten der Betreffenden bestimmt, sondern auch von den kulturellen, ökonomischen und anderen zeittypischen Einflüssen, denen sie unterliegen. Die Struktur des folgenden Kapitels nimmt darauf Rücksicht.

Daher finden sie zunächst eine Darstellung der augenblicklichen Struktur der Weltwirtschaftslage anhand des Triaden-Modells von KENICHI OHMAE sowie eine Kurzcharakteristik einiger nationaler Besonderheiten. Daran schließt sich eine vergleichende Darstellung von fünf überaus herausragenden Führergestalten aus den augenblicklich herrschenden Kulturkreisen an. Sie werden unter Berücksichtigung einiger wirksamer kultureller und ökonomischer Größen dargestellt.

4. Kapitel:

Die Praxis der Praktiker

Autorität ist das Vermögen,
die Zustimmung anderer
zu gewinnen.

Bertrand de Jouvenel

Der wirtschaftliche Handlungsrahmen der Praktiker

In diesem Kapitel wird zuerst der wirtschaftliche Handlungsrahmen skizziert, der für die zukünftigen globalen Wirtschaftsentwicklungen von besonderer Bedeutung zu sein scheint.

Hier hat das „Triaden"-Modell von OHMAE und das Konzept von GALTUNG seinen Platz.
Danach folgen zur Einstimmung kleine Skizzen jener Länder, die diejenigen Protagonisten hervorgebracht haben, deren Beschreibung der Hauptteil des Kapitels gewidmet ist.

Dieser Hauptteil des Kapitels besteht aus Schilderungen so hervorragender Führungspersönlichkeiten wie GENEEN und IACOCCA aus einem Handlungsfeld der Triade (den USA) und wie MORITA als einen prominenten Mann, der die Mentalität des zweiten Handlungsfeldes der Triade (Japan) verkörpert. Der europäische Raum schließlich wird durch zwei sehr gegensätzlich erscheinende Persönlichkeiten wie NIXDORF und TAPIE repräsentiert.

Ziel dieses Kapitels ist es, anhand von Autobiographien (bzw. Biographien im Falle von NIXDORF) die Einzelpersönlichkeiten möglichst prägnant werden zu lassen.

Dieses Ziel soll erreicht werden, indem möglichst viele Originalzitate aus den jeweiligen Büchern verwendet werden. Dies erklärt das umfangreiche Zitatenmaterial. Der Leser soll ein Gefühl für die Selbstdarstellung und das Selbstverständnis der jeweiligen Persönlichkeiten entwickeln. Diesem Ziel wurde die kritische Analyse und das Anfertigen eines möglicherweise anderen (eines „wahreren"?) Psychogramms untergeordnet. Denn wie kann man einen Menschen klarer darstellen als durch ihn selbst?

Das internationale Entscheidungsfeld als Triade

Ich möchte hier als plausible Darstellung des internationalen Entscheidungsfeldes das „Triaden"-Modell des MCKINSEY-Direktors KENICHI OHMAE (1985) benutzen – wenn auch gewisse aktuelle Tendenzen nicht von ihm berücksichtigt sind. Sei es, daß er die koreanische Entwicklung zur Zeit seines Konzeptentwurfes noch unterschätzte, sei es, daß ihm der asiatische Wald vor lauter japanischen Bäumen aus dem Blickfeld geriet. Wie auch immer, sein Modell ist, mit einigen wenigen aktuellen Anfügungen (auf die wir am Schluß dieses Kapitels kurz eingehen) ein bemerkenswertes Abbild der internationalen Wirtschaftszusammenhänge und Entwicklungen. Das Hauptanliegen dieses Modells ist es, im Hinblick auf die Optimierung unternehmerischer Aktivitäten eine zweckmäßige Vereinfachung des Weltbildes zu entwickeln.

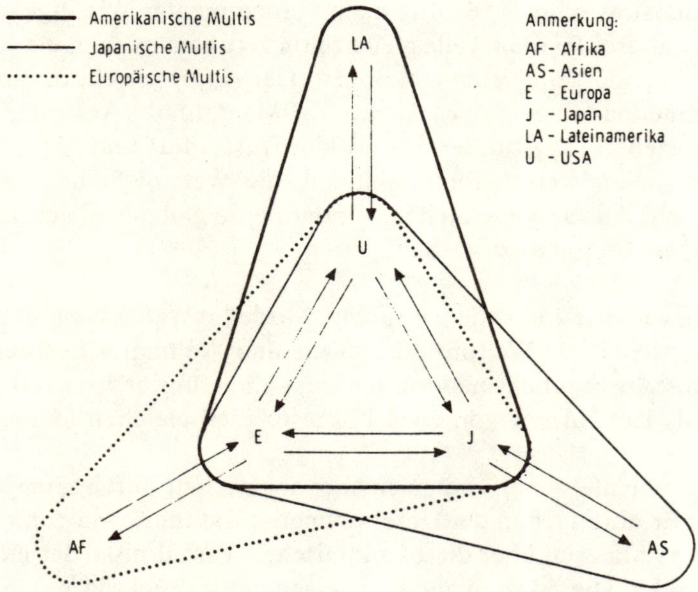

Die Triade

Quelle: K. OHMAE, „Die Macht der Triade", S. 144

Nach OHMAE ist die weltwirtschaftliche Macht im wesentlichen auf drei Regionen verteilt: USA, Westeuropa (EG) und den „Newcomer" Japan. Sein Modell ist die „Triade" dieser drei Wirtschaftszentren, zu denen die jeweiligen „Hinterländer" hinzukommen, d.h. Entwicklungs- und Schwellenländer wie Lateinamerika für die USA, Asien für Japan und Afrika für Europa.

Er verweist darauf, daß das zusammengefaßte Bruttosozialprodukt der USA, Japan, Großbritannien, Deutschland, Frankreich und Italien etwa 45% der Wertschöpfung der „freien Welt" ausmacht. Um als Unternehmen in dieser Weltkonstellation erfolgreich sein zu können, ist es seiner Meinung nach von eminenter Wichtigkeit, in jedem der drei Triaden-Teile gleichzeitig vertreten zu sein, um so als echter „Insider“ auftreten zu können. Der Autor spricht in diesem Zusammenhang von einer „Anchorage-Mentalität“ (Anchorage ist jeweils sieben Flugstunden von Tokio, Düsseldorf und New York entfernt). Somit erscheint es sinnvoll, die Welt nicht in Heimatmarkt und Ausland einzuteilen, sondern eine globale, gleichzeitige Marktpenetration anzustreben.

OHMAE verwirft drei andere populäre Modelle: Weder lasse sich die Weltwirtschaft als Weltproduktion für den Weltmarkt bechreiben noch als Ausbreitungsmedium national eingeführter Innovationen noch als Konkurrenz von etwa 150 prinzipiell gleichen Ländern.

Die Argumente seiner Thesen sieht er abgesichert durch seine weltweiten Erfahrungen in der Unternehmensberatung sowie durch statistisches Material über die ökonomischen Verhältnisse der einzelnen Länder. Diese Daten und seine eigenen Eindrücke lassen ihn zu dem Schluß gelangen, daß sich die weltwirtschaftliche Situation in den letzten 35 Jahren gewaltig geändert hat.

Zentrale Punkte seiner diesbezüglichen Argumentation sind:

1. Die modernen kapitalistischen Industriestaaten werden immer homogener bezüglich des Konsumentenverhaltens. Der Konsument kaufe, was ihm gefalle. Er achte nicht auf die Herkunft der Produkte. Bedürfnisstrukturen würden einheitlicher, was eine gute Grundlage für den Weltmarkt darstelle. Es gebe eine einheitliche Jugendkultur und eine neue Generation von Europäern, Japanern und Amerikanern: die „Triader oder OECD-Bürger“.
2. Innerbetrieblich sei der Trend von arbeitsintensiver zu kapitalintensiver Produktion zu verzeichnen (CAD- und CAM-Systeme). Im Zuge der Technologisierung stiegen Ausgaben für Forschung

und Entwicklung (F + E) enorm an. Die Unternehmen verfügten zunehmend über relativ gleichwertige Technologien; die Diffusionszeit von ca. 10 Jahren sei bis auf u. U. etwa 1 Jahr zusammengeschrumpft. Die Folge: Um die Verteuerung aufzufangen, müsse der Markt erweitert und schnell und intensiv durchdrungen werden.

3. Der Trend in die Billiglohnländer sei nicht mehr ungebrochen. Roboter und Maschinen sowie neue Lohnentwicklungen, Transportprobleme und Qualitätsaspekte führen zu Trendänderungen. Das heiße in der letzten Konsequenz u. a.: Wer erfolgreich konkurrieren wolle, der müsse global vorgehen. Er solle „in allen wichtigen Regionen zum quasi-einheimischen Unternehmen und Insider werden.“ Nur so werde es möglich, differenzierte und technologisch moderne Produkte simultan in den entscheidenden Weltmärkten auf den Markt zu bringen.
4. Qualitativ galt früher mehr oder weniger deutlich: Die Europäer sind die Erfinder, während die USA für die Vermarktung sorgen und Japan für Kopie und Weiterverarbeitung „zuständig“ ist. Heute hat sich die Situation radikal geändert. Alle drei Regionen stehen nahezu gleichberechtigt nebeneinander. Sie besitzen lediglich relative Stärken, die an ihren Forschungsschwerpunkten abzulesen sind. (Japan: Optik-, Keramik- und Stahlindustrie, Massenfertigung von hochintegrierten Schaltkreisen; USA: Biotechnologie, Genforschung, bestimmte Halbleiter; Europa: Chemische und pharmazeutische Industrie).

Natürlich gibt es Schwierigkeiten bei der Umsetzung der triadischen Strategie: Trotz der die Globalisierung begünstigenden und fordernden Wirtschaftslage scheitern viele Unternehmen bei der Integration in ausländische Triadenregionen. OHMAE sieht dieses Scheitern hauptsächlich als Ergebnis einer Vielzahl von Vorurteilen, die zwischen den „alten“ Großmächten Europa und USA auf der einen Seite und Japan (dem „Exoten“) auf der anderen Seite bestehen.

Zum Beispiel sähen EG und USA die japanische Wirtschaft als Komplott zur Vernichtung der heimischen Industrie an, während Japan in der EG u. a. den Zerstörer seiner Chemieindustrie erblicke und gleichzeitig den USA den Ruin Japans (nicht nur) durch die Schnellrestaurantketten vorwerfe.

In diesen Übertreibungen zeigen sich Grundbefürchtungen, in denen die Industrien der jeweiligen Länder jeweils als homogene Cliquen erscheinen, die gemeinsam operieren.

Nach OHMAES Erfahrungen ist jedoch das Gegenteil der Fall. Er betrachtet die jeweils heimische Konkrrenz als die eigentlich gefährliche – und den Neoprotektionismus, den die Vorurteile zur Folge haben (verschärfte Zollgesetze, Einfuhrbeschränkungen in den jeweiligen Staaten), als unrealistische (und gefährliche) Verwischung der tatsächlichen Triade-Tendenzen.

In der Zwischenzeit ist das Wort „Handelskrieg“ oft schon zur Beschreibung der wirtschaftlichen Auseinandersetzungen zwischen den USA, Europa und Japan verwendet worden. Der Fall Toshiba ist nur ein prägnantes Beispiel für die Zunahme der Eskalation. Toshiba hatte bekanntlich Werkzeuge an die Sowjetunion geliefert, die diese auch für die Neukonstruktion leiserer Unterseeboot-Antriebsschrauben verwendete. Die daraus resultierenden schlechteren Ortungsmöglichkeiten durch die US-Navy lösten in den USA massive Verratsvorwürfe aus. Außerdem verschärfte der US-Senat als Strafe sein protektionistisches Handelsgesetz, nach dessen Zusatz Toshiba für die Dauer von zwei bis fünf Jahren mit allen seinen Produkten völlig vom US-Markt ausgeschlossen werden sollte (vgl. „Der Spiegel“, Nr. 33, 10. 8. 1987).

Ein anderes Problem betrifft die Unternehmen, die in der Triade tätig werden wollen, direkt: Dabei geht es um die Ausbildung und Vorbereitung der Führungskräfte, die Verantwortung außerhalb des Stammlandes übernehmen sollen, letztlich um den menschlichen

Faktor. OHMAE schildert das Problem so: „Es dauert Jahre, eine Gruppe kompetenter Manager aufzubauen, die Kunden und Konkurrenten so gut kennen, daß sie das Unternehmen in den kritischen strategischen und operativen Fragen mit sicherer Hand führen können. Die Krisenmanager, die in der Unternehmenszentrale – mit der vollen Unterstützung des ‚Apparates' – Hervorragendes leisten, sind hier oft zum Scheitern verurteilt.

Sie beherrschen meist weder die fremde Sprache, noch finden sie in bestimmten Situationen den ‚richtigen Ton'. Und sie haben es so eilig, zu einer Lösung zu kommen, daß sie Entscheidungen treffen, ohne sich vor Ort zu informieren oder richtig zuzuhören. Externe Ratgeber nehmen sie wenig – oder gar nicht – in Anspruch. Sie haben selten die Zeit, mit Persönlichkeiten aus der einheimischen Wirtschaft und Gesellschaft in Kontakt zu kommen. Was die Krisenmanager allerdings sehr gut beherrschen, ist ‚Abbauen', ‚Reduzieren', ‚Rationalisieren', ‚Kürzen' und ‚Entlassen'. Dabei muß man zugeben, daß nichts schwieriger ist, als eine solche Aufgabe behutsam anzugehen – eine ‚weiche Landung' in einer eingefahrenen Organisation. Dies gilt insbesondere bei einer ausländischen Gesellschaft mit vollkommen unterschiedlicher Unternehmenskultur und Infrastruktur. Wenn die Mission dann gescheitert ist, beginnen Krisenmanager und Unternehmensvorstand – anstatt die eigenen strategischen Fehler einzugestehen – nach Ausreden zu suchen (...) Abgesehen von diesen Ausreden hat jeder Krisenmanager – oder einfach jeder Manager, der ins Ausland geht – seine eigene persönliche Vorstellung von der Arbeit in der neuen Umgebung. Nichts ist aber wichtiger für Führungskräfte überall auf der Welt als das Verstehen der realen Situation und die vorurteilsfreie Bildung eines eigenen Standpunktes. Vorgefaßte Meinungen bewirken oft passives Verhalten und eine negative Einstellung, bringen aber nur selten positive Ergebnisse ..." (OHMAE, 1985, S. 65 bis 67).

Um „Ehrenbürger" in allen Teilen der Triade zu werden (wie OHMAE sich ausdrückt), bieten sich verschiedene Möglichkeiten an. Er geht von der Ansicht aus, daß Unternehmen nur dann in eine für den ausländischen Markt ausreichende Stärkeposition kommen können, wenn sie ihre Schwachpunkte durch Kooperationen mit anderen Triade-Betrieben ausgleichen.

Dabei unterscheidet er die folgenden Kooperationsformen:

Konsortien zum
„Ausgleich eigener Unzulänglichkeiten, um im internationalen Wettbewerb zu überleben oder sogar die Position im einheimischen Markt auszubauen." Das Konsortium sollte zur Deckung des jeweils kritischen Fixkostenblocks beitragen (Prinzip der Deckungsbeitragsmaximierung). OHMAE meint, daß der künftige Konkurrenzkampf nicht mehr nur zwischen Unternehmen, sondern auch zwischen Konsortien stattfindet.
Als Problem für diese Art der Kooperation führt er psychologische Aspekte an. Wie er beobachtete, wehren sich Manager oft gegen die Vorstellung, den Konkurrenten plötzlich als Partner betrachten zu sollen. Wichtig sei deshalb konsequente „Überzeugungsarbeit", der frühzeitige Aufbau vielschichtiger Beziehungen sowie ein hierarchisch möglichst hoch aufgehängtes Koordinierungsbüro und diplomatische Toleranz.

Joint Ventures als
„beteiligungsmäßig abgesicherte Form der Zusammenarbeit zweier oder mehrerer Unternehmen", wiederum meist um eigene Schwächen mit den Stärken des Partners auszugleichen. Hier handelt es sich um rechtlich selbständige Einheiten, deren Kapital sich die Initiatoren teilen. Aus dieser engen Bindung (Unternehmensehe) entstehen oft Streitigkeiten aufgrund unterschiedlicher Unternehmensphilosophien. Joint Ventures seien quasi neue Unternehmen. Um ihren Aufbau nicht zu gefährden, sollten Rechte und Pflichten a priori festgelegt werden, insbesondere die personelle „Patenschaft", Informationsaustausch und Unternehmensphilosophie.

Tochtergesellschaften als
Möglichkeit, sich autonom über Ländergrenzen hinweg auf ganze Regionen zu beziehen. Dabei sollte relativ wenig Kontrolle ausgeübt werden; wichtiger seien intensive Integrationsbemühungen. Neben der Triade sollte dem jeweiligen „Hinterland" die gleiche Bedeutung zugeschrieben werden.

Multiregionale Unternehmen als
Alternative zu den vorgenannten Organisationsformen sowie zum multinationalen und zum multilokalen Unternehmen. OHMAE favorisiert das multiregionale Unternehmen mit der der Triaden-Vorstellung angemessenen Struktur. Darin bestehen:
- die Unternehmenszentrale (übergeordnete Aufgaben),
- regionale Zentralen (regional spezifische Vorhaben wie spezielle Forschung, CI, Führungskräftetraining) und
- Landesgesellschaften (landesspezifische Aufgaben, Anpassung an Gesetze und landesspezifische Regeln, innerbetriebliche Aufgaben, Distribution).

In diesem System sieht der Autor die Möglichkeiten für ein „Management by globetrotting", das für ein echtes „Triade-Unternehmen" typisch sei und charakterisiert werde durch:

„1. gut eingespielte stabile Führungssysteme;
2. vollständige Organisationsstruktur, die mit allen Funktionen spontan auf lokale Gegebenheiten reagiert (wenngleich ergänzt und unterstützt durch Funktionen der Konzernzentrale oder anderer Regionen, wann immer strategisch sinnvoll);
3. ein Management, das mit den lokalen und regionalen Kunden und Konkurrenten bestens vertraut ist;
4. Kontinuität in der Unternehmensführung mit größtenteils einheimischen, aber international erfahrenen Mitarbeitern;
5. schnelle und autonome Entscheidungsfindung bei voller Abstimmung auf die Linie des Gesamtunternehmens (die Zentrale ist voll informiert, greift jedoch nur selten direkt in das regionale Management ein);

6. großes Stehvermögen bei Schwierigkeiten und Rückschlägen in den Schlüsselmärkten, mit kreativen Lösungen für geänderte Marktbedingungen;
7. aktive Kommunikation zwischen den Tochtergesellschaften und der Zentrale – durch Telefon, persönliche Kontakte und den langfristigen Austausch von Mitarbeitern, ohne Rücksicht auf Kommunikationskosten;
8. wenig Geduld mit ‚Dafür-kann-ich-nichts'-Entschuldigungen für Schwächen oder Fehler;
9. spürbarer Einfluß und deutliche Präsenz im öffentlichen Leben am jeweiligen Standort."
(OHMAE, 1985, S. 232 f.)

Abschließend fordert OHMAE dazu auf, sich kompromißlos eine globale Perspektive anzueignen, denn „... in dieser Welt wird das erfolgreiche Unternehmen zugleich unabhängiger und abhängiger sein" (ebenda, S. 236).

Entgegen den Vorwürfen mancher Kritiker, er sei ein „neokolonialistischer Kapitalist" mit seinem nur drei Regionen bevorzugenden Modell, sieht sich OHMAE als „verantwortungsvoller Weltbürger", der sich aktiv „mit den Realitäten der heutigen Welt" auseinandersetzt. Er rät den Unternehmen der Entwicklungs- und Schwellenländer, sich auf spezielle Industriezweige zu konzentrieren, um dadurch auf dem Weltmarkt konkurrenzfähig zu werden, und dann auf dem Boden solcher Erfolge ihre ökonomische Infrastruktur auszubauen. Dabei bringt er auch seine Ansicht zum Ausdruck, dort (wie überhaupt) so wenig wie möglich den Regierenden zu überlassen.

Damit stellt OHMAE einige Grundsätze für das „globale Management" auf. Er beschreibt Richtungen, in die sich seiner Meinung nach das erfolgreiche Unternehmen und mit ihm die Topmanager zu bewegen haben.

Er gibt auch Anlaß zu Fragen nach dem Warum und dem Wie dieser Tendenzen. Woher kommen verschiedene Management-Systeme? Was bestimmt den unterschiedlichen Stil der Führungskräfte in den einzelnen Ländern? Welche Unterschiede in diesen Tendenzen werden von Bestand sein? Wie ist der schillernde Begriff der Unternehmensphilosophie detaillierter zu begreifen? Was macht Motivation im konkreten Fall aus? Und so weiter, und so weiter.

So laufen OHMAES Vorstellungen bei aller Beispielfülle doch wieder auf eine notwendige (die jeweilige Situation berücksichtigende) „Plastizität der Richtlinien" hinaus. Dem jeweiligen Anwender bleibt die Aufgabe spezifischer und situationsbezogener eigener Problemlösungen.

Kritisch ist OHMAES Modell entgegenzuhalten, daß die triadische Struktur selbst nicht ausreichend begründet ist. Daß die USA, die EG und Japan zentrale Einheiten der Weltwirtschaft darstellen, ist ja plausibel. Diese Tatsache allein aber kann nicht die Existenz triadischer Wirtschaftsbeziehungen erklären. Wie drückt sich triadische Zentralisierung aus (im Unterschied zu dyadischer)? Wo sind innerhalb der Triade die Grenzen wirtschaftlicher Spielräume? Wann gehört ein Land ins Zentrum? Und wann nicht mehr?

Noch problematischer ist freilich die – ebenfalls triadische – Zuordnung der Hinterlandsregimen zu den zentralen Ländern: Beispielsweise ist der Handels- und Kapitalverkehr zwischen Europa und Lateinamerika intensiver als der zwischen Europa und Afrika – was OHMAEs Konzept nicht entspricht.

Was die Struktur der Wirtschaftsbeziehungen anbetrifft, könnte ein sehr viel älteres Modell angemessener sein: das ursprünglich zur Problematik der Unterentwicklung formulierte Zentrum-Peripherie-Modell von Johan GALTUNG (am plastischsten dargestellt bei SUNKEL, 1972). Von seinem ideologischen Ballast befreit, hat es noch Substanz genug, einen Bezugsrahmen wirtschaftlicher Handlungsbedingungen für international orientierte Unternehmen bereitzustellen. In diesem Modell hat jedes Land – wirtschaftlich gesehen – einen „zentralen" Teil mit durchorganisierter und -kapitalisierter Produktion, ausgebauter Infrastruktur usw. und einen davon mehr oder weniger abgelösten „peripheren" Teil. Daß diese Struktur auch auf ein hochentwickeltes Land wie die Bundesrepublik zutrifft, wird kaum bestritten. Die Meinungen gehen lediglich darüber auseinander, in welchem Ausmaß die Desintegration stattfindet. (Die Diskussion um die These von der Zweidrittelgesellschaft sei hier nur erwähnt.)

Nach dem Konzept GALTUNGS integrieren sich die Zentren der Länder weltweit, was ihren Produktionsapparat, ihr technisches Know-how, den Geld- und Kapitalverkehr angeht – während gleichzeitig die Peripherien immer weiter an den Rand gedrängt werden. Grenzen zwischen den „zentralen" Ländern bestehen jedoch weiterhin bezüglich ihrer kulturellen und gesellschaftlich-politischen Situation. (Dies äußert sich u.a. in der Organisation von Unternehmen: In Japan ist z.B. die Zahl der Hierarchieebenen im Mittel deutlich kleiner als in den USA – was natürlich nicht ohne Folgen auf die kommunikativen Abläufe im Unternehmen bleibt.)

Beide Umstände haben für ein international orientiertes Unternehmen Konsequenzen: Die Präsenz im weltwirtschaftlichen Zentrum ist technologisch bereits gewährleistet, wenn nur „irgendwo" zentral produziert wird. Der Zugang zu den einzelnen Märkten und der Erfolg in ihnen ist aber nicht nur ökonomisch, sondern auch gesellschaftlich-politisch und kulturell bedingt. Deshalb spielen nationale Handlungsfelder innerhalb der weltwirtschaftlichen Struktur auch weiterhin eine erhebliche Rolle!

Die nationalen Handlungsfelder: Kleine Skizzen

Weltwirtschaftliche Modelle sind ein für unsere Zwecke hilfreicher Orientierungsrahmen, der globale Tendenzen offenlegt und Verhaltensrichtlinien vorgibt. Aber die konkrete Problemlage des einzelnen Managers ist nicht ihr Thema.

Um dieser Problematik gerecht zu werden, will ich einige wichtige Länder im impressionistischen Vergleich vorstellen.

Die Selektion der USA, Japan, BRD und Frankreich ist auch als Einführung des nächsten Abschnittes zu verstehen, in dem Lebensläufe herausragend erfolgreicher Männer vergleichend beschrieben werden. Eine einleitende Länderbeschreibung soll uns deren unmittelbare Handlungsfelder näherbringen und damit vielleicht ihre Verhaltensweisen vom Hintergrund her begreifbarer machen, wobei Japan etwas ausführlicher als die anderen Länder beschrieben wird. Die anderen Länder sind uns sicher vertrauter.

USA: Amerika, die unbegrenzte Möglichkeit?

Amerika zieht schon mit seiner Geographie den Betrachter in Bann: Selbst im Vorbeieilen werden durch den schroffen Wechsel von unendlich scheinenden Steppen- und Wüstengebieten und plötzlich erscheinenden futuristisch anmutenden Stadtgebieten eine Menge Assoziationen von einer Unermeßlichkeit latenter Potentiale und einem ungeheueren Pioniergeist geweckt. Das Land bietet einen außergewöhnlich großen Reichtum an Bodenschätzen und den heimischen Spielraum eines gigantischen Binnenmarktes mit großer Akzeptanz für innovative Ideen. Nicht zuletzt brachte das Ausbleiben eines modernen Krieges auf eigenem Territorium die USA in eine ausgesprochen günstige Lage als Industriestaat.

Andererseits ist die amerikanische Weltmacht seit Jahren schon von hoher Staatsverschuldung, Dollarverfall, außenpolitischen Schwierigkeiten und innenpolitischen Spannungen charakterisiert. Das Land, in dem das Märchen „vom Tellerwäscher zum Millionär" oft Wirklichkeit wurde, hat ganz bestimmte Regeln, nach denen solche Karrieren vonstatten zu gehen haben.

Auf dem wirtschaftlich-unternehmerischen Gebiet hat die USA seit dem Zweiten Weltkrieg eine Geschichte hinter sich, die von der Globalisierung und anderen Veränderungstendenzen der Weltwirtschaft in besonderem Maße geprägt wurde.

Amerikanische Multis, die, wie NAISBITT und OHMAE ausführen, zum großen Teil in der Ära relativer Stabilität zwischen den beiden Weltkriegen entstanden sind, haben nun die schmerzhafte Relativierung ihrer in den 50er und 60er Jahren dominierenden Stellung in der Welt erleben müssen. Ihr „organisatorisches Konzept" (wie OHMAE das ausdrückt) basierte auf dem festen Glauben an eine stabile Vormachtstellung innerhalb der technologischen Entwicklung. Man fühlte sich unangreifbar im Wettbewerb. In diesem Sinn war man der Überzeugung, es sei das beste, die Welt quasi als multinationales Unternehmen zu betrachten.

Der damalige Vorsprung ist in den letzten 30 Jahren gewaltig geschrumpft. K. OHMAE konstatiert in seinem Buch über die „Triade", daß die Größe vieler US-Unternehmen, bereinigt um ihren großen Heimatmarkt, kaum über die vergleichbarer Unternehmen in Japan und der EG hinausreicht. Der McKinsey-Berater errechnete für 1985 sogar einen japanischen Vorsprung von ca. einem Jahr im Computerbereich. Weiterhin schrieb er, daß zu diesem Zeitpunkt das durchschnittliche Wachstum der Vereinigten Staaten hinter dem Japans zurücklag. (Ein gewaltiger Wachstumszuwachs in Texas und Kalifornien steht wirtschaftlicher Stagnation im Osten des Landes gegenüber.) Auch NAISBITT („Megatrends") beschreibt ausführlich die Umstellungs- und Wachstumsprobleme der USA im Übergang von der Industrie- zur Informationsgesellschaft.

Staatsform und Wirtschaft
Zwei Bereiche – eine Organisation?

In den USA besteht die Regierungsform der Präsidialdemokratie. Es gibt Experten, die behaupten (vgl. Manager Magazin 11/83), daß entsprechend dieser Art der Organisation, in der dem Staatspräsidenten wesentlich mehr Entscheidungs- und Vetorechte eingeräumt werden als in parlamentarisch geregelten Staaten, auch die industrielle Partizipation bedeutend weniger ausgebaut ist. Das Manager Magazin (11/83) geht so weit, von einem „embryonalen Zustand" der industriellen Demokratie in Ländern wie USA oder Frankreich zu schreiben. Üblich sei eher ein vertikaler, homogener Aufbau (wie OHMAE ja bestätigt) als eine horizontal-kollegiale Organisation. Nach Ergebnissen des Manager Magazin sind die Unternehmensspitzen mit Personen besetzt, die gewöhnlich
- Mitglieder oder Vorsitzende ihres eigenen Aufsichtsorgans sind;
- Vorgesetzte ihrer eigenen Geschäftsführung sind;
- letztgültiges Entscheidungsrecht in allen strategischen und sonstigen Fragen besitzen;
- in „prädestinierenden" Business-Eliteschulen ausgebildet wurden;
- meist nur ihre eigene Sprache sprechen;
- sogar Vorsitzende des (wenn überhaupt vorhandenen) Betriebsrates sind;
- ohne Gewerkschaften in den Aufsichtsorganen arbeiten sowie
- den Mitarbeitern kein entscheidendes Stimmrecht zubilligen (sondern lediglich Beratungsfunktionen).

Das Gerüst, auf das sich ein solches „Machtmonopol" stützt, ruht (oder schwankt?) auf juristisch ausgetüftelten Rechtsformen. Ohne die Unterstützung unzähliger Juristen scheint man in den USA (so der japanische Wirtschaftsgigant AKIO MORITA) den mit einem „Kriegszustand" (LEE IACOCCA) vergleichbaren marktwirtschaftlichen Wettbewerb kaum erfolgreich bestehen zu können.

Als den außerordentlichen Prototyp der personifizierten Herrschaft über einen Konzern beschreiben PASCALE und ATHOS (1982) HAROLD GENEEN, den ehemaligen ITT-Chef. GENEEN leitete sein Imperium über ausgeklügelte Kontrollmechanismen, die jeden Mitarbeiter durch formale Regelungen und den Zwang, alle Probleme offenzulegen, auf die Linie des Vorgesetzten brachten (und dessen fast uneingeschränktes Informationsrepertoire auch an Orwells „1984“ erinnern kann). Die sogenannten harten „S“ des Managements schienen dort vorrangig zu gelten. Die Autoren PASCALE und ATHOS verstehen darunter die Managementmethoden, bei denen Quantifizierbarkeit und Sachbezogenheit im Vordergrund stehen. „Harte“ Zahlen und Fakten spielen bei den folgenden drei „S“ die dominierende Rolle:

Strategy
Die Ausarbeitung von (meist quantitativ fixierten) Aktionsplänen oder Vorgehensweisen, welche die Mittel einer Firma für eine bestimmte Zeit so einzusetzen erlauben, daß konkrete Zielvorstellungen realisiert werden. GENEEN beispielsweise ging nie von seinem Ziel „10% Wachstum pro Quartal“ ab und richtete sein Vorgehen kompromißlos danach aus.

Structure
Die intensive Beschäftigung mit eher formalen Regelungen, den „Kennzeichen des Schaltplans“ der Organisation. Das meint die Konzentration auf die Frage nach der „Anordnung“: Welche Sphäre stellt ein Betrieb in seinen Mittelpunkt, z. B. den Produktionsbereich oder die Verwaltung? Nach welchen Grundprinzipien (wie Dezentralisierung oder Zentralisierung) ist das Unternehmen aufgebaut?

Systems
Meist schriftlich und damit „kontrollierbar“ festgelegte Berichte und „routinemäßige Prozesse“ (wie beispielsweise die Besprechungstruktur). Wie später dargestellt wird, arbeiteten sowohl

Chrysler-Chef IACOCCA als auch HAROLD GENEEN routinemäßig mit den von ihren Mitarbeitern schriftlich fixierten Geschäftsberichten.

Japan: Fortschritt und Tradition

Die Wirtschafts- und Sozialgeschichte Japans seit dem Zweiten Weltkrieg gehört wohl zu den bemerkenswertesten ökonomischen Ereignissen der Zeitgeschichte. Vom Krieg schwer getroffen und mit der Erkenntnis versehen, daß amerikanische Technologen den entsprechenden Fachkräften aus dem Inselreich haushoch überlegen waren (was SONY-Chef AKIO MORITA als bedeutende Tatsache im ersten Kapitel seiner Memoiren betont), begann Nippon noch in den 40er Jahren mit seinem kometenhaften industriellen Aufstieg.

Japan wurde zum vielbewunderten Neuling am global-wirtschaftlichen „Managementhimmel". Innerhalb von 40 Jahren mauserte sich der (im Gegensatz zu den USA) mit Rohstoffen nicht gerade gesegnete Staat zur „zweitreichsten kapitalistischen Volkswirtschaft mit einer umfassenden Produktvielfalt", wie K. OHMAE formuliert.

In den letzten Jahren hat sich Japans Bruttosozialprodukt mehr als verfünffacht und das Einkommen pro Beschäftigtem mehr als vervierfacht; ein Wachstum, das – mit Ausnahme der Öl-Länder und Israel – mit keiner anderen Volkswirtschaft zu vergleichen ist.

In die Bewunderung für das strebsame, strahlende Nippon mischt sich in letzter Zeit vermehrt Relativierendes und nun auch Negatives seitens kompetenter Beobachter der japanischen Szene. Japan wird immer öfter als begünstigter „latecomer" bezeichnet, der leichter als die anderen Industrieländer mit Aneignung, Perfektionierung und preisgünstigen Großserienprodukten ein weltweites Bedarfsvakuum füllen konnte.

In der Wirtschaftspresse mehren sich in letzter Zeit allerdings auch konkrete Berichte über massive Währungsprobleme und kritische industrielle Strukturentwicklungen. Die Wirtschaftswoche (vom 19.6.1987) beispielsweise sieht das Inselreich „vor der größten Strukturkrise der Nachkriegszeit“, da seine strikte Exportorientierung heute nicht mehr aufrechtzuerhalten sei.

Im Zeichen der permanenten Dollar-Baisse und dem steigenden, ernstzunehmenden Konkurrenzdruck aus dem eigenen (asiatischen) Raum wird eine gravierende ökonomische Instabilität deutlich. Durch den teuren Yen wird der Export stark geschmälert. Früher gingen fast 50% der in Japan produzierten Güter in die USA (vgl. Stern, 12/87). Heute wird der Handel mit den Vereinigten Staaten mehr und mehr durch Dollar-Verfall und neoprotektionistische Tendenzen (wie z. B. Einfuhrstopps für bestimmte technische Produkte) reduziert.

Die „newly industrializing countries“ in Asien, allen voran Korea und Taiwan, kopieren Japans „Wirtschaftsrezept“. Nun sind sie es, die Nippons Geschäftsleuten erhebliche Marktanteile mit preiswerten Produkten gehobener Qualität abjagen. Das aufstrebende Korea zum Beispiel erwies sich auf dem Stahlsektor als fähig, sogar die Dumpingpreise der japanischen Konkurrenz zu unterbieten.

Zu all diesen Schwierigkeiten mit dem Ausland leidet das Land der aufgehenden Sonne an einer extremen Inlands-Nachfrage-Flaute. Nippons Wirtschaftsgrößen geben sich bereits pessimistisch.

Der „Stern“ konstatiert (12/87) „Untergangsstimmung“ und zitiert Manager wie Jutakakume von Nissan: Exporteinbußen könnten der japanischen Industrie „das Rückgrat brechen“, und Kenichi Jamamoto von Mazda: es gehe in seinem Metier bereits „ums nackte Überleben“. Aufgrund der Überkapazitäten sieht Konjunkturexperte Jukizide Okano eine ernste Krise voraus.

Reaktion der Wirtschaftsbosse: Neben rigiden Einsparungsmaßnahmen (wie das Reduzieren brennender Glühbirnen über Fließbändern ...) setzen sie nun auf die Auslagerung der Produktion ins Ausland, z. T. in Billigländer. So läßt SONY Radiorekorder für den Inlandverkauf in China produzieren. Matsushita versucht alle Güter, deren Wert unter 100 Dollar liegt, in Taiwan oder Singapur herzustellen. Im Land selber baut man auf die Umstellung zu eher „originären, kreativen Produkten“, wie Toschiro Schimoyama vom Elektrokonzern Olympus in einem „Stern“-Interview äußerte.

Ob mit diesen Maßnahmen das auch schon in anderen Industrieländern greifende Syndrom der Krisenanfälligkeit in den Schlüsselindustrien, wie z. B. Kohle, Stahl, Werften, über die Automobilkonzerne bis hin zu den Konsum- und Gebrauchsgütern (in Japan speziell der Unterhaltungselektronik), durchbrochen werden kann, erscheint ungewiß. Tatsache ist: Trotz z. T. gelungener Umsatzsteigerungen werden rote Zahlen geschrieben – und das besonders in den zahlreichen japanischen Kleinbetrieben (z. T. aufgrund von Eintragseinbußen oder weil die Lieferverträge mit den Großen nicht mehr erneuert werden).

In der Konsequenz unumgänglich scheinen Einsparungen über den Faktor „Arbeitskraft“. Nicht allein, daß der allgemeine Lebensstandard der Bevölkerung extrem weit hinter dem herhinkt, was nach dem Bruttosozialprodukt und nach unseren Maßstäben angenommen werden könnte. Was in Japan mit dem Odium der Unmoral behaftet ist, wird zur notwendigen Praxis: In immer größerem Umfang müssen Mitarbeiter entlassen werden. Es ist zu befürchten, daß nun damit ein wirtschaftspolitischer Teufelskreis beginnt. Denn indem man die garantiert lebenslange Beschäftigung aufhebt, sägt man an einem Grundpfeiler des japanischen Wirtschaftswunders: der extrem hohen Motivation der Mitarbeiter.

Seit der Nachkriegszeit hatte der Betrieb dem Arbeitnehmer eine sichere, wenn auch bescheidene Grundlage gegeben, mit der er sich stark identifizierte. Es ist z. B. noch heute in Japan üblich, seinen eigenen Namen bei der Vorstellung durch den Namen der Firma zu ergänzen, in der man beschäftigt ist. Für diese sichere Identifikationsbasis nahmen Japaner im Gegensatz zu den Amerikanern und uns Europäern offensichtlich mehr Arbeit (höhere Stundenzahl) und geringeren Lebensstandard (weniger Gehalt und extrem kleinen Wohnraum mit bescheidenem Komfort) in Kauf.

Beobachter der Szene entwickeln zumindest Bedenken gegenüber einer weiter positiv verlaufenden gesellschaftlichen Entwicklung in Japan. Spannungen im Sozialgefüge werden mit Sorge betrachtet.

Noch ein weiterer Industriesektor im Wandel rüttelt an den traditionellen Strukturen: Der Bereich Technologie/Hochtechnologie, der sich immer noch mit großer Rasanz weiterentwickelt. Während die USA- und EG-Wirtschaftsexperten bezüglich der Mitarbeitermotivation nach Japan schauen und versuchen, die dort geborenen Führungskonzepte (wie zum Beispiel Qualitätszirkel) zu übernehmen, haben die Japaner umgekehrt mehr und mehr Sorgen mit der fachlichen Qualifikation ihrer Führungskräfte. In ihren traditionell gewachsenen Führungsstrukturen hat sich eine im Vergleich zu anderen Ländern extreme „Gerontokratie" (Herrschaft der Alten) herangebildet. Die Topleute dort zählen oft um die 80 Lenze oder mehr, und der meist von ihnen selbst bestimmte Nachfolger ist in der Regel nur um wenige Jahre jünger.

Die Mehrzahl der ehrenwerten Herren ist kaum mit dem neuesten technischen Know-how ausgestattet und somit in punkto technischem Fortschritt den Jüngeren unterlegen.

Angesichts des rapiden technischen Wandels aber wird die starre, hierarchische Gliederung nach dem Altersprinzip, in dem der Topmanager mehr oder weniger als Pfleger und Heger der Unternehmenskultur und als Kontakter in der Geschäftswelt (z. B. auf dem feinen Plateau des Golfrasens) agiert, zunehmend kritisiert. Während SONY-Chef AKIO MORITA, umgeben von einem versierten Experten-Führungsteam, weiterhin die Stellung als Firmenoberhaupt hält, haben andere ergraute Wirtschaftsgrößen bereits ihre Demission vollzogen.

Schon 1983 meinte die Wirtschaftswoche: „Heute scheint die Entmachtung allzu entrückter Patriarchen zum Leistungsbeweis für die Dynamik vieler Firmen aufzurücken", und 1985 konstatierte das gleiche Blatt zu Japan: „Die Technokraten kommen".

Für die „Alten" bedeutet das Verlust von Macht und Kompetenz und in der Folge auch ideelle Verluste. Sie kommen immer seltener in den konfuzianisch geprägten Genuß von besonderer Hochachtung seitens der Jüngeren.

Zum Verlust von Bedeutung und Achtung gesellt sich ein demographischer Aspekt: Japan hat besonders viele Mitbürger im Rentenalter (etwa 2000 Hundertjährige). Die Konsequenz ist ein regelrechtes Altenproblem, mit dem das kleine Inselreich sich konfrontiert sieht. Man denkt bereits an Alten-Enklaven im Ausland (zum Beispiel an „Silbersiedlungen" in Spanien). Die Reaktion der Alten auf ihre neue Lage läßt sich bereits statistisch ablesen: Die Zahl der Selbstmorde, die von Menschen über sechzig Jahren begangen werden, ist im Vergleich zu anderen Ländern äußerst hoch.

Ein ähnliches Phänomen ist das Ansteigen des Suizidrate bei Jugendlichen unter zwanzig: Sie weist auf ein „Komplementärproblem" bei den Jungen hin. Konkurrenz und Technologiewandel stellen die nachrückende Generation unter einen enormen Anforderungsdruck, wobei man vermuten kann, daß Wertewandel und Zukunftsunsicherheit als besonders belastend hinzukommen.

Abschließend noch eine weitere unangenehme Statistik. Die Demographen melden einen erstaunlichen Anstieg alkoholkranker Ehefrauen, deren Männer im Zuge der betrieblichen Flexibilitätsanforderungen oft über Wochen hinweg nicht zu Hause sind. Den in ihren kleinen (der hohen Bevölkerungsdichte entsprechenden) Wohnungen (von durchschnittlich 40 Quadratmetern) isoliert zurückbleibenden Frauen obliegt allein die Verantwortung für die Kinder, während ihre Ehemänner immer häufiger im Rahmen ihrer auf den Berufsalltag geschrumpften Lebenswelt über Depressionen klagen.

Die statistischen Daten sind natürlich nur Indizien für die vermuteten gravierenden Veränderungen, und sie lassen uns Abendländer den konkreten Traditionsumbruch im Land der aufgehenden Sonne nur erahnen. Andererseits sollte man bedenken, daß USA, EG und Japan zwar von verschiedenen Voraussetzungen ausgegangen sind, daß aber die Einbindung aller drei in ein einziges großes Marktgeflecht mit stark vereinheitlichender Produktvielfalt sicher auch gesellschaftliche Konvergenz bedeutet.

Politik und Wirtschaft: Handeln nach dem Konsensprinzip

Bleiben wir noch ein wenig bei der Beschreibung der japanischen Spezifika. Nippons politische Organisation weist einen grundlegenden Unterschied zu den USA auf: In Japan ist die Regierung nach den Prinzipien der parlamentarischen Demokratie organisiert. Die „industrielle Entsprechung" dieser Staatsform ist in diesem Land (nach Manager Magazin 11/83) die auf der Grundlage einer bisher fast ausnahmslos durchgehenden Unkündbarkeit beruhende „Unternehmensgemeinschaft" (der Nachkriegszeit). Diese Gemeinschaft mache „die Konzernspitze rund" (eher horizontal organisiert), doch „keineswegs stumpf". Der Topmanager stellt sich hier nicht als Inkarnation der Macht dar, sondern er hält sich – relativ betrachtet – im Hintergrund. Er lenkt z. B. die Motivationsrichtung und das Qualitätsbewußtsein eher auf informellen Wegen (im Gegensatz zum US-Manager), indem er das Zufriedenheits- und Zusammengehörigkeitspotential seiner Mitarbeiter fördert.

Als Musterbeispiel ist in diesem Zusammenhang der von PASCALE und ATHOS als herausragende Führungskraft dargestellte MATSUSHITA anzusehen, der nach den Prinzipien der „indirekten Führung“ vorgeht. Dieser erfolgreiche Topmanager motiviert seine Mitarbeiter durch Unternehmensgrundsätze im Geiste des Fortschritts und der Qualitätsmaximierung, mit denen sich jeder Angestellte intensiv zu befassen hat. Es geht ihm mehr um die Vermittlung „spiritueller Werte“ (PASCALE und ATHOS) als um das Festsetzen von Formalismen. In diesem Sinne geht er tatsächlich soweit, von den Mitarbeitern jeden Morgen eine Firmen-„Hymne“ anstimmen zu lassen, in der die Unternehmensgrundsätze formuliert sind.

Fühlt sich mancher bei GENEEN an ORWELLs „1984“ erinnert, so drängt sich bei MATSUSHITA ein Vergleich mit der „Brave New World“ des ALDOUS HUXLEY auf.

Entgegen den harten „S“ in den USA sind hier die weichen „S“ des Managements vorrangig. „Weich“, weil auf die personelle Seite der Unternehmen bezogen. Hier stehen die Mitarbeiter – weniger individuell, jedoch als Mitglieder der sozialen Einheit des Unternehmens – im Vordergrund sowie die personellen Beziehungsstrukturen mit ihrer auch außerbetrieblichen Dynamik. „Hartes“, Quantifizierbares liefert in diesem Zusammenhang nur Anhaltspunkte.

Zu den weichen „S“ zählen nach PASCALE und ATHOS:

Staff
Die besondere Beachtung demographischer Charakteristika der Mitarbeiter beim Einsatz in der Organisation. Man unterscheidet beispielsweise den „Ingenieurtypen“ vom „Gebrauchtwagenverkäufer“ oder vom „Computerprofi“ und versucht nachdrücklich, ihren Neigungen, Stärken und Schwächen im Rahmen des Unternehmens gerecht zu werden. Ein kleines Indiz für ein solches Vorgehen ist zum Beispiel die von SONY-Chef AKIO MORITA ins Leben gerufene Werkszeitung, in der jeder Mitarbeiter Wünsche bezüglich

einer innerbetrieblichen Veränderung seiner Arbeitssituation äußern kann.

Skills

Dieser Aspekt ist auf die Fähigkeiten der gesamten Organisation (und ihrer Topleute, der „Schlüsselmanager") bezogen, welche sie aus dem Heer der Konkurrenten in besonderer Weise heraushebt. Die besondere Entwicklung und Pflege beispielsweise eines exzellenten Vorgehens im Marketingbereich oder auf dem Gebiet der Serviceleistungen zählt zu solchen „skills", die sowohl auf der organisatorischen Ebene wie auch im zwischenmenschlichen Bereich angesiedelt sein können.

Style

Damit gemeint ist der „Geist und Stil des Hauses" in der Gesamtheit seines Vorgehens. Er betrifft die umfassende „Unternehmenskultur" mit all ihren Besonderheiten, angefangen beim Umgangston der Mitarbeiter über die „Selbstverständlichkeiten" der Kompetenzverteilung bis hin zur prägenden Figur des Unternehmensleiters.

Superordinated goals

Diese Ziele beziehen sich auf den übergreifenden Zweck, die Vision, der sich eine Organisation und ihre Mitarbeiter verschreiben. Sie sind teilweise als „Unternehmensphilosophie" explizit formuliert und kommen in entsprechenden Führungsrichtlinien zum Ausdruck. Durch sie kann beispielsweise der Kunde (wie bei IBM) in den Mittelpunkt aller Bemühungen gestellt werden oder die exzellente Qualität der Produkte (wie bei SONY). Seltener anzutreffen sind quantitative Ziele wie z. B. der zahlenmäßig fixierbare Jahreserfolg.

Bundesrepublik Deutschland: Legitimieren heißt Reflektieren

Die Bundesrepublik Deutschland, durch den Zweiten Weltkrieg zutiefst erschüttert, mit ausländischen Hilfen und Restriktionen wieder aufgebaut, hat sich zu einem wesentlichen Mitglied der EG und zu einem wichtigen Konkurrenten auf dem Weltmarkt entwickelt. Eliten und Führungskräfte haben sich notwendigerweise neu herausgebildet. Aufgrund der Zeitgeschichte sind sie belastet durch das erdrückende Negativbeispiel von totalitärer Führung. Vorsicht und ein beständiger Legitimationsdruck bezüglich der Führungs- und Elitenproblematik verkomplizieren und belasten so in der BRD Tendenzen, die in anderen Ländern eher als Selbstverständlichkeit aufgefaßt werden. Die Situation ist schwierig, aber die erforderliche Reflexion und das Bemühen um politischen Ausgleich und wirtschaftliche Stabilität, die sie nach sich ziehen, sind von nicht zu unterschätzender positiver Wirkung. Not macht ja auch erfinderisch, und das kann kein Nachteil sein, wenn man wenige Bodenschätze hat und ein relativ kleines Land mit einer relativ kleinen Bevölkerungszahl ist.

An wirtschaftlicher Initiative scheint es den Deutschen jedenfalls nicht zu mangeln. Daß deutsche Manager nach OHMAES „internationalem Gebot" bereits handeln, zeigt die Statistik: Während im eigenen Land nur ein leichter Investitionsanstieg zu vermelden ist, kann man einen beträchtlichen Zuwachs an Auslandsaktivitäten beobachten. Firmen wie Bayer, Siemens, Hoechst, Daimler-Benz, Wella und Nixdorf etablieren sich in fernen Landen und sind damit erfolgreich.

Politik und Wirtschaft: Partizipation über alles

Ähnlich wie Japan ist die BRD politisch nach den Grundsätzen der parlamentarischen Demokratie geordnet. Das Manager Magazin (11/83) behauptet, dies sei ein Grund für die größere Ähnlichkeit deutscher Managementmethoden mit den japanischen, als sie etwa der Vergleich USA–Japan aufweist. Analog zu Japan stehe eher das „Konsens- und Kollegialprinzip" politisch wie wirtschaftlich im Vordergrund. Das Manager Magazin behauptet in diesem Sinne, in Deutschland gebe es den Mann an der Spitze nicht mehr. Auch wenn diese These überspitzt formuliert ist, entspricht sie doch etwas der tatsächlichen Relativierung deutscher Wirtschaftsmacht.

Nicht nur der Bundeskanzler, der über die Richtlinienkompetenz verfügt, arbeitet mit relativ eigenständigen Ministern zusammen, auch die Vorstandsvorsitzenden sind in der Regel keine Alleinherrscher, sondern tragen ihre Verantwortung in einem Kreis von Kollegen mit relativ hoher Eigenständigkeit. Nicht nur der politisch-rechtliche Aufbau der Bundesrepublik (Föderalismus, Bundestag, Bundesrat, Parteiensystem usw.), sondern auch die politisch-wirtschaftlichen und sozialen Strukturen sind stark durch partizipative Momente geprägt: Verbände, Gewerkschaften, Tarifparteien, Tarifautonomie, Betriebsräte/Personalvertretungen usw. usw. Auf den verschiedensten strukturellen Ebenen wird für einen relativen Interessenausgleich gearbeitet und für Partizipation gesorgt.

Frankreich: L'état c'est Paris

Alle Wege führen nach Paris. Zu diesem Schluß kommt man angesichts Frankreichs Straßen- und Flugliniennetz sowie bei der Betrachtung seiner Wirtschaftsförderungspläne. Mit wenigen Ausnahmen ist die Ile de France das einzige Gebiet, in dem nur eine vergleichsweise geringe staatliche Unterstüzung möglich ist. Frankreichs traditionsreicher Zentralismus mit seiner vereinheitlichenden Landesorganisierung (bis hin zu den Schulferien) läßt beim Außenstehenden einen ähnlich homogenen Eindruck zurück wie das (zumindest nach außen hin) sehr traditionsverbundene Japan.

Wie das Land der aufgehenden Sonne ist Frankreich von der allgemein-europäischen Situation der Rohstoffknappheit belastet. Hinzu kommt bei dem in der Nachkriegszeit wirtschaftlich aufstrebenden EG-Partner ein immer stärker werdender Konkurrenzdruck aus dem Ausland, wie zum Beispiel durch die koreanische Textilindustrie oder die japanische High-Tech-Branche – oder auch durch die in unmittelbarer Nachbarschaft liegende deutsche Wirtschaft.

Politik und Wirtschaft: Absolutismus aus Bequemlichkeit

Protektionistische Methoden von seiten des Staates haben sich nicht unbedingt als Allheilmittel erwiesen, aber man baut in Frankreich verglichen mit anderen marktwirtschaftlichen Nationen in besonderer Weise auf die Regierung. Verstaatlichung großer Betriebe (wie Renault) und das Kontrollprogramm der „Planification", durch welches die Regierung wirtschaftliche Prozesse in großen Linien im 5-Jahres-Turnus festlegt, manifestieren das Wirtschaftsgeschehen. Eingesetzt zur Verbindung von einzelwirtschaftlichem Kalkül und gesamtwirtschaftlicher Entwicklung, verkörpert der mit großem Verwaltungsaufwand arbeitende Apparat der französischen Wirtschaftsplanung sowohl den Versuch, wirtschaftliche Prozesse steuerbar zu machen, als auch den Effekt für die Privatwirtschaft, mit Eigeninitiative recht spärlich umzugehen. Das jedenfalls behaupten viele Kritiker momentaner französischer Wirtschaftsentwicklungen wie z. B. der umstrittene BERNARD TAPIE, von dem hier später noch die Rede sein wird.

Er führt den französischen Spruch an: Frankreich habe zwar keine Rohstoffe, aber Ideen, und er ist der Meinung, daß die Franzosen sich noch viel zu sehr auf ihren Staat verlassen, Arbeiter wie Unternehmer. Sein Rezept für momentane wirtschaftliche Schwierigkeiten: nicht auf die nach dem Präsidialsystem (wie die USA) geordnete Regierung warten, sondern selbst Ideen entwickeln und diese aus eigener Kraft in die Tat umsetzen.

Ohne Eigeninitiative kein Erfolg

TAPIE bezieht sich mit seiner Forderung auf die Verhältnisse in Frankreich. Mag sein, daß dieses Land in besonderem Maße von der Problematik eines Aktivierungsprogramms in Richtung Eigeninitiative betroffen ist. Dieser Aspekt jedoch, der den Bogen spannt von der allgemeinen ökonomischen Struktur des Landes hin zur konkreten Einstellungs- und Handlungsanweisung für das wirtschaftlich tätige Individuum, rückt eine Problematik in den Vordergrund, die eine grundlegende Bedingung für marktwirtschaftliche Vorgehensweisen beinhaltet: Über alle Landesmentalitäten hinweg sind und waren die erfolgreichen Wirtschaftspraktiker Leute mit klarer Eigeninitiative. Personen, die nicht auf andere und deren Hilfe warteten, sondern die aus eigener Überlegung und eigenem Bedürfnis heraus handelten. Menschen also, die wesentlich stärker agierten als reagierten. Menschen, die in Anbetracht der realen Bedingungen ihre eigenen Ideen durchsetzten und die nicht einfach vom Wind der verschiedensten gesellschaftlichen Strömungen mitgerissen wurden, Menschen, die immer ihre eigene Linie verfolgten. Persönliche Souveränität und Visionen sind hier die Schlüsselwörter.

Aber wie nun im einzelnen genau?

Die Praktiker

Fünf Persönlichkeiten aus vier Nationen sind in den kommenden Abschnitten als Repräsentanten dessen dargestellt, was in meinen Augen „excellence" ausmacht. Sie sind in ihrem Werdegang, in den Besonderheiten ihres jeweiligen Führungsstils und in ihrer individuellen Weltsicht dargestellt. Der „psychologische" Blick auf diese fünf „Protagonisten" wird deutlich machen, daß sie – bei aller Verschiedenheit – Gemeinsamkeiten aufweisen. Gemeinsamkeiten, von denen man annehmen kann, daß sie ihren großen Erfolg ausmachen.

Da ist HAROLD GENEEN, der Mann, der vom kleinen Buchhalter an die Spitze von ITT aufstieg und diesen Konzern dann zur „Weltmacht" führte.

Da ist LEE IACOCCA, der Mann, der, nach dem Rauswurf bei Ford scheinbar am Ende seiner Karriere, den konkursreifen Chrysler-Konzern wieder zu neuem Glanz führte.

Da ist AKIO MORITA, der Mann, der zusammen mit seinem Freund Ibuku in dem vom Krieg demoralisierten Japan den SONY-Konzern gründete und groß machte.

Da ist HEINZ NIXDORF, der Mann, der die Idee des Arbeitsplatz-Computers so kompromißlos in die Tat umsetzte, daß sogar IBM gezwungen war, seinem Beispiel zu folgen.

Da ist BERNARD TAPIE, der Mann, dessen schillernde Karriere vom Außendienstler über den Unternehmensberater zum Chef einer bemerkenswerten „Sanierungs"-Holding führte.

Keiner dieser Männer ist wie der andere – jeder dieser Männer zeigt seinen ganz persönlichen Weg im Anwenden der „immer gleichen“ Grundsätze …

Warum Beispiele? Beispiele können immer auch mißverständlich wirken. Nur zu oft flüstert einem zwischen den Zeilen der Veröffentlichungen mancher Autor ein unseriöses Versprechen zu, es werde schon alles gut werden, wenn der Leser nur diszipliniert den Ratschlägen der Helden folge.

Mir jedoch geht es nicht um Heldenverehrung. Die erfolgreichen Praktiker, die Sie hier beschrieben finden, sind Extrakt und lebendiger Beweis dafür, daß exzellentes Führen auf benennbaren Qualitäten beruht. Und sie sind lebendiger Gegenbeweis für manch andere hartnäckige Führungsauffassung.

Gerade in der Auswahl solcher verschiedenster Persönlichkeiten soll unsere Behauptung der benennbaren und den Erfolg bestimmenden Gemeinsamkeiten deutlich werden. Darum Beispiele.

Der Monolith: HAROLD GENEEN

„Management must manage!
Management must manage!
Management MUST manage!
MANAGEMENT MUST MANAGE!
Wie oft muß ich das noch sagen?"
(HAROLD GENEEN)

HAROLD GENEEN hätte in früheren Zeiten womöglich als Eroberer reussiert. HAROLD JULIUS ALEXANDER ATTILA GENEEN ... Er war Schöpfer und Motor einer Weltmacht. Verantwortlich für ITTs Größe, angeblich mitverantwortlich für Allendes Sturz und Tod.

Also ein Mann, dessen Gewissen nur das Synonym „seines" Konzerns darstellt? Ein Mann, der Furcht und Entsetzen auslöste, selbst unter seinen Mitarbeitern? Man hörte schließlich so einiges über entwürdigende „Vivisektionen" einzelner Manager in der intimen Öffentlichkeit gigantischer Marathon-Sitzungen ... Die Flüche der Gefeuerten verfolgen ihn. Kinoszenen zeichnen seine mephistophelisch-machiavellistischen Züge nach der vermuteten Realität; ohne dabei seinen Namen zu nennen. Und fast jeder weiß, wer gemeint ist.

Aber dann: leuchtende Augen bei den übriggebliebenen alten ITT-Kämpen, sobald das Gespräch auf GENEEN kommt. Der Kontrast zu ARASKOG (dem augenblicklichen ITT-Chef) muß wohl sehr groß sein. Ihm, dem Neuen, wirft man vor, mit Furcht zu herrschen – nicht GENEEN. ARASKOG legt man demotivierendes Management zur Last – nicht GENEEN.

Verklärte Vergangenheit? Unrealistische Nostalgie? Kritikloser Applaus aus falsch verstandener Solidarität gegenüber der öffentlichen Ablehnung? Wo liegt die Wahrheit?

Will man seiner Person halbwegs gerecht werden – soweit einem dies innerhalb der eigenen Subjektivität überhaupt möglich ist –, scheint es u. a. hilfreich, für unsere Betrachtung eine neue Zeitrechnung einzuführen: ITT vor GENEEN, ITT während GENEEN (während der „Hoch"–Zeit des Konzerns) und ITT nach GENEEN.

Im Jahre Null, also im Jahr 1959, als GENEEN die Geschäftsführung des Konzerns übernahm, befand sich ITT in einer Phase der Stagnation. Die Firma war damit beschäftigt, Telefon- und Telegraphieanlagen herzustellen, sie zu installieren und zu warten sowie Kommunikationssysteme für die Army herzustellen. Das war's. Der Jahresumsatz belief sich damals auf 765,5 Mio Dollar, der Gewinn lag bei nur 29 Mio Dollar, wobei diese Zahl noch einmal an Wert verliert, wenn man bedenkt, daß sie sich zu mehr als der Hälfte aus Transaktionen zusammensetzte und nicht aus Produktionsergebnissen.

1977 verließ HAROLD GENEEN den nun multinationalen Konzern. ITT schrieb damals einen Jahresumatz von 16,7 Milliarden Dollar und einen Jahresgewinn von 563 Mio Dollar. GENEEN hatte in den siebzehn Jahren seiner unumschränkten Herrschaft 350 Firmen aus 80 Ländern fusioniert und zu einem Konglomerat von 250 Unternehmen zusammengeschweißt. Das nun größte und gewinnträchtigste Multiproduktkonglomerat der Welt hatte 330000 Beschäftigte. Während dieser siebzehn Jahre, das sind nach amerikanischen Geschäftsgewohnheiten 58 getrennt abzurechnende Geschäftsquartale, hatte er eine kontinuierliche Umsatzsteigerung von jeweils mindestens 10 Prozent pro Quartal erreicht!

In seinem Zenit befand sich der Konzern auf Platz 9 der Fortune-500-Liste. Diese Wertung setzte sich zusammen aus Platz 11 im Verkaufsvolumen und Platz 12 bei den Aktivposten. Nur zwei Jahre später, im Jahr 1979, sah die Lage des Konzerns schon ganz anders aus. Der vormalige Platz 11 im Verkaufsvolumen wurde zu einem Platz Nr. 435, der vormalige Platz 12 bei den Aktivposten wurde zu einem Platz Nr. 451.

Allein ITT-Europe schrieb 1979 einen Verlust von 84 Mio Dollar. Es wurde in Europa nötig, die Liquidation der Bereiche Lebensmittel, Pharmazie und Kosmetik vorzunehmen. In Frankreich, Deutschland und Großbritannien mußten zusätzlich die Bereiche der Consumer-Electronic liquidiert werden.

Schon dieser Zahlenvergleich läßt eine Ahnung von der bestimmenden Wirkung HAROLD GENEENs auf die Geschicke eines ganzen Konzerns entstehen.

Damit wird die Frage interessant, was war das für ein Mensch, dieser GENEEN? Welche Einstellungen hatte er zum Leben? Welche zu seiner Arbeit? Welche zu seinen Mitarbeitern? Wie stand er zu seinem Konzern? Wie stand er zu Unternehmen überhaupt? Kann man etwas von ihm lernen? Sollte man überhaupt?

Schon die Struktur seiner Autobiographie „Manager müssen managen“ wirft ein bezeichnendes Licht auf seinen Charakter. Da liegt ein klarer Stil über einem nur schwer strukturierbaren Konglomerat von Erfahrungen, Leitsätzen, Anekdoten, Überlegungen, die in ihrer Sprunghaftigkeit imponieren können. Die implizite Forderung nach einem zu systematisierenden Chaos findet sich auch im Aufbau des Konzerns. Solch eine kreative Sprunghaftigkeit zu disziplinieren, bedurfte es einer starken Persönlichkeit, die er selbst ohne Zweifel auch war.

Eine seiner Hauptmaximen hat er nie verheimlicht: Effizienz um fast jeden Preis. Dabei ist es ihm völlig gleichgültig, wie sich die Sache nach außen hin darstellt. Er selbst ordnet sich vollständig der Sache unter, und das erwartet er auch von seinen Mitarbeitern.

So beschreibt er mit bissiger Häme die aufgeräumten Schreibtische seiner Managerkollegen in anderen Unternehmen. Ein leerer, ordentlicher und aufgeräumter Schreibtisch ist für ihn nicht der Schreibtisch eines wirklichen Managers. Wie soll ein solcher

Mensch denn, so fragt er, Einblick und Eingriff in den Arbeitsprozeß seines Unternehmens nehmen können, wenn er nicht selbst die Tatsachen recherchiert und auswertet, die für sein Unternehmen relevant sind.

Sein Schreibtisch, so erzählt er, sei nie aufgeräumt. Selbst der Boden seines Büros ist überhäuft mit Papier und Aktenordnerstapeln, die es ihm in ihrer Systematik jederzeit ermöglichen, auf konkrete Fragen konkrete Antworten oder doch zumindest konkrete Hinweise zu deren Beantwortung zu finden. Sein Arbeitstag dauert zwölf bis achtzehn Stunden, und die Aktenkoffer, die er hat, sind tatsächlich dazu da, ganze Aktenberge nach Hause zu schaffen, um sie dort durchzuarbeiten.

Der Glaube an Einsatz und Effizienz trieb noch ganz andere Blüten, Blüten durchaus praktischer Natur: Dadurch, daß er sämtliche relevanten Akten immer selbst studierte, und dadurch, daß er alle seine Mitarbeiter darauf einschwor, stets auf die erste Seite eines jeden Berichts eine Prioritätenliste der zu lösenden Probleme zu schreiben (die sich so lange in Folgeberichten wiederholte oder auch veränderte, bis die Probleme vom Tisch waren), war er jederzeit über den aktuellen Stand der den Konzern fördernden oder aber gefährdenden Fakten im Bilde. Dadurch bekam er die ungeheueren Papierberge in den Griff, die sich durch sein Berichtswesen ansammelten. Das kontinuierliche Verfolgen alter Probleme in jedem neuen Bericht machte es ihm möglich, die Order zu geben, alle Akten, die älter als 90 Tage waren, auf den Müll zu werfen.

90-Tage-Akten, 10-Prozent-Quartalsziele, höchste Leistungs- und Effizienz-Forderungen, das alles könnte den Anschein erwecken, GENEEN handele wie eine Maschine und erwarte ein ebensolch maschinelles Verhalten auch von seinen Mitarbeitern. Er stellt jedoch immer wieder dezidiert fest, daß Menschen und Unternehmen keine Maschinen seien. Er sagt immer wieder, daß man aufgrund einer Theorie kein Geschäft führen kann. Er betont ständig, daß es auf die Persönlichkeit einer Führungsperson ankommt, wobei man zusehen müsse, die Gefahr der Eitelkeit zu vermeiden. Die Persönlichkeit kristallisiere sich immer in den entsprechenden Situationen unter Handlungszwängen.

Sein Beispiel ist das des Infanteriezuges, der ja nominell von einem Leutnant geführt wird. Dieser hat auf einer Offiziersschule gelernt, der Feldwebel hat im Feld gelernt. Die Grundidee dieser Struktur ist es, sich gegenseitig zu ergänzen. Der Leutnant, der seine Eitelkeit zähmen kann, sollte den Teufel tun, in einer brenzligen Situation die Kompetenzfrage diskutieren zu wollen.

Zahlen sind für GENEEN kein Fetisch. „Zahlen sind die Meßinstrumente, die zeigen, wie der Geschäftsmotor läuft, nicht der Motor selbst. Der Surrealist René Magritte hat einmal ein Bild mit einer Pfeife gemalt und darunter geschrieben ‚Dies ist keine Pfeife'. Das ist es auch nicht, es ist das Bild einer Pfeife. Also sage ich: Die Zahlen sind nicht das Geschäft, sie geben uns nur ein Bild davon ..."

Dabei betont er auch immer wieder, daß Zahlen nur dann verläßliche Signale zum Graben darstellen, wenn die Offenheit, Ehrlichkeit und Integrität der Mitarbeiter gewährleistet sind. Also stellt er heraus, daß Menschen eben Fehler machen. Auch er selbst macht Fehler. Aber die Ehrlichkeit den Zahlen gegenüber mache Fehler zu reparablen Fehlern. Das Zwischen-den-Zahlen-Lesen ist für ihn eine ebenso lernbare Fähigkeit wie das Zwischen-den-Zeilen-Lesen. Zahlen sind für ihn, wie er sagt, „Signale zu graben". Graben allerdings muß man selbst.

Dabei betont er: „Die Menschen lernen aus ihren Fehlern. Aus ihren Erfolgen lernen sie nur selten." Und: „Der einzig wirklich gravierende Fehler ist die Angst vor Fehlern."

Für GENEEN bleibt das Umgehen mit Fehlern „... letztlich eine Identitätsfrage. Es ist eine Sache zu wissen, wer und was man ist, aber eine ganz andere, ständig Lob und Anpreisung zu fordern."

So komplex er in seinen Fähigkeiten und Leistungen auch erscheint – GENEEN bewahrte sich Zeit seines Lebens eine relativ große Einfachheit und Gradlinigkeit. Das genau war ohne Zweifel seine psychologische Fähigkeit. Das fängt mit dem Vorsatz an, seine eigene Leistung immer wieder übertreffen zu wollen. Es geht weiter mit der Erkenntnis, daß man erst Erfahrungen und Fähigkeiten ansammeln muß, bevor man damit viel Geld verdienen kann, und zwar schnell, sonst gibt es eine andere Erkenntnis: „... genug Erfahrung hat man wohl nie. Bis man eines Tages zuviel davon hat, und dann ist man alt." Eine gewisse Widersprüchlichkeit ist ihm nicht abzusprechen. Eine Widersprüchlichkeit, die auch seine kreative Potenz ausmacht: Auf der einen Seite lebte und arbeitete er als unbedingter Faktenfanatiker, der ständig dafür plädierte, daß der Entscheidungsträger immer und unbedingt selbst den Versuch der Verifikation der einlaufenden Fakten vorzunehmen habe. Andererseits plädiert er, bei allem Faktenfanatismus, immer wieder für das Primat des Handelns, selbst bei unklarer Faktenlage.

Er selbst spricht nie explizit von ganzheitlichen, intuitiven Entscheidungen spontaner Natur. Er spricht immer nur von der seriösen Technik der Entscheidungsfindung aufgrund einer möglichst vollständigen Faktenlage. Und doch finden sich, diesmal zwischen den Zeilen, immer wieder Hinweise auf eine ganzheitliche, intuitive „Technik" der Entscheidungsfindung. Wir finden in seinem Führungsstil eine weit überdurchschnittliche Fähigkeit, Details zu erkennen, ohne das Ganze aus den Augen zu verlieren.

Für GENEEN galt, daß „Menschenführung nicht lehrbar, aber lernbar" sei, daß es „geborene Führer" nicht gebe, daß „Führungsqualität lernbar aufgrund von Charakter und Persönlichkeit eines Führers" sei. Sie wird weiter untermauert durch GENEENS Haltung, wonach man eben die Umgebung zu wechseln hat, wenn man ein Problem faktisch dauerhaft nicht lösen kann. Was nichts anderes bedeutet, als die Fähigkeit zu haben, seine eigenen Grenzen erkennend, unbelastet von Mißerfolgserlebnissen weiter seinen Weg woanders zu suchen. Minderwertigkeitskomplexe und Schwäche haben in einer solchen Struktur nichts zu suchen.

Persönlichkeits-Stärke als Führungs-Prinzip drückt sich für ihn aus im Stellenwert der Leistung. „Die Leistung allein ist das Maß aller Dinge – Ihres Selbstvertrauens, Ihrer Zuversicht, Ihrer Fähigkeiten und Ihres Mutes. Nur Leistung ermöglicht persönliches Wachstum. Rufen Sie sich immer wieder in Erinnerung: Nur auf die Leistung kommt es an! Alles andere können Sie vergessen."

Wer sollte sich solch eine Maxime zu eigen machen, wenn nicht ein stabiler Charakter? Oder drückt sich hierin eine tiefer liegende Unsicherheit aus, die sich in dem Wunsch äußert, den eigenen Wert durch Leistung kompensativ zu erhöhen?

Das strukturelle Dilemma starker Persönlichkeiten in der Führungsspitze ist ihm durchaus bewußt: Wie nutzt man wahren unternehmerischen Geist für ein Großunternehmen, ohne dessen Struktur zu gefährden oder gar zu zerstören? Denn wirkliche Unternehmer, so weiß er, bleiben nur so lange, bis sie genug Erfahrungen gesammelt haben, dann gehen sie in die Selbständigkeit, „um wirklich Geld zu verdienen". Dennoch hatte sich GENEEN selbst im Laufe der Jahre einen hochmotivierten und äußerst effektiven Mitarbeiterstab zugelegt. Gibt es ein Geheimnis um seine Mitarbeiterführung? Warum blieben „all" die guten Leute bei ihm?

Diese Fragen sollten Anlaß genug sein, einmal zusammenfassend über seinen Managementstil nachzudenken. Dieser Stil wurde ja bereits mit den verschiedensten Etiketten versehen: „Management durch Zahlen und Fakten"; „Management by objectives" (hier kommt ganz allgemein sein 10-Prozent-Ziel in Betracht); „Management by Finanzrevision" (hier kommen die von ihm installierten Nebenkontrollwege in Betracht); „Management by meetings" (was damit gemeint ist, wird der kommende Absatz erläutern); oder aber, ganz einfach: „Management by GENEEN."

Die Bezeichnung „Management by meetings" oder auch „Management by contact" ergab sich aus GENEENs Gipfeltreffen-Taktik. Er installierte monatliche Treffen der kontinentalen Führungsspitzen.

Das Treffen der europäischen Führungsspitzen fand z. B. monatlich in Brüssel statt. Ganz im Sinne seiner Politik der offenen Kommunikation und seiner Maxime „keine Überraschungen" wurden dort in Marathon-Sitzungen, die oft bis in die frühen Morgenstunden hineinreichten, die Geschäftsberichte analysiert und Lösungen für die anstehenden Probleme gesucht. Für manchen Mitarbeiter waren sie wohl die Hölle, und nur starke und stabile Charaktere, Kerle mit „Mumm", konnten sie überleben.

Einmal, als er und seine Mitarbeiter sich in Brüssel um zwei Uhr früh in ein Restaurant zurückzogen, um dort ihre Besprechung fortzusetzen, fragte er: „Und was, meine Herren, haben wir ITT-Manager allen anderen voraus?" – „Schlaflosigkeit" murmelte sein damaliger Vizepräsident, Tim Dunleavy.

Solche Anekdoten von gemeinsam erlittenem Leid und Galgenhumor sind es, die die Verschworenheit einer Gemeinschaft auf ein gemeinsames Ziel dokumentieren. So erwuchs der Erfolg von ITT nicht zuletzt aus dem hohen Arbeitseinsatz seiner führenden Mitarbeiter. Dieser hohe Einsatz ergab sich nicht zuletzt aus dem Gefühl, einer verschworenen Elite anzugehören, die wohl Leid, aber auch viel Freud' miteinander teilte. Der man mit Stolz angehörte. Es kann auch der Eindruck entstehen, daß hier ein Despot herrschte. GENEEN rückt das Bild zurecht: „Und ich erklärte immer wieder, daß wir zusammenhalten wollten, daß wir uns gegenseitig unterstützten und zusammen halfen, wenn einer in Schwierigkeiten war. Wir gehörten alle zu einem Team, zu einer Firma, und ich war nur daran interessiert, ein bestehendes Problem zu lösen, nicht den Mann, der es geschaffen hatte, zu bestrafen."

GENEEN selbst verurteilt den autoritären Führungsstil, dessen „falschen" Vorteil von geringerem Zeitaufwand er ablehnt. In dem Gegensatz zwischen Führer und Befehlshaber favorisiert er den Führer: „Ein Führer führt, und ein Befehlshaber befiehlt. Natürlich gibt es Zwischenstufen, aber im Grunde genommen zeigt ein Geschäftsführer durch seine Art, seine Einstellung und seine Handlungen seinen Leuten, ob er ein Befehlshaber ist oder ein Führer. .. In dem Maß, in dem amerikanische Geschäfts-Befehlshaber dazu übergegangen sind, ihre leitenden Mitarbeiter das Fürchten zu lehren, hat sich auch die amerikanische Geschäftswelt in einen gnadenlosen Dschungel verwandelt, in dem verängstigte Kreaturen sich innerhalb ihrer eigenen Reihen zerreißen, um zu überleben. Ich bin sicher, daß dieses System mit der Zeit die Produktivität beeinträchtigen wird, denn erstens neigen eingeschüchterte Mitarbeiter zu Intrigen, weil sie es nicht wagen können, ihre Probleme offen auszutragen. Das hat zur Folge, daß die Probleme nicht rechtzeitig genug erkannt werden, um sie einer Lösung zuzuführen, und daß" (zweitens) „die fähigsten und unabhängigsten Mitarbeiter eine solche Firma verlassen, weil sie unter diesen Bedingungen nicht arbeiten wollen. Und neue gute Leute wird eine solche Firma schwerlich finden, weil die Arbeitsbedingungen zuwenig attraktiv sind. Unmerklich zuerst, aber dann immer rascher bauen sich die schlechten Arbeitsbedingungen und die negativen Einstellungen zu einem Berg auf, der die Firma in einen Abwärts-Trend drückt, der von ihrem Generaldirektor und ihrem Aufsichtsrat kaum mehr aufzuhalten ist."

Das klingt einleuchtend und gut. Hat sich GENEEN in der Wirklichkeit auch wirklich selbst entsprechend verhalten? Oder betreibt er hier nur Imagepflege – und war selbst ein autoritärer Boß?

Spitzenstimmung durch die Spitze

Schon lange vor PETERS und WATERMAN war es GENEEN klar, daß es die Männer an der Spitze sind, die das Betriebsklima prägen. Außerdem zeigt sich in der pointierten Beschreibung des letzten Zitates, daß er den Zusammenhang zwischen Betriebsklima und Produktivität eines Unternehmens als sehr eng einschätzte. Also tat er sehr viel für das Betriebsklima.

Rivalitäten unterläuft er zum Beispiel durch die Einrichtung von „Strategy & Action Boards“. Das waren Gremien, die sich aus umsatzmäßig großen und umsatzmäßig kleinen Tochterfirmen einer bestimmten Produktlinie zusammensetzten, also von den Marktführern eines bestimmten Produktes und einigen kleineren Produzenten. Die Entscheidungen dieses Gremiums waren hinsichtlich eines bestimmten Produktes/Marktes dann für alle europäischen Firmen bindend.

Auch die „emotionelle Komponente des Managements“ wollte er nicht aus den Augen verlieren: „... Wir feuerten und heuerten unsere Führungskräfte solange, bis wir ein Management-Team beisammen hatten, das unseren Vorstellungen entsprach. Als wir das erreicht hatten, besaßen wir die emotionelle Feuerkraft, die nötig war, um den Fortschritt und das Wachstum zu erreichen, das wir uns zum Ziel gesetzt hatten ... Unsere Manager, die blieben, blieben deshalb, weil ihnen die Atmosphäre der harten Arbeit, der ständig neuen Herausforderungen und des kontinuierlichen Wachstums gefiel. Und vielleicht blieben sie auch aus Loyalität.“

Der von GENEEN favorisierte Management-Stil setzt also die oben geschilderten Charakterzüge voraus, bei allen Führungskräften! Denn: „Was der Chef tut und wie er es tut – das färbt bis in die untersten Ränge hinunter auf seine Mitarbeiter ab.“

Sein an sich trivial-technisch anmutendes Instrumentarium, in dem die – sozusagen per Dekret verordnete – „Pflicht zur Kritik aneinander" neben der „Heiligsprechung der Fakten" nur eine Methode unter vielen war, zeigt eine fast staatsmännische Dimension. „Staatsmännisch" allerdings auch in dem Sinne, daß Mitarbeiter, die nicht mit ihm und seinem Stil schritthielten, „emigrieren" mußten. GENEEN verlangte von ihnen nicht nur ein ungeheueres Arbeitspensum (das er selbst vorlebte), er verlangte darüber hinaus auch eine große psychische Kraft von ihnen. Daher wohl rührt sein Ruf, „hart, aber gerecht" zu sein. Er forderte Leistung, die nicht nur quantitativ meßbar war, er forderte darüber hinaus „Charakterleistungen". Und wer diese psychische Stärke nicht aufbrachte, der mußte gehen. Der wollte wohl auch gehen.

Immerhin beweist er selbst, was Kündigungen angeht, eine hohe Sensibilität. Er schreibt: „Es gibt einfach keine bestimmte Regel, wie man Kündigungen handhabt. Von jeder Regel, die Sie aufstellen, wird und soll es auch Ausnahmen geben. Wie Sie jedoch ..." (bestimmte) „... Fälle handhaben, ist kennzeichnend für Ihren Führungsstil und gibt einen Hinweis darauf, wieviel Respekt Ihnen Ihre Mitarbeiter entgegenbringen, und letztlich gibt es auch Aufschluß über den ‚Charakter' der Firma, die Sie leiten. Sie müssen also handeln, Sie müssen klar Schiff für all die anderen machen, die leistungsbereit und leistungsfähig sind und die vielleicht auch noch die Arbeitslast jener mittragen müssen, die es nicht sind. Man erwartet es von Ihnen."

Auch hier leuchtet die Maxime auf: Effizienz um fast jeden Preis. Bezüglich dieses Effizienz-Credos geht er dann auch recht bissig mit denjenigen um, die möglichst viele Aufgaben nicht mehr selbst wahrnehmen, sondern sie an Mitarbeiter und Untergebene delegieren: „... Ich habe wirklich nichts gegen Verkehrspolizisten, nur sollten sie nicht das Gehalt eines Generaldirektors beziehen." Und er findet für diejenigen, die die Probleme ihres Betriebes von Expertenstäben bearbeiten und sich Entscheidungsalternativen ausarbeiten lassen, die abfällige Bezeichnung „multiple-choice-manager".

Bürokratie oder Effizienz?

Obwohl ihm die Schwächen einer Bürokratie immer sehr klar waren, installierte er auf der anderen Seite – nur scheinbar widersprüchlich – eine hoch-effektive Informations-Bürokratie. Die offensichtlichen Schwächen dieses bürokratischen Dienstweges aber wollte er wohl durch sein Konzept starker Mitarbeiter-Persönlichkeiten ausgeglichen sehen.

Die bürokratische Struktur selbst aber ist ihm ein unentbehrliches Instrument: Er installierte eine Informationsstruktur, die den gesamten Informationsfluß von der untersten Ebene bis hoch zur Konzernspitze leitete, wo er dann zu einem reißenden Strom wurde und sich letztendlich in sein eigenes Büro ergoß. Das ist der Grund für seinen Zwölf- bis Achtzehn-Stunden-Arbeitstag. Das bedeutet absolute, gar absolutistische Kontrolle. Das bedeutet aber auch hundertprozentigen Einsatz für die Firma. Das bedeutet auch eine Lebensentscheidung, die nicht jeder Manager so für sich treffen kann.

Bezeichnend für diesen Arbeitsstil ist sein Managementkurs in drei Sätzen: „Man liest ein Buch vom Anfang bis zum Ende. Ein Geschäft führt man genau umgekehrt. Man beginnt mit dem Endziel und tut dann alles, um es zu erreichen.“ – Hier verdichtet sich eine ansonsten eher hemmende Seite der Buchhalternatur zur Qualität: „Die Zahlen sind das Skelett eines Unternehmens.“

Diese Erkenntnis hatte er in den Jahren seiner Buchprüferzeit gewonnen, in der er, wie er schreibt, viel über Management gelernt hatte.

„Geschäfte machen“ bedeutet für ihn: „alles im Auge behalten“. Er findet auch ein einleuchtendes Bild für diese Methode: „Wenn ich all meine Erfahrungen in einem einzigen Satz zusammenfassen müßte, würde ich sagen, die beste Art, ein Geschäft mit der größtmöglichen Aussicht auf Erfolg zu führen, ist es, so zu machen, wie man auf einem Holzkohleherd kochen würde. Und wie kocht man auf so einem primitiven Ding? Nun, da man nicht alle Elemente wie Feuer, Holz, Kamin, Zug etc. beherrschen kann, bleibt einem nichts anderes übrig, als ständig alles im Auge zu behalten. Bei der Zubereitung des Gerichtes hält man sich bis zu einem gewissen Grad an das Rezept, aber man fügt da und dort noch einiges hinzu. Man wiegt nicht jede Zutat ab, und man mißt nicht jede Prise Gewürz. Man streut nach eigenem Ermessen hier etwas darüber und fügt dort noch etwas hinzu. Und dann läßt man es brodeln. Aber den Topf läßt man nie aus den Augen. Man beobachtet ihn ständig, riecht daran, steckt den Finger hinein, um zu kosten, und vielleicht würzt man noch ein bißchen nach."

Probleme sind immer auch Chancen

Das schlagendste Beispiel für diese Grundhaltung liefert die bereits 1960 erfolgte Enteignung der ertragreichsten ITT-Tochterfirma Cuban Telephone Company durch Fidel Castro. GENEEN schreibt: „Das war zu jener Zeit ein schwerer Schlag für uns. Aber rückblikkend muß ich sagen, daß es eigentlich ein Segen war. Diese Beschlagnahme unseres Eigentums öffnete uns die Augen für unsere wahren Probleme."

Denn ITTs Problem war damals, daß 80 bis 85 Prozent der Erträge aus dem Ausland kamen und daß die Firma damit auch den wirtschaftlichen Schwankungen und politischen Unsicherheiten des Auslands unterworfen war. ITT war aber eine amerikanische Firma. 90 Prozent der damaligen Aktionäre waren Amerikaner. Um ihnen weiter annehmbare Dividenden zahlen zu können, mußte ITT im Inland höhere Erträge erzielen. Was dann auch alsbald geschah.

Aber nicht etwa im von der Konkurrenz beherrschten Binnenmarkt für Telefonsysteme, sondern im Kreditwesen! Diese Branche war nicht sehr managementintensiv, erforderte wenige Investitionen, hatte einen offenen Markt und erforderte wenig Personal. Außerdem war sie nur begrenzt wirtschaftlichen Schwankungen ausgesetzt. Ein weiterer Vorteil war, daß die relativ hohen Erträge in bar hereinkamen.

Dies war ITTs erste branchenfremde Neu-Akquisition. So trug – vielleicht – die Enteignung der ertragreichsten Tochterfirma von ITT durch Castro zu der Entwicklung bei, die ITT groß werden ließ. GENEEN jedenfalls sieht es so.

Selbstverständlich wollte GENEEN niemals auf die Hierarchie verzichten . Aber er wollte auch starke Persönlichkeiten, die innerhalb einer Hierarchie immer noch auf ihre Eigenverantwortlichkeit pochen konnten: Er setzte in der Hierarchie von ITT an und installierte seine Politik der offenen Tür des Generaldirektors und sein Prinzip der offenen Kritik. Ihm war klar, daß es innerhalb jeder Organisation zwei verschiedene Organisationsformen gibt: die formale und die informelle. Ein Gegeneinanderarbeiten dieser verschiedenen Organisationsformen suchte er durch die Installierung des „wertneutralen" Informationsflusses zu verhindern. Das Organigramm von ITT unterschied sich nicht so sehr von denen anderer großer Firmen, weiß er. Was ITT aber von allen anderen Firmen tatsächlich qualitativ unterschied, das seien die zwischenmenschlichen Beziehungen gewesen. Durch diese besonderen Beziehungen (der Manager untereinander, nicht denen des Fußvolks!) sei die Firma ungleich viel schlagkräftiger als ihre Konkurrenten gewesen.

Neu gewesen seien Kontrollberichte der Tochterfirmen direkt an ihn, von denen es jeweils eine Kopie für den jeweiligen Geschäftsführer gab. So war er selbst über die aktuellen Probleme immer auf dem laufenden, ohne daß der jeweilige Geschäftsführer sich hintergangen fühlen mußte. (Wobei allerdings die Frage offen bleibt, wie die Geschäftsführer ihre so gesteuerte „Selbständigkeit" einschätzten.)

Er bleibt ein Mann einsamer Entscheidungen, und zu seinem Glaubensbekenntnis gehört die freie und unabhängige Entscheidung des Führers, die von der Stabsarbeit allenfalls befruchtet, nie aber bestimmt werden darf. Er will Mitarbeiter, die sein abgrundtiefes Mißtrauen gegenüber narrensicheren Konzepten teilen. Der ausschließliche Glaube an die Wissenschaft mache blind. Ein Wirtschaftsführer nämlich, der vor einer zu fällenden Entscheidung eine Gruppe hochkarätiger Experten um sich versammelt, die ihm nach dem letzten Stand der Wissenschaft sein Problem von allen Seiten beleuchten und Entscheidungsalternativen für ihn entwickeln, wird kaum dazu in der Lage sein, originelle Entscheidungen zu treffen. Denn die anderen Wirtschaftsbosse haben auch ihre hochkarätigen Experten. Und wenn hochkarätige Experten kompetent und hochintelligent sind, dann kommen sie logischerweise zu sehr ähnlichen, wenn nicht gleichen Schlüssen. So gefundene Entscheidungswege verschaffen darum niemandem einen marktbezogenen Vorteil. Die Wechselfälle der Zukunft kann auch die beste strategische Planung nicht voraussagen, schreibt GENEEN.

Sein Gegenbeispiel zum Strategie-Fetischisten ist das Konzept des Managers mit dem unaufgeräumten Schreibtisch. Zitat: „Er ist Mittelschulabsolvent, fing als Fernfahrer an und baute sich eine Maschinenfabrik auf. Er spürt eine Gelegenheit auf, eine Mülldeponie im Westen von Chicago zu kaufen. Einer seiner Kunden hatte erwähnt, daß sein Vater diese Mülldeponie verkaufen wolle, um sich in Florida in den Ruhestand zurückziehen zu können. Der Mann wäre nie auf die Idee gekommen, eine Mülldeponie zu kaufen, bis sich diese Gelegenheit ergab. Aber er fährt hin und sieht sie sich an. Er überlegt sich, daß er dadurch an Metallabfälle herankommt, bevor diese auf die Großabfallbörse in Chicago gehen. Dadurch könnte er zwei Dollar pro Tonne an Frachtkosten sparen und das Metall billiger anbieten als die Konkurrenz in Chicago. Das leuchtet ihm ein, also kauft er die Mülldeponie. Der Preis ist günstig, weil sich sonst niemand für diese Mülldeponie besonders interessiert. Und was geschieht? Er verdient an ihr vom ersten Tag an. Wenn er das Verfahren noch ein wenig verbessert, wird er noch mehr daran verdienen als der Vorbesitzer. – Was so viele Strategen außer acht lassen, ist die Tatsache, daß ein Dollar, der auf einer Mülldeponie verdient wird, genau so gut ist wie ein Dollar, der aus der Öl- oder Computer-Branche stammt. Was dieser Manager mit dem vollen Schreibtisch tat, war eine Gelegenheit zu erkennen und beim Schopf zu packen – etwas zu tun, was er nie zuvor getan hatte. Aufgrund dieses Mutes war er flexibel genug, seinen Vorteil rasch und sicher zu erkennen."

Seine Erkenntnis „man kann nicht alles planen" ist die Vorwegnahme eines Grundsatzes der Systemtheorie. Eine zwar trivial erscheinende, aber nichtsdestotrotz wahre Aussage, die gleichwohl immer noch von vielen Praktikern ignoriert wird.

Management und Mitarbeiterführung werden von GENEEN letztlich als „höhere Kunst" betrachtet, so jedenfalls steht es in der deutschen Übersetzung. Er versucht in seinem Buch acht Kriterien des erfolgreichen Managements schriftlich zu fixieren:

1. In Regeln handeln, aber nicht in Regeln denken!
2. Keine Egotrips, kein Vortäuschen falscher Tatsachen!
3. Faktenangaben immer persönlich überprüfen!
4. So lange nachfragen, bis man ein wichtiges Problem oder einen wichtigen Sachverhalt tatsächlich vollständig begriffen hat!
5. Die meisten Leute wollen, daß Sie ihnen die richtigen Fragen stellen!
6. Die Schlechten wollen das nicht. Sollten Sie solche finden, trennen Sie sich von ihnen. Die Guten erwarten das von Ihnen!
7. Niemand bietet Ihnen die Lösung Ihrer Probleme von allein an. Also fragen Sie nach!
8. Heikle Entscheidungen immer selber treffen aufgrund der Faktenautorität!

Arbeit und Privatleben

Dieser Mann hat seine einmal gesteckten Ziele offenbar nicht wieder aus den Augen verloren, er hat sich allein an den damit zusammenhängenden Resultaten gemessen, und er hat von seinen Mitarbeitern die gleiche Einstellung gefordert. Daß er daneben noch Zeit für ein Familien- und Privatleben hatte, grenzt fast an ein Wunder. Obwohl er es in seiner Biographie ab und zu anders beteuert, scheint es doch recht reduziert gewesen zu sein: Zwei halbe Seiten über sein Privatleben in einer 280-Seiten-(Auto-)Biographie sprechen für sich.

Aber so wird auch deutlich, wie konsequent sich dieser Wirtschaftsführer seinen einmal gesteckten Zielen unterworfen hatte. Die Unterscheidung zwischen Privatleben und Arbeit hat er selbst so nie getroffen. Für ihn war sein Leben seine Arbeit, seine Arbeit sein Leben. Er hat implizit diese Entscheidung auch seinen führenden Mitarbeitern immer wieder abverlangt. Inwieweit dabei seine familienlose Kindheit, seine harte Jugend oder eine starke Elternsehnsucht eine Rolle spielen, bleibt leider lediglich der Spekulation überlassen. Wir erfahren darüber zu wenig.

Nachlaß ohne Testament

Es ist Harold GENEENs unbestreitbares Verdienst, aus einem mittelprächtigen Telefonunternehmen den später weltgrößten Gemischtwarenkonzern gemacht zu haben. Er hat dies nicht allein durch seine ständige Kontrolle der relevanten Zahlen des Unternehmens erreicht, sondern auch dadurch, daß er kontinuierlich Leistung forderte, die er selbst ebenso vorbildlich erbrachte – und dadurch, daß er sich mit Managementprofis umgab, deren zusätzliche Qualifikationen auf der persönlichen Ebene lagen: Es waren stabile Persönlichkeiten, die ihre persönlichen Grenzen akzeptieren konnten, die aufgrund dieser realistischen Selbsteinschätzung diese

Grenzen auch überschreiten konnten und die sich in einem hohen Maße mit der Meta-Struktur ihrer Firma identifiziert hatten.

Es heißt immer: „Jeder ist ersetzbar.“ GENEEN war es ganz offensichtlich nicht; das zeigt die Entwicklung von ITT nach seinem Weggang. Hier kann eine fundierte Kritik an GENEENs Führungsstil ansetzen.

Es muß erlaubt sein, die Frage zu stellen, ob ein Wirtschaftsführer, der den Erfolg seines Unternehmens allein aus der Kraft seiner eigenen Persönlichkeit aufbaut, seinen Auftrag in gewissen Teilen nicht doch verfehlt hat. Es muß erlaubt sein, die Frage zu stellen, ob es im Sinne von Erhalt und Entwicklung eines Unternehmens nicht sinnvoll (gewesen) wäre, Führungsstrategien zu favorisieren, die ein Unternehmen auch dann noch in die Lage versetzen, weiter zu wachsen, wenn die Führungsspitze wechselt. Das Problem, das GENEEN nicht optimal löste, war offenbar die Regelung seiner Nachfolge! Das Schrumpfen von ITT unter seinem Nachfolger ARASKOG spricht zumindest in Teilen für diese Einschätzung. Marktentwicklungen allein für diese Entwicklung verantwortlich zu machen, würde bedeuten, die positiven Entwicklungen der ITT-Wettbewerber glatt zu übersehen.

Der General: LEE IACOCCA

„Mein Prinzip ist es immer gewesen,
bis zum Augenblick der Entscheidung
demokratisch zu verfahren.
Dann übernehme ich das Kommando."
(LEE IACOCCA)

Einer wie Lee IACOCCA wird leicht zum roten Tuch für politische und wirtschaftliche Gegner, auch für Sozial- und Politikwissenschaftler.

Ist er der Messias des freien Unternehmertums, oder ist er der gewissenlose Sozialdarwinist mit den „blutigen Händen"? Eine gefühllose Effizienzmaschine – oder ein sensibler Steuermann von komplexen Zusammenhängen? Ein moderner High-Class-Söldner – oder ein verantwortungsbewußter Patriarch? Oder etwas ganz anderes? Wodurch erklärt sich sein großer, zweimaliger Erfolg? Wodurch sein unvermutet glanzvolles Comeback?

IACOCCA hat auch mal „klein angefangen". Diese Tatsache scheint wesentlich für seinen Lebensweg (und er selbst hat sie niemals vergessen).

Mehr als ein Überlebenskünstler

„Werde zum Teil des Geschehens!" steht auf der letzten Seite der Autobiographie IACOCCAs. Ein Imperativ, der an die Philosophien des Ostens erinnert und an die Forderung von GENEEN, der schrieb: „Management MUST manage!".

Beide Männer kommen aus „kleinen Verhältnissen": GENEEN aus einer Künstlerfamilie, IACOCCA ist der Sohn italienischer Einwanderer. Beide hatten sie Väter, die sich immer wieder als selbständige Unternehmer versuchten – und scheiterten.

IACOCCA betont des öfteren in seiner Biographie schwärmerisch die große Sicherheit und Wärme, die er in seiner katholischen Familie mit dem starken Vater fand.

GENEENs Eltern dagegen ließen sich scheiden, als er gerade fünf Jahre alt war. Trotzdem findet auch er immer wieder warme Worte für seine Eltern. Allerdings: Hier ist es mehr die Mutter, die das Leben des Jugendlichen lenkte, nicht der Vater wie bei IACOCCA.

Bildungshunger und einen gewissen finanziellen Konservatismus gaben ebenfalls beide Familien ihren Söhnen mit. Beide Jungen strebten schon früh nach einer fundierten Ausbildung und nach finanzieller Absicherung; in einem Alter, in dem andere Jugendliche hauptsächlich ihren adoleszenten Vergnügungen frönen.

Für IACOCCA sind es vermutlich die kindlichen Erfahrungen der großen Depression in Amerika mit ihren Auswirkungen auf Kleidung und Spielzeug, die seine Existenzangst und sein Finanzgebaren bis heute bestimmen. Außerdem war ihm schon sehr früh klar, „... daß man in allem, was man tat, sein Bestes zu geben hatte“, um sich gut und sicher fühlen zu können.

GENEEN beschreibt eine ähnliche Haltung, wenn er von seinem „Tick“ schreibt, die eigene Leistung immer wieder übertreffen zu wollen, eine Marotte, die er selbst augenzwinkernd als „zwanghaft“ beschreibt.

GENEEN bezog viele seiner „Lebenswahrheiten“ und Leitsprüche durch seine Lehrer und die ersten Chefs. IACOCCA hatte dafür seinen Vater: In seinen eigenen Restaurants pflegte jener jeden Angestellten sofort zu feuern, der zu einem Kunden unhöflich war. Er sagte zu dem oder der Betreffenden: „‚Sie können hier nicht arbeiten, ganz egal, wie gut Sie sind, weil Sie die Kunden verscheuchen.‘ Das traf den Kern der Sache, und ich glaube, ich bin genauso. Ich finde immer noch, daß auch das größte Talent keine Entschuldigung für bewußte Grobheit ist.“

Oder: „Immer wenn es in unserer Familie hart auf hart ging, war es mein Vater, der uns Mut machte. Was auch immer passierte, er war stets für uns da. Er war ein Philosoph, voll kleiner Sprüche und Weisheiten über den Lauf der Welt. Seine Lieblingsmaxime war, daß das Leben seine Höhen und Tiefen habe und daß jeder Mensch mit seinem eigenen Bündel an Problemen fertig werden müsse. ‚Du mußt dich im Leben mit ein bißchen Kummer abfinden', sagte er zu mir, wenn ich bedrückt war wegen einer schlechten Note in der Schule oder irgendeiner anderen Enttäuschung. Du wirst nie wirklich wissen, was Glück ist, wenn du nicht etwas hast, womit du es vergleichen kannst."

Das genau ist es, was IACOCCA immer wieder aufrecht gehalten hat. Diese Haltung versetzt ihn in die Lage, erlittene Unbill und Verletzungen wirklich zu akzeptieren, ganz gleich, wie schwer es ihn trifft, und nicht aus der Opferhaltung des zu unrecht Geschädigten heraus nur noch zu jammern. Er akzeptiert sowohl die Schläge wie die glücklichen Fügungen – und verliert so nie (?) seine Handlungsfähigkeit.

Außerdem weiß er zu relativieren; auch dies durch das Vorbild seines Vaters: „‚Warte nur', sagte er immer zu mir, wenn alles finster aussah, ‚die Sonne wird wieder herauskommen. Sie hat es immer noch getan.' Viele Jahre später, als ich mich bemühte, Chrysler vor dem Bankrott zu retten, fehlten mir die tröstlichen Worte meines Vaters. Ich sagte mir: ‚Na, Papa, wo bleibt die Sonne, sag mir das!' Er hatte es nie zugelassen, daß sich einer von uns der Verzweiflung hingab, und ich muß gestehen, daß es 1981 mehr als einen Augenblick gab, in dem ich drauf und dran war, das Handtuch zu werfen. Ich behielt in diesen Wochen meinen Kopf oben, indem ich mir seinen Lieblingsspruch vorsagte: ‚Im Augenblick sieht es übel aus, aber denk daran, auch das geht vorüber.'"

Eine andere Charakterkomponente IACOCCAS, sein ausgeprägter Gerechtigkeitssinn, mag darin wurzeln, daß er (bei aller sozialen

Eingebundenheit) seine Schuljahre auch als „blöder Ithaker" erleben mußte: „Als ich in der sechsten Klasse war, fand die Wahl des Captains des Schüler-Ordnungsdienstes statt. Alle Ordner hatten weiße Gürtel und ein silbernes Abzeichen, aber der Captain hatte eine eigene Uniform mit besonderen Abzeichen. Ich wünschte mir sehnlichst, diese Uniform tragen zu dürfen, und war entschlossen, Captain zu werden. Als die Stimmen ausgezählt waren, stellte sich heraus, daß ich 22 zu 20 gegen ein anderes Kind verloren hatte. Ich war bitter enttäuscht. Am nächsten Tag war ich bei einer Samstagnachmittag-Matinee in unserem Kino, wo wir gewöhnlich Tom-Mix-Filme sahen. In der Reihe vor mir saß der größte Junge in unserer Klasse. Er drehte sich und sah mich. ‚Du blöder Ithaker', sagte er. ‚Du hast die Wahl verloren.' ‚Ich weiß', sagte ich. ‚Aber warum nennst du mich blöd?' ‚Darum', sagte er. ‚Wir sind nur 38 Kinder in der Klasse. Aber 42 Stimmen wurden abgegeben. Könnt ihr Spaghettis nicht einmal zählen?' Mein Gegner hatte bei der Wahl geschummelt! Ich ging zur Lehrerin und sagte ihr, daß einige Kinder zwei Stimmen abgegeben hätten. Rühren wir lieber nicht daran', sagte sie zu mir. Sie vertuschte es. Sie wollte keinen Skandal. Dieser Vorfall machte einen tiefen Eindruck auf mich. Es war meine erste harte Lektion, daß es im Leben nicht immer gerecht zuging."

Doch er schien schon als Junge als ein „Mann", der (ähnlich wie GENEEN: „Probleme sind Chancen!") Rückschläge verarbeiten konnte. Rückschläge gehören für ihn offensichtlich zu den natürlichen Dingen des Lebens. Also erlebte er sich auch selbst nicht als hilfloses „Opfer", schmollte nicht, sondern versuchte, die Situation wieder in den Griff zu bekommen.

Ein Supermann?

Und die Haare in der Suppe? Wo sind all die Gegengewichte zu den vielen Qualitäten?

Nun, eine gewisse Habgier ist ihm schwer abzusprechen. Vermutlich ist es aus seinem finanziellen Absicherungsstreben entstanden, das ihm zum Beispiel den Blick auf einen rechtzeitigen Absprung bei Ford verstellt hatte. Eine Habgier im übrigen, die er sich selbst eingesteht und die er nicht verleugnet. Er ist immer noch ein Mann, der viel will!

Sein Selbstbewußtsein scheint auch nicht gerade von durchschnittlicher Ausprägung. Nahezu kindlich dehnt er es aus und vereinnahmt die Welt, kann mitunter „innen" und „außen" nicht unterscheiden: Die wiederholt kokettierend zurückgewiesene Bitte, um das Amt des Präsidenten der Vereinigten Staaten zu kandidieren, läßt die Frage aufkommen, ob er das Amt des Präsidenten für sich zu gering hält oder ob er seine (realistische?) Selbstbegrenzung taktisch mit dem Stilmittel der Arroganz maskiert. Was ihn aber nicht abhält, Amerika und der Welt gute politische Ratschläge zu geben, wie eine Reihe von Interviews und Zeitungsartikeln zeigt.

Wer herausfinden will, was IACOCCAS Führungsstil, was seine Management-Methode eigentlich ausmacht, der hat in der Sekundärliteratur erhebliche Meinungsunterschiede zu überwinden.

Beginnen wir also mit seiner vielgeschmähten Peitsche der vierteljährlichen „Kontrollberichte". Dieses Berichtswesen ist für ihn kein reines Kontrollinstrument im Sinne blanker Sanktion. Jedenfalls nicht in der Hauptsache. Es ist für ihn primär ein Motivationsinstrument.

IACOCCA glaubt, daß ein Mensch ohne Freiheit seine Produktivität verliert. Er verliert den Impuls zu persönlichem Wachstum – und damit auch die Lust, sich den Herausforderungen des Lebens und des Berufs kreativ zu stellen: Ziele sind wichtig – Kontrolle ist gut – Vertrauen ist besser.

So haben sie beide – GENEEN und IACOCCA – zwei verschiedene Motivations-Systeme entwickelt, die ihnen eine direkte Kontrollmöglichkeit boten, ohne die Integrität ihrer Mitarbeiter in Frage zu stellen.

Bei GENEEN waren es die Marathonsitzungen und die Informations-„Bürokratie“. Bei IACOCCA ist es das quartals-orientierte Berichtswesen, das zwar in den USA üblich ist, von ihm aber mit besonderer Energie zu besonderer Effektivität gepusht wurde.

Er begann schon bei Ford damit, seinen leitenden Angestellten regelmäßig einige grundlegende Fragen vorzulegen (und ersuchte sie, dasselbe mit ihren wichtigsten Leuten zu tun – und so weiter bis zur untersten Ebene): „Welche Ziele haben Sie für die nächsten drei Monate? Welche Pläne, welche Prioritäten, welche Hoffnungen? Und was gedenken Sie zu tun, um sie zu realisieren?“

Oberflächlich betrachtet, mag dieses Verfahren kaum als mehr erscheinen als eine handfeste Methode, Angestellte gegenüber ihrem Chef zur Rechenschaft zu zwingen. Das stimmt natürlich. Aber es ist dennoch weit mehr, denn diese vierteljährliche Leistungsbilanz veranlaßt die Mitarbeiter, sich selbst über ihr Tun Rechenschaft zu geben. Sie zwingt nicht nur jeden leitenden Angestellten, sich über seine Ziele Gedanken zu machen, sondern ist auch ein wirksames Mittel, die Leute daran zu erinnern, ihre Träume nicht aus den Augen zu verlieren.

„Alle drei Monate setzt sich jeder leitende Angestellte mit seinem unmittelbaren Vorgesetzten zusammen, um Bilanz über die Leistungen der jeweiligen Führungskraft zu ziehen und die Ziele für das nächste Quartal festzulegen. Sobald Einigkeit über diese Ziele besteht, legt sie der leitende Angestellte schriftlich nieder, und der Vorgesetzte zeichnet sie ab.“

Wie IACOCCA weiß, ist die Disziplin, „etwas schriftlich festzuhalten, der erste Schritt dazu, es in die Tat umzusetzen. In Gesprächen kann man sich Unverbindlichkeiten und Unsinn aller Art leisten, oft, ohne es zu bemerken. Aber wenn man seine Gedanken zu Papier bringt, dann ist man gezwungen, sich genau auszudrücken. Auf diese Weise ist es schwieriger, sich selbst – oder jemand anderem – etwas vorzumachen.“

Dieses System funktioniert aus mehreren Gründen: „Erstens gestattet es jedem Mitarbeiter, sein eigener Chef zu sein und sich seine Ziele selbst zu setzen. Zweitens macht es ihn produktiver und motiviert ihn von sich aus. Drittens bringt es frische Ideen zum Sprudeln ... Ein weiterer Vorteil des vierteljährlichen Checkups – insbesondere in einem großen Unternehmen – ist, daß man vermeidet, Leute aus den Augen zu verlieren. Es ist sehr schwierig, im System unterzutauchen, wenn man jedes Vierteljahr von seinem Vorgesetzten und indirekt von dessen Chef und vom Chef des Chefs überprüft wird. Auf diese Weise werden gute Leute nicht übersehen. Und, was genauso wichtig ist, schlechte Leute können sich nicht verstecken. Schließlich, und dies ist vielleicht das Allerwichtigste, zwingt das vierteljährliche Überprüfungssystem die Führungskräfte und ihre Chefs zu einem Dialog. In einer idealen Welt würde man keiner speziellen Institution bedürfen, um zu gewährleisten, daß diese Art von Interaktion stattfindet. Aber wenn eine Führungskraft und ihr Vorgesetzter nicht sehr gut miteinander klarkommen, dann müssen sie sich zumindest viermal im Jahr zusammensetzen, um zu entscheiden, was sie in den bevorstehenden Monaten miteinander erreichen wollen. Sie haben keine Möglichkeit, dieses Gespräch zu vermeiden, und im Lauf der Zeit verbessert sich gewöhnlich ihre Arbeitsbeziehung in dem Maße, in dem sie einander besser kennenlernen ... die Rolle des Chefs beginnt sich zu verändern. Allmählich wird er weniger eine Autoritätsfigur und mehr zu einem Berater und älteren Kollegen.“

In diesen Gesprächen sind die konkreten Ziele des Mitarbeiters selten der Haupt-Diskussionspunkt: „Wenn es einen Konflikt ... gibt, ... dann wird er sich viel häufiger um das Wie als um das Was drehen. Die meisten Führungskräfte zögern, ihre Leute mit dem Ball laufen zu lassen. Aber es ist erstaunlich, wie schnell ein informierter und motivierter Mensch laufen kann."

Er personifiziert sein Beispiel durch einen fiktiven Mitarbeiter „Dave": „Je mehr Dave das Gefühl hat, sich seine eigenen Ziele selbst gesteckt zu haben, desto größer ist die Wahrscheinlichkeit, daß er keine Hindernisse scheuen wird, um sie zu erreichen. Schließlich hat er sie selbst gewählt, und sein Chef hat sie gebilligt. Und weil Dave so verfahren möchte, wie er es für richtig hält, wird er sein Äußerstes tun, um zu beweisen, daß sein Vorgehen vernünftig ist. Die vierteljährliche Leistungsbilanz bewährt sich ebenso gut, wenn David den Erwartungen nicht entspricht. In diesem Fall braucht der Chef gewöhnlich nichts zu sagen. In der Mehrzahl der Fälle wird Dave selbst darauf zu sprechen kommen, weil sein Mißerfolg so peinlich offenkundig ist."

Hier liegt natürlich die Möglichkeit zu herber Kritik in der Luft, etwa unter der Überschrift „Rattenrennen".
Auf diese Einwände sei geantwortet, daß die freie Entscheidung der Menschen bereits im Vorfeld gefallen ist: Wer die Managerlaufbahn einschlägt, der weiß auch, daß er sich dazu entschieden hat, die Unternehmensziele zu einem Teil seiner Lebensziele zu machen.

Wie bei GENEEN bedarf es allerdings auch hier einiger besonderer Charakterzüge, um unter diesem System nicht zu leiden, sondern zu wachsen: Wo GENEEN „Mumm" forderte, da will IACOCCA „Hirn und Herz". Was sie beide meinen, das ist wieder die starke Persönlichkeit.

Gefühle und der Umgang mit Menschen

So wie ein Plan erst durch schriftliches Fixieren Hand und Fuß bekommt, so wird die eigene Meinung erst dann zur fundierten Haltung, wenn man gut zuhören kann. Trivial, nicht wahr? Aber selten genug praktiziert.

Und IACOCCA führt diese Vorgabe noch weiter aus: „Die einzige Möglichkeit, Menschen zu motivieren, ist die Kommunikation ... Als Redner kann man sein Thema drauf haben, aber man darf nicht vergessen, daß die Zuhörer mit etwas für sie Neuem konfrontiert sind. Es empfiehlt sich daher, ihnen zunächst mitzuteilen, was man ihnen mitteilen will. Dann teilt man es ihnen mit. Schließlich faßt man das Gesagte nochmals für sie zusammen. Von diesem Prinzip bin ich nie abgewichen ... Ich wünschte nur, ich könnte ein Institut finden, wo die Leute lernen, auch zuzuhören. Ein guter Manager muß schließlich mindestens genauso gut zuhören wie reden können. Zu viele Menschen machen sich nicht klar, daß wirkliche Kommunikation eine wechselseitige Sache ist ... Man muß gut zuhören können, wenn man seine Mitarbeiter motivieren will. Genau da liegt der Unterschied zwischen einem mittelmäßigen und einem erstklassigen Unternehmen. Das befriedigendste Erlebnis, das ich als Manager habe, ist, einen als durchschnittlich oder mittelmäßig geltenden Menschen aufblühen zu sehen, einzig und allein, weil sich jemand seine Probleme angehört und ihm geholfen hat, sie zu lösen."

Solcherart „befriedigende Erlebnisse" stellen sich nur dann ein, wenn man es vermeidet, seine Mitarbeiter zu erniedrigen: „Wenn man jemandem eine Gehaltserhöhung gibt, dann ist das der richtige Zeitpunkt, um auch seine Verantwortung zu vermehren. Solange er Aufwind hat, belohnt man ihn für seine Leistungen und motiviert ihn gleichzeitig, noch mehr zu leisten. Draufsatteln immer nur, solange jemand obenauf ist, und nicht zu hart sein, wenn einer am Boden liegt. Wenn ein Mitarbeiter über seinen eigenen Mißerfolg bestürzt ist, dann riskiert man, ihn tief zu verletzen und ihm den Antrieb zu nehmen, sich zu bessern. Oder, wie Charlie Beacham zu sagen pflegte: ‚Wenn Sie jemand loben wollen, dann tun Sie es schriftlich. Wenn Sie ihn zusammenscheißen wollen, tun Sie es am Telefon.‘ “

Ohne entsprechende Rücksicht auf die Gefühle geht es also auch bei IACOCCA nicht. Überhaupt ist ihm effektives Zusammenwirken nur durch Gefühle möglich. Er illustriert diesen Standpunkt, indem er seinen Freund Vince Lombardi zitiert, einen berühmten Football-Trainer: „... Ich wollte genau wissen, was eine siegreiche Mannschaft ausmacht. Was er mir an diesem Abend sagte, trifft für die Wirtschaft genauo zu wie für den Sport ... Leute, die in einer Mannschaft zusammenspielen, müssen einander mögen. Sie müssen sich wirklich schätzen. Jeder Spieler muß an seinen Nebenmann denken und sich sagen: Wenn ich den Mann nicht decke, dann bricht sich der Max die Knochen. Ich muß meine Sache gut machen, damit er seine Aufgabe erfüllen kann. ‚Was den Unterschied zwischen Mittelmaß und Spitze ausmacht‘, sagte Lombardi an diesem Abend, ‚ist die Sympathie, die diese Burschen füreinander empfinden. Die meisten Leute nennen es Teamgeist. Wenn die Spieler diese echte Zuneigung füreinander empfinden, dann kann man sicher sein, daß man eine siegreiche Mannschaft hat.‘ “

Gefühle sind ihm also sehr wichtig und damit natürlich auch die Menschen, wohl auf eine eher pragmatische als philantropische Weise: „Es gibt einen Satz, den ich in der Bewertung einer Führungskraft, so talentiert sie auch sein mag, nicht lesen möchte. Das ist der Satz: ‚Er hat Schwierigkeiten im Umgang mit anderen Menschen.‘ ... Und wenn er mit seinen Kollegen nicht klarkommt, was hat die Firma dann von ihm? Als Führungskraft besteht seine ganze Aufgabe darin, andere Leute zu motivieren. Wenn er das nicht kann, dann ist er an der falschen Stelle.“

Teamwork und Kontaktfähigkeit aller Beteiligten sind für ihn der Motor des Unternehmens. Auch die Arbeiter in der Fertigung Chryslers wurden auf dieses Konzept schließlich eingeschworen, als es IACOCCA gelang, in Abstimmung mit den Gewerkschaften Qualitätszirkel einzurichten, die innerhalb kurzer Zeit die miserable Fertigungsqualität auf ein hohes Niveau anhoben.

Als es Chrysler immer schlechter ging, stellte er etwas auf die Beine, das er das „Prinzip der Opferbereitschaft aller Beteiligten" nennt – und es funktionierte. Der ganze Konzern von der Spitze bis zum Band-Arbeiter kämpfte mit dem Rücken zur Wand.

Er gehörte dann auch zu den ersten, die in den USA den eigenen Arbeitern Aktien-Beteiligungen anboten. Heute ist es so, daß ca. 17% der Aktien von Chrysler den dort Beschäftigten gehören. Die, die in der Krise kauften, machten ein gutes Geschäft, als sie ihre Anteile später wieder veräußerten. Die meisten allerdings behielten ihre Aktien – wohl auch ein Vertrauensbeweis.

IACOCCA weiß: „Die Menschen sehnen sich danach, geführt zu werden" und verhält sich entsprechend: „Mein Prinzip ist es immer gewesen, bis zum Augenblick der Entscheidung demokratisch zu verfahren. Dann übernehme ich das Kommando. „Okay, ich habe alle angehört", sage ich. „Wir werden folgendes machen."

Wie auch HAROLD GENEEN ist LEE IACOCCA von einem tiefen Mißtrauen gegenüber der sogenannten „wissenschaftlichen" Vorgehensweise beseelt: „Zu viele Führungskräfte lassen sich in ihrer Entscheidungsfindung zu sehr bremsen, insbesondere diejenigen mit zuviel akademischer Bildung ... Es ist völlig natürlich, alle Fakten haben zu wollen und auf die Untersuchungen zu bauen ... Aber an irgendeinem Punkt muß man den Sprung ins Ungewisse wagen. Erstens, weil selbst die richtige Entscheidung falsch ist, wenn sie zu spät erfolgt. Zweitens, weil es in den meisten Fällen so etwas wie Gewißheit gar nicht gibt ... Manchmal muß man einfach ein Risiko eingehen – und seine Fehler unterwegs korrigieren."

PETERS und WATERMAN beschrieben solches Verhalten in ihrem Bestseller unter der Headline „Primat des Handelns". Wir werden später sehen, daß sich unter unseren Protagonisten noch weitere Jünger dieser Lehre befinden.

Schließlich bleibt einem bei der heutzutage herrschenden Informationsüberflutung oft auch gar keine andere Wahl.

IACOCCA ist hier sowieso der Ansicht: „Der Schlüssel zum Erfolg sind nicht Informationen. Das sind Menschen." Und er weiß auch, welche Art von Menschen er als Mitarbeiter will: „Das sind die Jungs, die versuchen, mehr zu tun, als von ihnen erwartet wird. Die geben immer ihr Bestes. Und sie unterstützen ihre Mitarbeiter und helfen ihnen, ihre Aufgaben besser zu erfüllen. Das ist eine Sache des Charakters."

Über die Psychostruktur solcher Mitarbeiter hat er sich die folgenden Gedanken gemacht: „Es besteht ein Riesenunterschied zwischen einem starken Ich, das ganz wesentlich ist, und einem aufgeblähten Ich – das zerstörerisch sein kann. Ein Mann mit einem kräftigen Ich kennt seine eigenen Stärken. Er hat Selbstvertrauen. Er hat eine realistische Vorstellung davon, was er erreichen kann, und er geht konsequent auf sein Ziel los. Der Mann mit einem aufgeblähten Ich ist dagegen ständig auf Anerkennung aus. Man muß ihm dauernd auf die Schulter klopfen. Er hält sich für etwas Besseres als alle anderen. Und er redet mit seinen Untergebenen von oben herab."

Kein Wunder, daß einer, der „Herz und Hirn" fordert, der einen „bestimmten Schlag" „beherzter Männer" mit „innerer Kraft" will, die sich dem „Abenteuer" und jeder „Herausforderung" stellen, daß so ein Mann („Mit 25 solcher Burschen könnte ich die Regierung der Vereinigten Staaten leiten"!) Amerikas „Flucht in die Mittelmäßigkeit" beklagen muß.

So sehr er auch den japanischen Wirtschafts-Protektionismus beklagt und bekämpft, die weit über dem Mittelmaß liegende japanische Arbeitsmoral und innovative Kraft aber ringen ihm Hochachtung ab: „... aber in Wirklichkeit bewundere ich die Japaner sehr. Warum? Weil sie wissen, wo sie herkommen, woran sie sind und wo sie hinwollen. Sie wissen auch, wie man gute Autos baut. Wie kam es, daß die japanischen Autos so gut wurden? Es fängt bei den Arbeitern an. Japanische Arbeiter verdienen etwa sechzig Prozent dessen, was ihre amerikanischen Kollegen nach Hause tragen. Sie haben im Gegensatz zu den amerikanischen Arbeitern keinen automatischen Lebenshaltungsausgleich. Und sie verfügen auch nicht über dasselbe Aufgebot von der Firma bezahlter Gesundheitsvorsorge. Die japanischen Arbeiter sind auch produktiver als die unseren. Ich will damit nicht sagen, daß sie besser sind, sie arbeiten lediglich nach anderen Regeln. Es gibt in Japan eigentlich nur zwei Arbeitseinstufungen: qualifiziert und nichtqualifiziert. Der Arbeiter ist bereit, die verschiedensten Arbeiten zu übernehmen. Das hängt nur davon ab, was an einem bestimmten Tag getan werden muß. Wenn der Boden gekehrt werden muß, wird er dies tun, ohne sich Gedanken darüber zu machen, ob das zu seiner Stellenbeschreibung gehört. Dieses Verantwortungsbewußtsein führt natürlich zu viel größerer Leistung. Während die Einstellung eines japanischen Arbeiters ist: ‚Wie kann ich helfen?‘, ist die seines amerikanischen Kollegen allzu oft: ‚Das ist nicht mein Bier.‘ Das Verhältnis zwischen Arbeiterschaft und Unternehmensführung ist durch Kooperation und gegenseitigen Respekt gekennzeichnet; ganz anders als die traditionelle Feindseligkeit und das gegenseitige Mißtrauen in unserem Land. Der japanische Arbeiter ist äußerst diszipliniert. Wenn etwas nicht stimmt, wird er es ausbügeln. Wenn es am Fließband hapert, hält er es an, bis es repariert ist. Diese Menschen sind sehr stolz. Sie sehen ihre Arbeit als eine Mission an. Es gibt in Japan keine Geschichten über Arbeiter, die nach einer durchzechten Nacht mit einem Kater bei der Arbeit erscheinen. Es gibt keine Industriesabotage und keine sichtbare Arbeitsentfremdung ...“

Wirtschaftliche Vorgänge reduzieren sich für IACOCCA also auf drei Worte: „Menschen, Produkte und Profite. Die Menschen stehen an erster Stelle“ – und keinesfalls Papiere und Pläne. (Das englische Original ist da etwas prägnanter: people, products, profits ...)

Papier hat ihn oft enttäuscht – wie zum Beispiel das Chrysler-Organigramm, das, als er die Firma übernahm, keinerlei Bezug zur kopflastigen Realität aufwies.

Trotzdem weiß er die „kopflastigen“ Typen doch zu schätzen und setzt sie entsprechend ein, als Regulativ nämlich: „Für uns im Vertrieb, der Produktplanung und Marketing waren die Finanzplaner die ‚Langhaarigen‘ – Männer mit Diplomen in Volks- und Betriebswirtschaft, die innerhalb des Unternehmens eine elitäre Gruppe bildeten ... Ihrem ganzen Charakter nach sind Finanzanalytiker in der Regel defensiv, konservativ und pessimistisch. Ihre natürlichen Gegenspieler sind die Leute im Vertrieb und im Marketing – aggressiv, spekulativ und optimistisch. Sie sagen immer: ‚Machen wir's!‘, während die Erbsenzähler immer Gründe finden, warum man es nicht tun sollte. In jedem Unternehmen braucht man beide Seiten der Gleichung, da die natürliche Spannung zwischen den beiden Gruppen ihr eigenes System von Kontrolle und Ausgleich hervorbringt. Wenn die Erbsenzähler zu schwach sind, dann verausgabt sich das Unternehmen bis zum Bankrott. Wenn sie zu stark sind, reagiert die Firma nicht auf den Markt, beziehungsweise sie bleibt nicht konkurrenzfähig. Genau das geschah bei Ford in den siebziger Jahren.“

„Pappa“ Lee

Ohne seine Frau Mary und die beiden Töchter hätte er das alles wohl nicht geschafft, meint IACOCCA.

Man ist geneigt, es ihm zu glauben, da er oft viele warme und begeisterte Worte für sie findet. Zwei Siebtel seines Lebens (die Wochenenden), so schreibt er, habe er mit der Familie verbracht, und der entwürdigende Rauswurf bei Ford habe ihm in der Hauptsache deshalb so zugesetzt, weil seine beiden Töchter dadurch ein unvorbereitetes Spießrutenlaufen erleiden mußten. Das habe er Henry Ford niemals vergessen können. Wann immer seine Familie schuldlos unter seinen beruflichen Problemen leiden mußte, habe er rot gesehen. Italienischer Familiensinn und Beschützerinstinkt? Oder bloß die Kompensation eines schlechten Gewissens? Wer weiß?

Daß er sie alle wirklich und innig liebte, hat er oft gezeigt. In seiner schwer diabetischen Frau, die kurz nach den ersten finanziellen Erfolgen des wieder gesundeten Chrysler-Konzerns starb, hatte er eine Partnerin, die niemals aufgab und die auch er nicht im Stich ließ.

So war ihm die Familie das Gegengewicht zum harten Berufsalltag, ein Ausgleich, den er schützte und hegte: „Eine Firma darf nicht in ein Arbeitslager ausarten. Harte Arbeit ist notwendig. Doch muß es auch Zeit zur Ruhe und Erholung geben, Zeit, um den Kindern bei einer Schüleraufführung oder bei einem Schwimmwettbewerb zuzusehen. Und wenn man diese Dinge nicht tut, solange die Kinder noch klein sind, wird man es nie nachholen können."

Ein erfolgreicher Mensch wird nicht zum Sklaven seines Erfolges, sein Selbstgefühl ist nicht allein von seiner Arbeitsleistung abhängig – so auch die Botschaft von IACOCCA. Er bewahrt sich eine maßvoll-relativierende Sichtweise: „Mary hielt mich aufrecht, und sie gab Kathi und Lia alles, was sie hatte. Ja, ich habe eine großartige und erfolgreiche Karriere gemacht. Aber neben meiner Familie erscheint sie mir unbedeutend."

Die Kunst, ein Unternehmen zu warten: AKIO MORITA

„... letztlich ist Klugheit kein
Privileg der Geschäftsleitung."
(Akio MORITA)

Akio MORITA wirkt äußerlich relativ unscheinbar. Der vorherrschende Eindruck ist der der Kleinwüchsigkeit, Freundlichkeit, aber auch der von eigenartiger Selbstsicherheit und Undurchschaubarkeit. Typisch japanisch eben. Typisch?

Die SONY Corporation ist eine Nachkriegsgründung. Das bedeutet: Nur 40 Jahre von Null bis in die Weltspitze. Falls das typisch japanisch ist, sollten wir an unseren Schulen nicht mehr nur Englisch als erste Fremdsprache lernen.

Dieser bescheiden und gleichzeitig selbstbewußt auftretende Mann ist also der Steuermann eines Konzerns, der oft schon als bedrohlich expansionslüstern apostrophiert wurde. Ein freundlicher, älterer Herr, der seine japanische Firma (branchenbezogen) in der BRD auf einen der vorderen Plätze gehievt hat, dessen Firma in Europa mittlerweile zu den drei größten zählt und der auch schon die US-Consumer-Electronics-Produzenten das Fürchten lehrte. Dieser Mann ist es, der den „Walkman" erfunden hat!

Wo kommt er her? Wie wurde er, was er ist?

Spikes

„Ein Japaner und ein Amerikaner wandern durch die Steppe, als plötzlich ein hungriger Löwe auf sie zuspringt. Sofort setzt sich der Japaner hin und zieht seine Spikes an. ‚Sie sind ja verrückt. Glauben Sie etwa, Sie könnten einem hungrigen Löwen davonlaufen?' höhnt der Amerikaner. Darauf der Japaner: ‚Ich will dem Löwen ja nicht weglaufen. Ich muß bloß schneller sein als Sie.'"

Dieser von MORITA erzählte Witz ist gar nicht so chauvinistisch allein, wie er auf den ersten Blick anmutet. MORITA ist stolz auf sein Japanertum, hat es jedoch als Weltbürger, der er auch ist, bereits soweit überwunden, daß er auch die „typischen" japanischen Schwächen augenzwinkernd akzeptieren kann.

MORITA ist schon von Hause aus ein durch und durch liberaler Mann, vermutlich nicht zuletzt durch den Einfluß seines Vaters. Obwohl selbst fest in den japanischen Traditionen verwurzelt, erzog ihn dieser in einer fast schon „unjapanisch"-liberalen Weise.

Kennzeichnend für diese Haltung seines Vaters war es, wie er ohne zu murren Akio (seinen Erstgeborenen) vom Familienunternehmen freistellte, als dieser zusammen mit Ibuka die spätere SONY-Gesellschaft gründen wollte. Ein für Japaner fast unvorstellbarer Vorgang, hat doch dort der Erstgeborene die Pflicht, in paternalistischer Linie die Geschäfte der Eltern weiterzuführen.

Unjapanisch ist auch MORITAs Ideologie-Resistenz, die ihn selbst zu Zeiten der nationalen Kriegs-Hysterie nicht verließ. (Vielleicht werden Menschen mit einer glücklichen Kindheit selten zu Fanatikern.) MORITA berichtet begeistert und dankbar über die Aufgehobenheit und Sicherheit, die er immer in der Familie empfand. Dort empfing er den ihm eigenen Optimismus, dort lernte er das Vertrauen in die eigene Kraft, entwickelte seine Zähigkeit und Beharrlichkeit. Die klare und liebevolle Identifikation mit den Eltern schenkte ihm ein ungebrochenes Verhältnis zu Autorität und Macht.

Dieses Selbstbewußtsein seiner Jugend hat sich MORITA bewahrt. Rückschläge können es nur schwer erschüttern. Selbst erkannte Fehler und Enttäuschungen erweisen sich damit für ihn als „Segen". (Die gleiche Haltung finden wir auch bei IACOCCA, TAPIE, GENEEN ...) So ist er auch keiner, der von einem gestrauchelten Mitarbeiter ein Seppuku erwartet (fälschlicherweise bei uns „Harakiri" genannt, eine Methode des rituellen Selbstmordes, bei dem der Samurai sich sein Katana, sein Kampfschwert, in genau vorgeschriebener Weise durch die Körpermitte zieht): MORITA will, daß die Gesamtheit der Belegschaft sich verantwortlich fühlt; die Ermittlung eines Schuldigen könne nur die Moral aller zersetzen. „Einmal macht jeder etwas falsch. Ibuku und ich haben auch Fehler gemacht." – So zeigt er – ganz japanisch –, daß es ihm ums Ganze geht und – ganz unjapanisch – daß er Bestrafung und Selbstbestrafung für Verschwendung hält: „Im übrigen: Löst man jemanden ab, der nach längerer Betriebszugehörigkeit etwas falsch gemacht hat, bringt der Nachfolger nicht unbedingt ebensoviel Können und Erfahrung mit; der Schaden wird also eher größer."

Unjapanisch auch sein mutiges Festhalten an unkonventionellen Produktideen. Er setzte z. B. den Walkman gegen den Widerstand der eigenen Führungsriege durch. Mut hat in gewisser Weise Tradition in seinem Leben: Schon als junger Oberleutnant, so erzählt er, setzte er sich damit in die Nesseln, als er – kurz nach Hiroshima – offen darüber sprach, sich möglicherweise nach einer anstehenden Dienstreise nicht mehr zurückmelden zu wollen.

Woher diese wenig japanische Liberalität auch rühren mag (ob aus seinen früheren Berührungen mit der europäischen Kultur bereits in der Familie, ob möglicherweise durch den bestimmenden Einfluß seiner unjapanisch-selbstbewußten Mutter), fest steht jedenfalls, daß sie später Früchte trug. Denn: Die SONY-Corporation ist ebenfalls kein typisch japanisches Unternehmen (z. B. nicht dort, wo sie Förderprogramme für Individualität installiert).

MORITA selbst schreibt später dazu: „Die meisten japanischen Unternehmen reden von Kooperation und Konsens, meinen damit aber gewöhnlich die Ausschaltung jeder Individualität. In unserem Unternehmen fordert man dazu auf, seine Gedanken und Ansichten frei zu äußern – je konträrer, desto besser, denn vielleicht entsteht daraus ein gelungeneres Produkt oder ein effizienteres Verfahren. Viele japanische Unternehmen reden gern von Kooperation und Konsens, weil sie für Individualisten nichts übrig haben. Gefragt oder ungefragt, behaupte ich: Wenn ein Unternehmer zuviel von Kooperation redet, gesteht er damit die Unfähigkeit ein, sich Eigenbrötler und ihre Ideen nutzbar zu machen und mit den Vorstellungen anderer zu harmonisieren. Weil wir diese Kunst beherrschen, wurde unser Unternehmen erfolgreich."

Bei dieser Art Mut, Selbstbewußtsein und Individualismus relativieren sich dann seine kleinen kleinkarierten Ängste, zu denen er immerhin offen steht: Zum Beispiel ließ er es sich nicht nehmen, eine Helicopter-Lizenz zu erwerben, da ihm ein Pilot allein (im Gegensatz zum Jet) als nicht sicher genug erscheint. Was nämlich, wenn den Mann ein Herzschlag träfe ...? MORITA sorgt vor.

„Warten Sie nicht auf Anweisungen ... Machen Sie so weiter, wie Sie es für richtig halten." Das ist MORITAs Reaktion auf Fehler seiner Mitarbeiter, denn: „Aus Fehlern können Sie nur lernen. Aber machen Sie nicht zweimal denselben Fehler." Nur so, sagte er, und nicht mit Sanktionen, könne ein Vorgesetzter den kreativen Kräften seiner Untergebenen zum Durchbruch verhelfen: „Junge Menschen sind beweglich und kreativ; Vorgesetzte sollten ihnen deshalb keine fertigen Meinungen aufzuzwingen versuchen, man läuft sonst Gefahr, geistige Selbständigkeit noch vor ihrer vollen Entfaltung zu ersticken."

MORITA weiß, wo die Produktivkräfte seines Unternehmens liegen, und vom unternehmerischen Standpunkt aus, so sagt er, „ist es außerordentlich wichtig, die angeborene Kreativität eines jeden Mitarbeiters freizusetzen. Denn jeder hat nach meiner Auffassung kreative Fähigkeiten, doch leider können sie nur von sehr wenigen genutzt werden."

Diese Kreativität setzt MORITA durch Zielvorgaben frei und bemüht in diesem Zusammenhang als Beispiel das Apollo-Projekt, das nach dem Sputnik-Schock durch eine klare Zielvorgabe die Amerikaner als erste auf den Mond brachte. Damit das im großen Rahmen auch wirklich funktioniert, will er selbst den einfachen Arbeiter „denkintensiv“ gefördert wissen: „Der heutige Arbeiter ist nicht mehr der Maschinensklave, der nur einfachste, repetitive Arbeitsgänge auszuführen hat. Er ist nicht mehr der Lastesel, der seine bloße Arbeitskraft zu Markte trägt und dafür mit Zuckerbrot oder Peitsche belohnt wird; denn Handarbeit läßt sich schließlich auch durch Maschinen oder Computer ersetzen. Die moderne Industrie und damit auch der einzelne Mitarbeiter muß denkintensiv sein, weil Intelligenz erfordernde Aufgaben von Maschinen oder Tieren nicht zu lösen sind.“

Zur Aktivierung dieses kreativen Potentials setzt er bestimmte Anlässe ein, wie z. B. die betriebsinternen monatlichen Technologie-Symposien und die jährlichen werksinternen Technologie-Messen, auf denen die Mitarbeiter mit neuen Ideen und Produkten brillieren können. Dabei baut er auf sein Wissen um das grundlegende menschliche Bedürfnis nach Erfolg – und auf die Annahme, daß es somit nur darauf ankomme, gemeinsame Beweggründe zum Handeln zu finden: „In meinen Augen sind der Arbeitswille und das Streben nach guten Leistungen nichts Unnatürliches, das dem Menschen von außen her aufgezwungen werden muß. Ich glaube, jedermann empfindet Befriedigung bei der Erfüllung einer herausfordernden Aufgabe und Genugtuung, wenn die eigene Leistung und die Rolle des einzelnen im Rahmen des Unternehmens anerkannt werden. Diesen Punkt scheinen ausländische Unternehmer meist zu übersehen.“

Im übrigen vermeidet er durch die monatlichen Symposien die durch die Größe und Komplexität seines Unternehmens gegebene Gefahr von Doppelentwicklungen und erreicht so gleichzeitig eine interdisziplinäre Vernetzung der Problemlösungswege.

Somit hat er verwirklicht, was sein Freund Ibuka dem Unternehmen bereits in der Gründungsphase als eine Art Handlungsprogramm auf den Weg gab. „Wenn sich Bedingungen schaffen ließen", schrieb er damals, „die die Menschen mit unerschütterlichem Teamgeist erfüllen würden und ihnen gestatten, ihre technologischen Fähigkeiten ungehindert einzusetzen, dann könnte eine solche Unternehmensstruktur Nutzen und Zufriedenheit in bisher nicht gekanntem Ausmaß erzeugen." Ibuka dachte an Kreativität als gruppendynamischen Prozeß, der zu neuen und lohnenden Produkten führt. „Maschinen und Computer sind selbst nicht kreativ; denn Kreatitivät ist mehr als die bloße Verarbeitung von Informationen. Kreativität verlangt menschliches Denken und spontane Einfälle und sehr viel Mut – den wir in unseren Anfängen reichlich hatten und uns bis heute erhalten haben."

Geld allein, sagt MORITA, motiviere weder ihn noch seine Mitarbeiter. (Japanische Spitzenmanager verdienen selten mehr als das ca. 8fache eines jungen Management-Trainees). Es sei vielmehr das gemeinsame Streben nach einem großen Ziel, das motivierend wirke. Von daher hält er die „Moral" der Arbeitnehmer für einen der wichtigsten Aktivposten, vielleicht sogar für den wichtigsten.

Ganz klar also, daß er sich auch mit den anderen hier beschriebenen Protagonisten darin einig ist: Es kommt auf den Menschen an: „Keine Theorie, kein Plan, keine staatliche Maßnahme kann ein Unternehmen zum Erfolg führen. Nur der Mensch selbst vermag dies. Die wichtigste Aufgabe eines japanischen Managers ist es, ein gutes Verhältnis zu seinen Mitarbeitern herzustellen. Er hat innerhalb des Unternehmens das Gefühl von ‚Familienzusammengehörigkeit' zu pflegen, und er muß allen bewußt machen, daß Manager und Mitarbeiter in einem Boot sitzen. Die erfolgreichsten Unternehmen in Japan sind solche, die allen Mitarbeitern (Anteilseigner eingeschlossen) dieses Gefühl gemeinsamen Schicksals am besten vermitteln können."

Allerdings greift er etwas hoch, wenn er anschließend feststellt: „Nirgendwo sonst auf der Welt habe ich dieses simple Führungsprinzip angetroffen ...", denn IACOCCA, TAPIE und noch viele andere geben ebenfalls Beispiele für die Umsetzung dieses Führungsprinzips. Vermutlich dürfte MORITA allerdings Recht haben, wenn er damit die außerordentliche Umsetzung dieses Führungsprinzips in Japan allgemein meint – im Vergleich mit dem „Rest der Welt".

Harmonie und Konsens

„Bei uns sollte der Mensch im Zentrum unserer Bemühungen stehen. Insofern unterscheiden wir uns unseres Wissens von fast allen japanischen Unternehmen. Normalerweise werden die Aufgaben von den Personalabteilungen willkürlich verteilt, Mitarbeiter hin- und hergeschoben. Diese haben sich den Erfordernissen ihrer jeweiligen Arbeitsplätze anzupassen."

So ist MORITA ebenfalls ein Verfechter des Prinzips „right man – right place" und hat Strukturen geschaffen, die es SONY ermöglichen, seine Mitarbeiter genau da einzusetzen, wo sie ihre Produktivkraft am besten entfalten können.

Die Prinzipien des dauernden Kontakts und der permanenten Aussprache kommen hinzu: „Um das Betriebsklima im Sinne der Kollegialität zu verbessern und Zugang zum Denken und Trachten der Mitarbeiter zu behalten, pflege ich fast jeden Abend mit den jungen Leuten der unteren Führungsebene gemeinsam zu essen und stundenlang mich mit ihnen zu unterhalten und zu diskutieren. Dabei habe ich manche neue Einsicht gewonnen ... Wir versuchten ohnehin, etwa alle zwei Jahre unsere Mitarbeiter mit artverwandten oder auch völlig neuen Aufgaben zu betrauen, aber tatkräftige junge Leute ohne Sitzfleisch müssen sich auch außerhalb des Turnus betriebsintern verändern können, um eine ihren Fähigkeiten entsprechende Tätigkeit zu finden. Das Unternehmen selbst zieht daraus doppelten Nutzen: Der Veränderungswillige findet in der Regel eine befriedigendere Tätigkeit, und die Personalabteilung kommt potentiellen Problemen mit Vorgesetzten auf die Spur; denn grundlos streben Untergebene nicht von ihnen weg. Wir haben mehrfach festgestellt, daß ein Vorgesetzter fehl am Platze war. In derlei Fällen lösen wir den Vorgesetzten ab, stufen ihn zurück und setzen ihn an anderer Stelle ein. Damit ist das Problem gewöhnlich gelöst. Aus Gesprächen mit der Belegschaft können wir nur lernen, denn letztlich ist Klugheit kein Privileg der Geschäftsleitung."

Kultur-Export

Japanische Mitarbeiter, schreibt MORITA, „scheinen sich wohler zu fühlen, wenn mit zunehmendem Alter berechenbare Lohnerhöhungen auf sie zukommen". Er berichtet unter anderem von einer diesbezüglichen Erfahrung, die ihn stark beeinflußt hat: „Als wir unser Forschungslabor in Betrieb nahmen, suchten wir zahlreiche Wissenschaftler. Da sie eine bessere Ausbildung vorweisen konnten und älter waren als die normalen Neuzugänge, sollten sie nach unserer Auffassung auch höhere, mit amerikanischem Niveau einigermaßen verlgeichbare Gehälter beziehen. Einer von uns schlug vor, mit ihnen nur – auf vielleicht drei Jahre – befristete Arbeitsverträge abzuschließen, um nach Auslaufen des Kontrakts über eine etwaige Verlängerung frei entscheiden zu können. Ehe wir uns auf diesen Vorschlag festlegten, fragte ich die neuen Mitarbeiter, ob sie nach unserem herkömmlichen System der niedrigen Anfangsgehälter und jährlichen Steigerungen besoldet werden wollten oder statt dessen lieber einen Dreijahresvertrag bei wesentlich höheren Bezügen abschließen möchten. Nicht einer von ihnen verlangte ein Gehalt auf amerikanischem Niveau; jedermann entschied sich zugunsten langfristiger Sicherheit. Ich sage deshalb den Amerikanern bei jeder sich bietenden Gelegenheit und immer aufs neue, daß der Mensch nicht allein des Geldes wegen arbeitet. Häufig erwidert man uns: ‚Ja, sicher, das verstehe ich schon, doch wieviel zahlen Sie denen, die wirklich hart arbeiten?‘ Nun berührt diese Frage tatsächlich einen nicht unwesentlichen Punkt. Sobald ein Arbeiter weiß, daß er jedes Jahr eine Lohnerhöhung bekommt, kann er sich natürlich in Sicherheit wiegen, daß er die Notwendigkeit harter Arbeit nicht mehr einsieht. Um ihre Aufgaben nach besten Kräften erledigen zu wollen, müssen Arbeiter erst motiviert werden. Wir Japaner sind letztlich auch nur Menschen, die sich von anderen kaum unterscheiden. Unser komplexes internes Bewertungssystem ist so konzipiert, daß sich die wirklich fähigen Mitarbeiter identifizieren lassen. Wir stellen sie an einen neuen, anspruchsvolleren Arbeitsplatz und geben ihnen Gelegenheit, sich zu bewähren. Nicht die gezahlten Löhne oder Gehälter machen den Unterschied, sondern die Herausforderung des einzelnen und die Anerkennung und das Gefühl für den Wert seiner Arbeit.“

Diese Erfahrung ermutigte ihn wohl, seine Personal- und Gehaltspolitik auch in einem neugegründeten SONY-Werk in San Diego mit amerikanischen Arbeitern auszuprobieren: „... Damit niemand in alte Gewohnheiten zurückfallen konnte, holten wir uns schließlich nur Branchenfremde als Führungskräfte ins Haus. Die Einweisung in die bei SONY üblichen Methoden und Arbeitsabläufe erfolgte dann in Japan. Als Fließbandarbeiter stellten wir zuallererst übrigens auch nur Männer und Frauen ein, die noch nie zuvor im Produktionsbereich gearbeitet hatten.“ Doch entdeckten wir, daß neue Mitarbeiter mit der Bandgeschwindigkeit gelegentlich nicht Schritt halten konnten und deswegen die eine oder andere Verrichtung vergaßen oder unterließen. In Japan kam derlei auch vor, doch dann wurde die Unterlassung vom Hintermann automatisch erfaßt und korrigiert. In San Diego konnte man sich jedoch nicht grundsätzlich darauf verlassen, daß der Nachbar Unterlassungen oder Fehler von sich aus bemerkte und beseitigte. Deshalb kamen wir auf die Idee, daß unterlassene Verrichtungen nach einem bestimmten System kenntlich zu machen waren. Wir dachten dabei nicht an Strafmaßnahmen, es ging uns nur darum, daß der Hintermann oder ein Dritter einen deutlichen Hinweis bekam und das Versäumnis des Nachbarn wettmachen konnte. Nach drei oder vier Monaten hatten wir alle Probleme im Griff. Wie sich herausstellte, erbrachten unsere amerikanischen Mitarbeiter nach entsprechender Ausbildung ebenso gute Leistungen wie ihre britischen oder französischen Kollegen. Allerdings hatte unser System in San Diego eine Schwachstelle. Wir hatten unsere Lohnskala nach dem Schwierigkeitsgrad der jeweiligen Verrichtung aufgebaut; am besten bezahlt wurden die Arbeiter, die am Bandende die Grundjustierung der fertigen Geräte vornahmen. Natürlich war die Arbeitsmoral deswegen entsprechend hoch; ein jeder bemühte sich, das Band bei automatischen Lohnerhöhungen immer weiter hinabrücken zu können. In Japan werden die Arbeiter nach Seniorität bezahlt, deswegen ist es ihnen gleich, welche Tätigkeiten ihnen am Band gerade obliegen. In Amerika aber wurden alle Anfänger an den Bandanfang gestellt, wo die Vergütungen wie die verlangten Leistungen am niedrigsten waren. Da sie aber halt noch lernten, unterliefen ihnen natürlich auch etliche Nachlässigkeiten, so daß die Nachbesserungsrate ein bestimmtes Niveau zu keiner Zeit unterschritt. Deswegen änderten wir auch in San Diego das Entlohnungsprinzip so, daß die Lohnhöhe fortan nicht mehr arbeitsplatzabhängig war. Viele unserer ersten Mitarbeiter haben uns bis auf den Tag die Treue gehalten. Übrigens haben wir in San Diego selbst in der schwierigen Zeit nach dem Ölembargo des Jahres 1973 nicht einen Mitarbeiter auf die Straße gesetzt."

Diese und andere Erfolge geben ihm das Recht zu seiner Differenzierung zwischen „amerikanischer Methode" und „japanischem Stil". Bemerkenswert ist hier der bewußte Transfer des Management-Stils in eine andere Kultur.

Bilanz und Führungskultur

Künstler, Artisten und Manager haben für ihn einiges gemeinsam, unterscheidend aber sei die Erfolgskontrolle. Gemeinsam ist Künstlern und Managern, daß man in der Welt der Künste nur den als Künstler gelten läßt, „wer hervorragende, unnachahmliche Leistungen erbringt oder seine Virtuosität unter Beweis stellt ... Ohne Übertreibung läßt sich sagen, daß es bei einem Trapez- oder Hochseilkünstler nicht anders ist. Sie alle haben erst nach endlos langem, hartem Training ihre exzellente Technik erlernt. Das wichtigste aber ist: Sie alle wissen, daß dem Publikum auch nicht der kleinste Fehler entgeht ... Ein Manager hingegen kann sonderbarerweise jahrelang Fehler machen, ohne daß es jemand bemerken muß. Anders gesagt: Betrug und arglistige Täuschung sind nicht von vornherein auszuschließen. Der Grund hierfür liegt darin, daß trotz der Arbeit der Harvard Business School und anderer Universitäten und der zunehmenden Zahl der MBA-Absolventen die unternehmerische Leistung sich nicht immer an den Zahlen des nächsten Vierteljahres-Abschlusses messen läßt. Die Geschäftsleitung legt vielleicht gute Abschlüsse vor, ruiniert aber möglicherweise das Unternehmen, wenn sie versäumt, in die Zukunft zu investieren. Ich meine, die Leistungsfähigkeit eines Managers wird daran gemessen, wie erfolgreich er eine große Anzahl Menschen organisiert und jeden einzelnen im Rahmen koordinierter Anstrengungen zur höchsten Effizienz führen kann. Mit roten oder schwarzen Zahlen läßt sich nichts aussagen, weil jedes Unternehmen ohne eigenes Verschulden von heute auf morgen in die Verlustzone geraten kann."

Geradezu gefährlich findet er die quartalsorientierte Dividendenjagd der amerikanischen Manager: „Wohl ohne allzu große Begeisterung habe ich bereits dargestellt, daß viele amerikanische Unternehmer vornehmlich gewinnorientiert wirtschaften müssen, da ihnen jederzeit die Angst im Nacken sitzt, bei nicht fortwährend steigenden Quartalsdividenden könnten die Aktienkurse ihrer Gesellschaften fallen. In dieser Atmosphäre einer sich immer mehr verschärfenden Jagd nach Gewinn suchen die Manager zwangsläufig nach den gewinnträchtigsten Möglichkeiten. Und so kam es zu zwei gefährlichen Trends: Die einen entdeckten, daß mit Geldhandel schneller und bequemer viel mehr Geld als durch den Warenhandel zu verdienen ist, und andere erkannten, daß sich durch Produzieren am kostengünstigsten Standort – und sollte dieser auch erst nach außerhalb der Landesgrenzen verlegt werden müssen – höchstwahrscheinlich am ehesten Gewinne ausweisen lassen. Dieses Phänomen ist die Ursache der Aushöhlung der amerikanischen Industrie. Amerikas Industrie verkümmert zu einem bloßen Firmenmantel ..."

Hier liegen vermutlich auch die Wurzeln seiner frühen Kontroverse mit Harvey Schein, seinem damaligen geschäftsführenden Direktor in den Vereinigten Staaten (1972 bis 1978).

„An Scheins amerikanischen Führungsmethoden störte mich besonders, daß Gewinnerzielung das Hauptziel war. Nach meiner Meinung brauchen die Gewinne nicht so hoch zu sein, weil die Aktionäre in unseren japanischen Gesellschaften nicht auf kurzfristige Rendite sehen. Ihnen ist langfristiges Wachstum und Wertsteigerung lieber. Wir erhalten Bankkredite zu günstigen Zinssätzen und brauchen keine vorzeitige Kündigung zu befürchten. Natürlich müssen auch wir Gewinne machen, aber nicht kurzfristig, sondern langfristig. Dies bedeutet, daß wir fortwährend in Forschung und Entwicklung – bei SONY seit langem regelmäßig 6 Prozent der Umsatzerlöse – sowie in Dienstleistungen investieren müssen. Oft genug hieß es, der Kundendienst sei nur lästig. Sobald sich irgendwo diese Auffassung breitmachte, ließ sofort die Qualität des Kundendienstes merklich nach. Durch die Ersatzteillagerhaltung erhöhen sich die Bestände und damit die Zinskosten. Folge man den Theorien der Harvard Business School, hieß es, müsse man die Reduzierung der Ersatzteilbestände anstreben. Als wir in Kansas City ein zentrales Ersatzteillager mit weitgespanntem Kundendienstnetz planten, konnte ich Harvey Schein und das übrige Sony-Management nur mit Mühe von Sinn und Notwendigkeit des Vorhabens überzeugen. Ich sagte ihnen immer wieder vor, daß man durch Verzicht auf Investitionen vielleicht kurzfristig Gewinne erzielen kann, eigentlich aber werden dabei nur Erträge des in der Vergangenheit geschaffenen Betriebsvermögens abgeschöpft. Gewinne sind notwendig, aber durch Investitionen muß man Werte schaffen, die sich in der Zukunft auszahlen."

Philosophie praktisch

MORITA legt Wert darauf, die Mitarbeiter von SONY in ihrem Gefühl von Einzigartigkeit zu bestärken – nicht zuletzt durch die Fomulierung der SONY-Philosophie, die eine Pionier-Kultur beschreibt: „Der Weg eines Pioniers ist mühsam und steinig, aber diesen vielen Widrigkeiten zum Trotz schließen sich die SONY-Mitarbeiter eng und harmonisch zusammen, weil die Teilnahme an kreativer Arbeit durch Einbringung der eigenen, besonderen Talente stolz und zufrieden macht. SONY respektiert und fördert grundsätzlich die Fähigkeiten des einzelnen – der rechte Mann soll am rechten Platz stehen – und versucht stets, die besten Seiten seiner Mitarbeiter zu fördern und ihnen die Weiterentwicklung ihrer Fähigkeiten fortwährend zu ermöglichen. Dies ist die Lebenskraft des SONY-Unternehmens."

Diese tragende Philosophie weiß er für das Unternehmen auch über seinen Tod hinaus abgesichert – schon wegen seiner langfristig angelegten Personalpolitik, denn nur so „... läßt sich schaffen und bewahren, was im Westen nur selten anzutreffen ist: eine Unternehmensphilosophie. Da uns unsere Angestellten sehr lange verbunden bleiben, können sie von gleichbleibenden Aussichten und Erwartungen ausgehen, denn die Ideale des Unternehmens ändern sich nicht. Wenn ich ausscheide, wird die SONY-Philosophie nicht davon berührt. Unternehmen in Amerika haben nur sehr selten eine eigene Philosophie, denn jeder Wechsel im Topmanagement bringt mit dem neuen Mann auch dessen eigene, festverwurzelte Ansichten ins Haus."

Den allgemein verbreiteten Methoden ganz und gar zuwider läuft auch MORITAs Einstellungs- und Gehaltspolitik: Wo in Konjunkturzeiten andere Unternehmen Masseneinstellungen vornehmen, legt er sich hier unter seiner Perspektive der Langfristigkeit Zurückhaltung auf. Wo bei den anderen in einer Rezession Lohnkürzungen und Kurzarbeit die Mittel der Wahl sind, kürzt er als erstes die Gehälter der Manager und leitenden Mitarbeiter.

In dieser Beziehung sind seine Prioritäten eindeutig, und sie haben wenig mit Anpassung an die Welt zu tun: nicht Gewinnmaximierung um jeden Preis – sondern Mitarbeitermoral um fast jeden Preis: „In Japan gilt die Moral der Arbeitnehmer als einer der wichtigsten Aktivposten eines Unternehmens. Verliert die Belegschaft ihre Einsatzfreude, kann das Unternehmen zugrunde gehen. Die Beschäftigten sehen den Abfluß einbehaltener Gewinne als Bedrohung der Arbeitsplatzsicherheit. Verkauft ein Unternehmen seine Vermögenswerte, hat es keine Zukunft."

Gute Mitarbeiterführung, Innovationsförderung und eine standfeste Unternehmensphilosophie sind jedoch nicht allein verantwortlich für den Unternehmenserfolg.
Innovationen entstehen aus Ideen. Aber Ideen für sich allein genommen, selbst wenn sie gut sind, geben noch keine Garantie für den Erfolg ab. MORITA schärft seinen Topmanagern ein, daß das High-Tech von heute das Konsumgut von morgen sei, und daß sie sich unablässig fragen müssen: „Was wird der Kunde in den nächsten zehn oder zwanzig Jahren brauchen?" Aber entscheidend sei es, nicht Ideen durchsetzen zu wollen, sondern Produkte.

MORITA versucht unter allen Umständen, die großen Zusammenhänge zu erkennen, übt sich unablässig im systematischen Denken, ist intellektuell, ohne in Intellektualismus und Rationalismus abzugleiten. Wie GENEEN, IACOCCA und die anderen mißtraut er den rein rationalen Entscheidungen: „Die Amerikaner rühmen sich ihrer Fähigkeit zu rationellen Entscheidungen; die Logik der in ihrem Lande verkündeten Betriebswirtschaftslehre ist eiskalt und unterdrückt den menschlichen Faktor. In unseren Augen beruht geschäftlicher Erfolg in Handel und Industrie auf anderen Voraussetzungen. Für hohe Effizienz und Produktivität infolge hoher Arbeitsmoral ist ein enges, herzliches Verhältnis zu den Mitarbeitern unabdingbar. Die Schaffung eines familiären Zusammengehörigkeitsgefühls ist manchmal wichtiger als alles andere, und gelegentlich müssen Entscheidungen getroffen werden, die in strengem Sinne irrational sind. Absolute Rationalität läßt sich einer Maschine gegenüber praktizieren; hat man es mit Menschen zu tun, muß die Logik oft zugunsten des Verstehens zurücktreten."

Dieses Mißtrauen gegenüber den sogenannten „rationalen" Entscheidungen dehnt sich bei MORITA selbst auf akademische Titel aus. Schulische und akademische Leistungen sollen bei SONY (laut Order) zur Einstellung nicht berücksichtigt werden! (Eine passende Blüte ist in diesem Zusammenhang die Tatsache, daß er sich rühmt, die Deutschlandfiliale ohne einen einzigen Akademiker aufgebaut zu haben.)

MORITAs kritische Zahlen

Die in MORITAs Buch schon oft kolportierten Schwachstellen des US-amerikanischen Systems konzentrieren sich für MORITA in dem dort herrschenden Legalismus. Für alles und jedes brauche man in den USA einen Juristen, um Konventionalstrafen oder Schlimmeres zu umgehen. Ihm ist es nur schwer verständlich, daß bei mehr als 500000 vorhandenen Juristen jährlich immer noch ca. 40000 dazukommen. Japan habe nur einen jährlichen Zuwachs von 300 bei vorhanden 17000 Juristen. Hier liege ein Hauptgrund für die amerikanische Schwerfälligkeit auch auf dem eigenen Markt.

Das internationale Verhältnis der Ingenieurabschlüsse schlage ebenfalls zugunsten Japans aus. Zwei zu eins in Relation zu den USA! Das bedeute unter Zugrundelegung der Bevölkerungszahlen sogar ein Verhältnis von vier zu eins. Jährlich gäbe es im kleinen Japan außerdem 24000 neue Elektroniker – in den USA lediglich 17000!

So könnten weder überzeugende neue Produkte entstehen, meint er, noch Produktqualität. Diese sei darüber hinaus zudem eine Charakterfrage. Für japanisches Management komme zuerst die Klimaanlage in der Werkshalle – erst dann der Teppichboden fürs Chef-Büro; erst werde der Mitarbeiter-Lohn erhöht, dann die Management-Gehälter.

MORITA-San

Sein Familienleben scheint ihm sehr viel zu bedeuten, wenn auch die Einzelheiten in seinem Buch nicht klar werden. Er hat eine „un-japanisch"-selbständige Frau und Kinder, auf die er sehr stolz ist. Sicher war es so, daß die Familie sich der Mobilität seiner Karriere immer wieder fügen mußte. Gegeben hat er ihr außerordentliche Freiheit und Anregung in der nicht-japanischen Welt.

Bei MORITA paaren sich somit ein Liberalismus und ein dezidierter Wertekonservatismus. Sein Humanismus in der Mitarbeiterführung verbindet sich mit seinen Standpunkten gegen die weltweite Tendenz zum Wirtschaften unter dem Aspekt schneller Gewinne, gegen das „Milliardenspiel" der Firmen mit ihren freien Geldern (Devisenspekulation), statt damit die notwendigen Investitionen mit langfristiger Perspektive vorzunehmen.

Das japanische Konsensprinzip ist ihm auch ein weltpolitisches Ziel. Es reicht ihm nicht, daß nur wenigen Völkern großer Erfolg beschieden ist: „Meine Zukunftsvision geht von einer erregenden

Welt voller hochklassiger Güter und Dienstleistungen aus, in der das Urpsrungszeugnis eines jeden Landes als Qualitätsnachweis gilt. Ich stelle mir eine Welt vor, in der jedermann um das sauer verdiente Geld des Konsumenten konkurriert und in der sich in angemessenen Preisen korrekte Wechselkursrelationen widerspiegeln. Ich denke, eine solche Welt liegt innerhalb unserer Reichweite. Die Herausforderung ist gewaltig; der Erfolg hängt einzig und allein von unserer Willensstärke ab."

Das sind die letzten Sätze seines Buches.

Die Nummer eins auf der Mittelstrecke: HEINZ NIXDORF

„Man soll Computer so einfach lassen, wie der liebe Gott die mathematischen Gesetze einfach erfunden hat."
(HEINZ NIXDORF)

NIXDORF der Tüftler. NIXDORF der Zwanghafte. NIXDORF der Starrsinnige. NIXDORF der Schöpfer? Der große Vereinheitlicher? Der Unbeugsame? Der Großzügige? Der Visionär? Inwieweit entsprechen diese kolportierten Etikettierungen der Realität? Wer war HEINZ NIXDORF?

Von allen unseren Protagonisten ist NIXDORF vielleicht derjenige, der sich einer „objektiven" Außenschau am ehesten entzieht. Einfach aufgrund seiner wenig extravertierten Lebenshaltung, die ihn von den anderen vier deutlich unterscheidet. Ihn muß man offenbar hinter seinem Lebenswerk entdecken.

HEINZ NIXDORF gilt als der vielleicht erfolgreichste Unternehmer der deutschen Nachkriegsgeschichte. Dieser Erfolg erwuchs ganz maßgeblich daraus, daß er als Unternehmer seinen Visionen weitgehend die Treue hielt.

Kemper schreibt dazu in seiner NIXDORF-Biographie: „Seine in der Vergangenheit von der Branche oft belächelte, strategische Entscheidung zugunsten dezentraler Datenverarbeitungssysteme, seine hohen Investitionen in das Programm- und Dienstleistungsangebot und vor allem seine hohen Investitionen in die in seinem Unternehmen tätigen Menschen haben sich als richtig erwiesen. Jetzt, da der Markt in breiter Front nach einer zunehmenden Integration von Informations- und Kommunikationstechnik in allen Anwendungsbereichen verlangt, zahlen sich diese Investitionen mehr als je zuvor aus. Plötzlich wird der Wettbewerbsvorteil deutlich, den sich das

Unternehmen in Paderborn in der Vergangenheit hart erarbeitet hat. Jetzt zeigt es sich, daß es nicht Marktnischen waren, auf die sich der Computerhersteller konzentrierte, sondern daß er von Anfang an mit seiner Strategie einen im Endeffekt wesentlich größeren Markt im Auge hatte als die Hersteller von zentralen Großrechenanlagen."

NIXDORFS Charakter ist wesentlich ausgezeichnet durch seinen Drang, Strukturen zu schaffen, die seine Weltsicht spürbar ausdrükken, sowie bereits Vorhandenes umzugestalten. Und genau daraus erwächst auch seine unternehmerische Unrast. Denn zu vereinheitlichen gibt es vieles.

Er ist ein Bewunderer Lyonel Feiningers. Eines dessen kubistischgeordneter Bilder findet sich als einziger Schmuck in NIXDORFs Büro. Ebenso passenderweise beendete er als erster Hersteller im großen Rahmen das Kabelgewirr im Inneren der Computer und führte die übersichtliche Parallelverdrahtung ein. Dem entspricht schließlich auch seine Begeisterung für Mies van der Rohe und die dieser Begeisterung „analoge" Produktionsstrategie des modularen Aufbaus all seiner Produkte. Selbst eingekaufte Fremdprodukte werden in diesem Sinne sozusagen „vernixdorft"; wie zum Beispiel das „Entrex"-Datensammelsystem, das ihm schrecklich „unordentlich" vorkam.

Der große Überblick, den er zweifelsfrei über weite Strecken bewies, verstellte ihm doch auch manchesmal den Blick für die Details. So kam es zum Beispiel in den Anfängen seines kleinen Imperiums zu einer gewaltigen Steuernachzahlung, da er, entsprechend seiner Abneigung gegen jede Art von „Verwaltungskram", die Lohnbuchhaltung auf eine einzige Lochkarte beschränkt hatte, die er ständig in der Tasche trug ...

Naivität gegenüber den Realitäten des Alltagsgeschäfts zeigte er auch damals, als er seinen (und der Welt) ersten mikroprogrammgesteuerten Kleinrechner zum Niedrigstpreis auf den Markt brachte. Auf die entsprechenden Vorhaltungen des damaligen Exakta-Geschäftsführers Bringer, „Um Gottes willen, junger Mann, Sie machen uns ja die ganzen Preise kaputt!“, wußte er 1954 nur die Antwort: „Aber die kosten doch nicht mehr“.

Solche Anekdoten bezeichnen die eher sympathisch-pittoreske Seite seines widersprüchlichen Charakters, dessen Struktur ihm aber auch durchaus unbequeme Äußerungen und Handlungen ermöglichte.

Die eine Geschichte: „An einem ganz anderen Morgen stürmt der Firmenchef wütend in sein Büro. ‚Wer hat da draußen den Rasen geschnitten?‘ sind seine ersten Worte. Und ehe noch seine Sekretärin antworten kann, gibt er ihr den Auftrag: ‚Der Mann soll sofort zu mir kommen.‘ An diesem Morgen ist der Rasen um die Hauptverwaltung nicht so schön glatt wie sonst, sondern er ist schief und unregelmäßig gemäht. Als der Gärtner wenig später in seinem Büro steht, fährt NIXDORF ihn an: ‚Haben Sie den Rasen da draußen gemäht?‘ Der Gärtner bejaht die Frage. ‚So eine Schlamperei, können Sie Ihre Arbeit nicht ordentlich machen?‘ donnert NIXDORF los, ‚Sie sind entlassen.‘ Der Gärtner verläßt tief getroffen das Büro. – Der Gärtner soll angeblich dank der Hilfe anderer noch heute im Unternehmen beschäftigt sein.“

Aber auch ein noch ganz anderes Extrem ist ihm möglich: „Es ist kurz vor 8 Uhr abends. HEINZ NIXDORF verläßt sein Büro. Zu Fuß geht er die Auffahrt zur Hauptverwaltung an der Fürstenallee herunter. Auf halbem Weg bleibt er plötzlich stehen. Seit einigen Tagen ist eine Baufirma damit beschäftigt, den Vorplatz der Hauptverwaltung zu pflastern. Aber es sind nicht die Bauarbeiten, die für einen Moment seine Aufmerksamkeit erregt haben, sondern es ist einer von den Bauarbeitern, der an diesem Abend immer noch bei der Arbeit ist. ‚Was machen Sie denn da?‘ spricht NIXDORF den Mann an, ‚Sie sollten jetzt doch langsam Feierabend machen.‘ Der Arbeiter dreht sich zu ihm und erklärt ihm, daß das leider noch nicht möglich sei. Er hätte sich verpflichtet, Überstunden zu machen. Das Geld würde er dringend brauchen, denn er sei gerade dabei, sich ein Haus zu bauen, nächste Woche würden die Fenster geliefert, dann wären schon wieder 10 000 Mark fällig. Er wüßte noch gar nicht, wie er das bezahlen sollte. ‚Machen Sie jetzt trotzdem Schluß', antwortet ihm NIXDORF in seiner bestimmten Art. ‚Gehen Sie morgen früh dort rein', er zeigt auf die Hauptverwaltung seiner Firma, ‚und melden Sie sich in der Buchhaltung.' Nach einem kurzen Gruß geht der Unternehmer weiter und läßt den verdutzten Arbeiter, der sich auf die ganze Sache überhaupt keinen Reim machen kann, weil er auch gar nicht wußte, mit wem er da eben gesprochen hatte, stehen. Nach einigem Zögern entschließt sich der Bauarbeiter, am nächsten Morgen doch in die Hauptverwaltung der NIXDORF Computer AG zu gehen, um sich dort bei einem der Buchhalter zu melden. Dort wird dem Mann eröffnet, daß ihm Herr NIXDORF für die Bezahlung seiner Fenster einen zinslosen Kredit in Höhe von 10 000 DM zur Verfügung stelle."

Eine gewisse Intoleranz, die ihn genauso wie ein gerechter Zorn überkommen konnte, sobald er den Eindruck hatte, daß seinen ganz persönlichen Werten entgegen gehandelt wurde, wird ebenso vermerkt wie vorbehaltlose Großzügigkeit, sobald er diese Werte bestätigt und gelebt sah.

NIXDORFs gelegentliche und gefürchtete Polemiken basierten meist auf seiner Sicht der nüchternen Fakten. Mit fast „brutaler", auch politischer Offenheit (schreibt Kemper) ging NIXDORF gegen Haltungen und Meinungen vor, die er als unqualifiziert verstand. Politiker und Gewerkschafter, die den technischen Fortschritt zum Beispiel als Ursache der Arbeitslosigkeit ansahen, werden sich sicher an seine kompromißlosen, harten Antworten erinnern. Er „kann überhaupt nicht begreifen, daß diese Leute einfach nicht erkennen, daß der Verzicht auf moderne Techniken den Verlust der Wettbewerbsfähigkeit und damit noch mehr Arbeitslosigkeit bedeutet." –

Außerdem: „Wir dürfen kranke Industrien nicht noch mit Milliardenzuschüssen künstlich am Leben erhalten. Der Staat muß in zukunftsträchtige Technologien investieren, wenn es gilt, die Arbeitsplätze von morgen zu sichern."

Und auch seiner Konkurrenz gegenüber nimmt er kein Blatt vor den Mund. Doch behinderte NIXDORFs vehemente Kritik, z. B. am großen Konkurrenten IBM, nicht seinen Realitätsbezug.

Aufgeben ist schlimmer als Verlieren

„Mir geht es wirklich nicht darum, daß ein Konkurrent Nachteile hat", sagte er in einem Vortrag beim Bundeskartellamt in Berlin, „ich, in gewisser Weise, liebe die Konkurrenten, denn sie erhalten uns frisch." Und er fährt fort: „Ich liebe den Wettbewerb auch im täglichen Leben ... Mir ist Wettbewerb wirklich ein Quell des Vergnügens. Es ist eine Herausforderung für mich, zu überprüfen, ob ich auf dem richtigen Weg bin. Mein Wettbewerber darf also nicht geschädigt werden. Aber es muß dafür gesorgt werden, daß alle Wettbewerber nach gleichen Regeln antreten können."

Wettbewerb ist einer der Grundwerte seines Lebens. Gegen Verlieren ist nichts weiter einzuwenden, nur aufgeben darf man nicht. Als Freizeitsportler wußte er genau, wovon er da sprach, und im Berufsleben verhielt er sich nicht anders. Wer neben ihm bestehen wollte, „der mußte kämpfen können, notfalls bis zur Erschöpfung".

Bereits als Jugendlicher setzte er mit großer kämpferischer Hartnäkkigkeit seine Bildungwünsche gegen die der Familie durch. In einem anderen Zusammenhang berichtet er auch stolz von seinen und seiner Familie Leichtathletik-Erfolgen: „Ich war wie mein Vater Kreismeister auf der Mittelstrecke über 1500 Meter. Mein Bruder war Westfalenmeister. Und erst jetzt – vor wenigen Wochen – wurde der Kreisrekord über 800 Meter gebrochen, den mein Neffe

15 Jahre gehalten hat. Also 60 Jahre lang war meine Familie über Generationen hier die Nummer eins auf der Mittelstrecke."

Furcht und Starrsinn?

Dann wieder zeigt er große Unsicherheit, gibt sich zaghaft, fast ängstlich, begünstigt den Spatz in der Hand: In einer Phase (1964), in der seine Firma dringend ein neues Produkt gebraucht hätte, konnte er sich plötzlich einfach nicht mehr für das geniale Mikroprogrammprojekt seines neuen Entwicklungsingenieurs Otto Müller entscheiden – obwohl er selbst ihn doch gerade deswegen erst kurz zuvor akquiriert hatte. Plötzlich entschloß er sich lieber wieder für eine Weiterentwicklung der althergebrachten Tischrechner-Technik. Hätte man nicht vehement gegen seinen Entschluß opponiert, wäre der Firma NIXDORF dadurch vermutlich ein folgenschwerer Fehler unterlaufen. Die alte Produktlinie wäre in ihrer Fortentwicklung bei Marktreife bereits völlig veraltet gewesen. So aber kam es doch noch während der Hannover-Messe 1965 zur Vorstellung der neuen Rechner-Generation. Die sensationelle Müllersche Neuerung (die NIXDORF-„820") verschaffte der Firma auf Jahre hinaus einen unaufholbaren Vorsprung.

Und doch, hier hat NIXDORF nicht aus seiner Erfahrung gelernt: Als Müller ihm Ende der 60er als Nachfolgemodell die „900er" entwickelte, die in den 70er Jahren unschlagbar gewesen wäre (weil frei programmierbar, mit Bildschirm und Cassettenspeicher), wollte NIXDORF den großen Erfolg der „820" nicht durch etwas Neues in Frage gestellt sehen.

Im Laufe der Folgequerelen verließ Müller schließlich das Haus. Mit einer Weiterentwicklung besagter „900er" gründete er ein eigenes Unternehmen, das durch die Vermarktung dieser neuen Maschine (unter der Bezeichnung TM 70) einen schnellen Aufschwung erlebte.

Heute, rund drei Jahre unter neuer Führung, sieht sich die NIXDORF AG einem ganz ähnlichen Problem gegenüber, nachdem sie zwar ein Jahrzehnt lang mit ein und demselben Produkt erfolgreich war: „Geblendet von strahlendem Erfolg, vernachlässigten NIXDORF und vor allem sein Nachfolger KLAUS LUFT freilich die technische Basis ihres Geschäfts". (HEISMANN 1989, S. 84)

Hier zeigte sich ohne Zweifel die Kehrseite NIXDORFscher Beharrungskraft und Ordnungsliebe, die bei einigen großen Entscheidungen zuweilen unverhältnismäßig viel Zeit brauchte – wenn die Entscheidung nicht sowieso lange verschleppt wurde, um dann die Umstände „entscheiden" zu lassen. Eine Haltung, die sich im übrigen auch in dem äußerst langwierigen Entscheidungsprozeß über das Ja und Nein, das Für und Wider des Gangs zur Börse zeigte.

Seine übergroße Ordnungsliebe (Kemper: „... Unordnung war für HEINZ NIXDORF in jeder Beziehung ein Greuel ...") ist für die Kontinuität seines Unternehmens jedenfalls von großem Vorteil: Über zwei Stiftungen, die nach seinem Tode mehrheitlich das Unternehmen innehaben, vermied er horrende Erbschaftsteuern. Führungs-Konkurrenzkämpfe minimierte er durch Verträge zwischen eben diesen Stiftungen und den Vermögensverwaltungsgesellschaften der Familie. Ein wohlgeordneter Nachlaß.

Es zeigte sich nicht nur in dem langwierigen Entscheidungsprozeß über die Beteiligungen der Deutschen Bank, sondern auch in dieser Nachlaßregelung, daß das Unternehmen für ihn immer Vorrang hatte. Er verhielt sich immer eher als Unternehmer, weniger als Eigentümer oder Inhaber, der er ja eigentlich war.

Das bezeichnet auch seine eigentliche Profession: Unternehmer – im Unterschied (oder besser: in Ergänzung) zu der allgemein kolportierten Ansicht, er sei der begnadete Wissenschaftler, der stille Tüftler, der große Entwickler.

Er war ein Verkaufstalent. „Nicht der Name NIXDORF“, weiß sein Biograph Kemper, „sondern der von Männern wie van Koppen, Hager, Hahnewinkel oder Müller verbinden sich mit der Entwicklung der ersten Transistorgeräte, dem ersten druckenden elektronischen Tischrechner oder dem ersten Kleincomputer auf Halbleiterbasis, der ‚NIXDORF 820‘. Bei aller Intelligenz und allem Sachverstand, die HEINZ NIXDORF auszeichnen, ist er niemals ein Wissenschaftler oder Entwicklungsingenieur gewesen, und das wollte er auch gar nicht sein. Er war Unternehmer. Das technische Wissen, das er mit Fleiß und Ehrgeiz erworben hatte, war für ihn eine notwendige Voraussetzung, um technische Entwicklungen erkennen, ausnutzen und eventuell auch beeinflussen zu können. Daß er dabei erfolgreicher als andere gewesen ist, hat viele Gründe. Vor allem aber ist NIXDORF in der Lage, Chancen, die sich ihm bieten, mit sicherem Gespür zu erkennen. Seine außerordentliche Fähigkeit, alles sofort auf den einfachsten möglichen Nenner zu bringen und sich damit allein auf das wirklich Wesentliche zu konzentrieren, hilft ihm dabei. Und hatte er dann einen Weg für den richtigen erkannt, dann ging er diesen Weg auch mit ganzer Konsequenz.“

Ein „Ausnahme-Unternehmer“ aber war er in jedem Fall. Kemper schreibt dazu: „Weder der Erfolg seines Unternehmens noch die Milliardenbeträge, die von ihm erwirtschaftet werden, können den großen, schlanken Westfalen blenden. Er verlebt weiterhin seinen Urlaub in einer kleinen Pension am Wörther See, spielt Tennis und einmal in der Woche mit drei alten Schulfreunden Skat. Unnötiger Luxus oder die üblichen Statussymbole, mit denen sich normalerweise erfolgreiche Unternehmer und Manager zu schmücken pflegen, haben da keinen Platz, auch später nicht. Jede Art der Verschwendung im Betrieb, und handelt es sich dabei auch nur um so scheinbar belanglose Kleinigkeiten wie den Verbrauch von Kopierpapier, die sich irgendwann in jedem erfolgreichen Unternehmen einzuschleichen beginnt, wird rigoros schon im Keim erstickt.“

Investitionen in Menschen sind wichtiger als Investitionen in Maschinen

Aufgewachsen in ärmlichen Verhältnissen hat NIXDORF schon sehr früh gelernt, daß persönlicher Erfolg allein von persönlicher Leistung abhängt. Diese Erfahrung bestimmt auch maßgeblich sein Menschenbild. Spürt er bei den anderen diesen Arbeitswillen und die hohe Leistungsbereitschaft und spürt er darüber hinaus die „Bereitschaft und den Ehrgeiz, zu lernen und lernfähig zu bleiben" (Kemper), dann bringt NIXDORF ihnen von vornherein großes Vertrauen entgegen und betraut sie schon früh mit größerer Verantwortung. Oft zitiert er in diesem Zusammenhang Sir Thomas More, der geschrieben hat: „Wer nicht immer besser wird, hört auf, gut zu sein."

So bot NIXDORF seinen Leuten neben dem hohen Leistungsanspruch ein äußerst reichhaltiges Aus- und Weiterbildungsangebot – sogar mit einer betriebseigenen Berufsschule, was ihm nicht unerhebliche politische Querelen eingebracht hat. Seine Unterstützungsbereitschaft ging weit über das sowieso schon äußerst breite Aus- und Weiterbildungsangebot seiner Firma hinaus. Hier sei noch einmal an das zinslose Darlehen für den Bauarbeiter erinnert ... aber auch daran, daß verheiratete Mütter bei der Geburt eines Kindes 600 DM aus der Betriebskasse erhielten, ledige jedoch („weil sie es bedeutend schwerer haben") 1100 DM.

Eine andere Seite wiederum beschreiben Mitarbeiterkommentare, die Kemper wiedergibt und interpretiert: „Vor allem in seiner unmittelbaren Umgebung konnten schwache Mitarbeiter nicht bestehen. Wer mit HEINZ NIXDORF zusammenarbeiten und von ihm akzeptiert werden wollte, der mußte sich ihm stellen, Durchsetzungsvermögen besitzen oder wieder gehen."

Das Vertrauen, das er in leistungsbereite Mitarbeiter setzte, wurde dann nicht zuletzt von diesen auch ihm wieder entgegengebracht.

Jedem seiner Leute billigte er das Recht auf Fehler zu. Er weiß selbst, daß er Fehler macht und, laut Kemper, besitzt er auch „die Fähigkeit, diese einzugestehen".

Er arbeitete in seinem Unternehmen mit einer „breite(n) Führungsebene mit ganz klar gegliederten Funktionen", wie Kemper das ausdrückt. NIXDORF bedurfte dieser breiten Führungsebene. Er legte auf „intensive Vorstandsarbeit ... großen Wert", „... weil er für seine eigene Meinungsbildung eine starke, kompetente Gruppe von Gesprächspartnern um sich herum brauchte ..."

Dieses Klima von Vertrauen, gepaart mit dem Bewußtsein, für Fehler nicht gleich geschaßt zu werden, motivierte seine Mitarbeiter derart, daß der Chef für sie fast zur „Droge" wurde, wie Hubert Schäfers sich ausdrückte, der bereits sei 1961 bei NIXDORF ist. Obwohl es auch schon ein Lob sein konnte, wenn NIXDORF eine besondere Leistung überhaupt nicht (negativ) kommentierte: Vieles, auch Herausragendes, schien ihm selbstverständlich, da er es auch von sich selbst erwartete.

Kemper, ein näherer Bekannter (und Bewunderer) NIXDORFs schreibt: „Ohne jeden Zweifel ist es ‚nicht immer eine Lust' gewesen, versicherte einmal einer seiner engsten Vertrauten, ständig mit der fordernden Ungeduld dieses Mannes konfrontiert zu sein. HEINZ NIXDORF ist für seine Umgebung und nicht nur für diese in jeder Hinsicht unbequem gewesen. Und er war es nicht nur, weil er, egal in welcher Situation, aussprach, was er gerade dachte, sondern er war es auch, weil er auf Menschen einen unglaublichen Druck ausüben, in ihnen eine ständige innere Spannung erzeugen konnte, ohne daß ihm das oft selbst bewußt wurde. Aber dadurch war er auch in der Lage, seine Mitmenschen mitzureißen, sie zu motivieren, zumal er selbst stets Vorbild war, niemals hinter den anderen zurückstand. Wenn der Unternehmer in einem seiner letzten Interviews sagte: ‚Es sollte schon so sein, daß die Mitarbeiter gern zur Arbeit kommen und auch das Gefühl haben, daß sie nicht ausgebeutet werden, sondern daß man in einer wirklich echten Partnerschaft, in einer Kooperation, soviel tut wie eben möglich, und zwar von beiden Seiten', dann entsprach das seiner Überzeugung."

Mit Blick auf die jüngste Vergangenheit wird jedoch auch deutlich, was mit einer informell auf eine Führungsperson ausgerichteten Organisation geschehen kann, wenn diese Person wegfällt: Korruptionsfälle bei der NIXDORF AG sind Indizien für „ein für Außenseiter unentwirrbares Geflecht von Sympathien und Antipathien, von Leuten, die miteinander können oder nicht ..., die sich stützen und ... bekämpfen." (SCHULTE 1988, S. 43).

Wer NIXDORF nach den Grundregeln seiner Erfolge fragte, erhielt kurze und trivial anmutende Antworten. Die Ursache seines Erfolges sah er in „Verpflichtung zu höchster Qualität, Kundennähe und Flexibilität durch dezentrale Führung".

Diese Einfachheit ist es, die ihn heraushebt aus dem Meer der anderen, die oft ein Mehr an Erklärung bemühen, um ein Weniger an Erfolg zu begründen. Eine Einfachheit, die wir auch schon bei MORITA und den anderen gefunden haben. Diese Fähigkeit zur Reduktion signalisiert anscheinend das Vermögen der Exzellenten, große Zusammenhänge auf einfache und (wenigstens für sie selbst) praktikable Regeln zu projizieren.

Zur Stabsarbeit hören wir Vertrautes: „Ich gebe zu, daß ich Planer im Haus habe, die aber Schwierigkeiten mit mir haben, weil ich ihren Plänen nicht traue."

Immer wieder gibt es Erstaunen über das Fehlen von Statussymbolen zwischen den verschiedenen Ebenen bei NIXDORF. „Wir haben keine Titel zu vergeben", sagte NIXDORF, „wir stellen keine Firmenfahrzeuge, und getrennte Sozialräume gibt es schon gar nicht."

Was also macht – neben der Betriebs-Berufsschule und dem betriebseigenen Sportzentrum (das er nach einer Herzattacke für alle Mitarbeiter bauen ließ) – den Unterschied zu den anderen Unternehmen aus?

Wahrscheinlich sind es die klaren, eindeutigen und unumstößlichen Regeln, die den Betriebsalltag bestimmen und die von NIXDORF selbst geschaffen wurden. Selbst Architektur, Raumaufteilung und Möblierung zeugen von Hand und Philosophie des Chefs, fast schon von dessen Allgegenwart. NIXDORFs Gefühl für Strukturen, das er sich selbst zuschreibt, geht einher mit dem unbeugsamen Willen, diesen gefundenen und gewollten Strukturen auch Ausdruck zu verleihen: vom Grundriß über den Schreibtisch bis zur winzigsten Leiterplatte sind alle Abmessungen durch 30 teilbar. In jedem Bürobereich, gleich ob Vorstand oder Sekretariat, stehen die gleichen Wandschränke, liegt derselbe Teppichboden.

Abgesehen von dem großen Kostenvorteil, den diese modulare Bauweise mit sich bringt, schafft sie noch ganz anderes – ob man nun darüber lächeln mag oder nicht: „Die Corporate Identity innerhalb der NIXDORF Computer AG ist auf eine Kurzformel gebracht ‚1,80 Meter mal 1,80 Meter'. Dieses Raster gilt für alle Büroräume, Produktionshallen und Gebäude, und es gilt im übertragenen Sinne für alles andere auch. Es ist Ausdruck für den Standard, der für jeden Mitarbeiter die gleichen Grundvoraussetzungen schafft. Die gleichen Wandelemente, den gleichen Schreibtisch, den gleichen grauen Standard-Bürostuhl ob im Büro des Programmierers in Saarbrücken, des Technikers in Irland oder des Vorstandsvorsitzenden in Paderborn. Jeder, der für dieses Unternehmen auf Reisen geht, bekommt für den Auto-Kilometer 42 Pfennige, fährt in der Bahn erster Klasse oder fliegt Economy, und zwar ohne Ansehen der Person."

„Jeder in diesem Unternehmen darf wachsen, darf sich entfalten, ..., aber wir alle sind eine Tanne." (Vertriebschef Arno Bohn).

Markterfolg durch Werte

Der Erfolg dieser Politik zeigt sich in dem Ausmaß an Identifikation der Mitarbeiter mit ihrem Betrieb, das weit über das Normale hinausgeht. Weiter materialisiert sich dieser Erfolg auf dem Markt dadurch, daß die Politik der Strukturfestlegung und -vereinfachung dem Konstruktionsprinzip Pate stand, Computer so einfach, so modular, so übersichtlich zu bauen wie nur irgend möglich. Gepaart mit NIXDORFs großer Vision (nämlich den Computer dahin zu bringen, wo er gebraucht wird – an den Arbeitsplatz), errang die Firma nicht zuletzt durch diese Unternehmenskultur ihre marktbestimmende Position.

Aber bei allem Strukturbedürfnis, das ja von außen als nicht so menschenfreundlich erscheinen mag, verliert NIXDORF die menschliche Komponente nicht aus den Augen. Ein Schlaglicht darauf wirft seine Eröffnungsansprache in der Bilanzkonferenz von 1985: „Ich freue mich, daß ich vorweg eine Zahl nennen kann, die später meine Kollegen noch exakter beschreiben werden, nämlich die Umsatzsteigerung, die im Jahre 1984 bei 21 Prozent lag. Was aber mir persönlich viel wichtiger ist, und ich bin überzeugt, daß die meisten von Ihnen mir das abnehmen, das ist nicht die DM-Zahl, sondern die Zahl der Arbeitsplätze, die wir effektiv per Saldo nach Abgang von anderen Kollegen neu geschaffen haben. Wir wachsen im Moment pro Monat um 250 Mitarbeiter."

Da nimmt es auch nicht wunder, daß der Mann mit dem Arbeitslosen-Trauma aus der Jugend ebenfalls zu denen gehört, die ihrer Belegschaft Firmenanteile zu Sonderkonditionen zukommen lassen. 1984 waren das bereits 7%, weiter geplant ist eine Steigerung auf 15%. Auch dies ist ein nicht zu unterschätzender Faktor zur Beeinflussung des Indentifikationsgrades der Mitarbeiter mit ihrem Unternehmen.

Safety first

So ist bei NIXDORF vieles auf Solidität und Absicherung aufgebaut – von der Regelung des Betriebsablaufs über die Konstruktionsparameter und die Mitarbeiterbeteiligung bis hin zum Streben nach möglichst breiter Kapital- und Infrastruktur-Basis.

Die fundierte Rücklagenpolitik erwies sich dann etwa Mitte der 70er als ein Segen, da das Unternehmen nur knapp an der Krise vorbeikam. Die „820er" lief so lange gut, selbst gegen die IBM-Geräte, daß schon seit Beginn der Expansionsphase die eigene Produktentwicklung von NIXDORF vernachlässigt wurde. Als dann die „820" zu „langsam" wurde, fehlte ein zugkräftiges Nachfolgeprodukt. (Zudem fehlte ein Entwicklungsingenieur vom Format eines Otto Müller ...) Außerdem stagnierte im Zusammenhang mit der Ölkrise auch der Büromaschinenmarkt. Glücklicherweise konnte diese Zeit durch die hohen Rücklagen der Firma unbeschadet überwunden werden, und als 1977 der Büromaschinen-Markt wieder boomte, hatte sich die Firma stabilisiert und konnte zur Hannover-Messe sogar mit einer Folgeentwicklung aus Müllers „900er"-Konzept aufwarten.

Rücklagen allerdings dürfen für NIXDORF nicht zum Selbstzweck werden. „Wer Kapital hat, hat es auch auszugeben", sagte er in einer Ansprache vor dem Industrieclub in Düsseldorf. „Wer Kapital besitzt und nicht entsprechende Aufträge gibt, versündigt sich; Kapital ist nicht zum Horten da." So ist Sparen für ihn „tatsächlich keine übermäßige Tugend. Wer zuviel spart, gibt anderen keine Arbeit."

Nicht auf den kurzen Vorteil bedacht, immer langfristig orientiert, hat NIXDORF zu keiner Zeit mit dem PC- oder Homecomputermarkt geliebäugelt. Arbeitsplatzcomputer sind und bleiben die Kristallisation seines Know-hows. Seine Firma ist heute mit 40% Marktanteil noch vor IBM (25%) der größte Anbieter peripherer Endgeräte für Geldinstitute. Auch die früh getroffene Entscheidung zur Produktion (einfach strukturierter) eigener Software hat Früchte getragen. Mit Beginn der 80er Jahre wurde die Firma der größte Software-Produzent Europas. NIXDORF war dann auch tatsächlich der erste, der (Arbeitsplatz-)Computer in die USA und nach Japan exportierte.

Mit einer 1984er Bilanzsumme von 2,2 Milliarden DM, die zu über 60% aus Eigenkapital finanziert war (BRD-„traumhaft", so Kemper), ist NIXDORFs Stellung als Europas drittgrößter Computerhersteller stabilisiert.

Dieser Erfolg gründet letztlich auf seinem Perfektions-Faible. Er war der erste Computer-Hersteller, der erkannte und in die Tat umsetzte: Das Bereitstellen von Technologie reicht nicht aus. Es müssen komplette Lösungen verkauft werden. Das war seine Strategie.

Nachtrag

Der Rückblick auf das letzte Geschäftsjahr verdüstert allerdings die Miene vieler Betrachter: Nach zwei Jahrzehnten außerordentlicher Umsatzsteigerungen und einer bemerkenswerten Gewinnsituation sieht die Lage bei NIXDORF zur Zeit sehr schlecht aus. Bei einem auf über 5 Milliarden DM gewachsenen Umsatz sind gegenwärtig dramatische Ertragseinbrüche zu beobachten.

KLAUS LUFT, der nach dem Tode von NIXDORF Anfang 1986 Vorstandsvorsitzender der Paderborner Firma geworden war, muß sich seit einiger Zeit mit einer Vielzahl von verschiedenen Problemen herumschlagen (vgl. G. HEISMANN in „Manager Magazin", Nr. 11/1987 und 7/1988). Dazu gehören ein flaues Wachstum in Übersee, deutlich höhere Kosten als die Mitbewerber und ein zersplittertes und auch veraltetes Produktprogramm, das neuerdings erkennbar nicht mehr den Anforderungen des Marktes genügt (U. SCHULTE-DÖINGHAUS, „Wirtschaftswoche", Nr. 16/1989).

Dazu kommen interne Korruptionsfälle und erhebliche Führungsquerelen in der Führungsspitze, die stark am einstmals strahlenden Image der Computerfirma kratzen. Im Herbst 1988 noch in den absoluten Spitzengruppen der imagestärksten deutschen Unternehmen (vgl. „Manager Magazin", Nr. 4/1989), befindet sich die NIXDORF AG in der Zwischenzeit in einer schon in der Öffentlichkeit diskutierten, rasanten Talfahrt (vgl. „Der Spiegel", Nr. 16/1989) – nicht nur imagemäßig, sondern auch ertragsmäßig. Hatte NIXDORF 1987 mit einem Gewinn von 362 Millionen DM vor Steuern noch ein erstklassiges Ergebnis vorgelegt, so mußte für das vergangene Geschäftsjahr ein Verlust von 75 Millionen DM bilanziert werden, der nur durch den Verkauf von Grundstücken und Gebäuden (ca. 250 Millionen DM) wieder in den positiven Bereich gerückt werden konnte. „Der Spiegel" (Nr. 16/1989, S. 123) schreibt: „So tief und so schnell ist selten ein Unternehmen dieser Größe (Nixdorf AG: 5,3 Milliarden Mark Umsatz, 31 000 Beschäftigte) gefallen."

Inwieweit dies ein Problem des heute 47jährigen KLAUS LUFT ist, der seit dem Tod von NIXDORF das Unternehmen führt, läßt sich noch nicht eindeutig sagen. Sicherlich spielen technische Versäumnisse der Vergangenheit mit eine Rolle. Bemerkenswert ist der Vorgang jedoch allemal, nicht zuletzt auch wegen deutlicher Parallelen zur Geschichte von ITT, die nach dem Wechsel von GENEEN zu ARASKOG ebenfalls in große Probleme geriet.

NIXDORF hat eine kritische Größe erreicht, „bei der die Nischenstrategie der frühen Jahre allein nicht mehr genügt" (SCHULTE, B., „Manager Magazin", Nr. 7/1988, S. 34). Eine strategische Neuausrichtung des Unternehmens steht möglicherweise an. Ob dem Marketingspezialisten LUFT allerdings vergleichbar visionäre Impulse und eine so charismatische Ausstrahlung gelingen wie seinem Vorgänger und Vorbild NIXDORF, daran mehren sich die Zweifel.

Lächelnd siegen: BERNARD TAPIE

„Das Gefühl, zu einer starken
Mannschaft zu gehören,
das ist es, was die
Unternehmenskultur ausmacht.“
(Bernard TAPIE)

„Gagner“ – so der Originaltitel seiner Selbstdartellung – bedeutet übersetzt soviel wie: „gewinnen“, „verdienen“, „erhalten“. TAPIES Credo?

TAPIEs zuweilen exotisch-unseriös anmutenden Geschäftsmethoden gegenüber hat ein gestandener Wirtschaftsmann, der weiß, wie teuer Erfolg mitunter erarbeitet sein will, sozusagen ein selbstverständliches Recht auf seine „Vorurteile“.

TAPIE hat es nicht leicht mit seiner Umwelt, macht es ihr aber auch nicht gerade einfach. Als Bonsai-Sokrates von der Intelligenzia verachtet, von der Linken angefeindet, als neureich-hasardierender Unternehmer von der eigenen Klasse weitgehend isoliert, hat er doch unwidersprochen eines aufzuweisen: Erfolg – und das in vielerlei Hinsicht. Und, was Emotionen weckt: den zeigt er her. Gern sogar.

Wer ist Monsieur TAPIE?

Der Abtrünnige

Bernard TAPIE ist ein Arbeiterkind. Weder hat er die Ärmlichkeit seiner Jugend vergessen noch die typische Unterwürfigkeit der Armen (auch die seiner Eltern) gegenüber den Anmaßungen der Autorität. Genausowenig kann er die Mißachtung vergessen, die Lehrer, Ärzte, Chefs oder Polizisten den armen Leuten entgegenbrachten.

Er ist nicht der Mann, der leicht verzeihen kann. Auch noch nach dreißig Jahren zeigen seine Bemerkungen dazu eine bemerkenswerte Präsenz und Intensität: „... Eines nur hat mich wirklich empört: diese blinde Unterwerfung unter die Autorität. Meine Eltern, meine Onkel, meine Tanten, meine ganze Umgebung stand unter dem Banne derer, die die Autorität darstellten – Arzt, Lehrer, Polizist, Vertreter der öffentlichen Ordnung; hier die, die wissen, dort die, die nicht wissen. Man ließ uns spüren, daß wir nichts und niemand waren. Eines Tages – nie werde ich ihn vergessen – ruft meine Großmutter, die sich schon länger nicht wohl fühlte, nach einem Arzt. Der kommt und ihm wird erklärt, daß sie ‚nicht aufs Töpfchen gehen kann' – so ähnlich drückte man sich aus –, und der Arzt sagte: ‚Der fehlt überhaupt nichts. Verpassen Sie ihr ein paar Glyzerin-Zäpfchen.' Eine Woche vergeht, doch es wird nicht besser. Der Arzt kommt noch einmal, verschreibt nun Einläufe und Abführmittel. Zwei Tage später ist sie an Darmverschluß gestorben. Wäre sie die Frau des Bernard TAPIE von heute gewesen, man hätte Röntgenaufnahmen gemacht, Scanner und was es sonst noch gibt. Da sie aber nur eine alte Frau aus dem Volk war, konnte sie ruhig krepieren. Das ist die Wurzel des Problems: Leistung, die davon abhängt, ob man einflußreich oder ein armer Schlucker ist, aber das ist hier nicht anders als im fernen Moskau."

Dabei ist bemerkenswert, daß er nicht aus dem klassenkämpferischen Umfeld stammt. Die gerechte Empörung ist allein und ungefärbt die seine, denn: „Die soziale Frustration existierte damals nicht in Le Bourget, in meiner Familie; auch keine Rachegefühle, kein Neid auf große Abendgesellschaften, keine Lust, die Reichen zum Teufel zu jagen, alles von unten her ‚gleichzumachen', nichts von alledem."

Also beschloß er schon damals ein „Abtrünniger" zu werden, wie er sich ausdrückt. Er „beschloß, nicht einer von denen zu werden, die nur ‚Jawohl, Monsieur' sagen."

Den Weg hinaus aus diesen Verhältnissen findet der Jugendliche über zwei bestimmende Bereiche: Sport und Wissen. Der Sport hat ihn „gelehrt ... daß die Demütigungen einer Niederlage immer noch leichter zu verdauen sind als der Frust, es erst gar nicht versucht zu haben.“

Unterwürfigkeit und Unterdrückung in seiner damaligen Umgebung haben ihn gelehrt, daß es nicht die bürgerliche Klasse war, die die seine unterdrückte, nicht die Kapitalisten: „Es war vielmehr so, und das kann nicht deutlich genug gesagt werden, daß die Arbeiterklasse die durch Wissen und Bildung festgefügte Hierarchie anerkannte. Das war es, was uns unterdrückte, nicht das Geld. Ich muß das damals schon gespürt haben, nur sehr vage natürlich und ohne es, wie heute, in Worte fassen zu können. Und als ich zu begreifen begann, welche Macht der Experte, derjenige, ‚der Bescheid weiß‘, über die anderen hat, da wollte ich selbst mehr wissen. Ich verzichte heute lieber auf den Ankauf einer Firma, wenn ich nicht ebensoviel weiß wie der Ingenieur, der Spezialist des Unternehmens. Wissen ist eine der wesentlichen Energiequellen unserer Zeit, gewissermaßen das ‚Öl‘ des Fortschritts. Wissen ist Macht, und mit Wissen kann man uns Fallen stellen ...“

Mit einem solchen Bewußtsein, wenn auch jugendlich diffus, hat für ihn „die Welt der Halbstarken-Banden niemals existiert: Meine Welt war der Sportplatz. Dort erprobten wir uns in Kampfgeist, Solidarität, Wendigkeit, Anpassungsfähigkeit – alles Fertigkeiten, auf die ich eines Tages würde zurückgreifen können. Im Sport, wie in der Liebe, kommt ein Augenblick, in dem kein Schwindeln mehr möglich ist. Es gibt nur noch die Wahrheit, nicht das Spiel mit der Wahrheit, sondern den Prüfstein der Wahrheit selbst. Wenn man auf dem Spielfeld ist, um ein Fußballspiel auszutragen, dann gibt es kein langes Palavern mehr, keine Ausflüchte, keine Alibis. Man ist gut oder man ist es nicht; man gibt das Letzte, um der eigenen Mannschaft zum Sieg zu verhelfen, sonst braucht man erst gar nicht anzutreten. Ich habe diese Regeln sehr schnell begriffen und muß zugeben, daß sie mir später enorm weitergeholfen haben. Es ist sicher kein Zufall, daß ich immer nur Mannschaftssport getrieben habe.“

Sanieren auf jugendlich

Elend und Leid konnte der noch junge TAPIE nicht akzeptieren, doch mit der ihm eigenen Kommunikationsfreude ging er schon als Jugendlicher bereitwillig helfend darauf zu. Die Bandbreite reichte hier vom halbtoten Fuchs, den er in Pflege nahm (und 6 Jahre behielt), bis zum Organisieren eines Rentnerhilfsdienstes, durch den der Gymnasiast die Armen seines Viertels mit gespendeten Lebensmitteln versorgte, die er auch selbst einsammelte.

Doch weder diese caritativen Tätigkeiten noch seine Erfolge als Mannschaftskapitän oder Klassensprecher oder jugendlicher Sänger gaben ihm das, worauf er letztlich aus war: „Der einzige Mensch, von dem ich anerkannt und geliebt werden wollte, war mein Vater, der jeden Sieg meiner Mannschaft mit bedrückendem Schweigen quittierte. Das einzige, worauf es mir in meiner ganzen Jugend ankam, war die Zurückeroberung des ‚väterlichen Marktes‘. Es ist mir gelungen, doch es hat Zeit gekostet.“

Geschäftsführung als Mannschaftssport

Als Chef der TAPIE-Gruppe führt er die Tradition seiner Jugend fort. Nun sind es nicht kranke Füchse und arme alte Leute, die er „saniert“, sondern konkursreife Firmen. Auch sein Führungsbild bleibt von den Erfahrungen der Jugend geprägt: „Zehn oder zwölf Jahre lang war der Sportplatz mein zweiter Wohnsitz, mehr noch: mein Hauptwohnsitz. Dort habe ich gelernt, daß ein Chef nicht nur der ist, der befiehlt, sondern vor allem einer, der mit gutem Beispiel vorangeht. Er muß es verstehen, seine Leute zu motivieren, ihnen zu zeigen, wo's langgeht. Seine Aufgabe ist es, Mängel zu beseitigen, Lücken zu schließen und vor allem ein dynamisches Image aufzubauen. Ich habe eine wertvolle Lehre daraus gezogen: Man wird nicht im Alleingang der Beste. Der Chef, der wahre Chef, ist niemals Tyrann, Caudillo, Duce oder irgendein blutbefleckter Führer, der versucht, die Welt gegen ihren Willen zu retten, und für den der Zweck jedes erdenkliche Mittel heiligt. Nein, Chef ist derjenige, der sich voll und ganz einsetzt, der zuhört und sich Gehör verschafft. Er versorgt seine Leute mit dem, was Shakespeare ‚die Milch der menschlichen Liebe' genannt hat, und zugleich mit der zum Sieg notwendigen Energie."

Ich fühle mich an IACOCCAs Beispiel der Football-Mannschaft erinnert, wenn ich bei TAPIE lese: „Ich habe meine Equipe, zumindest die 18 Personen, die den Stoßtrupp bilden, wie eine Fußball- oder Handballmannschaft aufgebaut. Ich habe die Lehren meines Sportstadions nie vergessen. Es gibt zwar einen Mannschaftskapitän, aber jedes Mitglied hat seine Rolle, und wenn eines versagt, sind alle anderen schlecht dran."

TAPIE ist sich sicher, im Team-Gefühl einen großen Motivator zu bewegen: „Das Gefühl, zu einer starken Mannschaft zu gehören, das ist es, was die Unternehmenskultur ausmacht!"

„Team" ist das Stichwort: „Bei uns gibt es keine Hierarchie. Ich bin der Präsident der Gruppe, und die zehn Top-Leute, die mich umgeben, stehen auf gleichem Niveau mit mir, was Verantwortung und Entscheidungen angeht. Das verstehe ich unter ‚horizontaler' Geschäftsführung – und sie funktioniert."

Damit die horizontalen Geschäftsführer sich nicht gegenseitig behindern, sondern fördern, müssen die Mitarbeiter besonders gut ausgewählt sein und anschließend „mit allen Mitteln motiviert" werden. Aber wie findet man die „richtigen" Mitarbeiter?

TAPIEs Einstellung: „Wer die richtige Wahl seiner Mitarbeiter treffen will, mit dener er ‚auf der ganzen Linie gewinnen' kann, muß sich selbst kennen, muß Widerspruch zulassen, muß sich der Bereiche bewußt sein, in denen er stark, und derer, in denen er schwach ist. Deshalb habe ich meine Mitarbeiter nicht aufgrund ihrer Ausbildung ausgewählt, sondern wegen ihrer menschlichen Qualitäten, ihrer Erfahrungen, ihrer gegenseitigen Ergänzungsmöglichkeiten, habe aber auch ihr Durchhaltevermögen in prekären Situationen getestet."

Und: „Mit allen Mitteln motivieren"? Zum Beispiel so: „Was bedeutet es also, wenn ich sage, daß ich das horizontale dem vertikalen Management vorziehe? Nun, statt die Stufen der Hierarchie zu vermehren, wie es anderswo gehandhabt wird – wo man erst Mitarbeiter, dann stellvertretender Direktor, dann Direktor und schließlich Generaldirektor usw. wird –, vermehre ich die Zahl der Unternehmen, deren Leitung ich meinen engsten Mitarbeitern überlasse, so daß jeder von ihnen vier oder fünf Firmen vorsteht. Das bringt ihnen ein fürstliches Gehalt ein, was, wie ich glaube, auch eine notwendige Motivation ist. Es ist völlig normal, daß die Besten auch die höchsten Gehälter bekommen."

Punkt für Punkt finden sich in TAPIEs Statements deutliche Resonanzen zu unseren anderen Protagonisten. Auch bezüglich seiner Haltung zu Kritik und Widerspruch: „Selbst der intelligenteste, selbst der gerissenste Boß umgibt sich oft mit Mitarbeitern, die ihm gegenüber allmählich ihren Widerspruchsgeist und ihre Eigenständigkeit verlieren können. Wenn kein offener Meinungsaustausch stattfinden kann, sitzt der Chef am Ende im Glashaus und verliert den Blick für die Wirklichkeit; er wird betriebsblind, und seine Mitarbeiter werden zu bloßen Jasagern. Auch ein sehr fähiger Chef kann, ohne es selbst zu merken, eine Kultur der Verantwortungslosigkeit herbeiführen. Für mich sind Diskussionen und kreative Konflikte eine unabdingbare Grundlage für den Erfolg." Und weiter: „Wenn man jemandem eine Verantwortung überträgt, muß man ihm auch die entsprechende Handlungsfreiheit lassen, sonst hat das Ganze keinen Sinn.“

Das Vertrauen innerhalb dieser libertär-anarchistisch anmutenden Führungsriege scheint ungewöhnlich groß zu sein: TAPIE behauptet tatsächlich, ohne schriftlich fixierte Verträge auszukommen. Alle Einstellungen und Abmachungen beruhen lediglich auf mündlichen Absprachen. Das wirft allerdings auch ein Licht auf das Vertrauen, das ihm selbst entgegengebracht wird. Und natürlich auch auf das Vertrauen, das ein solcherart „gebundener“ Mitarbeiter zu sich selbst haben muß.

Auch TAPIE ist der Überzeugung, daß es den geborenen Führer nicht gibt. Man werde dazu, indem man die damit verbundene enorme Verantwortung als Privileg begreife und sie als eine „großartige Motivation“ zu mehr oder weniger vernünftiger Machtausübung erfahre.

Auch er glaubt: „Ich halte das Recht auf Fehlschläge für ein Grundrecht“, wobei er offensichtlich Fehler der Tat meint, nicht solche der Unterlassung. Denn: „Pflichterfüllung allein ist noch keine Glanzleistung ...“ TAPIE fordert mehr von sich und seinen Mitarbeitern: Einfach Höchstleistung.

Auch TAPIE hat hier sein Gleichgewichtsparadigma, wenn auch unter anderen Bezeichnungen: „Daß sich Kompetenzen innerhalb einer Equipe ergänzen – auch das ist von großer Bedeutung. Man braucht junge, begeisterungsfähige Leute für Innovationen; man braucht ältere wegen ihrer Erfahrung; man braucht zurückhaltend agierende Pessimisten, denn die Geschäfte laufen nicht immer so gut, wie man es sich erhofft hat, und man braucht Techniker, Technokraten, die in ihrem Handeln methodisches Vorgehen und Härte vereinigen. Es ist diese Mischung aus Optimisten und Pessimisten, aus jungen und weniger jungen Leuten, Erneuerern und Technokraten, die mein Team so originell macht. Das große Problem der meisten Chefs der zweiten Generation ist, daß sie sich mit Leuten umgeben, die ihnen ähnlich sind. Man muß unbedingt mit diesem lächerlichen Dogma aufräumen, das Lehrer von 50 oder 60 Jahren dazu verleitet, junge Leute von 20 nach ihrem Bild zu formen. Diese Anpassung ... hat oft mehr geschadet als Gutes bewirkt. Ich kenne Technokraten, die sich nur mit Technokraten umgeben; sie führen ihre Geschäfte so großartig, daß sie alle halbe Stunde genau sagen können, wie viele Verluste sie gerade machen."

Die Vielfalt und Hochkarätigkeit seiner Team-Partner also macht er verantwortlich für einen großen Teil seines Erfolgs – und daß er ihnen die Freiheit gibt, ungehindert zu „funkeln".

Die Welt ist eine Bühne

TAPIE hat die Erfahrung gemacht, in einer Gesellschaft zu leben, die keine Niederlagen duldet. Und er weiß aus seinen leidvollen Erfahrungen in den drei größeren Skandalen um die Macht der „öffentlichen Meinung".

Also betreibt er eine konsequente und offensive Medienpolitik. Erstens, weil er weiß, „... daß die Abwesenden – oder diejenigen, die schweigen – immer im Unrecht sind. Um eine optimale Sales Promotion zu gewährleisten, muß man präsent, muß man im Zeitgeschehen sein, man muß kreieren." Und zweitens: „... wenn das Ergebnis bedeutend ist und sich in einem Individuum verkörpert, so bewirkt dessen Persönlichkeit, daß sich die Medien darauf stürzen. Das Ereignis bekommt sofort einen emotionalen Touch – positiv oder negativ ..."

Also steuert er lieber selbst die Veröffentlichung über ihn und seine Gruppe – und sei es nur dadurch, daß aufgrund der Masse seiner ständigen selbstlancierten Präsenz die fremdinszenierten Beiträge, falls sie destruktiven Charakter haben, gar nicht richtig zum Zuge kommen können.

Außerdem: Im Rampenlicht stehend kann er sich „selbst nichts mehr durchgehen lassen: weder Halbheiten noch Oberflächlichkeiten.“ Personality-Show also zur Unternehmensstabilisierung und als Instrument zur Selbstdisziplinierung?

„Man wirft mir vor, daß ich in Radio, Fernsehen und Zeitungen allgegenwärtig sei: ‚TAPIE, der übernimmt sich noch mit seinen Chansons, seinen TV-Sendungen, seinem Fußballclub – und jetzt schreibt er auch noch ein Buch!‘ Zwei unterschwellige Vorwürfe also: Erstens findet man es unangemessen, daß ein Unternehmenschef an der Seite eines Sascha Distel auftritt, um ein Videoclip für ‚Wonder‘ zu machen. Wer an der Spitze von 40 Unternehmen steht, hat gefälligst keine Single aufzunehmen. Warum aber sollte ich immer dem Bild entsprechen, das sich die anderen von mir machen? Wir sind Diamanten mit tausend Facetten und keine numerierten Schnecken.“

Arbeit als Spiel

„Wichtig ist, nie den Eifer, die Begeisterung zu verlieren“, schreibt TAPIE, „nie unbeweglich und starr zu werden“, und er bewundert den Satz von Pearson (Präsident von Pepsi Cola): „Die größte Herausforderung, die uns in den achtziger Jahren erwartet, ist sicherzustellen, daß unser Unternehmen ein Ort bleibt, wo es Spaß macht, zu arbeiten.“

Nur wenn Arbeit Spaß macht, weiß TAPIE, dann wird sie auch gut gemacht. Also verhindert er schon in der Struktur seiner Holding all das, was Spaß verhindern könnte: Das Dach über 40 florierende Unternehmen (und 135 Einzelbetriebe) kommt ohne die sonst obligatorische Zentral-Bürokratie aus. Es existiert lediglich eine kleine Büroetage, in der einige Sekretärinnen die Verwaltung in Bewegung halten. Kleinere Aufnahmestrukturen für die ständig vor Ort operierenden Mitarbeiter sind auf der ganzen Welt verteilt: „Es muß wirklich etwas ganz Außerordentliches geschehen, damit das gesamte Team zusammenkommt. Das ist sonst völlig überflüssig. Wichtig ist allein, daß jeder zur Stelle ist, wo er gebraucht und wann immer er gebraucht wird. Dieses System hat nichts Geheimnisvolles an sich: Ich brauchte keine Manager-Handbücher zu studieren, um es zu entwickeln. Es gilt ganz einfach nur, aufzulockern, Ballast abzuwerfen, sich von Überflüssigem zu trennen. Bei allem, was ich plane und unternehme, gehe ich immer von dem Prinzip aus, daß meine Mitarbeiter und ich selbst Spaß daran haben und effizient tätig sein können. Das Unternehmen muß – und das kann ich nicht oft genug wiederholen – eine Art Spielplatz für Erwachsene sein. Geschäfte zu machen soll amüsant sein, ein großartiges Abenteuer."

„Jede Unternehmensphilosophie, die den Faktor Mensch nicht als wertvollstes Kapital ansieht, ist früher oder später zum Scheitern verurteilt." IACOCCA, GENEEN, NIXDORF und MORITA haben Ähnliches gesagt.

Ohne Selbstkritik mit einer großen Portion Realismus geht gar nichts: „Erkenne dich selbst", sagte Sokrates. „Sich richtig analysieren bedeutet, sich seiner Stärken und Schwächen bewußt zu werden, um diesen scheinbaren Widerspruch auszugleichen, und zwar indem man sich klar wird, daß die Schwachstellen nichts weiter sind als die Kehrseiten der Stärken. Das Auge der Nachsicht ist kein guter Ratgeber. Vielmehr sollte man sich mit den Augen sehen, mit denen man die anderen betrachtet, denn das ergibt ein ähnliches Bild wie das, das sich die anderen von einem machen."

Ganz und gar einig mit PETERS und WATERMAN zeigt er sich, wenn er schreibt: „Wir alle sind egozentrisch; wir sehen uns gern als Sieger, obwohl wir dazu oft weit weniger fähig sind, als wir denken; wir verbergen unsere Mängel hinter intellektuellem und technischem Geschwätz, das unsere Mankos vertuschen soll. Deshalb ist es notwendig, den Mitarbeitern eines Unternehmens die Möglichkeit zu bieten, sich als Sieger zu fühlen und ihnen Erfolgssymbole zu liefern, mit denen sie sich identifizieren können, genau dort beginnt die berühmte Unternehmenskultur, die heute in aller Munde ist.“

Die Konsequenzen aber, die er daraus zieht, sind wieder seine eigenen: „... ich setze mein Medientalent nicht, wie man annehmen könnte, zur bloßen Selbstdarstellung ein, sondern ich will damit dieses Siegerimage, das ich mit meinen Angestellten teile und das einen großen Teil des Erfolgs unserer Gruppe ausmacht, in noch hellerem Glanz erstrahlen lassen.“

Die Harkentechnik

Seine Firmen-Strategie nennt er „Harkentechnik“. Sie meint nichts anderes, als die Forderung nach Diversifikation: „Harkentechnik: es gibt einen gemeinsamen Punkt, den Stiel; er verbindet die einzelnen voneinander unabhängigen Zinken, das heißt, daß alle Unternehmen gegeneinander abgesichert sind. Es gibt keinen finanziellen oder konzeptionellen Zusammenhang. Jedes Unternehmen lebt sein Leben, und sollte eines Tages ein Zinken der Harke angeknackst sein, so wird er einfach entfernt, was zwar bedauerlich ist, aber nicht zur Folge hat, daß der Stiel brüchig oder morsch wird.“

Genau dieser Prozeß ist sein Produkt: „... Geschäfte zu übernehmen, die nicht laufen, um Geschäfte daraus zu machen, die laufen ...“

Allein diese Ausdrucksweise verdeutlicht schon jene Sichtweise, die eine Unternehmung als Organismus auffaßt – ein Standpunkt, auf den wir im nächsten Kapitel noch genauer eingehen werden. Und einen Organismus kann man nicht festhalten wollen, ohne ihn auf Dauer durch solchen Zwang zu schädigen: „Ich habe ein Unternehmen immer als eine Art Lebewesen betrachtet, das sich irgendwann in meinen Händen befindet, weil ich in diesem Augenblick der Kompetenteste bin, die Verantwortung dafür zu übernehmen. Manche Firmen sind nicht dazu geeignet, für immer in unserer Gruppe zu bleiben. Zwei Gründe können zu einer Trennung führen: weil die Firma, sobald sie umstrukturiert und von ihren Schulden und Problemen befreit worden ist, in anderen, noch spezialisierteren Händen oder in Verbindung mit anderen Geschäftsbereichen noch bessere Leistungen erbringen kann."

Ähnlich wie NIXDORF es explizit tat, vertritt auch TAPIE den konservativen Standpunkt in der Geldbeschaffung: „Wenn ich eine Firma behalten will, habe ich gleichwohl die Möglichkeit, einen Teil des Geschäftskapitals abzutreten, indem ich ihn an der Börse einführe. Auf diese Weise kann ich den Kapitalbedarf decken, den ich für Neuerwerbungen oder Investitionen benötige. Denn ich will unter allen Umständen vermeiden, mich für solche Ziele hoch zu verschulden. Oder aber wir verkaufen eine Firma ganz, wenn wir erkennen, daß sie für das Überleben der Gruppe entbehrlich ist und der Ertrag aus diesem Verkauf für die Übernahme eines neuen Unternehmens besser verwendet werden kann."

Um es einmal ganz vorsichtig auszudrücken: TAPIEs Bemühen um geschäftliche Seriosität scheint mindestens ebenso groß wie sein Bemühen darum, dasselbe im Bewußtsein der Öffentlichkeit zu verankern.

Dieses Bemühen kommt nicht von ungefähr, denn TAPIE ist ein Gezeichneter. Drei skandalumwitterte Projekte „schmücken" seine Vita: Einmal versuchte er einen privat finanzierten medizinischen Service für Herzkranke namens „Cœur-assistance" zu installieren. Der Skandal war offensichtlich der, daß man damit nicht nur caritativ sein, sondern auch Geld verdienen konnte. Er wurde von den ärztlichen Standesvereinigungen und der Justiz gebremst.

Ein andermal versucht er mittels eines für die Öffentlichkeit undurchsichtigen, aber „noch" legalen Manövers dem hinausgeworfenen zentralafrikanischen Tyrannen Bokassa zugunsten von UNICEF dessen französische Schlösser „abzuluchsen" – wurde aber von der Staatsraison gebremst.

Sein ältester „Skandal" aber war vielleicht der für seinen Lebensweg bestimmende: Erst fünfundzwanzigjährig wurde er schon als de-jure-Geschäftsführer des Großhandelsunternehmens „Grand Dépôt" von seinem de-facto-Geschäftsführer bei einer notwendigen Kapitalaufstockung im Stich gelassen, so daß die Firma Konkurs anmelden mußte. Der Mann stellte bei TAPIEs Vorhaltungen nur lapidar fest: „Ich habe mir einen Namen gemacht; ich bin Mitglied der Ehrenlegion geworden, ich zahle keinen Centime."

Als TAPIE, wegen Veruntreuung verurteilt, seine Lähmung abschüttelte und auf unkonventionelle Weise mit seinem gesamten Privatvermögen haftete, hatte er etwas gelernt: „Wenn Sie sich in aller Straffreiheit einen Konkurs leisten wollen, dann warten Sie, bis Sie zu den Notabeln gehören und vor allem, bis sich ein hübscher Schuldenberg angesammelt hat."

Doch Bitterkeit ist seine Sache nicht, jedenfalls nicht auf Dauer. Die übliche Konkurspraxis aber, mit der er damals erstmals konfrontiert war, störte empfindlich seinen Gerechtigkeitssinn. Statt aber zum Missionar oder Märtyrer zu werden, nahm er diesen Schicksalsschlag wohl zum Anlaß für sein späteres Geschäft seriöser Sanierungen ohne Konkursprozesse. Nicht ohne Stolz verweist er darauf, daß 98% aller französischen Firmen, die Konkurs anmelden, nicht wieder auf die Beine kommen; daß aber 100% der konkursreifen Firmen, die er kaufte, wieder gesundeten.

Hier kann er sich dann auch moralisch ereifern: Er verwahrt sich vehement gegen die Unterstellung kurzfristigen Profitdenkens, weil er der einzige im Lande sei, „der auf diese Weise in Schwierigkeiten geratene Firmen übernimmt, das heißt, der sie mit ihren Aktiva und Passiva, also mit ihren Schulden übernimmt. Ich wiederhole: der einzige! Alle anderen gehen den bequemen Weg, indem sie die Firma in Konkurs gehen lassen und dann nur das übernehmen, was ihnen Vorteil bringt (auf der Ebene der Aktiva und des Personals), und die Schulden dem Verwalter überlassen, der sie natürlich nicht übernehmen kann. Dieser Vorgang trägt den schönen Namen ‚Pauschalkauf'; für mich ist er eine Ungeheuerlichkeit, weil damit enormer Mißbrauch getrieben werden kann. Man kauft die Lagerbestände zu unzulässigen Bedingungen auf, man nimmt keine Entlassungen vor, weil man nur die ‚interessanten' Angestellten übernimmt: Es bleibt dem Verwalter überlassen, die menschlichen und finanziellen Probleme zu regeln, die ein solches Verfahren mit sich bringt. Es kommt zu regelrechten Razzien bei Aktionären und Gläubigern: Sie werden völlig ausgeplündert ohne irgendeinen Rechtsanspruch ... Die Organisation meiner Unternehmensgruppe wurde von Anfang an nach drei verschiedenen Gesichtspunkten konzipiert. Der erste ist Folge meines Abscheus vor einem Unternehmertum, das einen luxuriösen Lebensstil pflegt, ein riesiges Vermögen anhäuft und nicht selten am Ende, aufgrund von Mißwirtschaft und versäumten Investitionen, mit einem Konkursunternehmen dasteht, ohne seinen Lebenswandel auch nur um ein Jota zu ändern und an sein Privatvermögen zu rühren. Wer sich auf der einen Seite das Recht herausnimmt, kräftig abzusahnen, wenn die Geschäfte florieren, muß auch für die Verluste geradestehen. wenn die Firma schlapp macht. Das ist eine ‚goldene Wirtschaftsregel': reich sein, wenn's läuft, arm, wenn's schiefgeht. Von den Firmen, die ich übernommen habe, waren zwar die meisten bankrott, keineswegs aber ihre Eigentümer – und das ist ein Skandal! Durch meine Wahl der Unternehmensform – die Offene Handelsgesellschaft – habe ich mich unwiderruflich für den Weg der Kohärenz und des Risikos entschieden. Die Besonderheit der Offenen Handelsgesellschaft besteht darin, daß dem Eigentümer der reale Gewinn zukommt, weil die Firma ihm gehört. Der Nachteil ist, daß bei einem Unwetter alles draufgehen kann. Und da wird nichts ausgespart: Ich würde im

Falle eines Bankrotts mit meinem gesamten Privatvermögen haften einschließlich Haus, Auto, Flugzeug usw."

Es ist verständlich, daß einem, der so spricht, von manch anderem der Konkurs an den Hals gewünscht wird.
Wie gesagt, er macht es seiner Umwelt nicht gerade leicht.

Auch wirtschaftspolitisch läßt er kontroverse Standpunkte hören, spart nicht mit Staatskritik.

Politik und Moral-Kritik

„Die Herausforderung heute ist ganz klar: auf der einen Seite ein Frankreich, das kämpfen will; auf der anderen ein Frankreich, das nicht nur in Lethargie verharrt, sondern obendrein all diejenigen, die versuchen, über sich selbst hinauszuwachsen, schöpferisch zu sein, argwöhnisch betrachtet, gerade weil sie Frankreich den Spiegel seiner Unfähigkeit vorhalten. Statt Erfolg als einen Antriebsmotor zu betrachten, als Beispiel, dem jeder folgen soll, um das Beste aus sich herauszuholen, wird der Erfolgreiche geradezu gebrandmarkt. Nach dem Motto: Wenn ich krank bin, will ich statt gesund zu werden lieber, daß alle anderen auch krank sind."

„Wenn ich heute dieses besorgte Gerede über Sicherheit höre, dieses Geschwätz aus halben Wahrheiten und wahren Lügen, dieses Geschwafel über die Kriminalität in unseren Ballungszentren, die Unsicherheit in unseren Städten, dann kann ich nur immer wieder sagen: Wenn man keine Beschäftigung, keine Arbeit bieten kann, keine Interessen und Leidenschaften zu wecken vermag und so auf eklatante Weise Frustrationen steigert, dann darf man sich nicht wundern, daß Gewalt, Angst und Konfrontation aufkommen, dieser Teufelskreis, der sich zwangsläufig einstellt."

„Was wir heute am dringendsten brauchen, sind tatkräftige Leute, nicht nur große Ärzte; Freiwillige, keine resignierten Zyniker; risikofreudige Unternehmer, keine schreienden Säuglinge."

Und immer wieder betont er die Eigenverantwortlichkeit der Individuen: „Bevor wir den Staat, die Gastarbeiter, den Dollarverfall, Präsident Reagan, den Ayatollah Khomeini oder wen auch immer anklagen, sollten wir vor unserer eigenen Tür kehren. Wer sich nicht voll und ganz einsetzt, nicht mit gutem Beispiel vorangeht, hat kein Recht, über den Zustand der Welt zu lamentieren."

Was Frankreich rettet? „Mein System zeigt ganz einfach, daß liberale Wirtschaftspolitik und Eigeninitiative unser Land retten werden – und nicht Subventionspolitik. Die jungen Leute werden heutzutage mit allen möglichen Geldern gefördert, um sie Dinge machen zu lassen, die unnütz sind. Besser wäre doch wohl, sie Dinge machen zu lassen, die ihnen etwas bringen. Denn nach zwei Jahren Berufspraxis können sie Handwerker werden, weil sie an der Klempnerei oder an der Schreinerei Geschmack gefunden haben. Oder ‚Franchiser' in einem Laden meiner ‚Gruppe'. Oder gleich Unternehmer auf eigene Rechnung, weil sie Betriebswirtschaft gelernt haben. Das heißt im Klartext, daß die jungen Leute eine nützliche Ausbildung erfahren haben, vor Ort, in einer liberalen Wirtschaft, so wie sie sein sollte ..."

Und überhaupt: Die (fehl-)gesteuerte staatliche Subventionspolitik ist ihm ein Dorn im Auge. Sie scheint ihm Eigenverantwortlichkeit und Risikobereitschaft zu verhindern. Wie GENEEN und IACOCCA beklagt er in diesen Zusammenhängen das Schwinden des freien Unternehmertums.

„Die Gefahr dieser Fürsorge besteht darin, daß der zeitlich begrenzte Eingriff zu einem Dauerzustand wird ... Wer regelmäßig Subventionen bezieht und diese, aus welchem Grund auch immer, eines Tages gestrichen bekommt, der steht am Ende noch schlechter da, als wenn er vorher nie unterstützt worden wäre. Es ist also weit besser, dem Markt von Anfang an mit seinen eigenen Waffen entgegenzutreten ... Die staatliche wie die medikamentöse Hilfeleistung darf also nur von kurzer Dauer sein, andernfalls hindert sie den Betroffenen endgültig, sich zu verwirklichen, sich zu entfalten. Sie läßt die individuellen Überlebensfähigkeiten verkümmern. Sie vergrößert die Abhängigkeit derer, die (scheinbar!) ihre Nutznießer, in Wirklichkeit aber ihre Opfer sind. Sie hebt also die Freiheit auf ..."

In gewisser Weise hat er dann doch neben seinem Profilierungslaster etwas Missionarisches, der Monsieur TAPIE. Auch seine Adaptation der 9 Prinzipien des Samurai MUSASHI (17. Jahrhundert) zeigt das recht deutlich. MUSASHI betonte in seinem „Buch der fünf Ringe" die Wichtigkeit der folgenden Grundsätze:

- nie arglistige Gedanken haben
- sich unablässig darin üben, dem Weg zu folgen
- sich vertraut machen mit allen Techniken und Künsten
- die Wege vieler Tätigkeiten und Berufe studieren
- an allen Dingen Gewinn und Verlust unterscheiden lernen
- die Fähigkeit entwickeln, die Dinge auf den ersten Blick zu durchschauen
- sich bemühen, das Wesen auch dessen zu erkennen, was unsichtbar bleibt
- nie in der Aufmerksamkeit, auch nur den kleinsten Dingen gegenüber, nachlassen
- sich nicht mit nutzlosen Beschäftigungen aufhalten.

Daß TAPIE einen Samurai zum Vorbild nimmt, muß nicht verwundern. Seine Lebens- und Arbeitseinstellung ist geprägt von dem Grundsatz „Ungerechte Behandlung schmiedet die stärkste Waffe". Und über entsprechende Erfahrungen scheint TAPIE ausreichend zu verfügen: „Fehlschläge – vor allem wenn sie früh passieren – formen den Kämpfer."

Führungsqualitäten

Sein Führungs-Credo beschreibt TAPIE folgendermaßen: „Man kommt nicht als Anführer auf die Welt – man wird dazu. ‚Leader' zu sein ist nicht erblich bedingt, und es ist auch keine end- oder allgemeingültige Angelegenheit ... Man wird erst von dem Augenblick an zum unumstrittenen Führer, in dem die Bevölkerung, über die man Macht ausübt, es wirklich verlangt und sie bei diesem Führer all das findet, was sie von seinem Wissen und seinen Machtbefugnissen erwartet ... Wirklicher Führer ist allein derjenige, der nicht nur seine eigenen Probleme – was sich natürlich von selbst versteht –, sondern auch die der anderen zu lösen bereit ist."

Und an anderer Stelle schreibt er: „Das A und O guter Personalpolitik ist Fingerspitzengefühl, der richtige Riecher dafür, wer etwas taugt und wer nicht."

Der Erfolg läßt seine Worte schwerer wiegen. In seiner Art symbolisiert Bernard TAPIE als Superstar das gewandelte Lebensgefühl und die gewandelte Lebenseinstellung der jungen Generation – zumindest das der erfolgsorientierten Aufsteiger, die von einer gewandelten Zeit geprägt worden sind.

Das Gemeinsame der Erfolgreichen

Gibt es das? Ist es möglich, über das Triviale hinaus zwischen den vorgestellten Führungspersönlichkeiten tatsächlich Gemeinsamkeiten festzustellen? Wo sind sie sich ähnlich, die Herren GENEEN, IACOCCA, MORITA, NIXDORF und TAPIE? Haben sie überhaupt etwas gemeinsam, außer, daß sie ohne Zweifel äußerst erfolgreich waren?

Ich meine, hier einige Punkte aufzählen zu können, die auf tieferliegende Ähnlichkeit zwischen den verschiedenen Persönlichkeiten hindeuten.

Doch vorab noch einmal einige kurze Erinnerungen: Für TAPIE, dem „abtrünnigen" Proletarier – der kein Prolet war – sind die Ziele offensichtlich weniger interessant als die Prozesse, die zu ihnen hinführen. Daraus erklärt sich möglicherweise, warum sein bewußtes Denken so stark auf Philosophie bezogen ist, wenn man ihm nicht gerade eine kompensative Vorzeigelust unterstellen will.

Ich frage mich, ob sein sokratischer Imperativ „Erkenne Dich selbst!" ihm tatsächlich auch zur Bewußtheit über die eigene Psychodynamik verhilft. Solche Erkenntnisse kann man ja als notwendige Voraussetzung für erfolgreiches Führen an sich diskutieren.

IACOCCA, ebenso wie Herr TAPIE ein „geborener" Marketing-Mann, ist weniger der Philosophie als vielmehr dem „common sense" verhaftet. Ebenfalls ein Mann der Tat, schöpft er seine Argumente und Motivatoren aus den mehr selbstverständlichen Wahrheiten. Doch auch als Mann der Tat kommt er um die Reise ins Innere nicht herum: Davon zeugen seine Gedanken über „gesundes" und „aufgeblähtes" Ich. Bleibt die Frage, inwieweit er selbst in bewußter Manier den Weg des eigenen Ichs steuert: Was, wenn ihm Chrysler eines Tages keine Herausforderung und Selbstbestätigung mehr bietet? Wird er dann Altersweisheit zu entwickeln beginnen? Oder wird er in die Politik gehen?

MORITA, SONY-Steuermann und praktischer Philosoph, kann seinen Charakter als Marketing-Mann ebenfalls nicht verleugnen. Ihm gelang es als erstem japanischen Großindustriellen, sich aus dem Traditionskorsett des Ostens zu lösen, indem er jene Werte und Bräuche forcierte, die Wachstum und Erhalt seines Unternehmens fördern konnten. Der „unjapanischste" der erfolgreichen Japaner propagiert – ähnlich wie NIXDORF und TAPIE – eine Finanzpolitik der Genügsamkeit. Und schon lange bevor PETERS und WATERMAN 1982 erstmals den Zusammenhang von Produktivität, Profit und Mitarbeiterführung öffentlich behaupteten, bemerkte MORITA seinen Führungskräften gegenüber: „Sie sollen ihren Mitarbeitern zeigen, mit welchen Mitteln sie versuchen, eine große Zahl von Menschen dazu zu bewegen, Ihnen gern und begeistert zu folgen, um so zum Erfolg des Unternehmens beizutragen. Wenn ihnen das gelingt, stimmen die Bilanzen von selbst."

GENEEN, der monolithische Buchhalter, hat ITT groß gemacht. Mit seiner ungeheueren Motivation und persönlichen Kraft riß er die Führungskräfte um sich in den Sog des Wachstumskarussels. (Eine Wachstumsrate von mindestens 10% pro Quartal über weitaus mehr als ein Jahrzehnt!) Solange er am Ruder stand, lief der Laden. Warum läuft er nun nicht mehr so exzellent? Möglich, daß es ITT als „Konglomerat" immer schon schwer hatte, seinen Mitarbeitern und Führungskräften eine Werteidentifizierung zu bescheren. Möglich, daß an diese „Leer"-Stelle so etwas wie der innere „Eid auf den Führer" stand (bei der Vielzahl kursierender Anekdoten keine ganz unwahrscheinliche Annahme). Als dann die Bezugsperson abdankte, kam es zu konsequenzenreichen Orientierungsproblemen.

Hier, im ungeordneten Nachlaß, setzt die Überlegung an, daß GENEEN möglicherweise weniger von einer Identifikation mit seinen Produkten geleitet war als vielmehr von einer inhaltsbefreiten

Wachstumsideologie. War sozusagen er selbst „der" Grund für dieses Wachstum?

NIXDORF, Visionär und Kaufmann, hat kurzfristige Vorteile immer vermeiden wollen. Ob aus strategischem Kalkül oder aus Mangel an letztem Selbstvertrauen und letzter Konsequenz, sei dahingestellt. Er steuerte sein Unternehmen auf eine Weise, die die Firmenphilosophie auch noch nach seinem Tode greifen läßt – allerdings auch in einer problematischen Weise!

Ich kann im Folgenden nur Gedanken und Vermutungen äußern und schon Gesagtes auf den Kern reduzieren, was die spezifischen Aspekte der Gemeinsamkeit betrifft. Zumal es nicht möglich sein wird, ein universal gültiges Kochrezept für den Erfolg zu liefern. Aber vielleicht finden Sie Interessantes oder Anregendes für Ihre eigene Praxis.

Beginnen wir mit dem Vergleich bei den Elternhäusern der fünf Protagonisten.

Aus welchen Elternhäusern stammen die Erfolgreichen?

GENEEN und IACOCCA stammen beide aus kleinen Verhältnissen, GENEEN aus einer Künstlerfamilie, IACOCCA ist der Sohn italienischer Einwanderer. Auch TAPIE stammt aus kleinen Verhältnissen. Er ist ein Arbeiterkind und hat die ärmlichen Verhältnisse seiner Jugend nie vergessen. Da MORITAs Familie ein kleines Familienunternehmen besaß, ist er in diesem Reigen die Ausnahme (was das Elternhaus angeht).

MORITA berichtet ebenso wie IACOCCA und GENEEN begeistert und dankbar über die Sicherheit und das Gefühl der Aufgehobenheit in der Familie. Alle empfingen dort ihren Optimismus, das Vertrauen in die eigene Kraft und ein ungebrochenes Verhältnis zu Macht und Autorität.

Sie entwickelten schon früh Zähigkeit und Beharrlichkeit im Erreichen von gesteckten Zielen.

Bei TAPIE, IACOCCA, GENEEN war ein großer Bildungshunger entstanden. Alle strebten nach einer fundierten Ausbildung und (aus kleinen Verhältnissen kommend) nach einer finanziellen Absicherung.

Bei allen entwickelte sich schon in früher Jugend die Grundhaltung:

- „..., daß man in allem, was man tat, sein Bestes zu geben hatte" (IACOCCA)
- der Vorsatz, seine Leistungen immer übertreffen zu wollen (GENEEN)
- daß der Erfolg von der persönlichen Leistung abhängt
- wer neben NIXDORF bestehen wollte, „... mußte kämpfen können bis zur Erschöpfung".

NIXDORF stammt aus einer Familie, die dem Sport sehr verschrieben war. Mehr als 60 Jahre war die Familie über Generationen hinweg die Nummer eins bei Mittelstreckenläufen (zumindest in der Umgebung, wenn auch nicht auf nationaler Ebene). Für NIXDORF ist vor diesem Hintergrund der Wettbewerb einer der Grundwerte seines Lebens. Als Freizeitsportler wußte er genau, wovon er sprach: „Gegen Verlieren ist nichts einzuwenden, nur aufgeben darf man nicht."

Alle wußten schon früh, wohin sie ihr Lebensweg führen sollte.

Das tatsächlich große (oder in der Rückschau nur so erlebte) Selbstbewußtsein ihrer Jugend haben sich auch alle bewahrt. Rückschläge können sie deshalb nur schwer erschüttern. Im Gegenteil:

Alle sehen in Problemen eher Chancen und im Fehlermachen die Chance, neu zu lernen.

Es scheint, als ob bereits in der Kindheit und in der Jugend bestimmte Eigenschaften, Fähigkeiten und auch Einstellungen durch die Elternhäuser verankert worden sind, die das Leben aller auch weiterhin bestimmten.

Welche Eigenschaften und Fähigkeiten zeichnen die Erfolgreichen aus?

Im 2. Kapitel haben wir die immer wieder gestellte Frage erörtert: Mit welchen Eigenschaften und Fähigkeiten muß eine erfolgreiche Führungskraft ausgestattet sein? Die Darstellung der fünf Protagonisten ermöglicht nun einen annähernden Vergleich zu unseren früheren Antworten. Die Antworten resultieren nun nicht aus empirischen Untersuchungen, sondern aus dem beschriebenen „wirklichen" Leben.

Um den Vergleich zu erleichtern, sind diese immer wieder betonten Fähigkeiten und Eigenschaften übersichtshalber tabellarisch aufgeführt:

- O starke Persönlichkeit,
- O Selbstbewußtsein,
- O Erkennen von großen Zusammenhängen,
- O Komplexität der Fähigkeiten und Leistungen,
- O komplexe Strukturen auf einfache Strukturen reduzieren zu können,
- O ganzheitliche und intuitive „Technik" der Entscheidungsfindung,
- O überdurchschnittliche Fähigkeiten, Details zu erkennen, ohne das Ganze aus den Augen zu verlieren,
- O Entscheidungsfreudigkeit (außer NIXDORF),
- O die Fähigkeit, eigene Grenzen zu erkennen,
- O die Fähigkeit, unbelastet von Mißerfolgen die Wege woanders zu suchen,
- O unermüdliche Energie,
- O hohe Begeisterungsfähigkeit,
- O scharfer Verstand,
- O gutes Gedächtnis,
- O genug Selbstvertrauen, um sich Fehler eingestehen zu können,
- O Zielstrebigkeit,
- O gelebte Widersprüchlichkeit,
- O Kreativiät,
- O unternehmerisches Denken,
- O Gerechtigkeitssinn,
- O Einfachheit und Geradlinigkeit,
- O Kampfgeist und
- O Hartnäckigkeit.

Sind das also die persönlichen Eigenschaften und Fähigkeiten, die den Erfolg der Erfolgreichen zwingend ausmachen? Sicher bilden sie gewisse Voraussetzungen dafür, erfolgreich zu sein, aber es gehört noch etwas anderes dazu: Die entsprechende Einstellung zur Arbeit, zum Unternehmen, zum Leben überhaupt. Denn aus den Einstellungen einer Person resultieren letztendlich deren Verhaltensweisen und Denkmuster, die sich im Unternehmensalltag dann konkretisieren.

★ *Einstellung zum Leben*

- O Nur wer etwas leistet, der hat Erfolg
- O durch Leistung wächst die Persönlichkeit
- O immer versuchen, alles wieder in den Griff zu bekommen
- O Glaube an Leistung und Effizienz
- O Arbeit ist Leben, Leben ist Arbeit

★ *Einstellung zum Unternehmen*

- O der Mensch ist der wichtigste Aktivposten eines Unternehmens
- O die Motivation der Mitarbeiter steht im Vordergrund
- O der Mensch kann sich nur dann frei entfalten, wenn ihm genügend Freiheit gewährt wird
- O die Individualität muß gefördert werden
- O alle haben ein tiefes Mißtrauen gegen die sogenannte „wissenschaftliche Vorgehensweise"
- O alle sind gegen den Einsatz von Expertenstäben
- O alle sind für die freie und unabhängige Entscheidung des Führers
- O sie wagen auch mal den Sprung ins Ungewisse; sie haben Mut zur „Lücke" und zeigen eine hohe Risikofreudigkeit („Fehler kann man auf dem Weg korrigieren")
- O den geborenen Führer gibt es nicht; Führen ist erlernbar, wenn die entsprechenden Charaktereigenschaften vorhanden sind
- O aus Fehlern und Enttäuschungen kann man nur lernen
- O Probleme sind Chancen
- O Männer an der Spitze prägen das Betriebsklima und beeinflussen dadurch die Produktivität
- O Erfolg zu haben, ist ein menschliches Grund-Bedürfnis
- O zwischenmenschliche Beziehungen erhöhen die Schlagkraft eines Unternehmens
- O alle fordern starke Persönlichkeiten für das Unternehmen
- O Investitionen sind wichtiger, als Kapital zu horten

Wie motivieren sie ihre Mitarbeiter?

Es ist erkennbar, daß der Mensch von den Protagonisten in den Vordergrund gestellt wird. Er ist der entscheidende Zugang zum Erfolg (so scheint es zumindest zu sein).

Die nachfolgende Aufzählung versucht darzustellen, wie die fünf ihre Mitarbeiter so motivierten, daß sie zum wertvollsten Kapital des Unternehmens werden konnten. Bei fast allen wird das Geld in bezug auf Motivation in den Hintergrund gestellt (außer bei TAPIE). MORITA sagte: „Nicht Geld motiviert, sondern die langfristige Sicherheit."

✶ *Mitarbeiter-Motivation*

- O Gewinnerzielung oder kurzfristige Gewinne nicht in den Vordergrund stellen, sondern langfristiges Wachstum, Wertsteigerung und Investitionen, die sich künftig auszahlen
- O eine Unternehmensphilosophie und eine Unternehmenskultur aufbauen
- O Schaffen eines starken Identifikationsbewußtseins
- O den Mitarbeitern helfen, eigene Ziele und Wünsche zu verwirklichen
- O ein familiäres Zugehörigkeitsgefühl vermitteln
- O Kommunikation und Zuhören
- O Rücksichtnahme auf Gefühle
- O Gelegenheiten geben, sich zu bewähren
- O den Einzelnen herausfordern
- O Verantwortung übergeben
- O die Eigenverantwortlichkeit fördern
- O die Gemeinschaft auf ein gemeinsames Ziel einschwören

Von den Mitarbeitern und von sich selbst fordern die Protagonisten höchste Leistung und Effizienz. Sie selbst sind das Vorbild für die Mitarbeiter.

Welche Instrumente werden eingesetzt?

GENEEN installierte monatliche Treffen der kontinentalen Führungsspitze (Marathon-Sitzungen) und errichtete eine Informations-Bürokratie. Beide Instrumente sind nicht nur Kontrollsysteme, sondern auch Motivationsinstrumente.

Sie
- O bewirken ein starkes Zusammengehörigkeitsgefühl,
- O fördern die gegenseitige Unterstützung,
- O fördern den Teamgeist,
- O führen zu gemeinschaftlichen Problemlösungen,
- O sind nicht als „Bestrafungsaktionen", sondern als „Lernsituationen" gedacht,
- O stärken die Verschworenheit einer Gemeinschaft auf ein gemeinsames Ziel hin und
- O erhöhen das Verantwortungsbewußtsein und die Eigenverantwortlichkeit.

GENEEN erkannte, daß ein gutes Betriebsklima wichtig für den Erfolg eines Unternehmens ist. Rivalitäten können hier nur schaden. Er räumt sie aus durch seine Strategy & Action Boards.

Die Mitarbeiter eines Unternehmens kann man nur motivieren, wenn das Management genügend „emotionelle Feuerkraft" besitzt: Er heuerte und feuerte so lange, bis er das richtige Team zusammen hatte.

Außerdem hat GENEEN verschiedene Prinzipien in seinem Unternehmen eingeführt: erstens die Pflicht zur offenen Kritik aneinander und zweitens die Politik der offenen Tür.

Er ist der Meinung, daß nur durch gute zwischenmenschliche Beziehungen innerhalb des Unternehmens der Erfolg eines Unternehmens erhöht werden kann. GENEEN unterscheidet sich zwar von den anderen durch die „Heiligsprechung der Fakten", aber auch er hat oft intuitiv entschieden – ohne Vorhandensein einer vollständigen Faktenlage.

IACOCCA steuerte konsequent über die vierteljährlichen schriftlichen Kontrollberichte. Auch dieses Instrument ist nicht nur als Kontrollinstrument, sondern primär als Motivationsinstrument gedacht.

Er erreicht damit, daß
- sich die Mitarbeiter selbst über ihr Tun Rechenschaft ablegen,
- sie dazu gezwungen werden, sich über ihre Ziele Gedanken zu machen,
- sie ihre Ziele nicht aus den Augen verlieren,
- Ziele für das nächste Quartal schriftlich fixiert werden; („Etwas schriftlich festzuhalten, ist der erste Schritt dazu, es in die Tat umzusetzen."),
- sich jeder Mitarbeiter seine Ziele selbst setzt,
- neue Ideen hervorgebracht werden,
- alle Leute im Auge behalten werden können,
- das Verantwortungsbewußtsein und die Eigenverantwortlichkeit erhöht wird,
- alle zum Dialog gezwungen werden und
- zwischenmenschliche Beziehungen aufgebaut werden können – zumindest erleichtert werden.

Für IACOCCA ist die Kommunikation und auch das Zuhören ein weiteres wichtiges Motivationsinstrument. Außerdem ist er der Auffassung, daß man Erniedrigungen der Mitarbeiter vermeiden, also auf die Gefühle der Mitarbeiter Rücksicht nehmen sollte. Teamwork und Kontaktfähigkeit aller Beteiligten sei der Motor des Unternehmens.

Die Identifikation der Mitarbeiter mit dem Unternehmen (und dadurch auch die Motivation der Mitarbeiter) erhöht er auch, indem er der Belegschaft Firmenbeteiligungen anbietet.

Weiterhin ist er der Auffassung, daß eine Mischung verschiedener Menschen-Typen in einem Unternehmen vertreten sein müsse. Dies erzeuge eine natürliche Spannung zwischen den Gruppen und bringe ihr eigenes System von Kontrollen hervor.

Auch MORITA hält die Förderung der Individualität und der Kreativität für sehr wichtig.

Zur Aktivierung des kreativen Potentials setzt er verschiedene Anlässe ein: die betriebsinternen monatlichen Technologie-Symposien und die jährlichen werksinternen Technologiemessen. Kreativität erreicht er auch durch Zielvorgaben.

Mit diesen Instrumenten bewirkt er, daß
- die Mitarbeiter zur Leistung motiviert werden,
- neue Ideen vorgestellt werden können,
- Leistung anerkannt wird,
- gemeinsame Beweggründe zum Handeln geschaffen werden,
- die Gefahr von Doppelentwicklungen vermieden wird,
- die Menschen mit Teamgeist erfüllt werden und
- ihnen gestattet wird, ihre Fähigkeiten voll einzusetzen.

„Nicht Geld allein motiviert, sondern das gemeinsame Streben nach dem großen Ziel". Auch bei ihm, wie bei allen anderen, ist es eine sehr wichtige Aufgabe des Managers, ein gutes Verhältnis zu den Mitarbeitern herzustellen, die Menschen zu begeistern und sie in koordinierter Anstrengung zu höchster Effizienz zu führen.

Weitere Maßnahmen, die die Motivation und dadurch die Effizienz der Mitarbeiter fördern sollen: right man – right place, Prinzip des dauernden Kontaktes und auf gutes Betriebsklima achten.

Verantwortlich für den Unternehmenserfolg ist nach MORITA immer wieder eine gute Mitarbeiterführung, die Innovationsförderung, eine gemeinsam geteilte Unternehmensphilosophie und vor allem die immer wieder energisch gemachte Anstrengung, Produkte durchzusetzen.

NIXDORF war erfolgreich aufgrund
- seiner strategischen Entscheidung zugunsten dezentraler Datenverarbeitungssysteme,
- durch die hohen Investitionen in das Programm- und Dienstleistungsangebot und
- durch hohe Investitionen in die Mitarbeiter seines Unternehmens („Investitionen in Menschen sind wichtiger als Investitionen in Maschinen.“).

Diese Haltung verwirklichte er, indem er ein reichhaltiges Aus- und Weiterbildungsangebot aufbaute, und durch seine betriebseigene Berufsschule.

Er gleicht mit seiner Auffassung („Der Mensch ist einer der wichtigsten Faktoren in einem Unternehmen“) den anderen Protagonisten.

Die Mitarbeiter motivierte er außerdem durch
- eine Politik der offenen Türen,
- eindeutige, klare, unumstößliche Regeln im Betriebsalltag, innerhalb deren Grenzen sich die Mitarbeiter frei entfalten und wachsen können,
- den Abbau von Statussymbolen; für jeden Mitarbeiter werden die „gleichen“ Voraussetzungen geschaffen; und
- die finanzielle Beteiligung der Belegschaft am Unternehmen zu Sonderkonditionen.

Auch TAPIE vertritt die Meinung, daß die Mitarbeiter sein wichtigstes Kapital sind.

In seinem Unternehmen gibt es keine Hierarchien, sondern er hat das Konzept der „horizontalen Geschäftsführung" eingeführt.

Die Motivation der Mitarbeiter gelingt ihm dadurch, daß er Führungskräfte auswählt, die Menschen begeistern und führen können. Er wählt seine Mitarbeiter so aus, daß sie sowohl zu ihm als auch in das zu sanierende Unternehmen hineinpassen.

Außerdem erreicht er Motivation durch

- offenen Meinungsaustausch,
- Diskussionen,
- kreative Konfliktaustragung,
- Vertrauen, er kommt ohne schriftlich fixierte Verträge aus, und
- Teilen des Siegerimages mit den Angestellten.

Wie IACOCCA ist auch TAPIE der Meinung, daß es im Unternehmen Leute verschiedenster Art geben sollte, denn dies macht die Vielfalt und die Brillianz eines Unternehmens aus.

Er fordert die Diversifikation. Jedes Unternehmen lebt seiner Meinung nach sein eigenes Leben. Er faßt ein Unternehmen als Lebewesen auf. Die von ihm ausgewählten Manager führen die zu sanierenden Unternehmen fast wie selbständige Unternehmer. Er sichert ihnen ein weit überdurchschnittliches Einkommen.

Hat der Erfolg einen Preis?

Für Außenstehende scheint es ein reduziertes Privat- und Familienleben gewesen zu sein. Hier sind die fünf Protagonisten offenbar sehr charakteristisch für die Vielzahl der oberen und erfolgreichen Führungskräfte in vermutlich allen Unternehmen.

Zumindest deckt sich der durch sie bei mir erweckte Eindruck völlig mit meinen Berufserfahrungen mit vielen Führungskräften aus vielen Firmen: Über das Privatleben oder gar das Familienleben erfährt man in den Eigendarstellungen wenig bis fast gar nichts. Die Frage taucht natürlich auf: Geht die „exzessive Exzellenz" vielleicht auf Kosten des Privat- bzw. des Familienlebens? Die Befragten selbst reden nur wenig darüber, und noch seltener klagen sie darüber. Diese Bereiche werden entweder wie selbstverständlich tabuisiert, einfach ausgeblendet oder vordergründig mit wohlklingenden Beschreibungen drapiert.

Fast PR-mäßig findet sich bei ihnen immer wieder die Feststellung, daß sie die sonst übliche Trennung von Arbeit und Privatleben eben nicht vornähmen. Arbeit sei einfach ihr Leben. Die Unterordnung und das Hintenanstellen des Familienlebens hinter die Arbeit sei Ausdruck einer anderen, aber wohlfunktionierenden Werteordnung.

Mag sein, daß diese Einschätzung ähnlich wie die Einschätzung ihres Gesundheitszustandes und ihrer körperlichen Fitness positiv zutreffen. Zweifel aber dürften angebracht sein. Nach meiner Erfahrung haben Führungskräfte tatsächlich eine etwas andere Auffassung von dem Stellenwert von Arbeit und Privatleben als der Durchschnitt der Bevölkerung (vgl. auch die Ergebnisse in Kapitel 2). Aber sie täuschen sich auch ziemlich regelmäßig erheblich über ihre faktische Streßbelastung und die emotionalen Belastungsfolgen ihrer einseitigen Arbeitsausrichtung für ihre Familien. Sie unterschätzen in ihrer Macho- und Macher-Rolle oft allzuleicht die unterschwelligen Langzeitfolgen einer kaum gepflegten Ehebeziehung und einer äußerlichen wie innerlichen Nicht-Anwesenheit für ihre Kinder. Mit schlechtem Gewissen werden Terminnöte vorgeschoben, der Arbeitseinsatz für unvermeidlich erklärt und wirtschaftliche Erfordernisse für sachlogisch bestimmt einsehbar argumentativ präsentiert oder einfach Geld für den täglichen Konsum hinterlassen, um sich zusätzlich als großzügig darzustellen.

Man muß nur die Ehefrauen fragen, die zwar oft im Prinzip das Rollenspiel akzeptieren oder gar genießen und jahrelang mit ihrem eigenem Einverständnis den Verzicht auf den erfolgreichen Ehemann praktizieren – aber dann nach vielen Jahren eine Revision der Lebensumstände verlangen, die ihre erfolgreichen Ehemänner dann nicht mehr vollziehen wollen oder können. Gefangen in der Arena des alltäglichen Konkurrenzkampfes werden Emotionen, Gesundheit und Familie zu Randgrößen deklariert, die man öffentlich zwar als persönlich bedeutsam apostrophiert, die man aber faktisch schlichtweg vernachlässigt und als renovierbar auf die Zeit der späteren Ruhe verschiebt.

Was hier für die fünf Protagonisten gilt, läßt sich also nicht exakt sagen. Sie sprechen fast nicht darüber. Da dies aber typisch ist, sind Befürchtungen angebracht. Aber da sie so erfolgreich und bedeutsam sind, ist bei ihnen vielleicht alles ganz anders. Vielleicht gibt es bei ihnen den wohlmeinenden Selbstbetrug nicht. Vielleicht zahlen sie den Preis der zerrütteten Ehe, der vernachlässigten Kinder, der zerschlissenen Gesundheit nicht. Es wäre ihnen zu gönnen.

5. Kapitel

Zwischenspiel – weiche Faktoren

Ich war wie ein kleines Kind,
das am Strand spielt und immer neue
und schönere Kiesel findet,
während weit um mich her der große Ozean
der Wahrheit unentdeckt dalag.

Sir Isaac Newton

Das Kernproblem eines rationalistischen
Organisationsmodells besteht darin,
daß die Menschen nicht rational sind.

Peters/Waterman

Erfolgsfaktoren für exzellente Unternehmen

„Auf der Suche nach Spitzenleistungen“ von den beiden McKinsey-Beratern THOMAS J. PETERS und ROBERT H. WATERMAN junior von 1983 wird heute bereits als ein Klassiker der neueren Management-Literatur bezeichnet. Die dort zur Diskussion gestellten Inhalte sind schon von verschiedensten Seiten mit Applaus bedacht und zuweilen auch in Frage gestellt worden. Natürlich kann man daran zweifeln, ob die im Text geäußerten „Weisheiten“ nicht auch schon früher für den verantwortungsbewußten Manager zum selbstverständlichen Grundgedanken und Handwerk gehörten. Allerdings wird man es akzeptieren müssen, daß es PETERS und WATERMAN waren, die als erste mit fundierten Untersuchungsergebnissen und mit einer Vielzahl von Beispielen einigen latent vorhandenen Überzeugungen zu Allgemeingültigkeit und überzeugender Plastizität verholfen haben.

Die grundlegenden Positionen

PETERS und WATERMANS grundlegende Erkenntnis lautet: „Das Kernproblem eines rationalistischen Organisationsmodells besteht darin, daß die Menschen nicht rational sind“ – und damit eben nur begrenzt planbar und berechenbar. In ihrem Buch stellen sie also dem „gängigen rationalistischen Ansatz“ den ihrer Meinung nach praktikableren, eher als „informell“ zu bezeichnenden Ansatz gegenüber.

Zur Verdeutlichung dieser beiden unterschiedlichen Positionen finden sie zwei Überschriften, nämlich „Führung per Erlaß“ und „Management durch Herumwandern“. Plastisch werden diese beiden Überschriften dann durch eine Zuordnung von bestimmten, allgemein verständlichen Begriffen.

Der „Führung per Erlaß“ sind zugeordnet: analysieren, planen, anordnen, vorgeben, kontrollieren.

Dem „Management durch Herumwandern“ sind zugeordnet: zusammenwirken, ausprobieren, versuchen, in Kontakt bleiben, lernen, den Kurs ändern, anpassen, modifizieren, sehen.

PETERS und WATERMAN untermauern ihre grundlegende theoretische Position mit ihrer Sicht auf gewisse menschlich-allzu-menschliche Realitäten. Die im folgenden aufgeführten Aspekte lassen beiden die vorgefundenen innerbetrieblichen Prozesse plausibel erscheinen. Sie halten fest:

- Wir sind alle egoistisch und wollen positiv als Erfolgsmenschen bewertet werden.
- Wir reagieren alle stark auf Belohnung und Bestrafung, wobei die Belohnung als positiver Verstärker (nach Skinner) ein besonderes Gewicht hat.
- Unsere Taten geben mehr Aufschluß über uns als unsere Worte.
- Wir sehnen uns alle danach, in unserem Handeln Sinn und Ziel zu finden, um durch diesen Bezug unsere innere Motivation zu erhalten.
- Wir unterliegen alle einem „wesensimmanenten Dualismus“, d. h., daß wir zugleich Teil einer Gemeinschaft sein wollen, aber uns auch aus dieser positiv herausheben möchten.

Gerade diesen letzten Punkt empfinden PETERS und WATERMAN als den wichtigsten. Die herausragende Relevanz der „inneren“ Motivation gegenüber den äußeren (eher materiellen) Anreizen betrachten sie als wesentliche Grundlage für den Erfolg der „exzellenten Unternehmen“. Solchen Unternehmen schreiben sie ein „realistisches Menschenbild“ zu, dessen Hauptmerkmale sich in folgenden Sachverhalten kristallisieren:

- Es besteht eine Motivationsdominanz des „Kräftemessens mit Kollegen“, welches mehr als die Anweisungen von Vorgesetzten bewirkt.
- „Regelmäßige zwanglose Kommunikation“ ist ein besseres Führungsmittel als „Führung durch Zahlen“.
- Eine „Firmenkultur“ als „geschlossenes Ganzes“ wirkt motivationsfördernd.
- Die Wertvorstellungen der Mitarbeiter sind zu beachten.
- Mitarbeiter sollten gelobt werden.
- Mitarbeiter müssen als „Erwachsene“, also als Herren ihrer selbst behandelt werden.

Einen Führungsstil, der die oben genannten Punkte tatsächlich verwirklicht, bezeichnen sie als „transformierende Führung“, „die auf dem Sinnstreben des Menschen aufbaut und ein gemeinsames Unternehmensziel schafft“.

Vergleichen Sie hierzu auch die Ausführungen von BENNIS/NANUS und von BASS über transaktionale und transformationale Führung. Wobei sich hier die Begriffe „transformational“ und „transformierend“ in etwa entsprechen.

Interessant ist, daß die Autoren von zwei verschiedenen Ausgangspunkten zur „gleichen“ Schlußfolgerung gelangen. Denn während BENNIS/NANUS und BASS von einem eher individual-psychologischen Ansatz zur Charakterisierung von exzellenten Führungskräften ausgehen, starten PETERS/WATERMAN mit der Analyse der Merkmale von erfolgreichen Unternehmen. Die Schlußfolgerungen sind bemerkenswert übereinstimmend, was die Beschreibung und Bedeutung der leitenden Persönlichkeiten und des von ihnen praktizierten Führungsverhaltens betrifft.

In einigen allgemein- und neuro-psychologischen Tatsachen finden PETERS und WATERMAN eine Bestätigung und Stütze für ihr favorisiertes Konzept des „Management durch Herumwandern". Da sie den Menschen als „wandelnden Widerspruch und Konfliktherd" ansehen, ist dieses Management-Konzept für sie dasjenige mit den geringsten Reibungsverlusten. Bestärkung finden sie in den von ihnen zitierten biologischen Tatsachen, nämlich:

- der unterschätzten Relevanz der rechten Gehirnhälfte mit ihrem bildhaften, intuitiven, „analogischen" Denken, bei der die Rationalität an ihre Grenze stößt (ein Faden übrigens, den wir im kommenden Abschnitt wieder aufnehmen werden),
- der relativ begrenzten Aufnahmefähigkeit von Informationen; ein Umstand, der ein Überschütten mit Datenmaterial sowie die Konfrontation mit ausgeklügeltsten, perfektesten und höchstkomplexen Planungs- und Organisationsstrukturen zur sinnlosen Aktion degradiert,
- der Relevanzbezogenheit unseres selektiven Denkens,
- dem psychologischen Phänomen, daß man in verschiedenen, aber gleichzeitig ablaufenden Ereignissen einen Sinnzusammenhang zu finden versucht,
- der Tatsache, daß wir unablässig, aber unzulässig dazu neigen, kleine Stichproben von Erfahrungen zu verallgemeinern.

Einem Psychologen verschafft es natürlich eine nicht unerhebliche Befriedigung, daß zwei „fachfremde" Autoren hier in der Tat Variablen finden und Strukturen aufzeigen, die man als „psychologische" bezeichnen muß. Eine professionelle Tragödie besteht allerdings darin, daß offenbar erst Nicht-Psychologen haben kommen müssen, um die fast schon trivialisierten Reduktionen komplexer psychologischer Zusammenhänge dem breiten Manager-Publikum verständlich machen zu können.

PETERS/WATERMAN sehen den „idealen Manager" (eine typisch amerikanische Übertreibung) als: Pädagogen, Mentor, Linguisten, Gestalter und Absicherer von Wertvorstellungen, Vorbild, Sinnvermittler, als Pionier und Erkunder neuer Wege sowie als Sozialarchitekten.

Dieser Idealtypus kann dann für „das uns alle verbindende Streben nach Transzendenz“ Begeisterung wecken und auch glaubwürdig die übergeordneten Wertvorstellungen propagieren, die sich aus diesem Streben ergeben. Er wird in diesem Zusammenhang nicht politisch, sondern moralisch vorgehen. Ziel und Zweck seiner Bemühungen ist der Mensch. Und gewöhnliche Menschen zu außergewöhnlichen Leistungen zu führen, das ist seine übergeordnete Devise. Ein solcher Führer hat also von entsprechend „übergeordneter“ Warte aus Situationen und Zukunftsaussichten zu erfassen und zu vermitteln, die einem Durchschnittsmitarbeiter ohne weitere Anleitung verborgen bleiben.

Als grundlegende Eigenschaften betrachten PETERS und WATERMAN in diesem Sinne die Fähigkeit, die unvermeidlich auftauchenden Widersprüche in den sozialen Zusammenhängen zu beherrschen. Sie stellen fest, daß die besonders erfolgreichen Unternehmen „sich auf nichts besser verstehen als auf das Management von Widersprüchlichkeiten“. Und daß in solchen Zusammenhängen ein rein rationales Handeln nicht zum Ziel führen kann, erscheint plausibel. Also plädieren die Autoren für ein „soziales Handeln“, bei dem die gruppendynamischen Effekte eine große Relevanz haben. Wobei „soziales Handeln“ als „Management von äußeren Widersprüchen“ nur von demjenigen geleistet werden kann, der auch seine eigenen inneren Widersprüche zu managen versteht. Die hier anklingende (vielleicht aber gar nicht beabsichtigte) systematisch-psychologische Stoßrichtung von PETERS und WATERMAN nahm ihren Ausgangspunkt in durchaus begründeten Zweifeln an der Richtigkeit von weit verbreiteten, eher tayloristisch gefärbten Managementvorstellungen. Natürlich stand auch das bekannte Unternehmens-Strukturmodell Pate, das von McKinsey entwickelt worden war. Es stellt auf übersichtliche Weise die einzelnen Schwerpunkte des sogenannten 7-S-Managements dar.

Von seinen Kritikern mitunter höhnisch als das „glückliche Atom" bezeichnet, verweist es dennoch deutlich und eingängig auf die Einteilung der zentralen Führungsbereiche in einerseits quantifizierbare, „harte" Faktoren (Struktur, Systeme, Strategie) sowie andererseits auf die eher qualitativ zu erfassenden „weichen" Faktoren wie Stil, Stammpersonal, Selbstverständnis und Spezialkenntnisse.

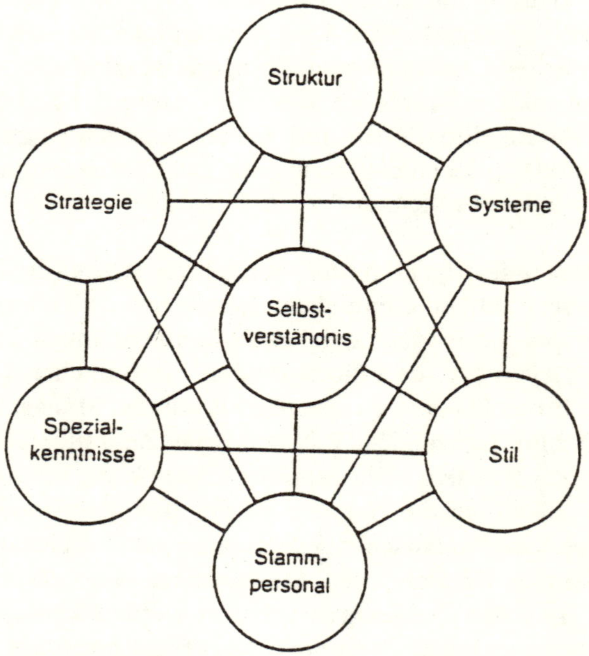

Das McKinsey-7-S-Modell

Quelle: PETERS/WATERMAN, „Auf der Suche nach Spitzenleistungen", 1983, S. 32

PETERS und WATERMAN hatten den Eindruck gewonnen, daß in den USA die harten „S" bei einer großen Zahl von Unternehmen einen klaren Vorrang hatten. Ihre Beobachtungen veranlaßten sie dann zu der (nicht unbegründeten) Vermutung, daß aber genau in diesem Punkt eine Ursache für einen „Sumpf wirtschaftlicher und politischer Nöte" lag, in dem sich Anfang der achtziger Jahre viele US-Großunternehmen befanden.

Eine Feldstudie des scheinbar Trivialen

Um bezüglich dieses vermuteten Zusammenhangs Klarheit zu schaffen, wurde schließlich unter der Leitung der beiden Verfasser in einer groß angelegten McKinsey-Untersuchung auch deren Projekt „Leistungsfähigkeit von Organisationen" eingebettet. Für diese Feldstudie wurden 43 aus ursprünglich 75 exzellenten Unternehmen ausgewählt, die in gründlichen Interviews und unter Zuhilfenahme von Sekundärmaterial (Pressemeldungen, Geschäftsberichte, ökonomische Daten aus den letzten 25 Jahren ...) analysiert wurden.

Die Untersuchung konnte die Thesen ihrer Autoren eindrucksvoll bestätigen. Die Ergebnisse ließen PETERS und WATERMAN zu dem Schluß kommen, daß es gerade an der besonderen Beachtung der sogenannten weichen „S" liegt, wodurch sich die herausragend erfolgreichen von den weniger exzellenten Unternehmen unterscheiden. So kamen sie zu ihrem lapidaren und oft kolportierten Schluß: „Weich ist hart".

Im Zusammenhang mit diesen empirisch gesicherten Erkenntnissen also haben PETERS und WATERMAN ihr Management-Konzept entwickelt, das ein handlungsbezogenes Wertesystem im Unternehmen und die Mitarbeiter der Firma in den Vordergrund stellt. Das war neu für die USA und in der Stringenz auch für andere Länder, wenn auch etwas abgeschwächter. In einer Phase relativer Schwäche im internationalen Wettbewerb, angegriffen von den „Japanern", verhieß dieses neue Konzept natürlich Hoffnung auf eine erfolgreiche, auf eine managebare Zukunft für Unternehmen wie für die einzelnen Führungskräfte. Die geheimnisvolle Zauberformel für den Erfolg schien gefunden. Das Buch wirkte wie eine leicht einnehmbare Droge – und wurde damit zum inzwischen wohl fast sechsmillionenmal verkauften größten Bestseller der gesamten Managementliteratur. Und wie ein archaisches Amulett mußte es wenigstens – ungelesen – im Bücherschrank stehen, um den Besitzern auf zauberhafte Weise die mystischen Kräfte zu verleihen, die notwendig waren, um den alltäglichen Kampf im Geschäft zu bestehen.

Für deutsche und besonders für japanische Führungskräfte war vieles nicht neu, sondern zumindest z.T. praktizierte Realität. Aber „alle" hatten ein neues Credo, ihre Bibel und damit eine zukunftsweisende Legitimation. Dies geschafft zu haben, das ist das Verdienst von PETERS und WATERMAN.

Nun sollen Ihnen die von PETERS und WATERMAN gefundenen Grundforderungen in deren eigener Terminologie nicht länger vorenthalten werden. Als besonders richtig und wichtig erscheinen die Konsequenzen, die sie aus jeder dieser „Grundwahrheiten" ableiten. Es sind zum größten Teil Führungs-„Instrumente" und Forderungen, die auch aus anderen „Ecken" an das Management herangetragen werden. Besondere Beachtung verdient der Umstand, daß allen acht Punkten grundlegend gemeinsam ist, den Menschen als die wichtigste „Produktivitätsquelle" in den Mittelpunkt zu stellen. PETERS und WATERMAN stellen heraus:

Primat des Handelns

Hier sind Aktionsorientierung und schöpferischer Drang gefordert. Obwohl sich die „Exzellenten" jeweils des besonderen Stils „ihrer ureigenen Techniken" bedienen, um dem menschlich-allzumenschlichen „Zug zu Konformität und Trägheit" zu widerstehen, lassen sich doch gewisse Gemeinsamkeiten erkennen: In den erfolgreichen Unternehmen wird die Handlung der Planung vorgezogen. Außerdem wird dort allgemein versucht, mit einem möglichst geringen Aufwand von Bürokratie und Papier die notwendigen Aktivitäten in Gang zu halten. Einseitige Memoranden und Handlungsanweisungen sind für solche Organisationen kennzeichnend. Kommunikation und Information laufen dort besonders informell und offen. Die Kommunikation zeichnet sich durch besondere Häufigkeit und Regelmäßigkeit aus. So können die „richtigen“ Leute zusammenfinden. Außerdem wird ein „sportlicher“ Wettkampf der Gleichgestellten ermöglicht. Für die Führungskräfte bedeutet das den Streß einer „Politik der offenen Tür“. Um also informiert zu bleiben und gleichzeitig auch informieren zu können, wird das „Management durch Herumwandern“ zum unumgänglichen Führungsstil!

Auch Raumaufteilungen werden also zusätzlich unter dem Aspekt der Handlungsförderung gesehen. PETERS und WATERMAN bezeichnen diese Struktur, die sie bei den Erfolgreichen gesehen haben, als eine regelrechte „Technologie der Kontaktpflege zum ständigen, informellen In-Verbindung-Bleiben“. Die Möglichkeit nämlich, gute Leistungen zu würdigen und Erfolgsmeldungen ohne Umstände auszutauschen, beeinflußt ihrer Meinung nach positiv die spontane Bereitschaft zu effektivem Handeln.

Auf der Strukturebene unterscheiden sie mehrere innerbetrieblich-technische Mittel der Aktivierung:

- Task-forces, die für bestimmte, brennende Aufgaben unmittelbar zusammengestellt werden und an denen höchstens zehn Personen für kurze Zeit als freiwillige Mitarbeiter an ein und demselben Projekt arbeiten.
- Projekts-Teams und Projekt-Zentren, die als Kleingruppen mit der Lösung besonderer Probleme betraut werden. Projekt-Teams sind größer als Task-forces, und Projekt-Zentren werden als „klassische Form der temporären Organisation“ betrachtet.
- Das Experiment als „Herzstück einer neuen unternehmerischen Praxis“. Mit dem Motto „do it, try it, fix it“ und der Prämisse, daß

„chaotische Tätigkeit" „geordneter Untätigkeit" vorzuziehen ist, zeigen die Exzellenten, wie mit dem Experiment schnell viel zu erreichen ist.

Nähe zum Kunden

Bei aller „Unordnung", durch die ein handlungsorientiertes Unternehmen geprägt ist, ist natürlich ein alle Mitarbeiter betreffender „gemeinsamer Nenner" als disziplinförderndes und einheitsschaffendes Mittel unumgänglich. Die Außenorientierung auf den Kunden ist für alle Mitarbeiter einleuchtend, und der damit verbundene moralische Anspruch ist für viele Mitarbeiter weit stärker motivierend als der reine Unternehmensvertrag. So ist bei den „Guten" der Kunde als Zielpunkt „allgegenwärtig".

In diesem Zusammenhang beobachteten die Autoren drei Schwerpunkte, deren Gewichtung je nach Unternehmen verschieden ausfiel:

Servicebesessenheit
In exzellenten Unternehmen richtet man sich nach dem Grundsatz: „Der Verkauf beginnt erst nach dem Abschluß." Das bedeutet: Der Kundendienst wird ganz großgeschrieben.

Qualitätsbesessenheit
Unternehmen unter dieser Prämisse gehen davon aus, daß ihnen Zuverlässigkeit wichtiger ist als bloße technische Zwischenleistung.

Nischendenken
In diesem Fall versteht das Unternehmen die „Kundenorientierung als Maßfertigung". Der Verkäufer hat somit den Rang eines „Kundenproblemlösers". Damit muß selbstverständlich das Folgende eng verknüpft sein:
- gekonnter Einsatz technologischer Mittel,

- geschickte Preispolitik,
- besonders gute Segmentierung,
- Problemorientierung und
- eine Bereitschaft, sich die „Profilierung" etwas kosten zu lassen.

Freiraum für Unternehmertum

Hier geht es im Grunde um den Erhalt bzw. den Aufbau der Innovationskraft in einem Großbetrieb. Die Erfolgreichen erreichen dies laut PETERS und WATERMAN durch „radikale Dezentralisation", wobei gerade Überschneidungen, „unsaubere Abgrenzungen", Koordinationsmängel und interner Wettbewerb als die konsequenten und leicht chaotischen Folgen daraus genau das richtige Klima für Neuerungen bewirken.

Im Mittelpunkt solch innovatorischer Prozesse steht nach Angabe der Verfasser der sogenannte „Champion". P. DRUCKER beschreibt diese Persönlichkeit als eine Art von „sendungsbewußtem Monomanen", dessen Eigenwilligkeit (bis hin zum Fanatismus) von den weniger erfolgreichen Unternehmen oft als unseriös, unbequem und störend empfunden und deshalb abgelehnt wird.

Die Autoren sind allerdings der Meinung, daß jene Unternehmensleitungen, die solchen „Champions" ablehnend gegenüberstehen, einfach nicht dazu in der Lage sind, zwischen kreativen Spinnern (denen eine Handlungsorientierung fehlt) und pragmatischen Innovatoren (den wahren Champions) zu unterscheiden.

Dabei ist den beiden Autoren schon klar, daß es in der Tat ein Balanceakt ist, einerseits Manager als potentielle Champions zu fördern, sie aber gleichzeitig auch ausreichend zu kontrollieren. Die bereits angesprochene „intensive, zwanglose Kommunikation" allerdings bietet hier im Zusatz eine wertvolle Kontrollfunktion. Champion-Systeme gehen in der Regel von der Schüler-Meister-

Konstellation aus. Als Förderer oder „Pate“ fungiert dabei eine reife Persönlichkeit, die das „Rollenmodell des Champions verkörpert“.

Produktivität durch Menschen

Wieder wird hier die grundlegende Mitarbeiterorientierung deutlich, nach der alle diese „exzellenten“ Unternehmen ausgerichtet sind. Angesichts ihrer Untersuchungsergebnisse sehen sich PETERS und WATERMAN bemüßigt, jeder Infantilisierungstendenz gegenüber den Mitarbeitern eine Absage zu erteilen. Nach ihren Recherchen haben nur diejenigen Unternehmen langfristigen Erfolg, in denen Menschen mit Würde und Achtung, als Erwachsene und als Partner behandelt werden. Sie sehen den Menschen als „die wichtigste Quelle der Produktivitätssteigerung“ an. Dabei obliegt es dem jeweiligen Unternehmen, dieses Produktivitätspotential zu entwickeln. Maßnahmen in diesem Sinne sind also auch: umfassende Schulung und ständige Weiterbildung.

In diesem Zusammenhang (und unter Berücksichtigung der schon zitierten psychologischen und anthropologischen Zusammenhänge) gewinnen die folgend aufgeführten Begriffe ein großes Gewicht: Sinnvermittlung, Erhalten des Gefühls, sein Geschick selbst beeinflussen zu können, Ansporn zur Selbstprofilierung innerhalb einer Gruppe und Betonung des Positiven.

Damit ergibt sich für das Unternehmen als Ganzes die Notwendigkeit der Schaffung einer eigenen „Kultur“. Damit meinen die Autoren nicht die Annahme von wechselhaften Management-Moden, sondern das Entwickeln und Behaupten einer betrieblichen Gemeinsamkeit, die durch nur wenige, aber feste Grundsätze geprägt wird.

Also bezeichnen die Autoren die erfolgreichen Firmen sozusagen als Kulturzentren, die das Vakuum, das mit der Veränderung überkommener gesellschaftlicher Strukturen entstanden ist, wieder gefüllt haben und die damit auf ein tiefes menschliches Bedürfnis eingehen, dessen Befriedigung an vielen anderen Stellen zur Zeit behindert ist.

Sichtbar gelebtes Wertesystem

Damit ein Unternehmen dann tatsächlich zu einem kulturellen Ganzen werden kann, zu einem „Heimathafen für Unternehmertum", wie sich PETERS und WATERMAN ausdrücken, sind zunächst verschiedene Fragen zu beantworten, die sich die Führungskräfte zu stellen haben. Zum Beispiel, wofür steht das Unternehmen? Auf welchen Teil der Arbeit sind alle am meisten stolz? Worauf würden Sie in zehn oder zwanzig Jahren mit der größten Befriedigung zurückblicken?

Die Antworten auf solche „Wert-Fragen" sollten einfach zu verstehen und für jeden einleuchtend formuliert sein. Außerdem: Um auf lange Sicht überzeugend und annehmbar bleiben zu können, müssen sie einfach, inhaltlich stimmig und „nicht zynisch oder manipulativ" sein. Die Autoren schreiben von einem „gemeinsamen Sendungsbewußtsein", das darüber vermittelt wird. Schließlich hat sich gezeigt, daß die Unternehmen, die allein mit präzis-quantitativen Zielvorgaben operieren, die lediglich den finanziellen Erfolg im Auge haben, im Endeffekt in genau diesem Punkt schlechter abschneiden als Unternehmen, die in ihren Zielvorgaben qualitative Werte, wie z. B. Qualität und Service, in den Mittelpunkt stellen.

Bindung an das angestammte Geschäft

Die Untersuchung über die exzellenten Unternehmen konnte herausarbeiten, daß Diversifikation und Akquisition nur dann förderlich für den Erhalt und das Wachstum eines Unternehmens sind, wenn solche Erweiterungsstrategien nicht das Selbstverständnis des Betriebes „verwässern". Das bedeutet konsequenterweise, daß neue Produkte oder der Einkauf weiterer Unternehmen oder Fusionen nur dann erfolgreich sein können, wenn bei solchen Transaktionen die Unternehmensziele nicht in ihrer Basis erschüttert werden.

PETERS und WATERMAN konnten zeigen, daß Aktivitäten der Exzellenten, die in diese Richtung gingen, zwar oft mit einer Erweiterung des technologischen Know-how verbunden waren, nicht aber mit totaler Veränderung. Sie nennen dies das „Konzept der kontrollierten Vielfalt". Auch plädieren sie angesichts ihrer Ergebnisse (und der von anderen Fachleuten) dafür, nur in solche Bereiche einzusteigen, in denen ein Unternehmen seine „besonderen Stärken nutzen" oder seine „besonderen Fähigkeiten ausbauen und vertiefen kann". Sie anerkennen, daß ein gewisses Maß an Diversifizierung notwendig ist, daß Stabilität auch durch Anpassung zu erreichen ist; das Eindringen aber in völlig fremde Bereiche bringe lediglich Identifikations- und damit auch Motivationsprobleme, somit keine Überschaubarkeit und damit letztlich nur Ertragsverluste. „Gute" Akquisitionen und Diversifikation sollten also immer den „Charakter von Experimenten" haben, aus denen jederzeit ohne große Verluste der Ausstieg möglich sein sollte.

Einfacher, flexibler Aufbau

Aus den oben dargestellten sechs Punkten ergibt sich notwendigerweise als Schlußfolgerung ein einfacher und für jeden möglichst überschaubarer Aufbau des Unternehmens, der weitreichend flexibel-anpassungsfähig bleiben sollte. Die heute oft praktizierte Art der Matrix-Struktur wird von den Autoren in Frage gestellt, wohingegen sie das Modell der „Produktsparten" favorisieren.

Nur das Produktspartenmodell kann nach Ansicht von PETERS und WATERMAN den folgenden drei Prinzipien genügen:

- Stabilität durch Überschaubarkeit,
- Unternehmertum in kleinen Einheiten,
- Mobilität durch die Möglichkeit der relativ leichten Abspaltung neuer Sparten, durch die Verlagerung von Produkten und Produktionslinien, durch Veränderungen im Organigramm sowie durch die Möglichkeit, „die besten Köpfe" für wichtige Aufgaben relativ leicht abstellen zu können.

Straff-lockere Führung

Diese letzte Forderung ist nach dem Empfinden der Autoren die Klammer, um die ersten sieben Punkte zu begreifen. Sie wollen damit auf die grundlegende Notwendigkeit der flexiblen Steuerung sowohl der individuellen Entfaltungsmöglichkeiten der Mitarbeiter – bei gleichzeitigem Eingebundensein in das fixierte Wertesystem des Unternehmens – als auch auf die erforderliche Verschiedenheit des zweckmäßigen Führungsverhaltens hinweisen. Eine so widersprüchlich anmutende Führungsmethode, so schreiben sie, sei für die Erfolgreichen ein nur scheinbarer Antagonismus, der sich im Rahmen ihrer Unternehmensstruktur faktisch auflöse. „Eigenständigkeit wurzelt in Disziplin" ist ihre programmatische Antwort auf die Kritik an diesem scheinbaren Antagonismus. Das meint, daß in den exzellenten Unternehmen jegliches individuelle Unternehmertum, ja jeder innovative Alleingang stets von der gleichen „festgemauerten" Basis unumstößlicher Wertvorstellungen ausgeht (bzw. ausgehen soll) und schon aus diesem Grund durch die damit vorgegebenen Spielregeln diszipliniert und kultiviert wird.

Konsequenzen der Einfachheit

Analog zu ihren Forderungen nach Einfachheit, Übersichtlichkeit und ethischer Konsequenz kommt das Fazit von PETERS und WATERMAN ebenso eindeutig daher:

Die Unternehmen stehen zunehmend unter dem Druck gesamtgesellschaftlicher Veränderungen und einer wettbewerbsintensivierenden wirtschaftlichen Dynamik. Dadurch gerät auch das Management unter Druck. Diese Druckverhältnisse sind derart unübersichtlich, daß ihnen nicht auf herkömmliche Weise („rationalistisch") begegnet werden kann. Also scheint eine Besinnung auf die einfacheren Sachverhalte und Tugenden wieder angebracht. Denn worum geht es letztendlich bei aller Produktion? Es geht um Menschen, d. h. um Konsumenten, um Kunden, um Mitarbeiter. Deshalb wollen die Autoren den einzelnen wieder stärker berücksichtigt sehen.

Abschluß-Gedanken

Selbst wenn nach nun schon ca. sechs Jahren seit der Veröffentlichung von „In Search of Excellence" die Realität bei einigen der „Exzellenten" nicht mehr ganz so vorbildlich anmutet (weil einige von ihnen in erhebliche Schwierigkeiten gerieten), sollten wir nicht den kurzsichtigen Fehler einer Disqualifizierung von deren Führungspraxis begehen. Die außerbetrieblichen Abläufe, Branchenentwicklungen, globale Wirtschaftsentwicklungen und Konjunkturzyklen machen natürlich auch vor den Exzellenten nicht halt. Auch sie werden davon berührt. Nur darf die Annahme gemacht werden, daß die Exzellenten damit vermutlich noch relativ besser zurechtkommen als die relativ „schlechteren" Wettbewerber. Dies ist allerdings eine Frage, die noch einer näheren Klärung bedarf.

Auch für exzellente Unternehmen gibt es ständig neue Horizonte, die neu erfaßt und ausgemessen werden müssen.

Kritik an PETERS/WATERMAN

Natürlich ist der Ansatz von PETERS/WATERMAN zuweilen auch kritisiert worden. Die oben angesprochenen Gedanken weisen ja darauf hin. Gleichwohl ist das Buch „Auf der Suche nach Spitzenleistungen“ geradezu ein Kultbuch geworden. Die Einfachheit der Aussagen, der empirische Bezug und die Klarheit der Führungsvision haben für eine außerordentliche Akzeptanz gesorgt. Wenn die Nachfolgepublikationen auch nicht annähernd so zündend und erfolgreich waren: Für den Nachruhm ist gesorgt.

Neben dem (wie schon ausgeführt nicht ganz stichhaltigen) pragmatischen Einwand, nicht alle exzellenten Firmen hätten sich über die Zeit hinweg tatsächlich als exzellent erwiesen, gibt es auch theoretische Einwände gegen das Konzept von PETERS/WATERMAN.

KRÜGER (1989) faßt wesentliche Punkte dieser theoretischen Kritik zusammen:

Ihr Konzept sei
- unscharf und undifferenziert, d.h. die Faktoren seien nicht ausreichend operational,
- einseitig, weil begrifflich nur auf den Erfolgsfall ausgerichtet,
- unvollständig, d.h. die Faktoren seien nicht richtig identifiziert,
- nicht situativ ausgerichtet, also nicht pragmatisch valide (sondern es handele sich um ein „geschlossenes“ Modell),
- eindimensional, d.h. die Interdependenz der Faktoren sei nicht genügend spezifiziert, und
- nur heuristisch zu verstehen – die acht Tugenden seien nicht konsequent aus den sieben Faktoren abgeleitet.

KRÜGER setzt seinerseits ein aus sechs „Segmenten“ zusammengesetztes Erfolgssystem dagegen. Fünf davon (Struktur, Systeme, Strategie, Philosophie/Kultur und Träger) stimmen begrifflich weitgehend mit Faktoren überein, die auch PETERS/WATERMAN identifizieren (Structure, Systems, Strategy, Shared Values, Style). Das sechste Segment „Realisationspotential“ umfaßt Staff, Skills und weitere Erfolgsfaktoren, die die Amerikaner nicht in ihr Modell aufnahmen (z. B. Finanzierungsmöglichkeiten).

Gegenüber PETERS/WATERMAN weist KRÜGERS KOMPASS (*KO*nzept zur *M*ehrdimensionalen *P*lanung und *A*nalyse *S*trategischer Erfolgs-*S*egmente) einige konzeptionelle Verbesserungen auf:
- Durch die Orientierung auf ein allgemeines Unternehmensergebnis (Erfolg oder Mißerfolg) wird die Einseitigkeit zumindest gemildert. Wertfrei wird das Modell damit freilich nicht, denn was Erfolg oder Mißerfolg ausmacht, liegt im subjektiven Ermessen des Autors.
- Indem die Faktoren empirisch aus der Befragung von Unternehmungen zu den von und bei ihnen wahrgenommenen Erfolgs- und Mißerfolgsbedingungen gefiltert wurden, sind die Segmente begrifflich vollständig und schärfer voneinander abgegrenzt als bei PETERS/WATERMAN. Gleichzeitig sind sie operationalisiert.
- Durch die Benennung von drei Erfolgsdimensionen, nämlich strategische Abstimmung innerhalb der Segmente, strategische Abstimmung zwischen den Segmenten und strategische Abstimmung zwischen den Segmenten und der Unternehmensumwelt wird immerhin konzeptionell der Einsicht Rechnung getragen, daß die Faktoren ein offenes, interdependentes System konstituieren.

Gemessen an dem hohen Anspruch, ein System zur Erfolgsplanung bereitzustellen, bleiben allerdings zwei gravierende Mängel auch bei KRÜGER bestehen:
- Wie die behauptete Interdependenz nun aussieht – und sei es nur in beispielhaften Lehrsituationen –, verrät uns KRÜGER nicht.
- Er formuliert zwar vier programmatische „Stufen zum Erfolg“, die aber argumentativ nicht stärker an die sechs Segmente angebunden sind als auf der anderen Seite bei PETERS/WATERMAN die acht Tugenden an die sieben Faktoren in dem 7-S-Modell.

Beide Modelle stellen wohl weniger theoretische Ansätze zur Erklärung von Erfolgen bzw. Mißerfolgen dar – und somit auch keine fundierte Programmatik „richtigen“ Managements. Sie sind vielmehr ein brauchbarer begrifflicher Rahmen für eine Schwachstellen-Analyse.

Theoretisch gesehen sind „Organisation“ und „Führung“ wohl zu komplex, um mit vergleichsweise „undifferenzierten“ Modellen hinreichend erklärt und verläßlich gestaltet werden zu können.

Innovation und Intuition

Weltweit bekannt als „Management-Papst“ und „führender Management-Experte der Welt“ ist PETER F. DRUCKER von seiner Provenienz her Wirtschaftsjournalist, Politologe und Philosoph. Der Österreicher lehrte von 1942 bis 1949 in den USA Politik und Philosophie. Er befaßte sich zunehmend mit dem Phänomen von Neuerung oder „Innovation“ als integrativem Bestandteil modernen Managements und kann mithin selbst als Innovator gelten.

DRUCKERs Arbeiten und Überlegungen sind grundsätzlich – und somit in unsere systemische Sichtweise des Führungsthemas unbedingt einzubeziehen.
Wir werden daher in diesem Abschnitt zuerst auf sein 1985 erschienenes Buch Bezug nehmen, dessen Titel schon programmatisch den Inhalt verkündet: „Innovations-Management für Wirtschaft und Politik“.

Für DRUCKER ist Innovation eine Notwendigkeit im sozio-ökonomischen Prozeß. Er lehnt sich mit seiner Behauptung an die umstrittene Wirtschaftstheorie des Russen KONDRATIEFF an, der davon ausgeht, daß aus der historischen Entwicklung eine Art Wellenbewegung im 50-Jahre-Rhythmus abzulesen sei. Dieser Rhythmus sei gekennzeichnet durch einen wirtschaftlich bedeutsamen Innovationsschub zu Beginn einer Ära (beispielsweise der Erfindung der Eisenbahn) und einem Kapitalüberschuß innerhalb der letzten 20 Jahre des Zyklus, in dem keine Verbesserungsmöglichkeit der Innovation mehr zur Verfügung stehe. In dieser Zeitspanne würde zwar die damit in Verbindung stehende Wirtschaft im Glanze beträchtlicher Gewinne (die in keine weiteren Investitionen mehr fließen) in besonderem Maße blühen, auf lange Sicht betrachtet sei damit aber schon ihr Untergang eingeläutet. Durch Stagnation in einer sich wandelnden Welt sorgen die betreffenden Unternehmen selbst dafür, nach etwa 50 Jahren überflüssig zu werden. Nach KONDRATIEFF reißen sie die gesamte Wirtschaft zu diesem Zeitpunkt in die Krise.

KONDRATIEFF macht also Innovation zu Motor und Bremse der Wirtschaftsgeschichte. Für DRUCKER ist dies die mehr oder weniger plausible Erklärung der Prozesse im ökonomischen Bereich, weil sie ihm ebenso eine Erklärung für historische Phänomene liefert wie auch gleichzeitig für den momentan „typischen" Ablauf der Wirtschaftsgeschichte in den USA. Relativ niedrige Arbeitslosenzahlen und relativ große Lebensstandarderhöhungen in den Vereinigten Staaten sind ihm Indizien dafür, daß der amerikanischen Wirtschaft der Ausbruch aus dem „KONDRATIEFF-Syndrom" gelungen ist.

Falls Innovation tatsächlich die Initialzündung für wirtschaftliche Aufwärtsbewegungen darstellt und das (scheinbar unausweichlich folgende) Fehlen von Innovationen dementsprechend zu einem Niedergang führt, dann liegt nahe, daß eine Atypik des Prozesses, wie in den USA, wohl mit dem Aufrechterhalten innovativer Tätigkeiten verbunden sein muß. Das hieße dann, daß in Amerika innovatives Handeln schon seit längerem zur permanenten Maxime erhoben worden wäre. DRUCKER jedenfalls ist davon überzeugt. In diesem Sinne will er aufklären und mit dem Beispiel USA (sowie weiteren Einzelbeispielen aus anderen Ländern) die Führungskräfte aller Nationen aus ihrem Dornröschenschlaf wecken, zu dem sie sich durch die scheinbare Blüte ihrer Unternehmen immer wieder verführen ließen. Außerdem sieht er innovatives Vorgehen nicht nur als Management-Technologie für den privat-ökonomischen Bereich. Er schließt auch den öffentlichen Dienst und die Wohlfahrtsorganisationen in seine Forderung nach Innovationssuche mit ein.

Für DRUCKER ist die Etablierung innovativer Tätigkeit darüber hinaus mit der Errichtung einer „Unternehmergesellschaft" zu verbinden, die seiner Meinung nach „in ihrem Werden ein kulturelles und psychologisches und auch einwirtschaftliches, technologisches Ereignis“ sei.

Als Grundlage für diese Etablierung bietet er die Methodologie an, die sich seit dem Zweiten Weltkrieg zu einer anerkannten wissenschaftlichen Disziplin gemausert hat: Management. In der systematischen Anwendung traditioneller Management-Techniken sieht er einen Grund für die Entwicklung der heutigen „organisationsgeprägten Gesellschaft, in der nun Angestellte auch in führenden Positionen die Hauptrollen spielen“. Daneben konstatiert er die Entwicklung immer größer werdender Institutionen, deren Schwerfälligkeit in den letzten 10 bis 15 Jahren bereits zu einem Gegentrend in Richtung auf De-Institutionalisierung in den USA geführt hat. Und in diesem Trend sieht er einen Grund für die Entwicklung in Richtung individueller Eigeninitiative und Verantwortung, schlicht: von „Unternehmertum“. Er sieht darin die „persönliche“ Basis für die soziale Struktur einer Unternehmergesellschaft.

Die Praxis des Innovationsmanagements

DRUCKERs Ausführungen sind explizit für die Praxis gedacht. Seinen historisch-theoretischen Erörterungen folgen jeweils die entsprechenden Darstellungen von Innovationsquellen und Techniken für innovatives Vorgehen.

Er stellt zunächst klar, daß Unternehmergeist – wie ihn der Innovative benötigt – in seinen Augen kein Charakterzug ist. Die Existenz typischer Unternehmerpersönlichkeiten hält er für ausgemachten Unsinn. Er sieht darin „eine Verhaltensweise, die nicht auf ‚Intuition‘, sondern auf Konzept und Theorie beruht“.
Er scheint sich jedoch durch seine eigenen Darstellungen zu widersprechen, wenn er dem Unternehmer gleichzeitig die folgenden Eigenschaften zuschreibt:
- Er schafft etwas Neues. Der Gegensatz dazu wäre: das Neueste

aus vorhandenen Quellen herauszuholen. Das heißt also, er „kreiert".

- Er wälzt um und desorganisiert. Er VWL-Experte SCHUMPETER nennt das: „kreative Destruktion". Divergentes Denken ist also unumgänglich.
- Er „sucht nach Wandel", reagiert darauf und nutzt ihn als Chance. Die Kreativitätstugenden Neugier und Flexibilität sind damit evident.
- Er versieht „Ressourcen mit neuen wohlstandsschaffenden Kapazitäten". Das heißt, er muß Ressourcen von neuer Warte aus betrachten können. Kreativitätsfördernde Unabhängigkeit von eingefahrenen Regeln und Normen erscheint damit als notwendig.
- Sein Tätigkeitsfeld ist nicht auf den Bereich der Technik (insbesondere heute: High-Tech) beschränkt. Er muß also komplexe Sachverhalte strukturell erkennen können.
- Er geht methodisch vor.

Diese Methodik dann, die die Materie (wie Rohstoffe, bestehende Klimabedingungen, neue wissenschaftliche Forschungsergebnisse u. ä.) in Ressourcen verwandelt (das heißt, in wirtschaftlich brauchbare Dimensionen bringt) und die Ressourcen „zu einer neuen produktiveren Anordnung" kombiniert, diese Methodik findet laut DRUCKER ihre Anknüpfungspunkte in speziellen „Innovations-Quellen". Diese Quellen verbergen sich hinter teils wirtschaftsinternen und teils -externen „Symptomen", deren Diagnose der Innovator in spezifischer, systematischer Weise anzugehen habe.

Dabei sei zu unterscheiden zwischen den folgenden Innovationsquellen:

1. das Unvermutete,
2. Inkongruenzen,
3. Verfahrensbedürfnisse,
4. Branchen- und Marktstrukturen,
5. demographische Gegebenheiten,
6. Wandel der Wahrnehmungen,
7. neues Wissen,
8. die zündende Idee.

Ich werde hier nicht näher auf die einzelnen Innovationsquellen eingehen (der interessierte Leser sei auf den Originaltext verwiesen). Nur soviel sei hier gesagt: Die Innovationsquelle „das Unvermutete (unerwartete Fehlschläge bzw. Erfolge)", die Innovationsquellen „Wandel der Wahrnehmungen" und „Neues Wissen" beinhalten die implizite Forderung nach Intuition bzw. haben diese zur Voraussetzung.

Druckers Anforderungen an den Unternehmer in der Praxis

Als wesentliche Bedingungen sieht er Marktnähe, Wissen, Talent, Fleiß, Durchhaltevermögen und Engagement für den Innovator. Das gängige Bild vom risikofreudigen Unternehmer lehnt er ab.

Das allerdings mit einer missionarischen Ausschließlichkeit, die in einem überraschenden Widerspruch steht zu den oben genannten impliziten Intuitionsforderungen. DRUCKER favorisiert den „vorsichtigen", den definierenden und sein Risiko begrenzenden Innovator. Dessen Verhalten müsse geprägt sein von System, Organisation, Sinn und Ziel, kurz gesagt: von unternehmerischem Management.

DRUCKERs Überlegungen führen zu vier mehr oder weniger differenzierten, mehr oder weniger konkreten unternehmerischen Strategien der Innovationsförderung und Innovationsnutzung. Das Ergebnis seiner Überlegungen kann man folgendermaßen zusammenfassen. Gleich, in welchem Industrie- oder Dienstleistungszweig, und ganz gleich, wie groß ein Unternehmen ist, für DRUCKER bedeutet innovative Tätigkeit „Orientierung am Markt", „Orientierung am Kunden". Er fordert, sich in der Schaffung der Wertmerkmale eines Produkts den Blickwinkel des Kunden zu eigen zu machen, und er stellt dar, wie sich die Preisgestaltung nur am Kunden und an dem, was er wirklich „erhält", auszurichten habe.

In diesem Sinne verurteilt er die Hybris jener Innovatoren, die glauben, sich von sozialen Gegebenheiten freimachen zu können. Mit dieser Marktorientierungsforderung eng verknüpft ist darum auch die Bereitschaft, auf Wandel in der Gesellschaft und auf neue Wünsche und Bedürfnisse einzugehen. Also gehöre der Manager, der aus dem Repertoire seiner Ausbildungsvergangenheit (berufs-)zeitlebens schöpfen kann, endgültig der Vergangenheit an. Wandel von außen bedeutet gleichzeitig Wandlungsforderung für den Manager selbst. Nur durch Flexibilität kann nach DRUCKERs Meinung ein Unternehmer bestehen. Aber auch nur so kann die Gesellschaft überhaupt (in der er sich ja befindet) ökonomischen Krisen aus dem Weg gehen.

Am Ende seines Buches schließt DRUCKER den Kreis von der Unternehmerwirtschaft zur Unternehmergesellschaft, in der jeder einzelne verantwortungsbewußt mit Eigeninitiative am eigenen Wohlstand in seinem Sozialgefüge arbeitet. (An dieser Stelle erinnere ich an kongruente Konzepte von Tapie, Morita und anderen). Die Innovation wird ihm so zur allumspannenden Bedingung für den sozio-ökonomischen Fortschritt.

Der vorliegende „Exkurs in die Innovationspraxis" läßt bei aller Beteuerung DRUCKERs, Unternehmer seien keine besonderen Persönlichkeiten, doch all jene Grundeigenschaften durchscheinen, welche bereits im allgemeinen Anforderungsprofil für den „neuen Manager" dargestellt wurden, wie auch all das, was ex- und implizit im Protagonisten-Kapitel zu finden ist und eng verknüpft bleibt mit den Anwendungsmöglichkeiten von Intuition und mit der Entwicklung von Kreativität: Offen sein für Umwelt, Gegenwart und Zukunftstendenzen, zuhören können, Widersprüche feinfühlig aufnehmen und, mit dem Druck der neuen Lösungen im Kopf, doch die Beschränkungen des noch unreifen Marktes ertragen können; sich gemäß des sozio-ökonomischen Wandels als flexibel erweisen und bei alledem konsequent, in Anbetracht der „harten" Fakten in Wirtschaft und Gesellschaft, fachkundig vorgehen können.

Das haben wir nun alles schon von den verschiedensten Seiten gehört. Ob eher konservativ wie bei IACOCCA oder „abtrünnig" wie bei TAPIE, ob „kreativitätsbezogen"-theoretisch oder „innovationsbezogen"-praktisch: Wir kommen immer auf die gleichen Hauptnenner:

All die Anforderungen, Eigenschaftsbeschreibungen und praktischen Ratschläge DRUCKERs richten sich letzten Endes an die **Persönlichkeit** einer jeglichen Führungskraft. Grundlage bleibt das objektive Fachwissen, doch der „Exzellente" zeichnet sich darüber hinaus durch die konsequente Entwicklung und „Pflege" seiner Selbst- und Fremdwahrnehmung aus, durch den Grad der Bewußtheit bezüglich seiner ureigenen Stärken, Schwächen und Interessen in Relation zur gesellschaftlich-wirtschaftlichen Dynamik, die von ihm konzentrierte Aufmerksamkeit verlangt. Und im Mittelpunkt eben dieser äußeren Dynamik sollen die Akteure des Prozesses stehen: Die Mitarbeiter, Kunden, Geschäftspartner, „Privat"-Partner und nicht zuletzt die eigene Person, die mit ihrer Persönlichkeit den Ausgangspunkt und das Ziel aller organisatorischen Aktivität bildet.

Wir haben gesehen, daß sowohl die Protagonisten als auch PETERS & WATERMAN als auch DRUCKER trotz ihrer unterschiedlichen Vorstellungen über Management letztendlich zu ähnlichen Ergebnissen ihrer Überlegungen kommen.

Alle stellen explizit oder implizit die Wichtigkeit der Persönlichkeit und der Eigenschaften des Managers in den Vordergrund. Alle sehen, daß neben den fachlichen, strategieorientierten und rational-analytischen Fähigkeiten auch noch zusätzliche Qualifikationen für den „Exzellenten“ erforderlich sind. Die Manager, Berater und Theoretiker haben erkannt, daß auch die Intuition und die Kreativität wichtige Voraussetzungen zum Erfolg und zur Steuerung von Innovationen sind.

Diese besondere Betonung der qualitativen Fähigkeiten im Management ist gerade in einer Zeit des Wertewandels und eines Weltmarktes, der durch eine Uniformität der Produkte gekennzeichnet ist, verständlich.

Was ein Unternehmen jetzt noch aus der Masse herausheben kann, das sind durchdachte Innovationen, durch ein Management hervorgebracht, das die Aufgabe hat, eben diese Innovationen zu steuern, Ressourcen zur Verfügung zu stellen und ein Arbeitsumfeld zu schaffen, in dem es den Mitarbeitern möglich ist, ideenreich und kreativ zu arbeiten.

Bei diesen Ausführungen werden zwei unterschiedliche Arten von Fähigkeiten deutlich, die der erfolgreiche Manager braucht: erstens rational-analytische und zweitens intuitiv-ganzheitliche.

Diese Zweiteilung der benötigten Fähigkeiten bringt mich zu einem Thema, das in den letzten Jahren häufig diskutiert wurde und selbst ein großes Publikumsinteresse weckte – zur Hirnforschung.

Management, Hirnforschung und Intuition

Utz CLAASEN, ein bei McKinsey beschäftigter Berater, hat sich in seinem Buch „Großhirnforschung, Unternehmer und Wirtschaftspolitik“ (1987) mit den Erkenntnissen der Neuropsychologie über das menschliche Hirn auseinandergesetzt und eröffnet neue Perspektiven der Führung, Organisation und des Personalmanagements.

CLAASEN ist der Auffassung, daß die Konkurse, die undynamischen Marktstrukturen, die Ertragsschwächen und der Innovationsmangel nicht nur aus den ungünstigen gesamtwirtschaftlichen Rahmenbedingungen resultieren, sondern auch aus unternehmerischem Fehlverhalten.

Verhalten resultiert zu einem großen Teil aus Denken, und zu dieser Vernetzung hat die Neuropschologie in den letzten Jahren zahlreiche neuer Erkenntnisse gewonnen.

Insbesondere der amerikanische Hirnforscher SPERRY untersuchte die Leistungen der linken und rechten Hemisphäre des Gehirns im isolierten Zustand (bei Spalthirnpatienten und Epileptikern) und gelangte zu folgenden Hauptergebnissen: (vgl. Harvard Manager „Was Führungskräfte von der Hirnforschung lernen können", 4/1987)

- „die beiden Gehirnhälften zeigen einen gewissen Grad an Unabhängigkeit
- die experimentelle Beobachtung isolierter Hemisphären zeigt deutlich eine funktionelle Spezialisierung
- die Hemisphärenspezialisierung ist auch eine Eigenschaft des normalen Gehirns, in dem beide Großhirnhälften in Kontakt miteinander stehen, also normal kooperieren können".

Es wurde festgestellt, daß die linke und die rechte Hemisphäre (relativ gesehen) auf verschiedene Aufgaben spezialisiert sind.

Die linke Großhirnhälfte scheint mehr auf logische, verbale, analytische, klassifikatorische, begriffliche und linerare Prozesse spezialisiert zu sein, während die rechte Großhirnhälfte ein Experte für bildhafte, phantasievolle, spontane, intuitive, holistische, „sprachlose" Funktionen zu sein scheint.

Beide Hirnhälften scheinen nicht völlig unabhängig voneinander zu arbeiten. Man kann sie sich als Team vorstellen, das sich die Arbeit teilt und kooperiert.

Bisher waren in unserer Gesellschaft in erster Linie die logischen und analytischen Fähigkeiten gefragt, jetzt aber kommt gerade den rechtshemisphärischen Leistungen immer mehr Bedeutung zu.

CLAASEN versucht in seinem Buch die Relevanz der neuropsychologischen Erkenntnisse für das Management aufzuzeigen. Er verweist z. B. auf HENRY MINTZBERG, der davon ausgeht, daß bei Managern die rechte Hemisphäre stark entwickelt sein sollte und bei Planern die linke.

Wir haben gesehen, daß die Protagonisten über Intuition, Kreativität und ganzheitliches Denken verfügen, eine Bestätigung für die der rechten Hirnhälfte zugeschriebenen wichtigen Aufgaben.

Innovationssteuerung, so kann man sagen, kann nur ein Managertyp erfolgreich beschreiben, der auch auf Inspiration, Intuition und Kreativität zurückgreift, denn rein rational-analytische Fähigkeiten allein reichen nicht aus, um die immer komplexer werdenden Probleme zu lösen.

SPRÜNGLI (1981) überträgt die Erkenntnisse der Hirnforschung auf Organisationen. Organisationsstrukturen und das menschliche Bewußtsein haben nach SPRÜNGLI die gleiche Entwicklungsgeschichte.

Die Matrix- und Tensororganisation sei als Aspekt des Strebens nach multidimensionalen und holistischen Handlungsformen zu betrachten.

Die Schlußfolgerung, die man aus dieser These ziehen kann, ist die, daß eine Organisation so gestaltet sein sollte, daß alle Mitarbeiter in ihr ihre unterschiedlichen Fähigkeiten voll entfalten können.

SPRÜNGLI meint, daß sich solche anpassungsfähigen Strukturen in einer partizipativen Unternehmenskultur schaffen lassen. Er lehnt „Hierarchie“ bei der Problemlösung ab und plädiert für eine Teilnahme aller Mitarbeiter am Lösungsprozeß. Erst große Verantwortungsbereiche und Handlungsspielräume allerdings machen ein solches holistisches Problemlösen möglich und fördern die Intuition und Kreativität.

Die Gedanken von PETERS/WATERMAN gehen in die gleiche Richtung. Die acht Grundtugenden, die sie nennen, scheinen in einer begrenzten Weise geeignet zu sein, die Organisationsstrukturen und Führungsmethoden im Einklang mit den Ergebnissen der Hirnforschung zu gestalten.

CLAASEN schlägt u.a. vor, die Führungskräfte und Mitarbeiter zu trainieren, um sie zu befähigen, ihre rechtshemisphärischen Funktionen besser anwenden zu können.

Er nennt dafür z.B. die folgenden Trainingsmaßnahmen:
- das Denken in Analogien,
- Aktivation der rechten Hirnhälfte mittels Augenbewegungstraining,
- Gedächtnistraining und
- Meditation.

Ned HERRMAN, ein ehemaliger Manager, hat die vorläufigen wissenschaftlichen Erkenntnisse der 70er Jahre über Hirnforschung geschäftstüchtig und schnell in ein Testinstrument gepreßt, das er „Herrman Dominant Instrument“ (HDI) nennt. Mit diesem Test fühlt er sich befähigt festzustellen, welche Hemisphäre bei einem Individuum stärker ausgeprägt ist. Der Test soll im Personalwesen bei der Einstellung von Bewerbern zum Einsatz kommen. Es soll festgestellt werden, ob der Bewerber die entsprechende „Hemisphärenqualifikation“ besitzt, die für die zu besetzende Funktion notwendig ist.

Die Fragen dieses Tests sind allerdings so durchschaubar, daß jeder, der ein bißchen Hirn hat, die Ergebnisse dieses Hirntests in die gewünschte Richtung lenken kann.

Angesichts der Pauschalisierung und der populärwissenschaftlichen Interpretationen der Forschungsergebnisse über das menschliche Gehirn zeigen sich einige Forscher besorgt über die damit einhergehenden Übervereinfachungen. BRUNO PREILOWSKI, Chef des Psychologischen Instituts der Universität Tübingen, Außenstelle Weißenau, sieht mit Sorge, wie die Erkenntnisse vermarktet werden, ohne daß Rücksicht auf die Originalliteratur genommen wird. Auch Professor HEINZ SCHULER, ein Kollege Preilowskis, sieht das populäre „Wissen" als zu „sehr allgemein und handlichen Stereotypen degeneriert" (vgl. Management Wissen „Linke Tour mit dem rechten Hirn", 1/1989, S. 75).

Der Neuropsychologe Dr. ROGER SPERRY formulierte seine Erkenntnisse vor Jahren so: „Jede Gehirnhälfte besitzt ihre eigenen Empfindungen, Wahrnehmungen, Gedanken und Vorstellungen, die alle von den entsprechenden Erfahrungen in der gegenüberliegenden Hemisphäre abgeschnitten sind. Die linke und die rechte Gehirnhälfte haben jeweils ihre eigene individuelle Kette von Erinnerungen und Lernerfahrungen, auf die die andere Hemisphäre nicht zurückgreifen kann. Jede getrennte Gehirnhälfte scheint in vieler Hinsicht ihren eigenen Geist zu haben" (vgl. Management Wissen „Linke Tour mit dem rechten Hirn", 1/1989, S. 83).

Auch SPERRY ist allerdings entsetzt darüber, wie sich die Publizisten und Populärwissenschaftler auf die neuen Erkenntnisse vom Gehirn stürzen, sie fast nach Belieben ausmalen und durch eigene Spekulationen erweitern.

Es sollte nämlich nicht ganz vergessen werden, daß alle Versuche und Untersuchungen an hirngeschädigten Patienten durchgeführt worden waren. Alle untersuchten Patienten hatten einen durchtrennten Hirnbalken. Es ist offen, inwieweit die Ergebnisse der Untersuchungen auf „Normale" überhaupt übertragbar sind.

Es ist fast amüsant zu beobachten, wie Leute, die von Management wenig verstehen (die Uni-Theoretiker), sich scharf gegen Berater wenden, die von Wissenschaft wenig, aber vom Geschäftemachen um so mehr verstehen, die sich aber auf Wissenschaftler beziehen, welche sich mit Nicht-Management-Fragen beschäftigen, die für Management-Praktiker im Alltag schon geklärt zu sein scheinen. Dies ist auch eine Art der Innovation, die den gesamtgesellschaftlichen Fortschritt fördert.

Doch wenden wir uns nach diesem kleinen Exkurs zur Hirnforschung jetzt den Begriffen „Intuition" und „Kreativität" zu, die schon häufig im Zusammenhang mit Erfolg und Innovation genannt wurden.

Ich habe in den vorangegangenen Abschnitten verdeutlicht, daß neben planerischem, strategischem, analytischem und betriebswirtschaftlichem Denken auch andere Fähigkeiten, die weniger greifbar und erklärbar sind, einen nicht unerheblichen Stellenwert haben. Um als Manager in der heutigen Zeit Innovationen steuern zu können, braucht man außer der Fähigkeit zur Planung auch noch die Intuition und die Kreativität. Das ist nun schon oft genug gesagt worden. Im folgenden Abschnitt versuche ich etwas zu ergründen, was unter diesen mehr qualitativen Fähigkeiten verstanden wird und welche Erklärungsversuche es bisher gibt.

In dem Buch „Cognitive Psychology" (1986) von John BEST wird versucht, den Problemlöseprozessen etwas mehr auf die Spur zu kommen. In diesem Werk kommen u. a. die Gestalttheoretiker zu Wort. Max WERTHEIMER, Kurt KOFFKA und Wolfgang KÖHLER meinen, daß das Ziel jeder Problemlösung das Erreichen einer Gestalt bzw. einer Form sei. Die Aufgabe des Problemlösers sei es, die Elemente eines Problems gedanklich immer und immer wieder neu zu kombinieren, bis eine Form oder eine Gestalt erreicht ist.

Dieses „neu kombinieren“ beinhaltet, daß man ein Problem von verschiedenen Seiten beleuchtet und dadurch Abstand von einer starren Sichtweise gewinnt. Darüber jedoch, wie die Gestalt oder die Form letztendlich erreicht wird, besteht noch Unklarheit – aber es wurden einige Hypothesen formuliert.

WALLAS formulierte schon 1926 vier Schritte des Problemlöseprozesses:

1. Problemerkennung,
2. unbewußte Lösungssuche,
3. Erleuchtung und
4. Bestätigung.

Meiner Auffassung nach kommen die Stufen 2 und 3 dem Begriff der Intuition am nächsten.

SIMON erklärt die unbewußte Lösungssuche damit, daß in dieser Phase ein selektives Vergessen stattfindet. Unerhebliche Elemente eines Problems werden vergessen, und die relevante Information wird behalten und neu verarbeitet. Zusätzliche Informationen werden aus dem Langzeitgedächtnis abgerufen.

Die Aufmerksamkeit richtet sich so allmählich auf ganz neue Problemlösungswege, die vorher nicht in Betracht gezogen worden waren. Dann kommt plötzlich die sogenannte „Erleuchtung“. Man vermutet, daß dies aufgrund der vorangegangenen, unbewußten geistigen Tätigkeit geschieht.

Dieses Modell könnte die Entstehung von Intuitionen erklären oder zumindest etwas vorstellbarer machen. Wichtig ist es zu erkennen, daß einem nichts völlig Neues zugeflogen kommt, sondern daß lediglich alte und neue Informationen so lange neu kombiniert werden (und die Perspektiven so lange gewechselt werden), bis der Weg zum Ziel gefunden wird.

Einen anderen Zugang zu dem Begriff der Intuition wählen die Autoren des von BECHTLER (1986) herausgegebenen Readers über „Management und Intuition“, der das neu erwachte Interesse an der Intuition signalisiert.

Sie stellen die Eigenschaften der Intuition der „wissenschaftlichen Denkweise“ gegenüber. Man gelangt zu folgender Übersicht:

Wissenschaftliches Problemlösen ist:	*Intuition ist:*
anwendbar bei harten, datengesicherten Problemen	anwendbar bei weichen, eher ungesicherten Informationen
rational analytisch logisch (folgerichtig) methodisch digital	emotional synthetisch ganzheitlich spontan (sprunghaft) synchron analog
es basiert auf: sektoralem Denken Planung	sie basiert auf: lateralem Denken „Zufall“ (Assoziation)
Der gedankliche Prozeß wäre demnach also:	*Der gedankliche Prozeß wäre demnach also:*
erlernt (konventionell festgelegt) und damit ein gesellschaftlich geprägtes Phänomen, das jederzeit allgemein verständlich nachvollziehbar ist.	angeboren (biologisch festgelegt) / oder relativ unbewußt; damit ist er für andere und sogar den Denkenden selbst nicht immer direkt nachvollziehbar.
Damit werden Begriffe verbunden wie:	*Damit werden Begriffe verbunden wie:*
Dynamik Technologie Beherrschung	Reife Erfahrung Gelassenheit
Verarbeitet werden nur quantitative Daten, nach objektiv festgelegten Kriterien	Verarbeitet werden alle im Gehirn zur Verfügung stehenden Daten, nach subjektiv „wertenden“ Kriterien

Da tauchen Begriffe auf wie „Reife“, „Gelassenheit“, „Spontaneität“, ja sogar „Zufall“, die einem rational handelnden Menschen als nicht besonders hilfreich zur Planung des Arbeitsablaufs erscheinen dürften.

Diese Aufstellung läßt sich mit der unterschiedlichen Funktionsweise der beiden Hirnhälften vergleichen, wie ich das vorher ausgeführt habe.

Auf den ersten Blick scheint das wissenschaftliche Vorgehen mit seiner Nachprüfbarkeit, Planmäßigkeit und empirischen Klarheit dem intuitiven haushoch überlegen, jedoch meint R. HOLZACH, Dürrenmatt zitierend: „Je planmäßiger wir vorgehen, um so stärker vermag uns der Zufall zu treffen.“

Entgegen der zunächst geäußerten Vermutung von EGON ZEHNDER, Intuition sei „als solche ex definitione wohl nur intuitiv erfaßbar“, wagen andere Autoren genauere Definitionen: „Intuition ist für uns eine Erkenntnis, die auf unmittelbarer persönlicher Gesamtschau eines Sachverhalts beruht“, meint P. SPÄLTI und betont damit den ganzheitlichen Aspekt der Intuition.

Ähnlich S. SCHMID-HEINY, der schreibt, unter Intuition verstehe man „gemeinhin ein mit intensivem Empfinden verbundenes Schauen und Erfassen von Zusammenhängen. Das Wesen eines Sachverhalts erschließt sich eingebungsartig, es wird als Ganzes zusammen mit seinen Merkmalen in seinem Umfeld überblickt.“

Den unbewußten Ursprung hervorhebend behauptet HANS HUBER: „Intuition beinhaltet die scheinbar spontane innere Umgestaltung von Wahrnehmungs- und Vorstellungsinhalten, die als offensichtlicher Erkenntnisgewinn erlebt wird.“ Während HANS LOCHER mit C. C. JUNG davon ausgeht, daß Intuition lediglich „ein instinktives Begreifen und dem Gefühlsbereich zugeordnet“ sei, gelingt es ZEHNDER, die grundlegende Bedeutung des rationalen Wissenserwerbs für die Intuition herauszustellen. Für ihn gilt sie als „eine Art zündenden Zusammenfallens aller menschlichen Möglichkeiten des Empfindens und Erkennens. Sie erfordert sowohl Wissen als Grundlage der Rationalität als auch Engagement als Grundlage des Gefühls.“ Und BECHTLER kommt (MAUCHER zitierend) zu der Behauptung: „Intuition ist am Schluß eine kreative Verwertung von Informationen.“

Einschätzung und „Einsatz“ von Intuition

Die gerade genannten Definitionen weisen auf die grundlegende Einsicht der Autoren hin, daß intuitives Denken zwar rationalen „Denkgesetzen“ gegenübergestellt werden kann, daß die beiden kognitiven Varianten mit ihren Resultaten jedoch keineswegs im Widerspruch zueinander stehen müssen. Im Gegenteil: Sie erscheinen den Verfassern als zwei sich ergänzende Teile. BOB WATERMAN meint: „Beide sind notwendig, und keine sollte die Oberhand gewinnen.“ Er räumt allerdings der Intuition in fast jedem Managementbereich „primäre Bedeutung“ ein und stellt sie bezüglich kreativer Tätigkeit an die erste Stelle. Die Relevanz der ergänzenden Wirkung von Intuition wird von P. SPÄLTI folgendermaßen hervorgehoben: Er ist der Ansicht, daß „die Fülle von Analysen“, denen sich der Manager gegenübersieht, durch ihre verwirrende Vielfalt „die Gefahr der Paralyse in sich birgt.“

W. BECHTLER geht sogar so weit, das im Bereich der „harten Daten“ vorherrschende analytische Denken zu disqualifizieren. Es verkenne die Bedeutung von immateriellen Werten, es hemme die Informalität, es entspreche einer abstrakten und „herzlosen“ Philosophie, es wirke negativ und sei in der Tendenz „konservativ“ (d. h. zum Beispiel anstatt Ertragssteigerungen lieber Kostenreduktionen anstrebend). Aber er weist darauf hin, daß auch die Intuition schon durch ihre Vergangenheitsorientierung (Erfahrung, Reife, Gelassenheit) die „potentielle Gefahr des konservativen Verhaltens“ in sich tragen kann.

Weitere Negativpunkte bezüglich Intuition führt U. BREMI ins Feld. Er sieht Intuition in Verbindung mit

- risikoreichem Zeitaufwand,
- Schwierigkeiten für den Leistungsnachweis,
- Problemen der Vollständigkeit als Beleg,
- eventueller Ungenauigkeit, welche den Sicherheitsaspekt in Frage stellt,
- mangelnder Planungsqualität als Fähigkeitsnachweis und
- dem Risiko von organisationszerstörenden, revolutionären Entwicklungen,

Er kommt zu dem Schluß: „Intuition muß im Unternehmen, so wie es heute mehrheitlich vorzufinden ist, von oben ausgelöst werden." Nur dann glaubt er an die Möglichkeit einer evolutionären Entwicklung durch Intuition. Für ihn ist Intuition also nicht an sich zu bewerten, sondern im Zusammenhang mit äußeren Faktoren wie z. B. dem Überblick und der Interessenlage der intuitiv Denkenden.

P. SPÄLTI unterstützt diese Ansicht. Er sieht Intuition „weder positiv noch negativ". Er stimmt mit den anderen Autoren überein, den Wert einer intuitiven Äußerung als von der „Qualität der zugrunde liegenden Faktoren" abhängig zu machen (wie Erfahrung, Instinkt, Gespür etc.), „letztlich also vom Format der jeweiligen Persönlichkeit".

In diesem Sinn wollen die zitierten Autoren Intuition als ernstzunehmendes Instrument des Managements verstanden wissen, also weder als einen „Akt der Willkür" noch als zweifelhafte „Business Mystics".

Es ergibt sich nun die Frage nach konkreten Einsatzmöglichkeiten der Intuition.

W. BECHTLER glaubt in diesem Zusammenhang fünf wichtige Problembereiche benennen zu können:

- *Menschenführung*
  E. ZEHNDER erweitert diesen Punkt um die Vorphase der Kaderselektion
- *Innovation*
  als Bereich höchster Kreativität, welche ohne intuitiv ablaufende Inspiration unmöglich ist
- *Radikale Neubeurteilungen*
  Situationen, in denen die Probleme und Chancen noch nicht als solche erkannt sind, d.h. in denen „dem analytischen Vorgehen logisch zwingend Grenzen gesetzt sind"
- *Hohe Ungewißheit und Zeitdruck*
- *Strategische Entscheidungen*
  langfristige Planung

Der letztgenannte Punkt wird in einem Satz von HENRY MINTZBERG hervorgehoben, den BECHTLER zitiert: „No management process is more demanding of holistic, rational, gestalt thinking than the formulation of a creative integrated strategy to deal with a complex, interwined environment."

P. SPÄLTI differenziert diesen wichtigen Aspekt. Er sieht verschiedene strategische Phasen, denen er spezielle Einsatzmöglichkeiten für intuitives Denken zuordnet. Im einzelnen sieht er Intuition als relevant an bei der

- Ableitung eines Führungsleitbildes (intuitive Entschlüsse dazu müssen transparent werden, um Mitarbeiter damit begeistern zu können)
- Lagebeurteilung (d.h. bei der Interpretation von Daten)
- Entwicklung und Bewertung von strategischen Optionen (in bezug auf die Entscheidungen für bestimmte strategische Marsch-

richtungen; Kreativität und Vorstellungsvermögen sind hier relevant)

- Strategieimplementierung (denn intuitives Verhalten ist unerläßlich zum Begeistern der Mitarbeiter; die strikte Trennung zwischen „denkenden Stäben“ und „handelnder Linie“ wird zum Entwicklungshindernis)

Intuition praktisch

Nach diesen eher theoretisch-wissenschaftlichen Anmerkungen nun einige Beispiele gestandener Praktiker zur Intuition. Die Frage ist: Wie wirkt sich intuitives Handeln in der unternehmerischen Praxis aus?

Selbst der Technokrat HAROLD GENEEN beschreibt ganz zentrale Momente von Intuition in seiner Vita – allerdings ohne dies so zu benennen: Z. B. kaufte er 1968 entgegen dem Rat selbst der eigenen Leute die Sheraton-Hotelkette und pumpte Hunderte von Millionen Dollar in deren Renovierung und Ausbau. Nach acht Jahren warf die Kette einen jährlichen Gewinn von 100 Mio Dollar nach Steuern ab!

GENEEN schreibt unter anderem: „Kurz gesagt: Man kann weder ein Unternehmen noch eine Firma, ja noch nicht einmal eine kleine Abteilung mit Hilfe von Checklisten oder mit sklavischem Festhalten an einer Theorie führen, auch wenn die Theorie von einem noch so prominenten Professor der Wirtschaftswissenschaften stammt, weil die Wirtschaft – wie das Leben selbst – viel zu vital und viel zu komplex ist, als daß sie sich in eine Theorie oder Formel pressen ließe.“ Und weiter: „Wenn es dann an der Zeit war, eine Entscheidung zu treffen, fragte ich einen, zwei oder drei meiner Mitarbeiter um ihre Meinung. Aufgrund dieses Gedankenaustausches, bei dem sich oft eine Idee an der anderen entzündete, und unter Einbeziehung aller vorliegenden Daten trafen wir dann eine Entscheidung, zum Besseren oder zum Schlechteren."

Das letztere übrigens bringt mich zu der Feststellung, daß „Intuition" entgegen dem hoffnungsvollen Kredit, den der Begriff mittlerweile in der Fachliteratur (wieder) bekommen hat, selbstverständlich keine Garantie für richtiges Entscheidungsverhalten beinhaltet. Wer intuitiv entscheidet, dem mögen zwar auch größere Würfe als üblich gelingen, der kann aber auch leicht große Fehlentscheidungen treffen. Ob man mit dieser zweischneidigen Klinge risikofreudig oder risikobewußt umgeht, das liegt an der Persönlichkeit des einzelnen und an den vorhandenen betriebswirtschaftlichen Steuerungsinstrumenten sowie an deren rationalem Einsatz im Unternehmen.

Auch bei TAPIE kann man dessen Wertschätzung der Intuition nachlesen, wenn er über die Grundlagen seines geschäftlichen Erfolges schreibt: „Sehr oft, wenn ich eine wichtige Entscheidung zu treffen habe, berate ich mich mit meiner Frau. Sie wägt ab, urteilt, läßt mich ihre Meinung wissen, die ich berücksichtige – und nur selten habe ich es bereut. Natürlich habe auch ich Intuition, sie ist unerläßlich in meinem Beruf. Während meiner ‚Hausierlehrzeit' ist mir die Bedeutung dieser Eigenschaft zum ersten Mal bewußt geworden, und ich lernte, sie zu schärfen und zu nutzen. Das Wesen dessen auch entdecken, was unsichtbar bleibt: unglaublich wichtig, der Instinkt. Im Geschäftsleben, wie auch im Kampf, kommt es nicht allein darauf an, Hiebe abzuwehren, sondern auch, sie vorauszusehen ... Man muß nicht das Gesamtwerk von Freud studiert haben, um zu wissen, daß das Unbewußte im menschlichen Umgang und bei jeder Verhandlungsstrategie eine wesentliche Rolle spielt."

Oder NIXDORF, der, trotz seines Bedürfnisses nach geregelten Abläufen, auch kein Mann ohne Intuitionen war. Wie sonst soll man sich erklären, daß er allein aufgrund eines zufälligen Gesprächs über eine mögliche Digitalisierung des Telefonverkehrs schließlich ein Entwicklungsprogramm initiierte, das seinem Unternehmen nach einiger Zeit eine führende Position auf dem damals noch unerschlossenen Markt des „Daten-Telefons" einbrachte.

UELI PRAGER, Gründer und immer noch treibende Kraft hinter der „Mövenpick"-Kette, schreibt (in BECHTLER, 1986):

„Erfolg ist aber nur dann zu erhoffen, wenn die Intuition gepaart ist mit dem Mut, Entscheidungen zu treffen. Dem Mut, nein zu sagen, dem Mut, Vertrauen zu haben in andere. Dies ist dann schwierig, wenn der andere aus einem anderen Milieu, aus einem fremden Land, aus einer anderen Bildungsschicht kommt und wenn seine Wertvorstellungen völlig differieren. Dem Mut, anders zu sein und damit anzuecken. Dem Mut, zuzugeben, daß man lernen muß ... Dem Mut, Fehler zu machen und dazu zu stehen."

Im folgenden dieses Zitates beschreibt PRAGER, wie er allem Rat von Freunden und Fachleuten zum Trotz die Idee verfolgte, am Züricher Flughafen ein großes Hotel zu bauen. Allen Widerreden entgegen ließ PRAGER das Hotel bauen. Und allen Anfangsschwierigkeiten zum Trotz (Dollar-Baisse seit 1973, OPEC-Krise, abflauende Reisewelle, generell unterbuchte Hotels) ist das Hotel nun „eine der gefragtesten und erfolgreichsten Töchter" der Mövenpick-Holding, denn in der Krise wurde ihr 50%iger Partner so nervös, daß er PRAGER seinen Anteil zu für diesen äußerst günstigen Bedingungen verkaufte.

Wie kommt so etwas zustande? – Verbissenheit? Beharrungsvermögen? Glück? Intuition?

UELI PRAGER selbst schreibt (ebenda):

„Vor hundert Jahren, sagte ich mir, gab es mutige Leute, die außerhalb der Stadt, dort, wo der neue Bahnhof hinkommen sollte, Terrain kauften und Hotels bauten. 20 Jahre später hatten sie die wertvollsten Liegenschaften der Stadt. Ihr Hotel schien genau am richtigen Standort gebaut.

War es meine Intuition oder die Erfahrung, die auf den Erkenntnissen, die hundert Jahre früher gesammelt worden waren, basierte? Ich weiß es nicht. Eines weiß ich: Der Gedanke an ein großes Hotel in Flughafennähe faszinierte mich. Allen Widerreden zum Trotz. Ich kam nicht mehr davon los. Wahrscheinlich gibt es keine Intuition, die aus dem luftleeren Raum entsteht.

Die Intuition ist eine Pflanze, die auf dem Humus bisheriger Erfahrungen gedeiht, gedüngt durch Lektüre, durch Studium wirtschaftlicher Erlebnisse anderer und begossen durch ein fein entwickeltes Gefühl für schlummernde Wünsche der heutigen Kunden. Ich ließ mich nicht abbringen. Auch ohne große Wirtschaftlichkeitsstudien war ich überzeugt, daß ein solches Hotel bei entsprechender Qualität und dem richtigen Preis-/Leistungsverhältnis Erfolg haben mußte."

Auch die Wissenschaft liefert eine Unzahl verbürgter Berichte über „Geistesblitze" oder intuitive „Eingebungen". ERNEST RUTHERFORD z. B., der erste moderne Atomphysiker, war schon sehr früh der Überzeugung, daß die Atomkerne phantastische Energiequellen sein müßten. Eine überprüfbare Begründung aber konnte er dazu nicht anführen. Auf entsprechende Fragen pflegte er zu antworten, er habe es „im Urin".

Dem Chemiker Kélkulé erschien die Ringstruktur des Benzols als eine sich in den eigenen Schwanz beißende Schlange im Traum. Mit einigen klugen Experimenten verifizierte er diese Vorstellung und brachte damit die organische Chemie einen gehörigen Schritt weiter.

SIR JOHN ECCLES folgte ebenfalls einer intuitiven Traumeingebung. So konnte er als erster den Mechanismus der hemmenden und erregenden postsynaptischen Membranpotentiale erklären und führte damit die moderne Neurophysiologie auf neue und fruchtbare Wege.

WATSON & CRICK beschreiben in ihrem Buch „Die Doppel-Helix", wie sie der Struktur der DNS schließlich erst dadurch auf die Schliche kamen, daß sie ihre bislang gefundenen Molekülkomponenten paarweise um 180° drehten.

Welcher Manager nimmt sich im Arbeitsalltag genügend Zeit für solche intuitiven Phasen, um sich neu für seine Aufgaben zu stimulieren? Nicht zur Regeneration, sondern zur Problemlösung?

MAXWELL MALTZ schreibt in diesem Zusammenhang (zitiert bei ROWAN):

„Man muß lernen, dem kreativen Mechanismus zuzutrauen, daß er seine Arbeit macht, und ihn nicht dadurch blockieren, daß man zu besorgt oder ängstlich ist, ob er funktioniert, oder indem man versucht, ihn durch bewußte Anstrengungen zu bedrängen. Man muß ihn arbeiten lassen und ihn nicht zum Arbeiten zwingen."

ROWAN benennt in plakativer Weise mit nur drei Worten die die Intuition behindernde Geisteshaltung einschließlich ihrer Konsequenzen: „Paralyse durch Analyse".

Diese wenigen Beispiele von intuitiv Erfolgreichen werden nun in jemandem, der nach der klaren Intuitions-Lehr- und Einsatz-Methode sucht, möglicherweise Ratlosigkeit, Verwirrung oder gar Ablehnung auslösen. Vielleicht aber auch Mut.

Zu guter Letzt bleibt mir also nur, Sie mit zwei widersprüchlichen Zitaten ins Ungewisse zu entlassen:

„... An irgendeinem Punkt muß man den Sprung ins Ungewisse wagen, weil selbst die richtige Entscheidung falsch ist, wenn sie zu spät erfolgt."

(LEE IACOCCA)

Aber:
„Phantasie ist nur in der Gesellschaft des Verstandes erträglich."
(FRIEDRICH HEBBEL)

6. Kapitel

Führung als System-Steuerung

Ein Paradigma ist eine Art übergreifende Theorie
von solcher Reichweite, daß sie einen
Beschreibungs- und Erklärungshintergrund
für die meisten bekannten Phänomene eines
bestimmten Gebietes darstellt.

Thomas S. Kuhn

Ist ein Paradigma erst einmal implizit geworden
(d. h. nicht mehr als bloße Theorie zu erkennen),
so gewinnt es eine ungeheuere, aber unbemerkte
Macht über seine Anhänger:
Sie werden zu Gläubigen.

Charles T. Tart

Das Denken und Handeln in Systemen

Daß NORBERT WIENER sich Gedanken über die Kybernetik machte, ist fast zwei Generationen her. Seither hat sie ihren Siegeszug im technischen Bereich überwältigend fortgesetzt (siehe z. B. die Computerentwicklung und ihre Folgen). Der Bereich der Biologie ist ein breites und nützliches Hauptanwendungsfeld für Regelkreisvorstellungen geworden. Man denke z. B. nur an die Umweltdiskussion, an die Bedeutung des tropischen Regenwaldes für das Weltklima usw. ... Darüber hinaus diskutiert man heute Wirtschaftsentwicklungen und einige Makro-Aspekte der Politik (z. B. Umweltentwicklungen, Verkehrsentwicklungen, Verhältnis von Industrie- zu Entwicklungsländern ...) zunehmend nach Regelkreisvorstellungen.

Der Ansatz, menschliches Verhalten ebenfalls nach dem Regelkreismodell zu beschreiben, ist seit etwa 30 bis 35 Jahren langsam systematisch entwickelt und erfolgreich umgesetzt worden. Die kommunikationstheoretischen Arbeiten von WATZLAWIK/BEAVIN/JACKSON (1972) und vielen anderen Autoren dieser Arbeitsgruppe aus Palo Alto haben schließlich Anfang der siebziger Jahre in Deutschland für Furore gesorgt. Die Entwicklung eines neuen Verständnisses des individuellen Verhaltens, von zwischenmenschlichen Abläufen und des gestörten Verhaltens von Menschen begann.

Die neue „systemische" Sichtweise führte zu geradezu revolutionären Entwicklungen im psychotherapeutischen Bereich. Aus den ursprünglich nur tiefenpsychologischen und reflexionsorientierten Einzeltherapien oder konditionierungsorientierten Verhaltenstherapien wurden nun auch oft interaktionsorientierte, systembezogene Paar- und Familien-Therapien. Das neue Paradigma bedeutete eine außerordentliche Veränderung des therapeutischen Grundverständnisses und führte zu einer dramatischen Weiterentwicklung der Veränderungsinterventionen.

Menschliches Verhalten wurde nun in seinem Kontext, in seinem Systembezug und in seiner Komplexität strukturell neu begriffen (vgl. u.a.: MANDEL/MANDEL/STADTER/ZIMMER, 1971; LYNN HOFFMANN, 1982; L. SEGAL, 1986). Das individuelle Verhalten wurde in seiner Abhängigkeit von der Umgebung (z. B. dem Familiensystem) erkennbar – und zwar in einem völlig unerwarteten Ausmaß.

Das neue Leitbild des „systemischen Ansatzes" erfreute die Theoretiker, die Therapeuten und nicht zuletzt die Klienten bzw. Patienten, weil sich nun eine neue Effektivitätsdimension bei der Auflösung von „psychischen" Störungen eröffnete. Die Erfolge bei der Veränderung von menschlichem Verhalten (von einzelnen wie von Gruppen) waren eindrucksvoll.

Namen wie GREGORY BATESON, JAY HALEY, MILTON ERICKSON, WHITAKER, VIRGINIA SATIR, NATHAN ACKERMAN, MINUCHIN, MARA SELVINI PALAZZOLI und viele andere bekamen hier seit den sechziger und siebziger Jahren international eine besondere Bedeutung. In der Bundesrepublik u. a. H. E. RICHTER, HELM STIERLIN und MARIA BOSCH dazu. Die Namenskette ließe sich in der Zwischenzeit um wichtige Namen verlängern.

Es ist verständlich, daß das allgemeine systemtheoretische Alltagsverständnis erst langsam nachwuchs. Bemerkenswert allerdings ist, daß gerade die Managementtheorie die theoretischen Neuentwicklungen nur überaus langsam aufnahm. Vielleicht hat es damit zu tun, daß es in diesem Bereich um eine noch wesentlich gesteigerte Komplexität der Phänomene und Zusammenhänge geht. Das macht es natürlich erheblich schwerer, zu praxisnahen, handlungsorientierten und veränderungsintensiven Konzepten zu kommen, die ja gerade für den Managementbereich in besonderer Weise gefordert zu sein scheinen.

Daß dies aber zumindest nicht die entscheidende Erklärung sein dürfte, wird aus der folgenden Feststellung von EXNER/KÖNIGS-

WIESER/TITSCHER (1988) ersichtlich, die in einem Überblicksreferat den Stand der „Unternehmensberatung – Systemisch“ erst kürzlich so zusammenfaßt: „Einen guten Überblick über Beratungsauffassungen vermittelt Fleischmann (1984). Die Sammlung von über 450 einschlägigen Titeln von Elfgen u. a. (1985) zeigt, daß die Literatur zur Unternehmensberatung sozialwissenschaftliche oder gar therapeutische Erkenntnisse fast völlig negiert.“ (a. a. O., S. 19)

Was hier für die theoretische Aufarbeitung bezüglich der Unternehmensberatung gesagt wird, gilt ähnlich für die Managementtheorie im allgemeinen, wenn auch mit Abstrichen. Für mich liegt die Vermutung nahe, dies für ein Resultat der traditionell unterschiedlichen Lebenswelten von Wirtschaftlern auf der einen Seite und Sozialwissenschaftlern, Psychologen, Therapeuten usw. auf der anderen Seite zu halten. Die entsprechenden Wissenschaftsauffassungen, Theorie-Ansätze, Kategorien usw. sowie die sie repräsentierenden Personen hatten bis dahin herzlich wenig miteinander zu tun.

Erst seit Anfang bis Mitte der achtziger Jahre nehmen theoretische Vernetzungen der Bereiche Betriebswirtschaft, Psychologie und Beratung/Therapie zu und wird die in der Praxis schon begonnene Verknüpfung aufgearbeitet, die die Praktiker in den Feldern Führungstheorie, Führungskräfte-Training, Organisationsentwicklung und Unternehmenskultur teilweise schon vollzogen haben.

Seit PETERS/WATERMAN die „weichen Faktoren“ legitimiert haben, können jetzt allmählich stärker eine psychologische und eine systembezogene Managementsichtweise Platz greifen und die traditionell rein betriebswirtschaftliche Betrachtung ergänzen.

Die beiden nachfolgenden Abschnitte über kybernetische Aspekte des Managementverhaltens und über den Ansatz der Unternehmenskultur zeigen die beiden heute wichtigsten Konzepte zum Thema „Führung“ unter dem Aspekt: „Führung als System-Steuerung“.

Kybernetik

Sie werden in diesem Abschnitt über Kybernetik einiges wiederfinden, was Sie bereits im impliziten oder expliziten Sinne bei den Darstellungen der verschiedenen Wirtschaftsführer in Kapitel 4 gelesen haben.

Die Unternehmensführung, so schreibt MALIK in seinem Buch „Strategie des Managements komplexer Systeme" (1984), sei die Evolutionsspitze einer hierarchischen Chronologie, die beim „Hüten der Herde" begann und die sich über die „Dressur einer gemischten Raubtiergruppe" sowie über „Schaffung und Erhalt einer Familie" entwickelt habe. Schon in der Anordnung dieser Chronologie liegt seine Erkenntnis, daß die Kontroll- und Führungsproblematik wesentlich von der Komplexität der in Rede stehenden Systeme bestimmt ist. Sein Modell zur Bestimmung und Planung der kybernetischen Zusammenhänge jedweder Organisation ist das „Modell lebensfähiger Systeme" nach STAFFORD BEER. Nicht ohne Ambitionen baut er auf diesem Modell seine systemorientierte Managementlehre auf. In sympathischem Gegensatz aber zu den sehr viel „ideologischer" vertretenen Gegen-Modellen verliert er niemals den Modell-Charakter aus den Augen. Analog zu Magrittes „Das ist keine Pfeife" weiß er: Das ist nicht die Welt – das ist das Modell der Welt!

Da auch MALIK darüber klagt, daß, obwohl das Modell außerordentlich praxisorientiert ist, es aufgrund seiner hohen Komplexität von der Praxis oft nicht verstanden werde, wollen wir es hier – in aller dem Kontext angemessenen Kürze – darstellen. Im übrigen dürfte es auch so sein, daß es nicht allein der hohe Komplexitätsgrad des Modells ist, der seine Akzeptanz behindert, sondern eher die mit ihm explizit verbundene Forderung nach einem grundlegenden Paradigmen-Wechsel – worauf ich noch zu sprechen kommen werde.

Bezüglich der angesprochenen Komplexität bleibt MALIK lediglich die leidvolle Feststellung, daß sie in der bisherigen Managementtheorie weitgehend ausgeklammert war, obwohl doch das Beherrschen der real existierenden Komplexität das Grundproblem von Management überhaupt darstelle. Management bedeutet einerseits, so schreibt MALIK: „inakzeptable Zustände auszuhalten und andererseits akzeptable Zustände herzustellen und zu bewahren." Ein Bonmot mithin, das vielen Praktikern leidvoll in Erinnerung rufen wird, daß nicht alles „bon" ist, was akzeptiert werden muß. Für MALIK (und auch für mich) ist nicht einsehbar, warum die Veränderung und die Kontrolle von wirtschaftlichen Größen (wie: Inflationsrate, Geldmenge, Beschäftigung, Staatsausgaben, Steueraufkommen, Sozialversicherungsleistungen) allein von Wirtschaftswissenschaftlern, Journalisten, Ökonomen und Wirtschaftspolitikern zu diskutieren seien. Der Management-Standpunkt sei ein ebenso legitimer, denn „die Schwierigkeiten von heute sind ja nicht zuletzt ein Problem des Nicht-Funktionierens oder Schlecht-Funktionierens von Institutionen und deren Zusammenwirken."

Die Funktionsweise einer Institution ist aber primär ein Problem ihrer Struktur oder „Architektur" und ihres dadurch bestimmten Verhaltens. Es sind daher Probleme der Gestaltung und Lenkung, also des Managements von Institutionen, die einen erheblichen Teil der gegenwärtigen Problematik ausmachen.

„Ich möchte soweit gehen, zu vermuten, daß die Schwierigkeiten unserer Zeit wahrscheinlich im Grunde auf die Art und Weise zurückzuführen sind, wie unsere Gesellschaft organisiert ist, auf ihre Steuerungs- und Regelungsmechanismen und auf die grundlegenden Managementvorstellungen, die in unserer Gesellschaft vorherrschen. Im Lichte dieser Vermutung ist es bemerkenswert, daß an der Diskussion, die über diese Probleme geführt wird, praktisch kaum Managementwissenschaftler teilnehmen, daß also die Relevanz der Managementtheorie für eine mögliche Lösung dieser Probleme gar nicht gesehen wird." Also ist MALIK sehr daran gelegen, eine effiziente Managementtheorie zur Verfügung zu haben, und das wiederum führt ihn zu noch harscherer Kritik:

Er unterscheidet zwei Arten von Managementtheorien:

1. Die „Anmaßung der Vernunft", die dem scheinbar wissenschaftlich fundierten Aberglauben an die prinzipielle Machbarkeit aller Dinge und an die Lösbarkeit aller Probleme anhängt, soweit man nur genügenden Aufwand treibe;
   und
2. seinen eigenen, systemisch-evolutionären Ansatz, der eine realistische Einsicht in die Grenzen von Vernunft und Macht beinhaltet.

So sieht er auch zwei verschiedene Arten, mit denen man das Grundproblem von Management (Sie erinnern sich: das Beherrschen von Komplexität) zu lösen versuchen kann: erstens auf konstruktivistisch-technomorphe Weise und zweitens auf systemisch-evolutionäre Weise.

Was er damit im einzelnen meint, wird klar, wenn wir die diesen beiden Ansätzen zugrundeliegenden Basis-Paradigmata betrachten:

Das Basis-Paradigma von Theorie 1 ist die Maschine im Sinne der klassischen Mechanik. Das Basis-Paradigma von Theorie 2 ist der Organismus, der von niemandem wirklich „gemacht" wird, sondern der „sich" entwickelt. Während man bei der Maschine davon ausgehen kann, daß nichts unbestimmt bleibt, soweit nur exakt genug geplant, konstruiert und zusammengesetzt wird, womit ja ein Wissen um jedes einzelne Detail und alle Wechselwirkungen gegeben ist, muß man beim Organismus von diversen Unwägbarkeiten ausgehen – ein Sachverhalt, der hier sicher nicht weiter erläutert werden muß. Diese Theorie der „selbstgenerierenden Ordnung" ist in der Biologie mittlerweile unbestritten, die Soziologie tut sich da noch etwas schwer. Obwohl, es war ja schließlich „nicht die menschliche

Vernunft, die soziale Institutionen hervorgebracht hat, um damit im voraus bestimmte Zwecke zu erfüllen, sondern die menschliche Vernunft ist als Ergebnis der Evolution sozialer Institutionen entstanden ... Überspitzt formuliert kann man sagen, daß der Mensch nicht ein Kulturwesen ist, weil er Vernunft hat, sondern daß er umgekehrt Vernunft hat, weil er ein Kulturwesen ist."

Weiter beklagt MALIK, daß es für viele Menschen „im buchstäblichen Sinne nicht einsehbar (... ist ...), daß etwas Zweckmäßiges im sozialen Bereich entstehen kann, ohne daß auf die Schaffung, Herbeiführung oder Konstruktion dieses Zweckmäßigen gerichtetes menschliches Handeln vorausgesetzt werden müßte, und noch viel unverständlicher scheint es zu sein, daß auf diese Weise nicht nur sehr zweckrationale Systeme entstanden sein können, sondern daß sie nur so entstanden sein können ..."

MALIK besteht also darauf – und ich denke, man kann ihm hier folgen –, das kybernetische Regel-Modell auch auf soziale Zusammenhänge (d.h. hier: Unternehmen) anzuwenden. Schließlich sei der Mensch nicht nur von seinen Zielen bestimmt, sondern ebenso von den dahin führenden Regeln und Wegen, also von ganz spezifischen Handlungsstilen. Und die Betrachtung dieser Stile werde von den bisherigen Managementtheorien glattweg vernachlässigt! Dabei sei doch offensichtlich, so schreibt er, daß in der Konkurrenz verschiedener Gruppen sich eben jene als überlegen erweisen, deren Regel- und Steuerungsmechanismen die bessere Orientierung und Koordinierung erlauben.

Daß Unternehmen nichtsdestoweniger „zielrational" handeln müssen, sollte einem allerdings nicht den Blick dafür verstellen, daß sie – ab einer gewissen Komplexitätsschwelle – sich durchaus für eine unangemessene Zielrationalität entscheiden können. Analog zu den beiden Paradigmen unterscheidet MALIK die maschinelle Zielrationalität und die organismische Zielrationalität. Die Lösungswege der ersteren (die ein menschenunmöglich-vollständiges Wissen um die Kausalzusammenhänge voraussetzt) nennt er rational-konstruktivistisch, die Lösungswege der letzteren (die eine erkannte Ordnung evolutionär und ohne konstant-individuelle Zielsetzungen fördert) nennt er rational-systemisch.

Er stellt ebenso trocken wie apodiktisch fest, daß man in komplexe Systeme nur störend eingreifen kann, will man sie en detail steuern. Ein konstruktivistisches Korsett über etwas Gewachsenem führt immer zu Reibungsverlusten, unter Umständen gar zur Zerstörung der gewachsenen Struktur, wobei der evolutionäre Ansatz, der von der Unmöglichkeit einer vollständigen und detaillierten Kontrolle ausgeht, in der Regel fördernd wirkt. In diesem Zusammenhang sieht MALIK sich zu der lapidaren Feststellung genötigt, daß die gegenwärtige Managementtheorie überwiegend konstruktivistisch ausgerichtet sei.

Er erklärt dieses Theorie-Problem damit, daß zur Theoriebildung ja immer nur Zusammenhänge gewählt werden, die – des leichteren Verständnisses wegen – sich auf irgendeine Weise konstruktiv-technisch darstellen lassen; und weiter damit, daß ein solcher maschineller Theorientyp noch am ehesten unserem Alltagsbegriff vom gesunden Menschenverstand entspricht. Dementsprechend wird dann auch nicht das Abstraktionsniveau gewechselt, wenn innerhalb eines Systems eine Fehlfunktion auftritt, sondern es werden lediglich vermehrte Anstrengungen innerhalb des Maschinen-Paradigmas unternommen, den Fehler zu beseitigen. So kommt es nie zu qualitativ anderen Lösungen, sondern immer nur zu zeitlich begrenzten quantitativen Ausbesserungen.

Innerhalb ihres eigenen Bezugssystems ist die konstruktivistische Managementtheorie durchaus schlüssig; also kritisiert Malik nicht deren Inhalte, sondern deren Grundlagen. Zur Verdeutlichung stellt er die sieben dominierenden Management-Denkmuster der zwei Systeme nebeneinander, die ich hier kommentarlos darstellen will.

Der Kernsatz aller Kybernetik ist: Die Struktur bestehender Komponenten und nicht deren Eigenschaften bestimmt die „Lebensfähigkeit“ von Systemen. Diese Aussage gipfelt für MALIK ungeschminkt in der Feststellung: „Management ist derjenige Beruf, dessen Wissenschaft die Kybernetik ist“ und die damit, bei allem Vorbehalt, als „die erste wirkliche Managementtheorie“ angesehen werden kann.

Ich komme nun nicht umhin, Sie mit einem Kurzlehrgang in Kybernetik zu belästigen, der sich aus MALIKS Darstellungen ergibt:

Konstruktivistisch-technomorphe (K) Sichtweise	Systemisch-evolutionäre (S) Sichtweise
Management	Management
1. ... ist Menschenführung	1. ... ist Gestaltung und Lenkung ganzer Institutionen in ihrer Umwelt
2. ... ist Führung weniger	2. ... ist Führung vieler
3. ... ist Aufgabe weniger	3. ... ist Aufgabe vieler
4. ... ist direktes Einwirken	4. ... ist indirektes Einwirken
5. ... ist auf Optimierung ausgerichtet	5. ... ist auf Steuerbarkeit ausgerichtet
6. ... hat im großen und ganzen ausreichende Informationen	6. ... hat nie ausreichende Informationen
7. ... hat das Ziel der Gewinnmaximierung	7. ... hat das Ziel der Maximierung der Lebensfähigkeit

Vergleich der grundlagenverschiedenen Systeme

Quelle: MALIK, F., „Strategie des Managements komplexer Systeme“

Ein kybernetisches System besteht aus fünf Subsystemen, die ihre jeweiligen operativen Felder steuern. Da Analogien das Verständnis immer erleichtern, seien hier der Organismus Mensch und der Organismus Unternehmen nebeneinander gestellt (und zwar gleich im Zusammenhang aller Systeme):

Diese Gliederung wird von zwei Prinzipien bestimmt: erstens vom Prinzip der Lebensfähigkeit und zweitens vom Prinzip der Rekursion.

Das Prinzip der Lebensfähigkeit ist ein Prinzip von Quasi-Autonomie und besagt, daß jeder einzelne Bereich im Prinzip auch für sich allein lebensfähig sein muß.

Das Prinzip der Rekursion besagt, daß die Organisation der Subsysteme der Organisation des übergeordneten Systems strukturgleich sein muß. Das bedeutet also, daß dort die Informations- und Befehlswege ebenso gegliedert sind wie im Metasystem.

System 1
Bereich: Dieses System repräsentiert die Lenkungsinstanzen für die Hauptaktivitäten des Systems. Die Unternehmensstruktur betreffend würde man hier von „Divisionsführung“ sprechen.

System 2
koordiniert die Systeme 1 und verhindert mit bestimmten Verhaltens-Restriktionen Interferenzen und Oszillationen der Subsysteme 1, es schafft also Harmonie. Ein solches System ist unabdingbar, denn – wie jeder Praktiker weiß – kommt es geradezu zwangsläufig immer wieder zu Problemen zwischen den verschiedenen Divisionen.

Diese Probleme werden aus der Sicht der Kybernetik durch drei Faktoren bestimmt:
1. von der Komplexität der Umwelt, die durch ihre unvorhersehbare Entwicklung Fehlfunktionen innerhalb der Divisionen schafft,
2. durch den Grad der Intensität der gegenseitigen Abhängigkeit zwischen den Divisionen. (Eine unvorhergesehene Müllsteigerung schafft zum Beispiel Engpässe in der Entsorgung, die wiederum Engpässe im allgemeinen Transportbereich schaffen ...)

3. durch die Qualität des Divisions-Managements der Systeme 1. (Hier erübrigt sich eine Erläuterung)

System 3

Während System 2 das harmonische Zusammenwirken der Systeme 1 koordinierte, ist System 3 verantwortlich für die logistische Planung, Zuteilung und Überwachung. Dieses System optimiert die Ressourcen-Organisation, teilt sie den verschiedenen Divisionen zu und kontrolliert deren planmäßige Verwendung aufgrund von Informationen, die es aus den Systemen 1, aus System 2, aus System 4 und System 5 erhält. Dazu benutzt System 3 drei große Kommunikationslinien:

1. den Weg zentral-vertikaler Befehle an jede einzelne Division (von System 1),
2. einen besonderen Kanal mit System 2, um die Koordinationsbemühungen und Erfolge kontrollieren und steuern zu können,
3. je einen Kanal zu den einzelnen Divisionen, um direkte Information über die Lage „vor Ort“ zu erhalten.

System 4

hat die Aufgabe, Aufnahme, Verarbeitung und Weiterleitung von Informationen aus der Systemumwelt innerhalb des übergeordneten Systems zu leisten. (Also nicht Informationen aus den Divisionsumwelten, sondern Informationen aus der gesamten Systemumwelt!) Diese Informationen werden an System 3 und System 5 weitergeleitet.

System 5

ist die oberste Entscheidungsinstanz. Dieses System ist sozusagen verantwortlich für die Unternehmenspolitik und arbeitet äußerst eng zusammen mit dem System 3 und dem System 4. Seine Aufgabe ist die Auswahl von Verhaltensalternativen im Sinn einer aktiven Zukunftsgestaltung des Gesamtsystems.

System 3, System 2 und die Systeme 1 sind also verantwortlich für die innere Stabilität des Gesamtsystems. Das ist die Hauptaufgabe dieser Systeme, obwohl System 1 natürlich von den Umwelteinflüssen auf den Divisionsebenen berührt wird und obwohl System 3 auch von System 4 beliefert wird. System 4 hat nicht nur „Stabsfunktion". Seine zusätzliche Aufgabe ist das Ausbalancieren des internen und externen Gleichgewichts. Deswegen ist es ja auch auf der zentralen vertikalen Befehlsachse angeordnet. System 5 entscheidet politisch zukunftsorientiert über die Handlungsalternativen des Gesamtsystems, und zwar aufgrund der Gesamtheit der verarbeiteten Informationen und aufgrund seines Grundprogrammes (Werte, Philosophien).

Die Kybernetik bietet folgenden außerordentlichen Vorteil: Das Grundmodell findet sich in allen komplexen Organisationen wieder, die als unter Kontrolle befindliche Systeme operieren. Die Kritik an der Kybernetik, daß sie keinerlei Aussagekraft habe, da sie auf „alles" passe und zu unübersichtlichen Netzwerkdiagrammen führe, bei denen alles mit jedem verbunden sei, trifft allerdings nicht das Modell des lebensfähigen Systems! So wird jede Analyse einer komplexen Organisation in der Regel relativ schnell aufdekken, welche Komponenten ganz oder teilweise fehlen, damit ein lebensfähiges System vorliegt, oder welche Kanäle nicht oder nur ungenügend ausgebildet sind. Die Grundaussage lautet also nicht, daß alle lebensfähigen Systeme analog des Modells strukturiert sein sollen, sondern daß sie in der Tat so strukturiert sind.

Mithin lassen sich in Unternehmen, deren „Lebensfähigkeit" notleidend ist, durch eine kybernetikgeleitete Suche sehr schnell die dementsprechenden Organisationsmängel auffinden.

Mittels dieses Modells sind also in der Praxis Systemstrukturen zu diagnostizieren, die den Arbeitsablauf und die Produktivität von Organisationen empfindlich stören können. Denn dort finden sich in der Tat die modellgemäß zu erwartenden Strukturen, „wenn auch zum Teil nur in einer sehr rudimentären, verkümmerten oder embryonalen Form. Meistens sind sich die Mitglieder einer Organisation nicht darüber im klaren, welchen kybernetischen Sinn ihre Tätigkeiten haben; in manchen Fällen werden lebensnotwendige Funktionen mehr en passant als gezielt und bewußt ausgeübt, manche tragen den Charakter von Notmaßnahmen, Ad-hoc-Regelungen und Improvisationen.

Die Aufdeckung von Systemstrukuren, die einen pathologischen Charakter haben, läßt selbstverständlich unmittelbare Rückschlüsse auf das mögliche Verhalten des Systems und vor allem wieder auf pathologische Verhaltensweisen des betreffenden Gesamtsystems zu. So ist beispielsweise von einer Unternehmung, deren System 4 (Informationsverarbeitung) verkümmert ist, kaum eine schnelle, antizipative und sinnvolle Anpassung an Umweltänderungen zu erwarten. Solche Änderungen werden innerhalb einer derartig pathologischen Struktur vielmehr erst dann bemerkt, wenn sie sich auf die einzelnen Bereiche (Divisionen, Systeme 1) auszuwirken beginnen. In einer Unternehmung mit mangelhaft entwickeltem System 2 (Koordination) ist zu erwarten, daß alle Arten von Fluktuationen auftreten, wie etwa starke Schwankungen der Lagerbestände, der Kapazitätsauslastung, der Lieferzeiten usw. ..."

Diese Darstellungen sollten genügen, die Möglichkeiten der Kybernetik bezüglich des Führungsthemas zumindest anzureißen.

Bis hierhin wird deutlich geworden sein, daß die Akzeptanz dieses Modells von Veränderungen in den Köpfen der Betroffenen abhängt: Der Übergang vom Maschinen- zum Organismus-Paradigma macht es notwendig, das Alles-unter-Kontrolle-Denken aufzugeben, seine eigenen Fähigkeitsgrenzen zu erkennen, unkontrollierte Vielfalt (Chaos) zu akzeptieren und die so entstehende Planungs-, Entscheidungs- und Verhaltensunsicherheit psychisch auszuhalten!

Damit gerät quasi ein neuer Führungstypus ins Blickfeld: Nicht etwa der charakterliche Supermann, der auch nur wieder eine Maschine wäre, sondern eine in gewisser Weise staatsmännisch-orientierte Führungspersönlichkeit, die ihre persönlichen (Einfluß-) Grenzen kennt, die um die kybernetischen Zusammenhänge innerhalb und außerhalb des Unternehmens weiß, die nicht überreagiert und die den (scheinbar?) eigengesetzlichen Prozessen der Subsysteme zwar keinen freien Lauf läßt, die aber um die begrenzten Steuerungsmöglichkeiten eines komplexen Systems weiß und dementsprechend nur dosierte Veränderungsmaßnahmen ergreift. Üblicherweise nennt man das das Wissen um die „Machbarkeit der Dinge".

MALIKS strategisches Management auf der Grundlage der Kybernetik setzt darum zwangsläufig im Bereich der Topebene an, also bei System 3, System 4, System 5 und deren Interaktionsstrukturen; also genau da, wo die Manager sitzen, die mittlerweile (viel) davon gehört haben, daß es vorteilhafter wäre, ihr mechanistisches Verständnis vom Unternehmen zugunsten eines organismischen aufzugeben und die nun schon seit Jahren mit diversen New-Age-Strategien bombardiert werden, wie das zu bewerkstelligen sei. Die seriöse kybernetische Managementlehre kann aber kaum Aussagen über konkrete Strategien machen! Denn „es liegt geradezu in der Natur von Strategien, jedenfalls von erfolgreichen Strategien, daß sie, von einer generellen Perspektive aus betrachtet, eher den Ausnahmefall darstellen und nicht ohne weiteres nachvollziehbar sind, denn eine Strategie, die von jedermann verfolgt werden kann bzw. verfolgt wird, hat wenig Erfolgswahrscheinichkeit". (Auch hier können wir wieder auf einige Praktiker verweisen, GENEEN oder NIXDORF zum Beispiel, deren dezidierte Meinungen über Stabs-Strategien bereits dargestellt worden sind.) „Hingegen ist es ohne weiteres vorstellbar, daß der strategieproduzierende Mechanismus für jedes Unternehmen gleich gestaltet sein kann!"

Jede Art von starrer Regelung oder von übermäßiger Zentralisierung und Hierarchisierung oder von rigider Plandurchführung verhindert die Freiheitsgrade und damit die Chancen, die aus Strukturreichtum und „Chaos“ erwachsen können, verhindert sozusagen das Bewältigen von Komplexität. Die Computerindustrie auf der einen Seite und die östliche Planwirtschaft auf der anderen Seite sind Musterbeispiele für diese Abläufe.

Richtig angewandt könnte diese Wissenschaft zu einer wichtigen Führungsmethode im Unternehmensbereich werden. Dabei sollte nicht vergessen werden, daß Methoden von Menschen angewandt werden – und die Grundvoraussetzung des erfolgreichen Anwendens dieser Methode ist der Wechsel vom Maschine zum Organismus-Paradigma im Manager selbst. Nur wer diesen Wechsel tatsächlich auch in voller Konsequenz umsetzen wird, mit all seinen Implikationen und Konsequenzen auch für die eigene Person, der wird diesen Weg erfolgreich gehen können.

„Kybernetische“ Strategien

Die Gesetzmäßigkeiten von offenen kybernetischen Systemen nun, die STAFFORD BEER, FREDMUND MALIK und andere untersucht und gefunden haben, leiten MALIK zu zahlreichen Handlungsstrategien, von denen ich Ihnen hier einige beispielhaft vorstellen werde. (Natürlich kann die von MALIK erarbeitete Aufzählung prinzipiell erweitert werden.)
Dabei ist vorauszuschicken, daß wir auch hier mit zwei Rezeptionshindernissen zu rechnen haben, die MALIK selbst schon sieht: erstens das Problem des militärisch anmutenden Vokabulars. Tatsächlich wurden ja etliche strategische Vorstellungen in dem militärischen Bereich entwickelt, wo es ja auch um Komplexitätsbewältigung geht – und strategisches Verhalten diente ja gerade zu diesem „Urzweck“. Trotzdem kann gerade das Vokabular den einen oder anderen vor der Beschäftigung mit diesen Komplexitätsbewältigungs-Strategien zurückschrecken lassen.

MALIK bemerkt in diesem Zusammenhang: „Die konkrete Realisierung manchen strategischen Verhaltens mag im Einzelfall mehr oder weniger fair sein und kann unter Umständen auch einmal in die Kategorie der „Dirty Tricks“ fallen und insoweit auch zu Recht als moralisch verwerflich stigmatisiert werden.

Man darf ja nicht übersehen, daß Sitte, Moral, Ehrenkodex und Recht aus metasystemischer Sicht selbst strategischer Natur sind und einen erheblichen Beitrag zur Beherrschung von Komplexität leisten, indem sie Verhaltensweisen, die im Prinzip vorkommen können, untersagen. Die Varietät möglicher Verhaltensweisen wird dadurch drastisch eingeschränkt. Dennoch bleibt auch im Rahmen von Sitte, Moral und Gesetz immer noch genügend Komplexität, so daß weitere strategische Grundsätze erforderlich sind.“

Das zweite Problem entsteht dadurch, daß die strategischen Verhaltensprinzipien, so wie sie bisher formuliert sind, häufig als banal erscheinen. Sie scheinen nicht „wissenschaftswürdig“, wie MALIK sagt, da sie ja dem entsprechen, was „manche Menschen ohnehin machen und sind somit Bestandteil der Alltagserfahrung“. Man vermißt „das Besondere“ an ihnen.

Trotzdem geben uns diese simpel erscheinenden Strategien fruchtbare Handlungskonzepte in die Hand. MALIK selbst spricht dies in seiner Vorbemerkung an, wo er (entsprechend dem Wechsel vom Maschinen- zum Organismus-Paradigma) zwischen sogenannten Algorithmen und Heuristiken unterscheidet, wobei die Heuristiken gerade für offene Systeme charakteristisch sind:

„Die im folgenden dargestellten Grundsätze sind sehr allgemeiner Art. Sie regulieren den Einsatz einer Vielfalt konkreter Verhaltensweisen, die durch Orientierung an einzelnen dieser Grundsätze oder an Kombinationen derselben innere Logik, Kohärenz und Sinnhaftigkeit erhalten, also ein Pattern bilden. Diese Grundsätze sind daher metastrategischer Natur. Sie sind aber gleichzeitig Heuristiken. Wenn wir in Anlehnung an BEER einen Algorithmus als einen Satz von Instruktionen zur Erreichung eines bekannten, vollständig spezifizierten Zieles ansehen, eine Heuristik hingegen als einen Satz von Instruktionen, um ein unbekanntes Ziel durch Exploration zu erreichen, so wird deutlich werden, daß es sich hier um typisch heuristische Regeln handelt."

Strategische Grundsätze teilen sich für MALIK in vier Gruppen, aus denen ich Ihnen später beispielhaft einige Strategien vorstellen werde:

„1. Grundsätze für die Lagebeurteilung
2. Grundsätze für den Aufbau, den Einsatz und die Erhaltung der Sanktionskapazität bzw. allgemeiner: des Koppelungsverhältnisses
3. Grundsätze für die Gestaltung der Informationslage
4. Grundsätze für die Gestaltung der Überzeugungskapazität"

Von besonderer Bedeutung sind hier die Koppelungsverhältnisse, ohne die ja Interaktion gar nicht möglich ist; und darüber hinaus die Gestaltung der Informationslage, denn: „Ein von Vertrauen getragenes Verhältnis reduziert enorm viel Komplexität, während Mißtrauen oft zu nicht mehr beherrschbaren Situationen führt".

So erfüllen diese strategischen Grundsätze, die Sie im folgenden überblickshaft aufgeführt finden, drei Grundfunktionen: die der Planungs- und Handlungsanleitung, die des Verbotes und die der Varietätsreduktion (Komplexitätsminderung):

Grundsätze für die Lagebeurteilung:

„1. Grundsatz der metasystemischen Lagebeurteilung
2. Grundsatz der Vollständigkeit der Lagebeurteilung
3. Grundsatz des offenen Systems
4. Stärke-gegen-Schwäche-Grundsatz
5. Grundsatz der mehrdeutigen Zielwahl
6. Grundsatz der Vermeidung von Informationslage-Beeinflussungen

Grundsätze für die Beeinflussungs-(Sanktions-)Kapazität und das Koppelungsverhältnis:

7. Grundsatz der Flexibilität.
8. Grundsatz der Zukunftsvorsorge.
9. Grundsatz der Reversibilität.
10. Grundsatz der kleinen Schritte.
11. Grundsatz der Initiative.
12. Grundsatz der zu besetzenden Sanktionszentren.
13. Grundsatz der Belohnungsmotivation.
14. Grundsatz der Alternativenkontrolle.
15. Grundsatz der goldenen Brücke.

Grundsätze für die Beeinflussung der Informationslage:

16. Grundsatz der Informationsnähe.
17. Grundsatz der zu besetzenden Informationsschnittpunkte.
18. Grundsatz der Verhaltenserklärung.
19. Grundsatz der Tarnung.
20. Grundsatz der Kontrolle.

Grundsätze für die Überzeugungsfähigkeit:

21. Grundsatz der Zuverlässigkeit.
22. Grundsatz der Festigkeit.
23. Grundsatz des seltenen Bluffs.
24. Grundsatz der versteckten Rückzugsmöglichkeiten."

Einige Einzelbeispiele aus den vier verschiedenen Gruppen strategischer Grundsätze sollen die Richtung dieser Systematik im folgenden verdeutlichen.

Grundsatz 1

„Der *Grundsatz der metasystemischen Lagebeurteilung* besagt nun, daß man sich immer die Frage stellen muß, auf welcher Systemebene die Lagebeurteilung vorgenommen wird. Nur zu leicht unterläuft einem nämlich der Fehler, von der metasystemischen in die objektsystemische Ebene abzugleiten und dann in einer Fülle von Details den Überblick über das Ganze zu verlieren."

Grundsatz 3
„Der *Grundsatz des offenen Systems* soll ständig darauf aufmerksam machen, daß im Zusammenhang mit komplexen, dynamischen Systemen immer wieder mit unvorhergesehenen Entwicklungen gerechnet werden muß und daß diese Tatsache bereits in die Lagebeurteilung mit einbezogen werden muß."

Grundsatz 9
„Der *Grundsatz der Reversibilität* fordert dazu auf, in jedem konkreten Fall zu überlegen, ob und unter welchen Bedingungen eine Maßnahme wieder rückgängig gemacht werden kann und welcher Zustand bzw. welche Position daraus resultiert. Natürlich ist klar, daß irreversible Festlegungen nie ganz vermieden werden können, es ist aber strategisch von Bedeutung, sich völlige Klarheit darüber zu verschaffen, in welcher Beziehung man irreversibel und in welcher Hinsicht man nur reversibel gebunden ist oder sich zu binden droht."

Grundsatz 11
„Das *Prinzip der Initiative* besagt, daß man nach Möglichkeit versuchen sollte, selbst den Handlungsablauf zu bestimmen oder zumindest mitzubestimmen, um sich nicht von anderen in Zugzwang setzen zu lassen. Dies bedeutet, daß es Situationen geben kann, in denen man selbst hochaktiv bleiben muß, um das Gesetz des Handelns nicht aus der Hand zu verlieren ... Dies ist nichts anderes als eine Form des Prinzips ‚Keep them busy'. Ein System ständig unter einem gewissen Druck zu halten, sei es durch entsprechende Aufgabenstellungen, durch Beschäftigung usw., nimmt dem anderen System Spielräume, die man dafür selber hat."

Grundsatz 17
„Der nächste Grundsatz, das *Prinzip der zu besetzenden Informationsschnittpunkte* oder Relaisstellen, weist darauf hin, daß an solchen Stellen die größten Schwächen sowohl im eigenen wie im gegnerischen Informationsnetz bestehen und daß man an derartigen

Stellen am besten zu den jeweiligen Informationen Zugriff erlangen kann. Dieses Prinzip ist insbesondere von den Geheimdiensten zu hoher Perfektion entwickelt worden, und wenn man auch der nachrichtendienstlichen Tätigkeit grundsätzlich skeptisch gegenüberstehen mag, so muß doch zugegeben werden, daß sich die Geheimdienste häufig über ein hohes Maß an Systemkenntnissen und Verständnis für systemisches Verhalten und systemische Strukturen ausweisen."

Grundsatz 23
„Der *Grundsatz des seltenen Bluffs* ist evident, denn, wenn es auch nicht vermieden werden kann, daß hin und wieder mit einem klug überlegten Bluff operiert wird, so sollte man dieses Mittel doch nur in seltenen und unumgänglichen Fällen einsetzen."

Grundsatz 24
„Das *Prinzip der versteckten Rückzugsmöglichkeit*. Wenn man schon das Mittel des Bluffs einsetzt, so sollte man sich auch darüber im klaren sein, daß nichts schädlicher und peinlicher ist als das Auffliegen eines Bluffs ... Aus diesem Grunde empfiehlt es sich, generell Überlegungen dazu anzustellen, wie man aus einer Situation unter Minimierung des Schadens oder sogar unter Schaffung von Vorteilen wieder herauskommt. Es sollte also fester Bestandteil strategischen Handelns sein, zu überlegen, was passiert und wie man sich verhält, wenn sich die Situation anders als erwartet entwickelt."

Strategische Verhaltensweisen

Aus diesen strategischen Grundsätzen erwachsen für MALIK organisch etliche konkrete strategische Handlungsanweisungen (die hier infolge einer Begriffsvermischung mitunter auch als „Taktiken" bezeichnet werden). Ich werde Ihnen hier neun der einundzwanzig Handlungsstrategien vorstellen, die MALIK in seinem Buch anspricht, um Ihnen so das Verständnis für die beiden abschließenden Kombinationsbeispiele zu erleichtern:

„Fabianische Strategie der Nadelstiche: Fabius ging im Zweiten Punischen Krieg gegen Hannibal jeglicher Entscheidungsschlacht aus dem Wege und zermürbte durch viele kleine, überraschend geführte Angriffe den Gegner. Diese Strategie wird auch heute noch mit größtem Erfolg von modernen Guerilla-Kämpfern angewendet und ist zweifellos auch im Wirtschaftsleben sehr verbreitet. Das schon besprochene ‚Keep them busy‘ ist eine Variante dieser Strategie. Der schwächere Kontrahent läßt sich dabei meistens sehr umfassend vom Grundsatz der größtmöglichen Flexibilität leiten, während der stärkere Gegner gerade durch seine Stärke oft dazu verleitet wird, seine eigenen Flexibilitätsvorteile aufzugeben, was ihn nur noch verletzbarer macht.“ (Vgl. z. B. SIXT-Autovermietung vs „die Großen“.)

„Taktik des Einfaltspinsels“: Auch hier handelt es sich um eine weitverbreitete strategische Verhaltensweise, die darin besteht, sich dümmer zu stellen, als man tatsächlich ist, um auf diese Weise den Kontrahenten aus der Reserve zu locken oder ihn zu umfassenden Beweisanstrengungen zu provozieren, in deren Verlauf man möglicherweise wieder „salamitaktische“ Vorteile gewinnen kann.“ (Vgl. z. B. B. BRECHT vor dem „Ausschuß für unamerikanisches Verhalten“)

„Gambettasche Sperrklinken-Taktik: Die Gambettasche Sperrklinken-Taktik beruht auf dem Prinzip ‚sprich niemals davon, aber denke immer daran‘! Diesem Grundsatz entsprechend ist es nicht unbedingt notwendig, einen eigenen aktiven Verhaltensplan zu entwickeln, sondern man liegt gewissermaßen ständig auf der Lauer und wartet ab, bis die natürliche Dynamik sozialer Systeme zu Situationen führt, die für die Realisierung eigener Vorteile günstig sind.“ (Vgl. z. B. die gruppendynamischen Interventionsstrategien.)

„*Moltkesche Taktik der Sollbruchstelle:* Im Rahmen dieser Strategie wird zunächst versucht, diejenigen Ansatzpunkte herauszufinden, die dem Gegner besonders relevant erscheinen, um dann diese Stellen bei sich selbst bewußt zu schwächen, oft allerdings nur dem Scheine nach. Der Gegner soll auf diese Weise dazu verleitet werden, an einer im voraus bestimmbaren und daher bekannten Stelle anzugreifen, wobei man den Vorteil erhält, die Gegenmaßnahmen sehr gründlich auf der Basis eines relativ hohen Informationsstandes vorbereiten zu können. Diese Strategie wird natürlich sehr häufig mit dem Aufbau von Fallen verbunden." (Vgl. z. B. eine von Historikern ernsthaft diskutierte zynische Variante: Die Darbietung von Pearl Harbour auf dem „Präsentierteller" durch die USA.)

„*Belisarsche Taktik der defensiven Offensive:* Diese Strategie kann als Variante der Gambettaschen und der Moltkeschen Taktik angesehen werden. Anstatt zu warten, bis sich eine vorteilhafte Gelegenheit aufgrund der natürlichen Dynamik einstellt, wird der Gegner zu einem solchen Verhalten provoziert, bei dem er sich wahrscheinlich eine Blöße geben wird. Die Provokation erfolgt dabei häufig durch das Andeuten einer eigenen Schwäche." (Vgl. z. B. die Rückzugsstrategie der Roten Armee im Zweiten Weltkrieg.)

„*Wehret-den-Anfängen-Taktik:* Im Rahmen dieser Verhaltensstrategie werden auch kleinste Abweichungen von einer gegebenen oder behaupteten Norm unverzüglich mit Sanktionen belegt. Diese Vorgehensweise ist auch im Alltagsleben sehr verbreitet und braucht daher nicht speziell beschrieben zu werden." (Vgl. z. B. die Unzahl von „statuierten Exempeln" im politischen und militärischen Bereich.)

„*Repressive Toleranz:* Überspitzt formuliert besteht die Strategie der repressiven Toleranz darin, jede Art von Ausbeutung nur gerade so weit zu treiben, daß den jeweils Ausgebeuteten nicht bewußt wird, daß sie ausgebeutet werden. Allgemeiner und weniger ideologisch formuliert geht es einfach darum, daß die Beanspruchung eines sozialen Systems in irgendeiner Hinsicht innerhalb gewisser Grenzen bleiben muß, daß man aber durchaus bis an die Grenzen zu gehen versucht." (Vgl. z.B. manches Arbeitgeber-Vorgehen in sog. „Billiglohnländern".)

„Gemeinsame ‚Feinde' oder Ziele: Eine Mehrzahl von Personen wird in der Regel dann zu einer verschworenen Gemeinschaft und in diesem Sinne zu einem sozialen System, wenn sie sich mit einem gemeinsamen Feind konfrontiert sieht, mit einem Aggressor, der eine kollektive Bedrohung darstellt und nur gemeinsam zu schlagen ist. Eine wirkungsvolle Strategie der Integration besteht somit darin, diesen gemeinsamen Angriffspunkt realiter oder zumindest in der Vorstellung der betreffenden Person zu schaffen. Anstelle eines effektiven Aggressors kann selbstverständlich auch ein ausschließlich gemeinsam zu erreichendes Ziel treten. ... Eine Variante ist das Verbreiten einer Vision, manchmal auch einer Utopie. Hier handelt es sich um ein sehr wichtiges und wirksames Führungsprinzip. So verschieden auch die Führergestalten in der Vergangenheit (und Gegenwart) waren, so war gemeinsame Grundlage ihrer Macht und Wirksamkeit die Fähigkeit, ein höheres, von ihrer Person unabhängiges Ideal zu kommunizieren, in dessen Dienst Opfer verlangt und Opponenten ausgeschaltet werden konnten." (Vgl. z.B. die „Service"-Vision von IBM. Oder als völlig anderes Beispiel das Juden-Feindbild der Nazis.)

„Schaffung von Ventilen: Manche der hier dargestellten Strategien führen entweder zu einer erheblichen Belastung eines sozialen Systems und/oder zu einem teilweise gefährlichen emotionalen Stau, der seinerseits einen Streßfaktor und damit ein ‚revolutionäres' Potential darstellt. Um dieses Potential unter Kontrolle zu halten und die Emotionen zu kanalisieren, kann es eine sinnvolle Strategie darstellen, Ersatzreaktionen zu ermöglichen, die die Funktion von Ventilen haben. Typische Beispiele hierfür sind sportliche Veranstaltungen oder allgemeiner jede Art von ritualisierten Konkurrenzveranstaltungen, aber auch Festlichkeiten, Paraden und dergleichen.

In Kombination mit der Strategie des gemeinsamen Feindes können auch künstliche Angriffsziele geschaffen werden, die der Ableitung emotionaler Potentiale dienen.“ (Vgl. z. B. Progrome, altrömische Zirkusspiele oder auch Englands „Krieg“ gegen Argentinien.)

Soweit einige Auszüge aus den möglichen strategischen Verhaltensweisen.

MALIK legt Wert auf die Feststellungen, daß jede dieser Strategien durch „unzählige Variationen ... konkreter Handlungen“ verwirklicht werden kann und daß die Strategien selbst selten in Reinform verfolgt werden, sondern in den unterschiedlichsten Kombinationen: „Die Vielfalt, oder eben auch Varietät, die im Zusammenhang mit der Verfolgung einer bestimmten Strategie auftreten kann, verschleiert nicht selten den Blick für das Wesentliche, nämlich für die dahinterliegende Grundstruktur, und, wie bereits erwähnt wurde, kann diese Vielfalt sogar aufgrund zusätzlicher strategischer Überlegungen gezielt produziert werden ...

Ein Beispiel: Eine Kombination kann beispielsweise darin bestehen, daß im Sinne der Belisarschen Strategie der defensiven Offensive durch die Taktik des Einfaltspinsels der Kontrahent zu bestimmten Aktionen verleitet werden soll; zeigt dies nicht den gewünschten Erfolg, dann geht man über zur Gambettaschen Sperrklinken-Taktik, wartet auf eine günstige Gelegenheit, um eine gezielte Indiskretion einleiten zu können (indem man z. B. der Presse bestimmte Informationen zuleitet), und wenn das zu wirken beginnt, dann stellt man das Indiskretionsmedium als gemeinsamen Feind hin und schafft auf diese Weise ein Ventil für die aufgestauten Emotionen. Aufgrund der Tatsache, daß die Presse ihre Informanten meistens nicht bekanntgeben kann, kann diese Strategie durchaus zum gewünschten Erfolg führen, ohne daß der Kontrahent auch nur im geringsten erfährt, was tatsächlich gespielt wurde.“

Die gedankliche und praktische Anwendung solcher Strategien auf offene lebensfähige Systeme diskutiert MALIK im Zusammenhang der zentralen Annahme, daß dieses offensichtlich funktionierende Modell des geschlossenen Regelkreises dazu angetan ist, „ein Jahrhunderte altes Dogma der Wissenschaft, daß für zweckmäßiges Handeln die Kenntnis von Ursachen nötig sei, zu widerlegen"; schließlich reiche es aus, adäquat auf Störgrößen zu reagieren, ohne sich Gedanken über deren Herkunft machen zu müssen.

Das ist natürlich endlich eine Aussage, die der pragmatische „Praktiker" dem analyseversessenen „Stäbler" bei der Rechtfertigung intuitiven Handelns entgegenschleudern kann. Hier hat er endlich eine theoretische Begründung für sein erfahrungsbezogenes und „nur" durch Erfahrung legitimiertes Handeln. Denn es ist eine Begründung, die Sinn macht.

Die sich daraus für Führungskräfte ergebenden Grundregeln sind u.a.:

Den eigenen Standpunkt im System kennen und definieren. Den Ort der Entscheidungsebene kennen. Erreichbare Ziele so formulieren, daß sie ohne großen Schaden auch einmal verfehlt werden können. Bei jedem Vorgehen in Rechnung stellen, daß „alles" möglich ist und daß sich Bezugssysteme daher über Nacht ändern können (z.B. Ölkrise, 1987er Börsensturz, ...). Im nachhinein zeigt sich sowieso, daß die zur Änderung führenden systemischen Zusammenhänge natürlich lange schon vorhanden waren, aber aus bestimmten Gründen nicht erkannt wurden! Solche System-„Pathologien" sind meist nicht zu erkennen, bevor die „Krankheit" ausbricht, aber trotzdem kann man ihrer destabilisierenden Wirkung weitgehend vorbeugen: mit „strategischem Management" nämlich, das als „prophylaktisches" Management laut MALIK eine „zunehmende Bedeutung" gewinnen wird.

Schlußgedanken

Dieser Management-Ansatz ist nach MALIK lehr- und lernbar.

Dies will ich nicht bestreiten, im Gegenteil. Ich bin von der Zweckmäßigkeit des System-Ansatzes und auch von seiner Lehr- und Lernbarkeit überzeugt. Mir scheint jedoch ein anderer Lernschritt diesem noch vorgeordnet. MALIK schreibt bezüglich eines erfolgreich steuernden Eingreifens in die systemischen, (un)geordneten Wechselbeziehungen eines offenen Systems, dies habe nur bedingt etwas mit Kreativität zu tun.

Hier drängt sich mir die Vorstellung auf, daß es seinen Überlegungen, bei aller Brillanz, an grundlegenden psychologisch-systemischen Einsichten fehlt. Die psychologische Komponente ist vernachlässigt – obwohl sie interessanterweise an zahllosen Stellen seines Buches immer wieder zwischen den Zeilen aufblitzt. Vielleicht seinerseits ein Beispiel für den Wald, der vor lauter Bäumen unsichtbar bleibt?

So schreibt er zum Beispiel: „Die Frage, ob und in welchem Ausmaß eine für den Prozeßablauf relevante metasystemische Variable außer Kontrolle geraten ist oder zumindest symptomhaften Charakter für tieferliegende Probleme hat, kann in vielen Fällen nur durch mehr oder weniger subjektive Beurteilung geklärt werden.“ – Welches sind denn die Kriterien für diese Subjektivität?

Es sind offensichtlich psychologische Komponenten! Effektives Steuern komplexer Zusammenhänge scheint mir daher nicht allein abhängig von höherer „Einsicht in die Logik und in die Mechanismen komplexer Systeme“ zu sein.

Daß es hierbei eigentlich schon um weitere „Persönlichkeitsmerkmale“ geht – und eben nicht allein um kognitive Fähigkeiten –, wird auch an anderer Stelle klar, wenn MALIK über die paradigmatischen

Grundlagen unserer Weltsicht schreibt: „Die meisten Menschen neigen dazu, in Kausalzusammenhängen zu denken. Was immer passiert, die erste und oft einzige Reaktion ist die Suche nach einer Ursache, was im sozialen Bereich in der Regel die Suche nach einem Schuldigen bedeutet. Ereignisse im Kontext komplexer Systeme lassen sich aber durch ein monokausales Modell nicht erklären. Sie sind das Resultat des Zusammenwirkens eines Netzwerks von Faktoren." Stimmt! Stimmt allerdings auch für seine Sichtweise.

Die zur Anwendung seiner kybernetischen Strategie aber notwendige Übernahme des Wechselwirkungsparadigmas ist doch auch ein emotional-psychologischer, kein kognitiv-logischer Prozeß allein. Schließlich muß ja gleichzeitig die vermeintliche Sicherheit des alten Maschinenparadigmas auch „innerlich" aufgegeben werden, um mit dem „neuen" Instrument überhaupt effektiver arbeiten zu können.

Daher lautet meine These: Weit über ihre hervorragenden kognitiven Fähigkeiten hinaus weisen Personen, die sich durch erfolgreiches Steuern und Beeinflussen komplexer Systeme hervortun und hervorgetan haben, gewisse gemeinsame psychologische Merkmale auf. Und darüber sollten die vorangegangenen Kapitel des Buches einiges ausgesagt haben!

Es ist also kein Wunder, daß wir nicht nur bei allen unseren Protagonisten das Bemühen um Schaffung, Erhaltung und Entwicklung einer „Unternehmenskultur" gefunden haben, sondern daß sich dieses Konzept im Prinzip auch bei DRUCKER, MALIK und anderen finden läßt. Die Kybernetik liefert das Modell dieser wechselseitigen Abhängigkeiten sowie der Steuerungsmechanismen. Das Konzept der Unternehmenskultur ist es dann, das unter Berücksichtigung ökonomischer, sachlicher, organisatorischer wie der menschlich-emotionalen Gegebenheiten den Rahmen für dauerhaft erfolgreiches Zusammenwirken schafft.

Management – exzellentes Management – steht daher vor zwei grundlegenden Aufgaben: Erstens muß es sich als fundamentale Voraussetzung zur Komplexitätsbewältigung zunehmend kybernetische Steuerungsstrategien zu eigen machen. Zweitens muß es verstärkt das Konzept der Unternehmenskultur berücksichtigen, um so die gemeinsame emotionale Basis für effektives systemisches Zusammenwirken der Mitarbeiter eines Unternehmens zu schaffen.

Die Renaissance der Kultur

Die Zeiten ändern sich
und wir uns mit ihnen.
(Cicero, ca. 50 v. Chr.)

The times, they are a ‚changin' …
(Bob Dylan, ca. 1960 n. Chr.)

Unternehmenskultur

In diesem Abschnitt über Unternehmenskultur laufen bisherige Fäden zusammen. Zwei Konzepte sind es, die uns bei allen Analysen und Darstellungen immer wieder begegneten: das Konzept der prägenden Führungspersönlichkeit und der systemische (kybernetische) Ansatz. Ob wir nun einen Blick werfen auf OHMAEs triadisches Wechselwirkungs-Konzept, auf die Biografien unserer Protagonisten, die dargestellten Intuitionskonzepte, DRUCKERs Innovationsmanagement oder MALIKs Kybernetik – wenn nicht explizit, so doch wenigstens zwischen den Zeilen: Überall finden wir Plädoyers für letztlich systemische Lösungskonzepte und die Forderung nach den entsprechenden Manager- und Mitarbeiterpersönlichkeiten.

Die Synthese dieser Konzepte blitzte ja schon in Ansätzen in unserer Darstellung von PETERS' und WATERMANs pragmatisch-optimistischem Konzept der Corporate Culture auf.

Komplexität lernen

Die Grundhypothese aller Kybernetik ist – nach MALIK –, „daß das zentrale Problem aller lebenden Organismen, aber auch aller sozialen Institutionen" (und das sind auch unsere Wirtschaftsbetriebe,

Regierungen und Familien), „das Problem der Komplexitätsbewältigung ist ...“

Der Wirtschaftswissenschaftler und Unternehmensberater PÜMPIN schreibt in „Quantensprung“: „Im mechanistischen Unternehmensbild werden die unternehmerischen Prozesse rein technokratisch betrachtet. Die Unternehmung wird als großes Räderwerk verstanden. Der Erfolg ist wie eine Maschine konstruierbar, geht es doch in erster Linie darum, die Räder richtig zusammenzufügen. Ausfluß der mechanistischen Unternehmenshaltung ist eine Führungsphilosophie, bei der die Hauptaufgabe des Managements in der richtigen Zuordnung und Verwaltung der (finanziellen) Ressourcen gesehen wird. Dabei wird diese Ressourcenzuordnung als rein mechanisches Optimierungspuzzle gesehen. Hauptaufgabe des Managements ist es, den richtigen Verteilungsschlüssel zu finden.

Dieser Grundhaltung diametral entgegen steht die ganzheitliche Betrachtungsweise. Hier wird das Unternehmen als organisch gewachsenes Ganzes gesehen. Dabei kommt dem Menschen eine besondere Bedeutung zu. Er sucht ja in der Unternehmung vor allem eine sinngebende Tätigkeit. Das heißt, daß das Unternehmen in Umwelt und Markt eine zweckerfüllende und ethische Funktion ausüben muß. Erst dadurch wird das Arbeiten und Tun sinnvoll. Wird diese Forderung erfüllt, so können ungeahnte Kräfte freigesetzt werden. Als Symbol des organischen Unternehmens können wir uns einen Baum vorstellen, der organisch weiterentwickelt, blüht und wächst.“

Einige der neueren Managementkonzepte haben eine gewisse systemische Ausrichtung gemeinsam, auch wenn sie in ihrer praktischen und theoretischen Reichweite wie in ihrer konzeptionellen Dimension große Unterschiede aufweisen: „Management by wandering around“ (PETERS & WATERMAN), „Innovationsmanagement“ (PETER DRUCKER), „Strategisches (prophylaktisches) Management“ (FREDMUND MALIK), „Symbolisches Management“ (DEAL und KENNEDY) ...

Doch in welchem systematischen Zusammenhang können sie gesehen werden? Und wo liegt die praktische Bedeutung dieser Konzepte? Und schließlich: Wie kann damit die Praxis der Unternehmensführung verbessert werden?

Wir werden uns diesen Fragen in einigen Schritten nähern.

Unternehmenskultur: Zum Verständnis des Begriffs

Im allgemeinen Sprachgebrauch wird der Begriff „Kultur" ja manchmal etwas gedankenlos verwendet.

Von jemandem, den man an als gebildet, zivilisiert, stilvoll, wertebewußt und zurückhaltend einschätzt, behauptet man zuweilen, er „habe" Kultur.

Die Biologen reden von Bakterien- oder Pilzkulturen, die sie zu Forschungs- und Prüfzwecken anlegen. Damit meinen sie das systematische und gesteuerte Wachstum solchen Kleinstlebens auf angelegten („kultivierten") Nährböden.

Die Kulturanthropologen sprechen von Clan-Kulturen. Gemeint sind große Familienverbände, die sich durch traditionelle und feste Riten, Sitten und Gebräuche von dem sie umgebenden sozialen Leben unterscheiden. PAUL PARIN, der Ethnopsychoanalytiker, berichtet in diesem Zusammenhang auch vom „Clan-Gewissen", das dann schlägt, wenn Clan-Moral und -Gesetze gegenüber einem Clanmitglied außer acht gelassen werden, nicht aber gegenüber einem Clanfremden.

Aber im allgemeinen sind wir im Alltag unseres Kulturkreises die Verwendung des Begriffes „Kultur" nur im Zusammenhang mit dem gewohnt, was im weitesten Sinne mit dem veredelten geistigen Bereich zu tun hat: Philosophie, Malerei, Theater, Literatur,

Musik usw. Kultur ist jedoch viel mehr: Sie ist die „raumgebundene … Gesamtheit der typischen Lebensformen einer Bevölkerung einschließlich der sie tragenden Geistesverfassung, besonders der Werteinstellungen“ (W. E. MÜHLMANN).

Kultur ist also so umfassend, daß niemand „keine Kultur haben“ kann. Die Frage ist lediglich, welchen kulturellen Prägungen man ausgesetzt ist und wer seinerseits auf welche Weise die ihn umgebende Kultur in besonderer Weise prägt.

Zum Begriff „Kultur“ findet sich bei DILL (1986) die bündigste Definition: Er beschreibt sie als ein System gemeinsamer Werte, Normen und Einstellungen, das über verbale und nonverbale Symbole weitergegeben wird.

Wodurch ist eine Kultur darüber hinaus überhaupt bestimmt?

- Durch ihre Protagonisten
  (Zentralpersonen, Helden, Champions, Stars, Underdogs …)
- Durch ihre Ethik
  (Werte, Mythen, Rituale, Zeremonien, Regeln)
- Durch ihr informales System
  (Netzwerke, Informationsbörsen, Machtstrukturen … außerhalb der Organigramme).

Eine völlig homogene Kultur oder Gesellschaft gibt es wohl nicht. Es herrscht in komplexen Gebilden stets eine Vielfalt der miteinander kooperierenden und konkurrierenden „Subkulturen“, die sich dennoch alle unter ein und demselben Dach entwickeln und weiterentwickeln.

Heutzutage werden Unternehmen mehr und mehr als „Miniaturgesellschaften“ betrachtet, die den gleichen Gesetzmäßigkeiten unterliegen wie die soziologisch und kultur-anthropologisch untersuchten „Gesellschaften“.

So hat es folglich auch nicht an Versuchungen gemangelt, verschiedene Unternehmenskultur-Typen zu differenzieren.

Typologisierungs-Ansätze zur Beschreibung von Unternehmenskulturen im Überblick

In der Zwischenzeit gibt es eine Reihe von Versuchen zur Charakterisierung von verschiedenen Unternehmenskulturen. Beginnen möchte ich mit zwei relativ populären Typologien, bevor ich den Entwicklungsverlauf der typologischen Ansätze in großen Zügen nachzuzeichnen versuchen werde, um Ihnen ein Gefühl für den zunehmenden Grad an Tiefenschärfe der sich allmählich entwickelnden Ansätze zu vermitteln. Bei diesem Gang der Schilderung sollen Übereinstimmungen und Unterschiede, Wiederholungen und Ergänzungen sowie praktische Nützlichkeit der Modelle erkennbar werden. Am Schluß soll die Schilderung des Unternehmenskultur-Analyse-Ansatzes stehen, wie wir bei Böning-Team ihn in der täglichen Unternehmensberatungs-Praxis tatsächlich anwenden.

BENNIS & NANUS (1985), deren vier Führungsstrategien ich bereits im ersten Kapitel erwähnt habe, schreiben von drei Stilen sozialer Architektur der Organisation und unterscheiden dabei kollegiale, personalistische und formalistische Stile.

Den *kollegialen Stil* findet man oft in jungen High-Tech-Unternehmen.

Die grundlegende Unternehmensphilosophie besteht darin, „aus einer auf Sieg setzenden Einstellung heraus Höchstleistungen zu erreichen“ und aus der Überzeugung, daß Spitzenleistung ihre Belohnung in sich selbst findet.

Hierarchie ist wenig sichtbar, es zählt primär die Leistung für das soziale Ansehen. Es herrschen Partnerschaftlichkeit, Hilfsbereitschaft und Freude an Tätigkeiten, die mit einem hohen Maß von Unsicherheit verbunden sind. Die Mitarbeiter und Führungskräfte empfinden ihre Arbeit als „Spaß“ und „Herausforderung“ zugleich. Die informellen Informations- und Kommunikationswege haben größte Bedeutung, Entscheidungen werden oft über einen Konsens aller Beteiligten im jeweiligen Entscheidungsraum hergestellt.

Macht, Einfluß und Status beruhen in einer solchen Organisation weniger auf der Stellung in der Hierarchie, sondern mehr auf der Anerkennung der Kollegen, die wiederum vom Bild der jeweiligen Kompetenz abhängt.

In *personalistisch geprägten Unternehmen* dreht sich alles um den Chef.

Nicht etwa, weil dieser Angst, Schrecken und Ehrfurcht verbreitend von einem hohen Podest herunterfunkelt, sondern weil er ein zwar zuweilen überlebensgroßes, aber nichtsdestoweniger anfaßbares Vorbild für die Mitarbeiter darstellt. Sie haben einen großen menschlichen Respekt vor ihm.

Solche innerlich brennenden Gestalten, die durchschnittliche Mitarbeiter zu weit überdurchschnittlichen Leistungen führen, findet man u. a. oft in Branchen, deren Arbeit schmutzig, langweilig und ohne große Aufstiegschancen ist. Sie führen ihre Leute durch unmittelbare Anwesenheit, durch „management by wandering around“, zeigen Respekt und ehrliches Interesse an ihren Mitarbeitern. Ihre Konkurrenzstrategie beruht auf Service und Qualtität, die sie ständig zu steigern suchen.

Die Ziele eines solchen Chefs sind in der Regel: „Das Unternehmen ständig auszuweiten und die Gewinne zu erhöhen, den Reichtum zu teilen und allen die Chance zu geben, Befriedigung zu empfinden und Freude an der Arbeit zu haben. Er meinte, dies sei nur zu erreichen, indem wir eine Atmosphäre vollständigen Vertrauens zwi-

schen uns, unseren Mitarbeitern und unseren Kunden schaffen'."
(BENNIS & NANUS: „Führungskräfte", 1985)

Als Modell des immer noch auf der ganzen Welt vorherrschenden *formalistischen Stils* kann das General-Motors-Modell von Alfred P. Sloan gelten.

Formalistische Organisationen haben eine festgefügte formelle Struktur mit unveränderbar scheinenden expliziten Regeln, einem klaren „Dienstweg" und einer ebenso festgefügten Struktur von Ausschüssen, Konferenzen und Besprechungen sowie eine klare Arbeitsteilung in „Finance" und „Operatives".

Typisch für die formalistische Organisation ist z. B. auch die Beschreibung der Chefetage von General Motors, die J. Patrick WRIGHT in „On A Clear Day You Can See General Motors" gibt: „... der Eingang zur vierzehnten Etage ist durch eine dicke Glastür geschützt. Sie ist elektronisch versperrt und wird von einer Empfangsdame geöffnet, die in einem großen, schlichten Warteraum außerhalb der Tür sitzt und dort auf einen Knopf unter ihrem Schreibtisch drückt.
Sobald man drinnen ist, verstärkt die unheimliche Stille den Eindruck großer Macht: ... auf der vierzehnten Etage herrscht furchterregende Stille. Die Korridore sind gewöhnlich verlassen. Die Leute reden mit gedämpfter Stimme. Diese allgegenwärtige Stille suggeriert die Aura großer Macht. Daß es so ruhig ist, muß bedeuten, daß die mächtigen Spitzenleute von General Motors angestrengt an der Arbeit sind, Probleme studieren, Berge von komplizierten Daten analysieren, Konferenzen abhalten und wichtige, wohlerwogene unternehmerische Entscheidungen treffen. In den Korridoren ist kein Platz für Gelächter oder entspannte Gespräche. Das wäre frivol. Es muß zuviel Arbeit getan werden, als daß Zeit für Frivolitäten bliebe." (BENNIS & NANUS, „Führungskräfte", 1985)

Eine Übersicht über die drei Stile geben BENNIS & NANUS mit einer Tabelle, die nachfolgend zitiert ist. Sie behaupten, ca. 95% aller heutigen Organisationen hiermit beschreiben zu können (was bei dem begrenzten Differenzierungsgrad des Modells vielleicht gar nicht einmal so falsch ist).

Werte/Verhalten	*Formalistisch*	*Kollegial*	*Personalistisch*
Entscheidungsbasis	Anweisung von oben	Diskussion, Einigung	Innere Antriebe, Überzeugungen
Formen der Kontrolle	Vorschriften, Gesetze, Belohnungen, Bestrafungen	Zwischenmenschliche und Gruppenbindungen	Handlungen in Einklang mit dem Selbstkonzept
Quelle der Macht	Vorgesetzte	Was „wir“ denken und fühlen	Was *ich* denke und fühle
Angestrebtes Ziel	Pflichterfüllung	Konsens	Selbstverwirklichung
Zu vermeiden ist	Abweichung gegenüber den Anordnungen von oben; Eingehen von Risiken	Nichtherstellung eines Konsens	„Sich selbst nicht treu sein“
Position gegenüber anderen	hierarchisch	von gleich zu gleich	individuell
Menschliche Beziehungen	festgefügt	gruppenorientiert	individuell orientiert
Wachstumsbasis	Einhaltung der hergebrachten Ordnung	Zugehörigkeit zur Gruppe der Gleichgestellten	Handeln aufgrund von Selbstbewußtheit

Drei Stile der sozialen Architektur

Quelle: BENNIS/NANUS, „Führungskräfte“, 1985, S. 130

Eine ganz andere Perspektive zur Klassifikation von Unternehmenskulturen bietet der Ansatz von DEAL/KENNEDY (1982).

Aufgespannt in die beiden Dimensionen „Risikograd der unternehmerischen Aktivitäten“ und „zeitlicher Informationsrückfluß über den Erfolg der gewählten Strategien“ ergibt sich bei ihnen eine Vier-Felder-Matrix der Unternehmenskulturen:

① Die Verfahrens-Kultur (langsamer Informationsrückfluß/niedriger Risikograd)
Die Mitarbeiter können ihre Leistungen nur schwer messen und konzentrieren sich verstärkt darauf, wie etwas getan wird. Das Feedback ist üblicherweise gering. Aktennotizen stehen im Vordergrund. Vorsicht und Absicherungsverhalten stellen natürliche Antworten auf das Fehlen von häufigem, spezifischem und aufbauendem Feedback dar. Verfahrensfragen, Details, Stilfragen, Hierarchie-Aspekte und Status-Merkmale prägen den Alltag. Die Integrität des Systems steht über der Integrität des einzelnen.

Nach DEAL/KENNEDY sind diese Kultur-Merkmale oft bei Banken, Versicherungen, Versorgungsbetrieben und anderen reglementierten Branchen wie z. B. der Pharmaindustrie zu beobachten.
Zu ergänzen wäre wohl: allgemein in bürokratischen Systemen.

② Die Risiko-Kultur (langsamer Informationsrückfluß/hoher Risikograd)
Große Risiken und große Zeiträume charakterisieren die Arbeitssituation. Aufwendige Investitionen und lange Umsetzungszeiträume gehören zum Alltag. Dies verlangt Menschen mit großem Selbstvertrauen und einem standfesten Charakter. Persönliche Autorität und sachliche Kompetenz gehören dazu. Unreife wird in dieser Umgebung wenig toleriert. Die Bedeutung von richtigen Entscheidungen fördert Umsicht und Bedachtsamkeit. Eine Erfolgskomponente liegt in dem gemeinsam hart erworbenen Wissen. Da die Abhängigkeiten voneinander sehr stark sind, werden Höflichkeit und Respekt im Umgang un-

tereinander sehr wichtig. Ein Hauptritual dieser Kultur ist die Konferenz.

Nach DEAL/KENNEDY gehören zu diesem Kulturtyp besonders Investitionsgüterhersteller, Bergbaugesellschaften, Hersteller von Groß-Systemen, Ölfirmen, Computer-Unternehmen, Architekturbüros, Banken und Versicherungen, aber auch das Militär. Zu ergänzen wären z. B. Automobilhersteller..

③ Die Harte-Arbeit-viel-Spaß-Kultur (schneller Informationsrückfluß/niedriger Risikograd)
Aktivität zählt vor allem in dieser Welt. Der Erfolg hängt stark vom Einsatz und der Beharrlichkeit ab. Der Kunde und seine Bedürfnisse stehen im Vordergrund. Weniger der einzelne als vielmehr das Team insgesamt sorgen für den Erfolg. Motivation ist deshalb alles. Der Umgang mit dem Kunden und die richtige (An-)Sprache werden trainiert. Hier werden Kontaktfähigkeit und Kommunikation hoch bewertet. Wettbewerbe, Incentives, Beförderungen und Zusammenkünfte, die auf irgendeine Weise die Motivation heben, werden besonders gepflegt. Die Aktivität als solche zählt unter Umständen mehr als das Unternehmen, dem man angehört. Verständlich, daß hier oft junge Leute draufgängerisch ihren Wert beweisen wollen.

Nach DEAL/KENNEDY ist hier im besonderen Maße die quirlige Welt der Verkaufsorganisationen angesprochen. Direktvertriebs-Organisationen, Autohändler, der Einzelhandel, der Immobilien-Bereich und Computer-Unternehmen sowie die Hersteller von Büroeinrichtungen gehören ebenfalls hierher.

④ Die Macho-Kultur der harten Männer (schneller Informationsrückfluß/hoher Risikograd)
Schnelligkeit, Aktivität, unmittelbare Entscheidungen, Risikobereitschaft, Durchsetzung und die Bewältigung von Streß zählen zu den besonderen Anforderungen. Wer aufsteigen will,

muß hart und aggressiv sein. Finanzieller Erfolg und schneller Aufstieg liegen ganz nahe bei Mißerfolg und Ausgebranntsein. Hier werden die Individualisten gefeiert, die zum Star werden, hier haben Außenseiter eine Chance. Launen und Intensität werden hier akzeptiert, mit dem Zufall oder dem Glück lebt man ganz selbstverständlich. Aber die Quelle der Stärke – die Individualität – ist auch eine Quelle ihrer Schwäche: Der Konkurrenzdruck schwächt die Tugenden der Zusammenarbeit. Kurzsichtigkeit, harte Konflikte und persönliche Unreife, Aberglaube und Klatsch zählen auch zum Alltag dieser Welt.

Nach DEAL/KENNEDY zählen die Unterhaltungsbranche, Film, Fernsehen, das Verlagswesen und der Sport dazu, aber auch Venture Capital-Firmen, die Werbung, die Unternehmensberatung, das Baugewerbe, die Kosmetik-Branche, die Welt der Chirurgen und der Polizeistationen.

Zu ergänzen wäre: die findigen (und machmal windigen) Finanz-Artisten, die Devisenhändler und Spekulanten.

Nach dieser Darstellung der Konzepte von BENNIS/NANUS und von DEAL/KENNEDY möchte ich einen kurzen Rückgriff machen auf den vielleicht ersten Ansatz zur Typologisierung von Unternehmenskulturen, der von HANDY schon 1978 in Anlehnung an den Sozialpsychologen HARRISON vorgenommen wurde (vgl. DILL, 1986ff.).

HANDY unterscheidet ebenfalls 4 Kulturtypen, denen er spezifische Führungs- und Motivationsprinzipien sowie charakteristische Arbeitsweisen zuordnet.

① Die Machtkultur
Die autokratische Organisationsform zeichnet sich durch eine starke Entscheidungszentralisation aus. Die elitäre Spitze verfügt über ein großes Machtpotential. Die klare Hierarchie dominiert über demokratische Prinzipien.

Nach HANDY findet man diese Machtkultur oft in kleinen Unternehmen und Eigentümer-Gesellschaften, bei militärischen Einheiten sowie innerhalb von Großorganisationen im Bereich des Top-Managements.

② Die Rollenkultur
Sie ist charakterisiert durch eine funktionale Organisationsform, durch ausführliche Stellenbeschreibungen, Kompetenzregelungen, scharf abgegrenzte organisatorische Rollen, detaillierte hierarchische Regeln und Ordnungen sowie klare Kommunikationsspielregeln.
Nach HANDY lassen sich solche Merkmale deutlich bei Banken und Versicherungen und in der öffentlichen Verwaltung beobachten.

③ Die Aufgabenkultur
Hier prägen Projektaufgaben und team-orientierte Organisationsformen das Bild. Kompetenz und Expertenmacht zählen hier stark. Flexibilität und wandelbare Strukturen korrespondieren mit einem hohen Ausmaß an Selbstkontrolle der Mitarbeiter. Die Erfüllung der gestellten Aufgabe ist das Hauptziel.

HANDY registrierte dies besonders z. B. bei Beratungsunternehmen und Werbeagenturen. Innerhalb von Großunternehmen ließ sich diese Kulturform u. a. in Marketingabteilungen, Forschungs- und Entwicklungsabteilungen und ganz allgemein bei Projektgruppen der verschiedensten Art beobachten.

④ Die Personenkultur
Hier stehen die Interessen und Bedürfnisse einzelner wichtiger Hauptpersonen im Vordergrund. Hohe Professionalität, Sach-Kompetenz und Expertenmacht sichern den Einfluß.

HANDY hielt das für typisch bei Architekturbüros, Rechtsanwaltspraxen, kleinen Beratungsunternehmen und bei ausgeprägt personenabhängigen Organisationen.

HANDY glaubt Schwerpunktaussagen zur Effizienz der einzelnen Kulturen machen zu können: Zur Bewältigung von vielen Routinearbeiten hält er die Rollenkultur für am ehesten geeignet. Innovationen seien am ehesten bei einer ausgeprägten Aufgabenkultur zu schaffen. Die Machtkultur sei am effizientesten bei der Bewältigung von Krisensituationen. Für die allgemeine Unternehmensführung hält er natürlich schlüssigerweise eine Mischform der Unternehmenskulturen für am zweckmäßigsten. Wobei bei HANDY allerdings die Frage offen bleibt, inwieweit die einzelnen Kulturausprägungen überhaupt leicht veränderbar und anpassungsfähig sind. Aufgrund meiner Praxiserfahrungen habe ich daran erhebliche Zweifel. Hier wird in der Theorie etwas als zweckmäßig angenommen, was in der Praxis faktisch nur schwer herzustellen ist. Denn Unternehmenskulturen sind träge Gebilde, die nur langsam weiterzuentwickeln sind.

Nur nebenbei sei eine weitere Typologie von JONES (1983) erwähnt, die gewisse Ähnlichkeiten mit derjenigen von HANDY aufweist, wenn er (JONES) von den drei Typen der Unternehmenskultur spricht. JONES unterscheidet die „production culture" von der „bureaucratic culture" und der „professional culture". Unterscheidungskriterien sind nach seiner Auffassung verschiedene Strukturen von Verfügungsrechten. Der Ansatz von JONES beruht auf sogenannten „transaktionskostentheoretischen Überlegungen" (vgl. DILL, 1986) und erscheint mir nicht nur wegen der begrifflichen Abstraktheit als wenig relevant für die Praxis.

Einen wichtigen Zusammenhang zwischen Kultur und Strategie macht ANSOFF (1979) mit seinem Begriff der „strategic culture" deutlich. Er faßt darunter die Werte, Normen und Ziele besonders von unternehmensbezogenen Teileinheiten zusammen, die bestimmte Teilaufgaben haben. Für diese Subsysteme versucht er Gestaltungsempfehlungen herauszuarbeiten.

Während mir die Grundgedanken und die spezifizierenden Kriterien von ANSOFF einleuchtend erscheinen, halte ich die Gesamtwirkung dieses Ansatzes für etwas zu „verkopft“ und nicht plastisch genug, weshalb ich ihn nicht weiter verfolgen möchte.

Das Konzept von KIRSCH/TRUX (1981) finde ich dagegen nicht nur etwas amüsanter geschrieben, sondern auch prägnanter und plastischer – bei aller Vereinfachung.

Im Wissen um die Begrenztheit ihres Vorgehens beschreiben sie verschiedene Typen von strategischen Grundhaltungen in betriebswirtschaftlichen Organisationen.

Auf der einen Grunddimension, nämlich der „Grundeinstellung gegenüber Veränderungen“, unterscheiden sie die drei wesentlichen Ausprägungsstufen der konservativen, der liberal-analysierenden und der progressiven Grundeinstellung – je nach der Bereitschaft, eher auf „Althergebrachtes“ oder auf „Neues“ zu reagieren.

Auf der anderen Grunddimension, diesmal der grundsätzlichen „Bereitschaft zur Spezialisierung“, unterscheiden sie ebenfalls drei Ausprägungsgrade: den „Spezialisten“, den „Synergisten“ und den „Generalisten“.

Mittels dieser beiden Grunddimensionen spannen KIRSCH/TRUX eine Matrix auf, mit der sie insgesamt sechs verschiedene Unternehmenstypen beschreiben können. Die nachfolgende Abbildung verdeutlicht diese Beschreibung.

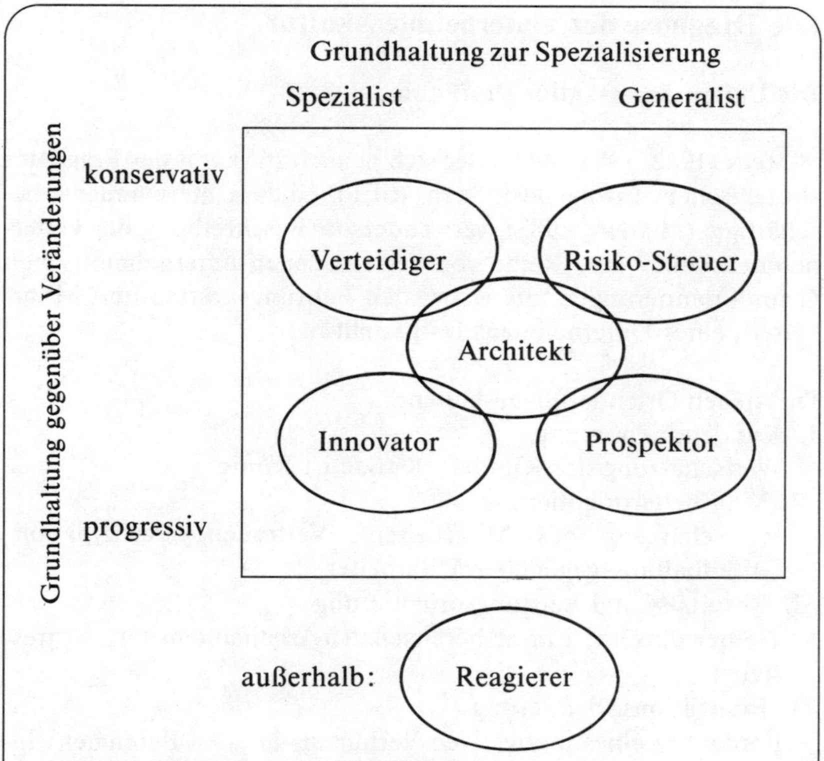

Typen strategischer Grundhaltungen

Quelle: KIRSCH/ROVENTA/TRUX, 1983, S. 122; zit. nach DILL, 1986

Die Darstellung benutzt zwar idealisierte Vorstellungen, und das Konzept ist weit davon entfernt, eine ausgereifte wissenschaftliche Theorie darzustellen, aber die Beschreibungen haben einfach einen plastischen Verdeutlichungswert. Ganz wichtig erscheint mir ihre Annahme, daß die (hier schwerpunktartig charakterisierten) dominierenden Werte, Normen und Einstellungen das strategische Verhalten einer Organisation beeinflussen und daß durch die Analyse des strategischen Verhaltens auf die in dem Unternehmen vorhandene Kultur gefolgert werden kann.

Die Diagnose der Unternehmenskultur

Die Unternehmenskultur-Profile von PÜMPIN

PÜMPIN (1982, 1984, 1985), der sich ja auch stark mit der Frage der strategischen Erfolgspositionen (SEP) eines Unternehmens beschäftigte (PÜMPIN, 1983), verwendet zur Beschreibung der Unternehmenskultur eine Reihe von verschiedenen unternehmerischen Grundorientierungen, die er bei den Führungskräften und Mitarbeitern eines Unternehmens festgestellt hat.

Die sieben Orientierungen lauten:

1. Kundenorientierung
   Wertschätzung der Kunden; Kunde ist König
2. Mitarbeiterorientierung
   Wertschätzung des Mitarbeiters; Vertrauen; Partizipation; Grundhaltung gegenüber Mitarbeiter
3. Resultats- und Leistungsorientierung
   Zielbewußtsein; Einsatzbereitschaft; Arbeitsintensität; Aggressivität
4. Innovationsorientierung
   Förderung eines innovativen Verhaltens in allen Bereichen; Innovationshäufigkeit; Testen: Bereitschaft, Fehler zu machen
5. Kostenorientierung
   Kostenbewußtsein; Sparmaßnahmen; Kostenbewirtschaftung
6. Unternehmensorientierung
   Loyalität; Gemeinschaftsgeist; Identifikation mit Unternehmen
7. Technologieorientierung
   Technisierungsgrad; Bedeutung der Technik oder der Werkstoffe

(zit. nach DILL, 1986, S. 123 f)

PÜMPIN gelangt auf diese Weise schließlich zu der Möglichkeit, Vergleiche zwischen verschiedenen Unternehmen vornehmen und gut visualisieren zu können, wie die nachfolgende Abbildung zeigt:

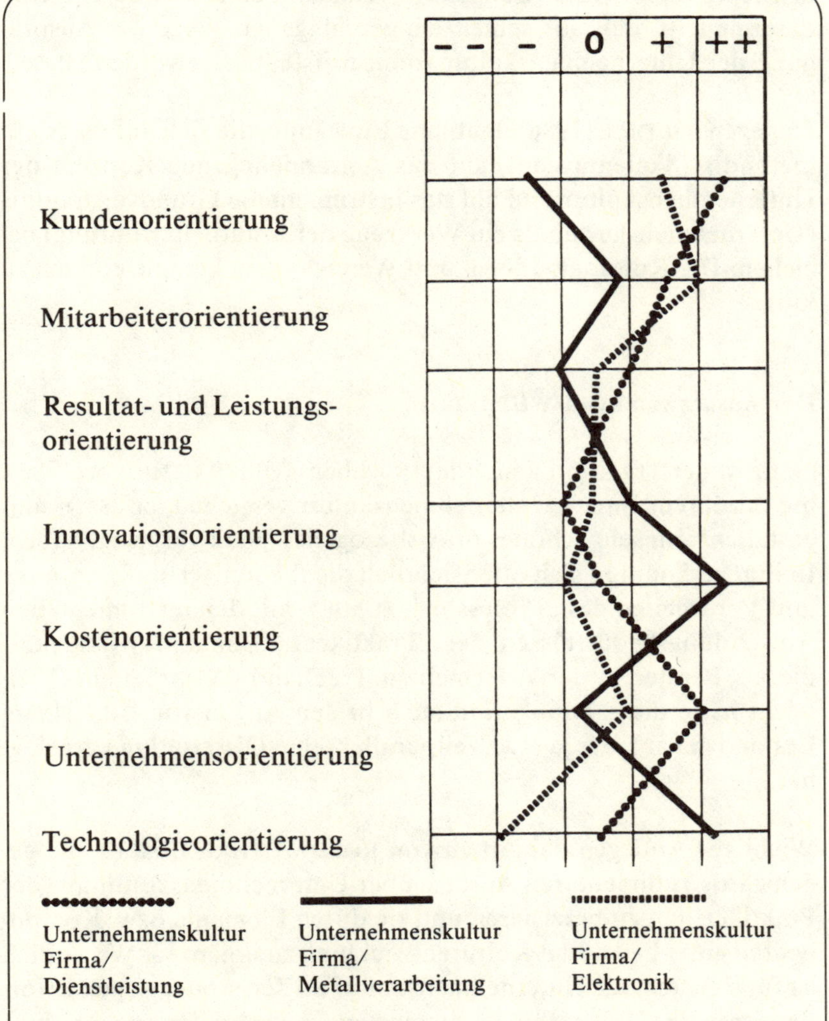

Unternehmenskulturelle Profile

Quelle: Pümpin, in: Die Bedeutung der Unternehmenskultur für den künftigen Erfolg Ihres Unternehmens, Zürich 1984 (zit nach DILL, 1986, S. 124)

Mit Hilfe dieser Darstellungsform versucht PÜMPIN seine These zu untermauern, daß auf seinem eingeschlagenen Wege die Ausprägung der Unternehmenskultur somit feststellbar geworden ist.

Dagegen hat DILL (1986) deutliche Einwände, die sich auf die Meßmethodik (Skalenniveau), auf das zugrundeliegende Konzept der Unternehmenskultur und auf das instrumentelle Grundverständnis (Unternehmenskultur als ein Werkzeug der Mitarbeiterführung) beziehen. Die Kultur als Ideen- und Werte-System komme einfach zu kurz.

Der Ansatz von KOBI/WÜTHRICH

Ganz in der Tradition von PÜMPIN stehen KOBI/WÜTHRICH (1986), die mit ihrem Buch „Unternehmenskultur verstehen, erfassen und gestalten" ein sehr schönes praxisbezogenes Werk vorgelegt haben. In ihm verknüpfen sich offensichtlich die theoretischen Kenntnisse und Vorarbeiten des „Professors" PÜMPIN mit den instrumentellen Anwendungsbedürfnissen der „Praktiker" KOBI und WÜTHRICH, die als Berater in der Allgemeinen Treuhand AG arbeiten. (Vielleicht hätte diese Publikation auch in den Augen von DILL [1986] Bestand gehabt, der ja etwa zeitparallel seine Dissertation vorgelegt hat.)

Wichtiges Anliegen der Arbeit von KOBI/WÜTHRICH ist es, die gegenwärtig rudimentären Ansätze über Unternehmenskultur aus der Praktikersicht zu präzisieren und sie durch Elemente bzw. Komponenten einer bewußten Kulturentwicklung zu ergänzen. Wesentlich ist für sie auch, die Unternehmenskultur an den strategischen Erfordernissen des Unternehmens zu messen – nicht an den spekulativen Vorstellungen über eine generelle Ideal-Kultur.

Wobei die Autoren gleich zu Beginn eine wichtige Aussage machen: „Die Grenzen jeder Unternehmenskulturveränderung werden ebenfalls aufgezeigt. Wir betonen, daß Unternehmenskultur mehr ‚kultiviertes Mangement' denn ‚Kulturmanagement' ist." (KOBI/WÜTHRICH, 1986, S. 15).

Ziel ist es nach ihrer Ansicht, das Unternehmen vor einer destruktiven „Kulturschock-Strategie" zu bewahren und langfristige Differenzierungen der angestrebten strategischen Erfolgspositionen (SEP) des Unternehmens zu ermöglichen. Dabei halten sie fest: „Unternehmenskultur ist tradiert, erlernt, anpassungsfähig, vielschichtig, nur teilweise bewußt und überindividuell ... Bei der Kultur als verhaltensprägendem Normen- und Wertgefüge in einer Unternehmung handelt es sich um

- qualitative Elemente, die sich einer exakten quantitativen Erfassung entziehen und lediglich in beschreibender Art darstellbar sind;
- Elemente, die mit wissenschaftlicher Logik kaum zu erklären sind." KOBI/WÜTHRICH, 1986, S. 32)

Bei der Diagnose der nur schwer in ihrer Gesamtheit und Ausprägung zu erfassenden Unternehmenskultur versuchen sie möglichst verschiedene Symptom-Ursprungsbereiche (menschenbezogene, instrumentale und unternehmensexterne) zusammenzufassen.

Eine Auswahl der von ihnen betrachteten kulturellen Symptome ist aus den beiden folgenden Abbildungen zu ersehen.

Kernfaktoren	*Ausdrucksformen kultureller Symptome*
○ *Persönlichkeitsprofile der Führungskräfte* (Kerngruppe) Führungskräfte aller Stufen prägen durch ihr Verhalten die Unternehmenskultur. Dieses Verhalten ist Ausdruck spezifischer Persönlichkeitsprofile	○ Lebensläufe Soziale Herkunft; beruflicher Werdegang; Dienstalter; Verweildauer in Funktion; usw. ○ Werte und Mentalitäten; Ideale, Sinn für Zukunftsprobleme; Visionen; Einstellungen; Innovationsbereitschaft; Widerstand gegenüber Veränderungen; Durchsetzungs- und Durchhaltevermögen; Ausdauer; Lernbereitschaft; Risikoeinstellung; Frustrationstoleranz, Selbstsicherheit usw.
○ *Rituale und Symbole* Die in jedem Unternehmen vorhandenen Rituale und Symbole bilden eine wesentliche Quelle unternehmenskultureller Symptome.	○ Rituelles Verhalten der Führungskräfte Beförderungspraxis; Kader- und Nachwuchsselektion; Sitzungsverhalten; Entscheidungsverhalten; Beziehungsverhalten; Bezugspersonen; Vorbildfunktion; Arbeitsverhalten usw. ○ Rituelles Verhalten der Mitarbeiter Besucherempfang; Begrüßung durch Telefonistin; Umgang mit Reklamationen; Wertschätzung des Kunden; Firmenjargon usw. ○ Räumliche und gestalterische Symbole Erscheinungsbild; Zustand und Ausstattung der Gebäulichkeiten; Firmenumschwung; Anordnung, Gestaltung und Lage von Büros (Bürologik); Berufskleidung; „Firmenkarossen" usw. ○ Instutionalisierte Rituale und Konventionen Empfangsrituale von Gästen; Kleidungsnormen; Sitzungsrituale; Parkplatzordnung; Feiern und Firmenfeste usw.
○ *Kommunikation* Der Kommunikationsstil sowie das Kommunikationsverhalten nach innen und außen enthalten aufschlußreiche Hinweise über die Ausprägung der Unternehmenskultur.	○ Kommuniktionsstil Informations- und Kommunikationsverhalten; Offenheit; Spontaneität; Konsens- und Kompromißbereitschaft usw. ○ Kommunikation nach innen und außen Corporate identity; Mitwirkungsformen; Vorschlagswesen; Qualitätszirkel; Dienstweg; Auftreten des Unternehmens; Öffentlichkeitsarbeit; Offenheit der Information usw.

Ausdrucksformen kultureller Symptome

Quelle: KOBI/WÜTHRICH, 1986, S. 70

Managementfaktoren	*Ausdrucksformen kultureller Symptome*
○ *Strategien* Das methodische Vorgehen bei der Strategie-Entwicklung, Ausgestaltung der Strategiedokumente sowie die Kraft der Strategieumsetzung lassen interessante Rückschlüsse auf die in einem Unternehmen herrschenden Normen und Wertgefüge zu.	○ Strategiedokumente Art und Umfang; Konkretisierungsgrad; Klarheit usw. ○ Strategische Leitideen Erkennbare Marschrichtung und Schwergewichte; aufzubauende strategische Erfolgsposition; beabsichtigte Ressourcenzuordnung; erkennbare Markt-, Konkurrenz- und Selbsteinschätzung usw. ○ Strategieumsetzung Bekanntheit und Bedeutung strategischer Ziele im Alltag usw.
○ *Strukturen und Prozesse* Organisatorische Dokumente und die angewandte Organisationsphilosophie geben ebenfalls oft wertvolle Hinweise auf die Ausprägung der Unternehmenskultur.	○ Organisationsdokumente Anzahl; Umfang; Ausgestaltung usw. ○ Organisationsphilosophie Zentralisierungs-, Dezentralisierungsgrad; Formalisierungsgrad; hierarchische Stufen; Ressortdenken; Leitungsspanne; Gliederungskriterien; Art der Stellenbildung usw. ○ Informale Strukturen und Prozesse Informales betriebliches Kontakt- und Kommunikationsnetz; informale Führer usw.
○ *Führungssysteme* Art, Umfang und Inhalt der in jedem Unternehmen formell oder informell angewandten Planungs-, Budgetierungs-, Kontroll- und Entlöhnungssysteme sowie allgemeinen Führungstechniken (Management by objectives, Quality circles usw.) bilden relevante Ursprungsbereiche kultureller Symptome.	○ Systeme Anzahl; Art, Umfang; Ausgestaltung usw. ○ Redundanz „Heilige Kühe" unter den Systemen; mit einzelnen Systemen verbundener Stolz usw.
Umfeldfaktoren	*Ausdrucksformen kultureller Symptome*
○ *Ökonomische Einflüsse*	○ Wirtschaftsraum, -system; Konjunktur- und Wachstumserwartungen; Entwicklung der Kapitalmärkte; Lohnniveau; Infrastruktur; Konkurrenzverhalten; Verbraucherverhalten; Geschäftssitten und Gebräuche
○ *Gesellschaftliche Einflüsse*	○ Publikum; Verbände; Presse
○ *Technologische Einflüsse*	○ Technologischer Fortschritt/Wandel; Produkt- und Substitutionstechnologien
○ *Ökologische Einflüsse*	○ Verfügbarkeit von Ressourcen

Quelle: KOBI/WÜTHRICH, 1986, S. 71

KOBI/WÜTHRICH stellen in ihrer Übersicht über die von ihnen gewählten Diagnoseinstrumente für die Analyse der Unternehmenskultur die folgenden sechs Elemente heraus:

① Dokumentenanalyse
Dazu gehören schriftliche Informationen z. B. zur Firmengeschichte, geschäftspolitische Dokumente (formulierte Aussagen zur Geschäftspolitik, zur Strategie usw.), schriftliche Darstellungen über die Organisation (Organigramme, Stellenbeschreibungen usw.), die Mitarbeiterführung (Führungsrichtlinien, Aus- und Weiterbildungsprogramme, Personalkennzahlen usw.), über die interne und externe Kommunikation und über das konkrete Planungs- und Kontrollsystem des Unternehmens.

② Firmenrundgang
Hier werden Eindrücke über das äußere Erscheinungsbild (Gebäude, Umgebung usw.) und den Besucherempfang (Empfangsraum, Empfangs- und Anmeldebereich) sowie die Eindrücke während des Firmenrundgangs gesammelt (Begleitperson, Atmosphäre im Betrieb, Mitarbeiterverhalten, Gestaltung der Arbeitsplätze usw.).

③ Fragebogen
Der Fragebogen wird auf die Gegebenheiten und Bedürfnisse der jeweils untersuchten Unternehmung hin spezifiziert und in einem Probelauf getestet. Er bezieht sich thematisch auf die folgenden Punkte:
- Grundorientierung der Unternehmenskultur,
- unternehmerische Leitideen,
- betriebliche Hauptstärken und -schwächen,
- Zusammenarbeit,
- Information/Kommunikation,
- Merkmale des typischen Mitarbeiters,
- Karrieremechanismen,
- Betriebsklima,

- Bild des Vorgesetzten und
- statistische Angaben.

Dieser in der Anwendung etwa 10–15seitige Fragebogen enthält fast ausschließlich geschlossene Fragen. Er verlangt einen Aufwand von ca. 20–30 Minuten zum Ausfüllen und wird normalerweise bei Firmen mit bis zu 300 Mitarbeitern quasi allen Unternehmensangehörigen vorgelegt, bei größeren Firmen nur einer repräsentativen Stichprobe.

④ Sitzungsbeobachtung
Hier werden Inhaltsanalysen und Interaktionsanalysen der Gespräche vorgenommen und ausgewertet, z. B. Sitzordnung, Atmosphäre, Konfliktverhalten, Rollenverhalten und Kritikverhalten.

⑤ Einzelgespräche
„Wie bereits erwähnt, bilden Einzelgespräche mit ausgewählten Mitarbeitern verschiedener Stufen den Kern der Diagnose." (KOBI/WÜTHRICH, 1986, S. 85)

Wobei sie im Unterschied zur Fragebogenerhebung hierbei die Belegschaftsstruktur nicht genau abbilden. Sie führen diese Einzelgespräche vor allem mit dem „mittleren Kader", „weil dort großes Wissen vorhanden ist." (KOBI/WÜTHRICH, 1986, S. 86)

Die Aufzählung der von ihnen als „interessant" bezeichneten Gesprächspartner bezieht sich dann im Buch allerdings ausdrücklich außer auf die hierarchisch hochgestellten Personen u. a. auf typische Meinungsvertreter, den Sportclub-Präsidenten, die Telefonistin, den Hauswart, das betriebliche Faktotum und Lehrlinge, wodurch der gewählte Hierarchie-Schwerpunkt formal und inhaltlich deutlich nach unten geht, da er sich zwangsläufig auf andere Themen und Informationen beziehen wird.
Diese Kombination von Teilnehmerkreis, Zeitdauer und Themen

der Gespräche läßt bei mir Zweifel über die Tiefenschärfe der Interviews aufkommen. Dies vor allem, wenn man sich die Analysethemen der ca. 1,5 Stunden dauernden Gespräche anschaut. Sie beziehen sich u.a. auf:

„– Leitbild, Vision
– Werte, Normen, Denkgewohnheiten
– Information
– Entscheidungsverhalten
– Kundenorientierung
– Mitarbeiterorientierung
– Resultats- und Leistungsorientierung
– Innovationsorientierung
– Kostenorientierung
– Kommunikationsorientierung
– Unternehmensorientierung
– Technologieorientierung
– Subkulturen
– Hemmfaktoren der Veränderung
– Werthaltungskonflikte
– Geschichte
– Wichtigste Person im Unternehmen
– Beziehungs- und Machtstrukturen
– usw.“ (a.a.O., S. 87).

⑥ Weitere Diagnosemöglichkeiten
Natürlich sind die grundsätzlichen Diagnosethemen und -instrumente fast beliebig auszuweiten. Aber die Erfahrung legt offenbar pragmatische Schwerpunkte nahe, zu denen u.a. gehören:
– Kunden- und Lieferantenbefragung
– Zeitanalyse bei Führungskräften
– Analyse eines versandeten Projektes
– Teilnehmer aus Einstellungsgesprächen
– Begleitung eines Außendienstmannes
usw.

Die auf diese vielfältige Weise insgesamt zusammengetragenen Informationen über die Unternehmenskultur werden schließlich aufbereitet und visualisiert, damit sie einer weiteren Diskussion und

Bewertung im Unternehmen zugänglich werden. Ziel ist ja das Ableiten von Konsequenzen.

Wie das folgende Beispiel zeigt, können auf diese Weise einzelne Abteilungen und Bereiche, ganze Unternehmen und auch verschiedene Firmen im Vergleich charakterisiert und diskutiert werden.

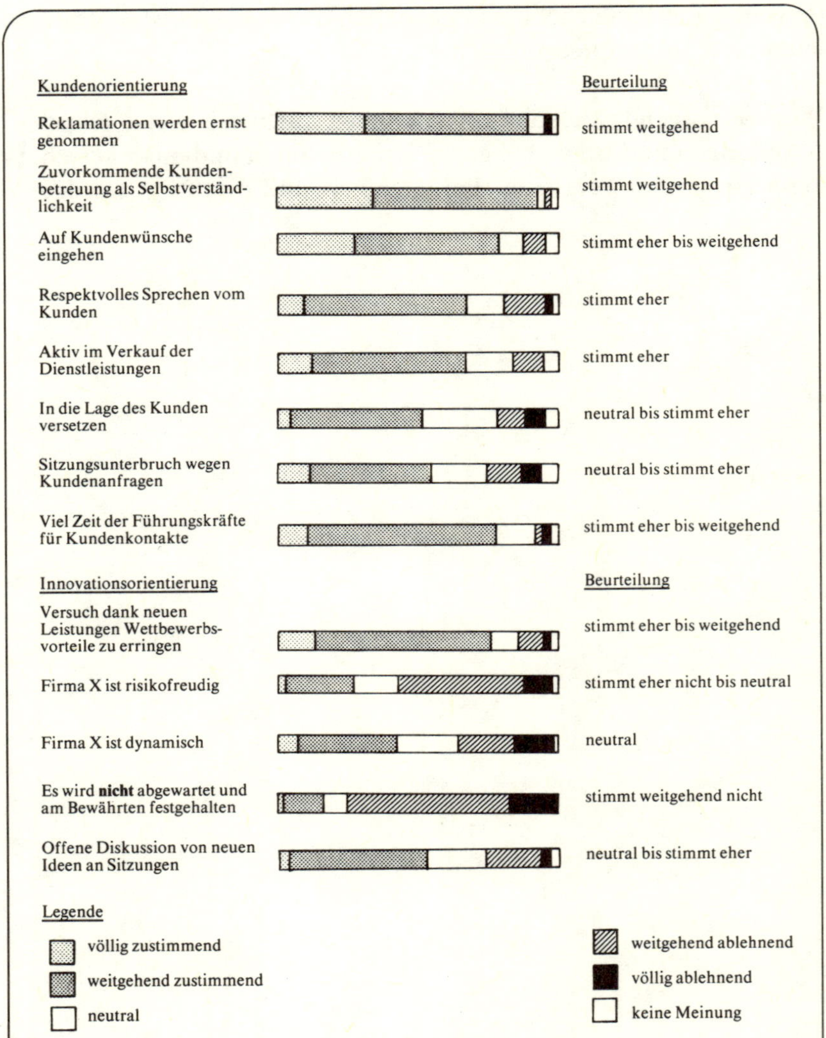

Ausgewählte Grundorientierungen in einer Firma
Beispiel: Versicherungsunternehmen, ca. 3000 Mitarbeiter

Quelle: KOBI/WÜTHRICH, 1986, S. 96

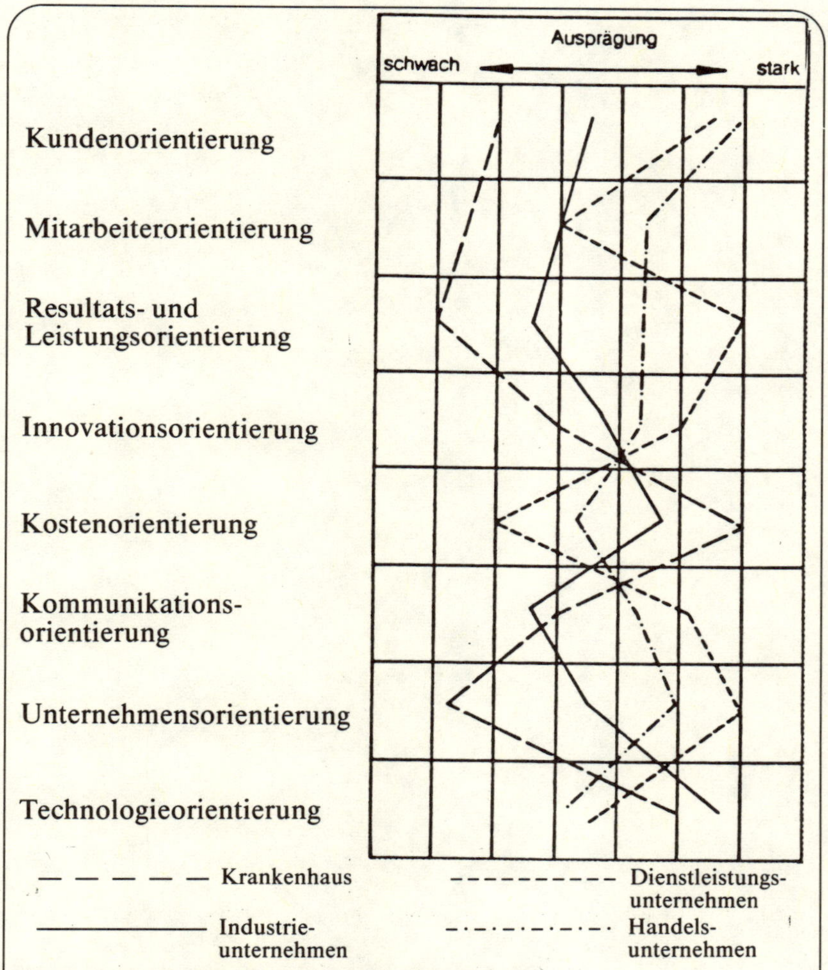

Ist-Unternehmenskulturprofile von vier Firmen

Quelle: KOBI/WÜTHRICH, 1986, S. 97

Die interpretative Erfassung der Unternehmenskultur

In ihrem Buch mit dem Titel „Wir, die Firma" versuchen NEUBERGER/KOMPA (1987) einen ganz anderen Weg zu gehen, um das Phänomen „Unternehmenskultur" stärker in den Griff zu bekommen.

NEUBERGER (dessen Denkmal-Stürzer-Neigung ja nicht unbekannt ist) und KOMPA beschreiben kritisch den „Kult um die Unternehmenskultur", diese „Mode der 80er Jahre". Kenntnisreich – zumindest was Bücher und Konzepte betrifft – referieren sie einige theoretische Entwicklungslinien und prominente Autoren im Umfeld des Begriffs Unternehmenskultur, bevor sie sich mit ihrem eigenen Ansatz über dieselbe hermachen.

Sie arbeiten heraus, daß die Unternehmenskultur „nach Maschine, Uhrwerk, Organismus, kybernetischem System ... eine neue Metapher in der Organisationstheorie" darstellt. Nach ihrer Auffassung drücken sich in den Analysen mit ihrem unmittelbaren Praxisbezug der Beispiele, dem Anbieten einfacher Handlungsregeln und dem Verbreiten einer zupackenden und optimistischen Stimmung der Propagandisten eine „Restauration unternehmerischen Denkens" und eine Überwindung der (über-)rationalen Sichtweise des Unternehmens aus.

In einer Phase der japanischen Herausforderung und der globalen Konkurrenz gehe es offenbar um eine Aktivierung von Leistungs- und Einsatzreserven. Um durchschnittliche Mitarbeiter zu überdurchschnittlichen Leistungen zu bringen, sähen die neuen Managementtheoretiker offensichtlich die Notwendigkeit, die bewußten, halbbewußten und unbewußten mentalen Programmierungen der Angehörigen des Systems „Unternehmen" in größerer Komplexität als bisher aufzugreifen und positiv zu gestalten.

Deshalb versuchen NEUBERGER/KOMPA, über die (z. T. leicht) beobachtbaren manifesten Inhalte, Erscheinungsweisen und Strukturen von Unternehmen (Organisationen) hinauszugelangen und die dahinterliegenden mentalen Faktoren zu ergründen. Nach ihrer Meinung versucht der Unternehmenskultur-Ansatz verschiedene Aspekte in einer Weise zusammenzubinden, die sie mit dem Schlagwort „ELITE" zu charakterisieren versuchen:

- ver-Einigen (Gemeinschaft, Einheit, Wirgefühl schaffen)
- ver-Lebendigen (revitalisieren, aktivieren, entkalken, erneuern, begeistern)
- ver-Innerlichen (Außensteuerung durch Innensteuerung ersetzen, mentale Programmierung, Ver-Wertung)
- ver-Tiefen (hinter die Kulissen sehen, die „objektive" Wirklichkeit dechiffrieren und deuten, Sinn suchen und geben)
- ver-Ewigen (den Bezug zu Tradition und Geschichte herstellen und in Routine oder Ritualen verfestigen, verdinglichen, automatisieren).

Quelle: NEUBERGER/KOMPA; 1987, S. 21

Der Unternehmenskulturanalyse-Ansatz von Böning-Team

In den vorausgegangenen Abschnitten habe ich versucht, wesentliche Aspekte des bisherigen theoretischen Verständnisses von Unternehmenskultur und seiner praktischen Umsetzung bei der Analyse zu beschreiben.

Es bedarf wohl keiner näheren Begründung, daß wir bei Böning-Team nicht behaupten, alles neu erfunden zu haben. Selbstverständlich beziehen wir uns bei unserer theoretischen und praktischen Arbeit konsequent auf den von Kollegen erarbeiteten Stand der Diskussion und des Vorgehens. (War es nicht Schopenhauer, der sinngemäß so schön formulierte: „Wir stehen alle auf den Schultern unserer Vorfahren"?) Die bisherigen Ausführungen stellen insofern nicht nur eine Wiedergabe der Literatur dar, sondern sind auch ein Ausdruck für die von uns empfundene Wertschätzung der von anderen geleisteten Arbeit.

Gleichwohl möchte ich auch festhalten, daß sich der Forschungs- und Anwendungsprozeß natürlich oft an einigen Stellen parallel vorwärtsbewegt. Was in dem vorliegenden Zusammenhang einfach bedeutet, daß nicht jeder Autor den Anspruch auf vollständige Originalität geltend machen kann, sondern sich in seinen Ansätzen und Konzepten in gewußter und z.T. auch ungewußter, faktisch aber schlichtweg vorhandener Nähe zu dem im gleichen Feld Arbeitenden befindet. Was also sonst als Normalität gilt, gilt auch hier: Viele Forscher und Praktiker bewegt Ähnliches, sie tun Ähnliches, und sie übernehmen viel voneinander. D.h. die nachfolgende Beschreibung des Unternehmenskulturanalyse-Ansatzes von Böning-Team bezieht sich z.T. auf Bekanntes, auf Anleihen bei anderen Autoren, z.T. auf Schwerpunkte bei verschiedenen Bausteinen, deren Zusammenfügung dem ganzen eine gewisse Eigenständigkeit gibt und z.T. auf Elemente, deren Umsetzung dem Vorgehen bei uns etwas

Charakteristisches geben. In dieser Perspektive sind die folgenden Beschreibungen zu lesen.

Es erscheint ratsam, an den Beginn der Beschreibung unseres Vorgehens einige grundsätzliche Ausführungen zu stellen, die kurz dokumentieren sollen, auf welcher Basis unser Verständnis ruht. Ich resumiere damit in knapper Form unsere Sichtweise.

Sechs Thesen zur Unternehmenskultur

Unter Unternehmenskultur verstehen wir die Gesamtheit der wichtigen und charakteristischen Einstellungen, Werte, Normen und faktischen Verhaltensweisen aller Führungskräfte und Mitarbeiter eines Unternehmens.

Sie sind eine zentrale Determinante des Unternehmenserfolgs.

These 1:
Unternehmenskultur ist keine völlig neue Erfindung der 80er Jahre, aber erst jetzt gewinnt sie eine entscheidende Bedeutung: Sie bekommt eine strategische Relevanz. Die Weiterentwicklung der Unternehmenskultur hat keinen psychologischen oder philosophischen Selbstzweck, sondern hat eine zentrale Bedeutung für das Erreichen von strategischen Positionen und wirtschaftlichen Erfolgen eines Unternehmens.

These 2:
Unternehmenskultur ist eine Reaktion auf entscheidende Veränderungen von zentralen Lebens- und Wirtschaftsaspekten.

Zum Beispiel:
- Internationale Herausforderungen im wirtschaftlichen Wettbewerb

- Umweltproblematik, wissenschaftliche und technische Großveränderungen
- Werteveränderungen, Sinnkrise und Sinnsuche – auch im Unternehmen
- Erweiterung des Weltbildes:
  Rationales Denken und intuitives Fühlen gehören zusammen; systemisches Verstehen und systemorientiertes Handeln treten in den Vordergrund
- Suche nach motivationssteigernden Kräften im Unternehmen.

These 3:
Das Wissen über und der Umgang mit der Unternehmenskultur stehen erst am Anfang. Sie kann das Managementverhalten revolutionieren, wenn sie mehr wird als eine neue Management-„Philosophie": Man kann sie nicht zuerst formulieren und dann umsetzen. Sie ist schon immer im Unternehmen vorhanden und kann nur schwer verändert werden.

These 4:
Unternehmenskultur verknüpft verschiedene Elemente eines komplexen Regelkreises: beispielsweise Aspekte wie wirtschaftlicher Erfolg, Sinn in der Arbeit, Entscheidungsverhalten, persönliche Ziele, Kommunikation und Wir-Gefühl.

These 5:
Die Führungsspitze prägt durch ihre Haltung und durch ihr Verhalten entscheidend die Kultur des gesamten Unternehmens.

Zwar beeinflussen auch alle anderen Mitarbeiter die Kultur, aber die oberen Führungskräfte tragen eine besondere Verantwortung für die soziale Architektur des Unternehmens.

Deshalb gilt notwendigerweise für die Weiterentwicklung der Kultur eines Unternehmens: „Treppen werden von oben gekehrt."

These 6:
Den Unternehmen wächst künftig eine neue (alte) gesellschaftliche Rolle als kulturprägender Institution zu: In einer Zeit schneller Veränderungen und fehlender Orientierungen werden die Wirtschaftsunternehmen mit ihrer Tendenz zur Globalisierung und internationalen Verflechtung vermutlich zu einem bedeutenden Kulturkatalysator und Kulturtransformator. Sie werden (wieder?) aus den „Niederungen rein wirtschaftlichen Tuns" heraustreten und zum Ort von Legitimitätsauseinandersetzungen werden.

„Führungsethik" und „Unternehmenskultur" werden von überwiegenden Überbauphänomenen zu erfolgsmitbestimmenden Faktoren werden, die zu einer neuen Vernetzung von Einzelunternehmen, Wirtschaftssphäre und gesellschaftlichen wie politischen Bereichen führen.

Eine kleine Begriffsklärung

Um im weiteren Verlauf der Diskussion eine saubere Grundlage zu haben, möchte ich zuerst einige kurze begriffliche Klärungen vornehmen. Dies erscheint mir nötig, weil die Verwendung der Begriffe z.T. sehr heterogen bzw. z.T. sogar ausgesprochen widersprüchlich ist. Dies ist um so weniger verwunderlich, als sich ja verschiedene Professionen liebevoll des Themas angenommen haben. (Und wie das bei der Liebe oft ist: Zunächst einmal wird das Terrain – begrifflich natürlich – in Beschlag genommen.)

Psychologen und Soziologen gehören dazu, auch Kulturanthropologen und Philosophen, aber natürlich sind Marketingexperten und Werbeleute genauso dabei wie Unternehmensberater und Führungskräftetrainer. Und Universitätsprofessoren, besonders Betriebswirtschaftler, dürfen nicht fehlen.

Wegen der folglich entstandenen Komplexität und Kompliziertheit (und wegen der bedeutungsvollen Unüberschaubarkeit) möchte ich der Vereinfachung eine didaktische Chance geben. Deshalb als inhaltliches Konzentrat die folgenden Aussagen, die den Kern unserer Auffassung wiedergeben.

Unternehmenskultur (UK) ist nicht identisch mit
1. Betriebsklima,
2. Corporate Identity (CI) oder
3. Corporate Design (CD).

Betriebsklima

Das Betriebsklima ist eine Untermenge der Unternehmenskultur. Es ist eine subjektive Größe und gibt auf der bewußt erlebten Ebene die persönliche Zufriedenheit des einzelnen wieder, wie er den Arbeitsplatz erlebt. Sie ist ein zentraler Bezugspunkt der Einstellungen und Erwartungen. Das Betriebsklima kann sich relativ schnell ändern.

Demgegenüber ist die Unternehmenskultur (UK) eine mehr objektive Größe. Sie wird stärker an den strategischen Anforderungen und am Erfolg gemessen. Da sie verschiedene heterogene Phänomene auch in den unbewußten Tiefendimensionen umfaßt, ist sie erheblich schwerer zu verändern.

Corporate Identity und Corporate Design

Unter Corporate Identity wird üblicherweise die ganzheitliche und einheitliche Darstellung des Unternehmens nach innen und außen verstanden: Wir-Bewußtsein innen und unverwechselbare Erscheinung des Unternehmens nach außen, besonders am Markt. In der tatsächlichen Praxis wird aber dieses Verständnis oft reduziert auf die Behandlung äußerer Erscheinungsmerkmale. Man arbeitet faktisch am Corporate Design (visuelle Merkmale, Schriftbild, Briefköpfe ...). So verstanden wird CI schließlich nur zum äußeren Erscheinungsbild des Unternehmens.

Demgegenüber ist Unternehmenskultur (UK) erheblich weitergefaßt: Sie meint eher die ganze „Unternehmenspersönlichkeit", d. h. die Menschen im Unternehmen mit ihrer „Psychologie" und „Philosophie". Oder anders ausgedrückt: den Zusammenhang von Bedingungen und Auswirkungen der Einstellungen und des faktischen Verhaltens der Menschen im Unternehmen.

Unter diesem Gesichtspunkt läßt sich festhalten:

- CI und UK beeinflussen sich im gewissen Umfang wechselseitig.
- UK ist der „Kern", CI der „Ausdruck".
- Da CI leichter zu steuern ist als UK, beschäftigt man sich in der Praxis vornehmlich mit CI.
- Dieser Aufwand dient dem scheinbar umfassenden Aspekt der CI aus der Sicht des Marktes. Faktisch ist dies aber der Oberflächenaspekt für das tieferliegende und ganzheitliche Phänomen der Unternehmenskultur, von der (in dieser Betrachtung) CI nur eine Untermenge darstellt.
- Eine echte und überzeugende Corporate Identity läßt sich nach „außen" nur dann vermitteln, wenn dafür eine starke Unternehmenskultur glaubwürdig und strategiekonform die tragfähige Basis abgibt. Anders gesagt: Wer an der Corporate Identity seines Unternehmens arbeitet, muß auch an der Unternehmenskultur arbeiten.

- Herausragenden Erfolg werden künftig auf Dauer nur echte Unternehmenspersönlichkeiten haben. Echte Unternehmenspersönlichkeiten gehen die Gestaltung und Weiterentwicklung ihrer Unternehmenskultur aktiv und zielorientiert an.

Die Wirkung der Unternehmenskultur

Die Unternehmenskultur hat einen entscheidenden Einfluß auf das Verhalten der Führungskräfte und Mitarbeiter. Sie entscheidet mit darüber, ob z. B.

- neue Strategien realisiert werden,
- getroffene Entscheidungen tatsächlich umgesetzt werden,
- die Neuausrichtung eines Unternehmens gelingt,
- Führungs- und Verhaltensrichtlinien bloße Lippenbekenntnisse bleiben oder zur Wirklichkeit werden,
- über Probleme nur geredet oder tatsächlich gehandelt wird,
- Konflikte produktiv oder destruktiv geregelt werden,
- Ressourcen im Unternehmen genutzt werden oder brach liegen,
- die Mitarbeiter sich engagiert einsetzen oder eher ihre Zeit absitzen,
- durch Besprechungen Nutzen erzielt oder Zeit „gefressen" wird,
- ein tragendes Wir-Gefühl der Mitarbeiter ausgeprägt ist,
- die Leistungsfähigkeit hoch oder niedrig ist,
- klare und gemeinsam getragene Vorstellungen darüber existieren, was zu tun ist, um das Unternehmen erfolgreich zu machen.

Was folgt daraus?

Die Unternehmenskultur von IBM läßt sich nicht auf Apple übertragen. Wie schafften beide ihren Erfolg? Wie schaffte es Daimler-Benz, und wie gelang BMW der Weg zur Spitze? Die Unternehmenskultur einer Bank ist anders als die eines Automobilbauers. Was macht die größten deutschen Banken erfolgreich? Was kann ein mittelständisches Unternehmen aus dem Erfolg eines internationalen Chemieriesen lernen? Wie wird aus einem verschlafenen kleinen Technikerunternehmen eine innovative, marktorientierte und erfolgreiche Firma?

Eine „passende", „positiv wirkende" Unternehmenskultur muß ständig aktiv und bewußt entwickelt und weiterentwickelt werden – unabhängig davon, ob man sie nun „stark", „erfolgreich" oder so ähnlich nennen mag.

„An sich" gibt es die Unternehmenskultur natürlich schon dann, wenn ein Unternehmen überhaupt existiert. Die Frage ist eigentlich nicht, ob ein Unternehmen „Kultur hat" oder nicht – in dem Sinne, wie sich mancher gern ein nobles, statusförderndes Auto oder Haus zulegt oder mit Madame in die Oper geht, um sich in der Gesellschaft „bedeutender Leute" aufzuhalten. Oder wie sich manche Manager teure Bilder in die ansonsten vom kapitalistischen Geist geprägten Büroräume hängen. (Bücher findet man hier ja weniger als bei manchen Professoren, die ihre Statusbedürfnisse weniger auffällig im materiellen Bereich stillen, die vielmehr dekorativ ihre Sprache intellektualisieren und die über die Zahl der Buchrücken, über die fulminante Argumentation in einer Diskussion oder durch eine differenzierte Reflexion selbst das Entlegene und Banale in erhabene Höhen entrücken können.)

Nein, in diesem zivilisationsbezogen „kultivierten" Sinn ist hier „Kultur haben" nicht gemeint. Vielmehr ist hier erkennbarerweise gemeint, daß jedes Unternehmen eine „Kultur ist" oder sie „hat", wie wir dies am Beginn des Kapitals schon ansprachen: Es geht um die „Gesamtheit der wichtigen und charakteristischen Einstellungen, Werte, Normen und Verhaltensweisen aller Führungskräfte und Mitarbeiter eines Unternehmens". Und diese sind eben vorhanden in dem Augenblick, in dem es das Unternehmen gibt und die Menschen darin. Dabei verdeutlicht die Frage nach „gut" oder „schlecht" lediglich die Perspektive des jeweiligen Betrachters – und die impliziten oder expliziten Sollvorstellungen des Betreffenden. Je nach dessen Arbeitszusammenhang und seinem biografischen Hintergrund gerät entweder die Kenntnis der Unternehmenskultur in einen den Unternehmenszielen dienenden (also „instrumentalisierenden") Verwertungszusammenhang – den man gegebenenfalls auch diskriminieren kann. Oder das Verstehen der Unternehmenskulturphänomene dient einem (nur vordergründig zweckfreien) Verständnis- und Aufklärungsinteresse, aus dem heraus die Autonomie des Menschen als eindrucksvolle Zielvorstellung bemüht wird, die u. U. ein schlechtes Gewissen induziert. Dieses Verstehensbemühen (oder diese wissenschaftliche Herangehensweise) läßt sich vor allem dann leichter durchführen, wenn man dies von einem gesicherten, vielleicht sogar einem verbeamteten Arbeitsplatz heraus tut, von dem aus man spöttisch auf die „Kapitalinteressen" herabsehen kann.

Vielleicht aber läßt sich dieses Vorgehen auch stärker als kritische Analyse von wirtschaftsbezogenen Subsystemanalysen betrachten, die für die in wirtschaftlichen Optimierungszusammenhängen befangenen Führungskräfte den zweckmäßigen Appell enthalten, sich die Unternehmenskultur und die damit verbundenen Menschen nicht nur unter vordergründigen Funktionsaspekten, sondern unter langfristigen Motivationsgesichtspunkten zu vergegenwärtigen. Oder gar die tägliche Praxis des Arbeits- und Wirtschaftslebens kritisch zu reflektieren im Rahmen der Gesamtentwicklung z. B. des wirtschaftlichen Bereichs, der Gesellschaft, der Politik, der Umwelt, der Zukunft insgesamt.

Vernetztes Denken, Systemzusammenhänge, Komplexität, Sinn und Entwicklung wären hier einige der Signalbegriffe.

Welche Funktion haben diese gefühlshaften Überlegungen, die Unterschiede und Widersprüche anrissen, diese Infragestellungen und Antworten, die Fragen und Taten auf verschiedenen Ebenen in ihrem komplemantären und ihrem paradoxen Verhältnis skizzierten?

Es stritten sich Hände und Magen, Füße und Kopf, um diese berühmte Geschichte aus dem alten Rom anzudeuten.

Nach dieser kleinen Meditation, die in ihrer ironischen Form nochmals die Komplexität und wechselseitige Abhängigkeit der Phänomene an-persiflieren sollte, möchte ich jetzt auf einen Teil dieses ganzheitlichen Zusammenhangs eingehen: auf die vordergründige Analyse der Unternehmenskultur, wie wir bei Böning-Team sie in einer pragmatischen Weise vornehmen.
(Sie wissen ja als kluger Mensch: Immer wenn es kompliziert wird, sollte man vereinfachend vorgehen.)

Der Zwei-Ebenen-Ansatz zur Analyse der Unternehmenskultur

Wir arbeiten nicht mit einer relativ pauschalen Charakterisierung der jeweiligen Unternehmen über Namen wie z. B. Verkaufskultur, Verwaltungskultur, Innovationskultur o. ä.

Wir verwenden in der konkreten Beratungsarbeit einen Zwei-Ebenen-Ansatz, anhand dessen wir gemeinsam mit den Führungskräften und Mitarbeitern die spezifische Kultur eines Unternehmens bzw. einzelner Untereinheiten genau analysieren.

Wir prüfen dabei zwei Ebenen: erstens die geschäftsbezogene Verhaltensebene und zweitens die indirekte Werteebene.

Das Ergebnis sind präzise Unternehmenskulturprofile, die die Basis für „harte“ und „weiche“ Entwicklungsmaßnahmen darstellen. Außerdem können pragmatische Problemlöseschritte für erkannte Unternehmensprobleme abgeleitet werden. Auf diese Weise wird „Unternehmenskultur“ nichts romantisch Schwärmerisches, sondern ein pragmatischer Erfolgsfaktor.

Dieses Vorgehen hat sich in unserer konkreten Beratungs- und Trainingspraxis vermutlich deshalb bewährt, weil es die Führungskräfte „dort abholt, wo sie stehen“, um diese oft zitierte gruppendynamische Grundspielregel zu wiederholen: Es holt die Führungskräfte bei jenen Fragen, Diskussionen und Problemen ab, die ihren geschäftsmäßigen Unternehmensalltag prägen. Darüber reden sie selbstverständlich und gern. Analyse wird hier für sie zum Einstieg in konkrete Problemlösungen. Wenn das für sie Unternehmenskultur (oder einen Teil davon) bedeutet, dann beschäftigen sie sich auch mit dem zuvor mißtrauisch beäugten „Kultur-“Aspekt, der bei ihnen die Akzeptanzhürde erst nehmen muß. Wenn daran anschließend die Analyse weitergeht und zu den schwerer faßbaren Phänomenen wie z. B. den Werten vorstößt, dann ist für sie aber der Zusammenhang hergestellt zwischen den faßbaren Aspekten einerseits und den oft nur erlebbaren Teilen andererseits, also zwischen den technischen, organisatorischen, wirtschaftlichen und psychologischen Teilen des ganzheitlichen Phänomens „Unternehmenskultur“. Wenn die Zusammenhänge klar sind, passen „Geschäft“ und „Kultur“ wieder zueinander, so könnte man sagen. Wenn der Sinnzusammenhang erkannt oder didaktisch sinnvoll hergestellt wurde, macht es für sie Sinn, über „Sinn“ zu reden. Anders gewendet, die Analyse der indirekten Werteebene wirkt dann organisch und nicht verblasen aufgesetzt.

Die Analyse der Unternehmenskultur, wie wir bei Böning-Team sie vornehmen, läßt sich durch die folgenden Schwerpunkte charakterisieren. Natürlich setzen wir alle Instrumente ein, die im gegebenen Zusammenhang verwendbar sind (vgl. z. B. die Ausführungen bei KOBI/WÜTHRICH und NEUBERGER/KOMPA):

Wir betonen

① die Arbeit in Workshops mit Führungskräften

② die Durchführung von Einzelgesprächen mit oberen und mittleren Führungskräften

③ die psychologische Analyse von Zentralpersonen (cultural heroes) im Unternehmen

④ die Analyse der Beziehungen und des Beziehungsgefüges zwischen diesen Zentralpersonen

⑤ die Analyse der Unternehmenskultur im Zusammenhang eines bewußt beabsichtigten und problemlösungsorientierten Entwicklungsansatzes

⑥ ein im Rahmen der Aktionsforschung bewährtes Vorgehen: Wir fertigen keine Gutachten an, die wir abliefern und nicht weiterverfolgen.
Wir
- liefern Inputs
- regen die Systemmitglieder zu einer möglichst weitgehenden Eigenanalyse an
- liefern keine endgültigen Ergebnisse, sondern stoßen zur fortwährenden Entwicklung an und versuchen diese aufrechtzuerhalten
- suchen die Selbststeuerungskräfte im Unternehmen und versuchen diese konstruktiv zu unterstützen und zu nutzen
- nutzen alle relevanten Daten, die erreichbar sind
- versuchen über einen ständigen Feedbackprozeß zwischen Unternehmen und Berater den Prozeß der Unternehmenskulturentwicklung weiterzubringen;

⑦ die Begrenzung unseres Tuns auf unsere fachlichen Kompetenzen: Aus einer psychologischen Perspektive heraus konzentrieren wir uns auf die menschlichen und zwischenmenschlichen Aspekte der Unternehmenskultur, Organisatorische, technische, (sonstige) betriebswirtschaftliche, EDV-bezogene und ähnliche Fragestellungen gehen wir nicht direkt an, obgleich es natürlich Schnittstellen zu diesen Feldern gibt. Hier findet eine entsprechende Zusammenarbeit mit den Angehörigen des jeweiligen Unternehmens bzw. mit anderen externen Beratern statt;

⑧ einen Methodenpluralismus und bemühen uns um einen integrativen konzeptionellen Ansatz. Institutsintern verwenden wir den Arbeitsbegriff „systemische Managementberatung". Im Zentrum stehen in einer psychologischen Perspektive die kommunikations- und systemtheoretischen Ansätze, die durch unterschiedliche individual-psychologische Konzepte ergänzt werden. Pragmatisch werden außerdem verschiedene andere funktionierende Konzepte eingefügt. Schwärmerische Weltanschauungsbegeisterungen in Richtung eines neuen Menschen sind für uns weniger überzeugend. Bei der Analyse und der Darstellung der Ergebnisse bemühen wir uns um eine möglichst alltagsnahe Sprache, die den Erfahrungshorizont der Gesprächspartner berücksichtigt.

Im Rahmen dieses Buches möchte ich mich nur auf die nähere Beschreibung des 1. Teils der Unternehmenskulturanalyse beschränken. Die Darstellung der Analyse der indirekten Werteebene soll einer weiteren Veröffentlichung vorbehalten werden.

Teil 1 der Unternehmenskulturanalyse: Die geschäftsbezogene Ebene

Wie oben schon angesprochen, konzentrieren wir uns in der Regel in der ersten Phase der Unternehmenskulturanalyse in entsprechenden Workshops auf diejenigen Vorgänge, die das Geschäftsverhalten direkt betreffen.

Strukturmerkmale des Vorgehens:

- Top-down-Ansatz

- Je nach Firmengröße kommen einzelne Vorstände bzw. Geschäftsführer mit den oberen Führungskräften ihrer jeweiligen Bereiche in einen ersten Workshop (ca. 10–15 Personen in der Regel). Bei mittleren Firmen werden die Topmanager mit ihrer gesamten 2. Führungsebene in einem Workshop zusammengefaßt. Unter Umständen kann auch schon mal ein Workshop mit den Vorständen/Geschäftsführern und allen oberen und mittleren Führungskräften stattfinden (bis maximal 30 Personen).

- Häufig ist zu beobachten, daß erst einzelne Gruppen von oberen und mittleren Führungskräften tagen, bevor die Geschäftsleitung dazukommt (wenn sie schließlich die Notwendigkeit dazu erkannt hat).

- Der Workshop findet als Einzelmaßnahme üblicherweise ein- bis zweimal ein- bis zweitägig statt oder wird in ein mehrtägiges Seminar (Führungskräftetraining) integriert.

- Die in einem Workshop oder in einer Workshopserie erfaßten Daten und Ergebnisse (die in Unternehmenskulturprofilen vorliegen) werden innerhalb der Firma gegebenenfalls weiterverarbeitet und mit oder durch den externen Berater der Unternehmensleitung vorgestellt

- O Dann folgen Beschlüsse in Richtung
  - Vertiefung bzw. Fortsetzung der Analyse
  - Entwicklung von Maßnahmen bezüglich konkreter Fragen und Probleme
  - Entwicklung von allgemeinen Maßnahmen bzw. eines Konzeptes zur „großräumigen" Unternehmenskulturentwicklung

- O Fortsetzung der Unternehmenskulturanalyse in einen permanenten Feedbackprozeß.

Die Unternehmenskulturanalyse-Workshops sind (wie ich schon ausführte) nicht die einzigen Instrumente, die wir einsetzen, aber sie stehen in der Regel am Anfang und stellen auch inhaltlich einen Schwerpunkt dar. Dieses Vorgehen hat nach unserer Erfahrung mehrere Vorteile:

- O Die Alltagsfragen und Alltagsprobleme der Unternehmensangehörigen werden direkt angesprochen, was die Motivation zum Herangehen an das Thema „Unternehmenskultur" erhöht;

- O das unmittelbare persönliche Gespräch mit Kollegen und externen Beratern fördert einen intensivierten Erfahrungsaustausch der Teilnehmer, eine stärkere Reflexion und eine höhere emotionale Beteiligung, als wenn anonyme Fragebögen auszufüllen wären – oder gar wenn einfach nur schon geschriebene Sätze und Schrifterzeugnisse analysiert würden;

- O der Workshopcharakter der Analyse weckt auch höhere Veränderungsbereitschaft (und auch höhere Veränderungserwartungen an die Firma!), da die Analyse selbst direkt vorgenommen wird, die Ergebnisse gleich sichtbar sind und gleich diskutiert werden können;

- O Fragen können gestellt und beantwortet, Unklarheiten eher beseitigt werden;

- der Analyseprozeß wird für die Beteiligten transparenter;

- durch den Umstand, daß im Workshop wichtige Unternehmensangehörige sitzen (in der Regel obere und mittlere Führungskräfte), bilden sich hier in der Interaktion Kommunikationsabläufe ab, die direkt beobachtet werden können; hierdurch können wichtige Eindrücke über einzelne Personen bzw. über „Spiele“ zwischen Personen gewonnen werden, die schließlich einen Zugang zu tiefergehenden Analyseaspekten eher möglich machen;

- durch den Workshop ergeben sich zwischen allen internen und externen Beteiligten relativ schnell persönliche und inhaltliche Anknüpfungspunkte, was die Umsetzung weiterer Maßnahmen erleichtert.

Grundstruktur des Vorgehens bei der Unternehmenskulturanalyse im Rahmen des Workshops

1. Schritt:
- Darstellung des Unternehmenskulturkonzeptes und verwandter Konzepte (theoretische Einführung)
- Darstellung und Diskussion der verschiedenen Instrumente zur Unternehmenskulturanalyse (UK-Analyse)

2. Schritt:
- Überblick und Beschreibung der in der Praxis bisher gehandhabten 19 „Orientierungen“ (Unternehmenskulturdimensionen) im Rahmen der UK-Analyse (ungeordnete Reihenfolge)
- Beschreibung des weiteren Vorgehens im Workshop

3. Schritt:
- Individuelle Pauschalbewertung jedes Teilnehmers aller 19 einzelnen „Orientierungen“ (Unternehmenskulturdimensionen) anhand einer 5stufigen Skala: Ist-Stand!

- Übersichtstabelle anfertigen im Plenum: Übersicht über die Durchschnittswerte der Bewertungen aller 19 Orientierungen
- Kurze Diskussion dieser ersten Ergebnisse

4. Schritt:
- Auswahl der für das eigene Unternehmen relevantesten 6–8 Orientierungen (im Plenum)
- Darstellung des Operationalisierungsvorgehens bezüglich der einzelnen Orientierungen anhand eines Beispiels

5. Schritt:
- Operationalisierung der relevanten einzelnen Orientierungen (in heterogenen Kleingruppen)
  Leitfrage:
  „Worin drückt sich die jeweilige Orientierung konkret wahrnehmbar aus? Finden Sie bitte die wichtigen und charakteristischen Merkmale."

6. Schritt:
- Darstellung der Operationalisierungsergebnisse im Plenum
- Vergleich, Diskussion, Veränderung
- Einigen auf die zu bewertenden Operationalisierungsmerkmale
- Einteilung von möglichst homogenen Kleingruppen (Entwicklung, Fertigung, Vertrieb, Zentrale usw.)

7. Schritt:
- Diskussion der ausgewählten Orientierungen und ihrer Operationalisierungen in den homogenen Kleingruppen
- Bewertung der ausgewählten Orientierungen und aller ihrer Operationalisierungen durch jeden Teilnehmer einzeln; bezüglich des eigenen Bereiches und des Gesamtunternehmens anhand einer 5stufigen Skala: Ist-Stand! (Vorsicht: falsche Tendenzbildungen durch Diskussion! Entsprechende Instruktion geben!)
  Leitfrage: „Wie stark ist die jeweilige Ausprägung nach Ihrer Sicht, in Ihrem Bereich und im Gesamtunternehmen?"

8. Schritt:

- Darstellung der Kleingruppenergebnisse im Plenum
- Eindrucksbildung und Diskussion der Ergebnisse

9. Schritt:

- Rangreihenbildung bezüglich der Bedeutung der einzelnen Orientierungen für das Unternehmen
- Diskussion und Bewertung eines entsprechenden Soll-Profils der Unternehmenskultur anhand aller Orientierungen (je nach den Gegebenheiten mit den oder ohne die jeweiligen Operationalisierungen)

10. Schritt:

- Ableitung von Maßnahmen zur Weiterentwicklung der Unternehmenskultur: Konkrete Aktionspläne

Ungeordnete Liste der in der Praxis zur Anwendung kommenden Unternehmenskulturdimensionen:

1. Strategieorientierung
2. Innovationsorientierung
3. Gesamtunternehmensorientierung
4. Mitarbeiterorientierung
5. Informationsorientierung
6. Kommunikationsorientierung
7. Risikoorientierung
8. Handlungsorientierung
9. Marktorientierung
10. Kundenorientierung
11. Serviceorientierung
12. Produktorientierung
13. Qualitätsorientierung
14. Leistungsorientierung
15. Kostenorientierung
16. Gewinnorientierung
17. Umsatzorientierung
18. Umwelt-/Umfeldorientierung
19. Öffentlichkeitsorientierung

Nr.	Unternehmenskulturdimension	⌀-Bewertung (Ist-Stand)
1	Strategieorientierung	2,1
2	Innovationsorientierung	3,4
3	Gesamtunternehmensorientierung	2
4	Mitarbeiterorientierung	2,7
5	Informationsorientierung	2,6
6	Kommunikationsorientierung	2,4
7	Risikoorientierung	2,3
8	Handlungsorientierung	4,2
9	Marktorientierung	2,7
10	Kundenorientierung	2,9
11	Serviceorientierung	2,7
12	Produktorientierung	4,4
13	Qualitätsorientierung	4,3
14	Leistungsorientierung	3,9
15	Kostenorientierung	2,8
16	Gewinnorientierung	3,1
17	Umsatzorientierung	4,5
18	Umwelt-/Umfeldorientierung	2,7
19	Öffentlichkeitsorientierung	1,9

Skala: 1–5
(1 = schwache Ausprägung; 5 = starke Ausprägung)

Beispiel einer ersten Bewertung aller 19 Orientierungen (siehe 3. Schritt)
Teilnehmer: 20 obere und mittlere Führungskräfte einschließlich zweier Vorstände
mittelständische Firma, technische Produkte

Es handelt sich hier um ein stark produktorientiertes Unternehmen, in dem offensichtlich der Umsatz, die Güte der Produkte und eine starke Aktivitätsorientierung zählen. Gesamt-Unternehmens-Interessen werden offenbar nicht so gewahrt, wie es wünschenswert wäre, eher Einzelinteressen. Informationsaustausch und die Pflege des zwischenmenschlichen Umgangs sind unter dem erwarteten Durchschnitt. Obwohl die technischen Produkte verbessert werden, fehlen offensichtlich eine gute Marktorientierung und eine sinnvolle strategische Gesamtausrichtung des Mitarbeiters.

Es handelt sich um eine mittelständische Firma, die ihre handwerkliche Herkunft noch nicht richtig überwunden hat, die sich um Öffentlichkeitsarbeit wenig kümmert und offensichtlich meint, daß man keinen Markt schaffen kann oder intensiv beobachten muß, sondern daß sich gute Produkte fast wie von selbst verkaufen. Moderne Managementinstrumente werden wenig eingesetzt. (Könnte fast ein Übernahmekandidat im Rahmen der Europäisierung sein.)

Nr.	Unternehmenskulturdimension	∅-Bewertung (Ist-Stand)
1	Strategieorientierung	2,1
2	Innovationsorientierung	3,4
3	Gesamtunternehmensorientierung	2
4	Mitarbeiterorientierung	2,7
5	Informationsorientierung	2,6
6	Kommunikationsorientierung	2,4
7	Risikoorientierung	2,3
8	Handlungsorientierung	4,2
9	Marktorientierung	2,7
10	Kundenorientierung	2,9
11	Serviceorientierung	2,7
12	Produktorientierung	4,4
13	Qualitätsorientierung	4,3
14	Leistungsorientierung	3,9
15	Kostenorientierung	2,8
16	Gewinnorientierung	3,1
17	Umsatzorientierung	4,5
18	Umwelt-/Umfeldorientierung	2,7
19	Öffentlichkeitsorientierung	1,9

Beispiel: Auswahl der unternehmensrelevanten Orientierungen, die weiter operationalisiert werden sollen (siehe 4. Schritt)

Die oberen Führungskräfte dieser Firma wollten klar an der Defizitseite ansetzen, um Probleme zu lösen und die Unternehmenskultur in Richtung Modernität, Innovation, Markt und langfristige Strategie weiterzuentwickeln.

Kundenorientierung	Eigener Bereich	Gesamt-unternehmen
– Kenntnis der Kundenstruktur – Kenntnis der Kunden-bedürfnisse – Kundenbesuche – Verfolgen von Änderungs-wünschen – kundennahe Organisation – Vermittlung von Ansprech-partnern im Haus – Kundenveranstaltungen – Kundeninformationen (Systeme) – Kontakte auf Topebene – Umgang mit Kunden – Stellenwert von Kunden-terminen		

Beispiel: Operationalisierung einer relevanten Orientierung in einer Kleingruppe (Vorstand und obere Führungskräfte eines großen Dienstleistungsunternehmens)

Leitfrage: „Wie stark ist die jeweilige Ausprägung nach Ihrer Sicht in Ihrem Bereich; im Gesamt-Unternehmen?"

Mitarbeiter-orientierung	Eigener Bereich (Sparte)	Ø	Gesamt-unter-nehmen	Ø
– Einheitlicher Führungsstil	3 3 4 4 4	3,6	2 2 1 3 2	2
– Motivation der Mitarbeiter	5 4 3 4 4	4	2 3 2 1 2	2
– Wir-Gefühl	4 5 4 4 5	4,4	2 1 2 1 2	1,6
– leistungsbezogene Entlohnung	4 3 2 1 2	2,4	4 1 2 3 2	2,4
– Offenes Feedback (Lob und Tadel)	5 4 5 4 5	4,6	2 3 4 2 2	2,6
– Arbeitszeit-regelungen	4 3 3 5 4	3,8	3 4 3 4 3	3,4
– Sozialleistungen	3 3 3 4 3	3,2	3 2 3 3 3	2,8
– Aus- und Weiter-bildungssystem	4 5 5 4 3	4,2	3 2 4 3 2	2,8

(Auszug)

Bewertung:
1–5 (1 = schwache Ausprägung; 5 = starke Ausprägung)

Beispiel: Bewertung der Mitarbeiterorientierung innerhalb einer Sparte und innerhalb des Gesamtunternehmens (siehe 7. Schritt)
Teilnehmer: 5 obere Führungskräfte einer Sparte;
Konzern im Investitionsgüter-Bereich

Obgleich sich die Entlohnung im Unternehmen objektiv nicht unterscheidet, zeigt sich in dieser Sparte eine völlig andere Unternehmenskultur. Offensichtlich spielen dabei der einheitlichere Führungsstil, die persönliche Motivation der Mitarbeiter durch die Führungskräfte, das offene Feedback und das Aus- und Weiterbildungssystem eine entscheidende Rolle! Die Arbeitszeitregelungen und die Sozialleistungen sind in der Sparte nur wenig besser. Da dies firmenhistorische Gründe hat, scheinen sie als „Hauptverursacher" für das andere „Wir-Gefühl" nur eine untergeordnete Rolle zu spielen.
Die Erklärung dürfte vielmehr in der bemerkenswerten Grundübereinstimmung bezüglich der Mitarbeiterführung und dem zwischenmenschlichen Umgang innerhalb dieser Führungskräftegruppe liegen! (Dies scheint hier in einem Ausmaß gegeben zu sein, wie sich das der Berater gern wünscht – gerade weil es oft so einfach nicht ist!)

BÖNING-TEAM

Unternehmenskultur – Analyse

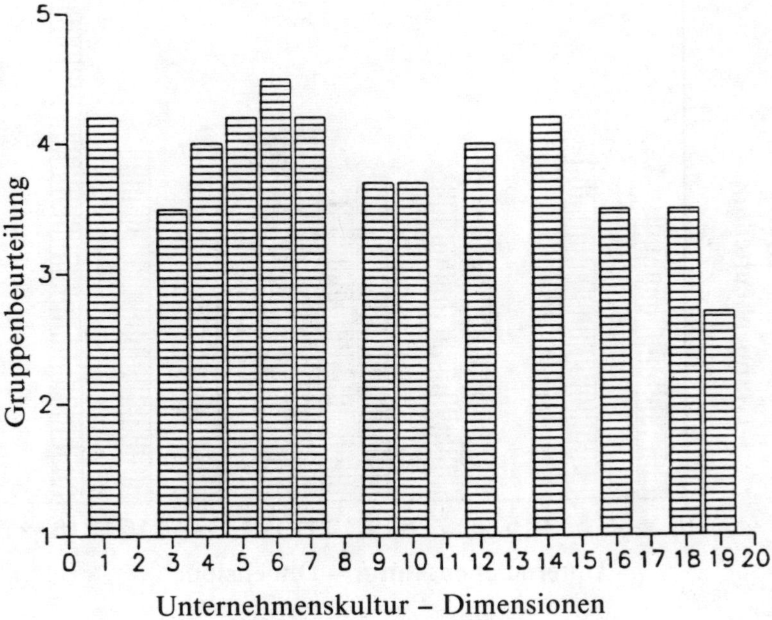

Skala von 1–5
(1 = schwache Ausprägung; 5 = starke Ausprägung)

Beispiel: Unternehmenskulturprofil eines hervorragenden Großunternehmens im Investitionsgüterbereich
Gruppe: 16 obere Führungskräfte

Legende der Dimensionen: siehe Seite 400

BÖNING-TEAM

Unternehmenskultur – Analyse

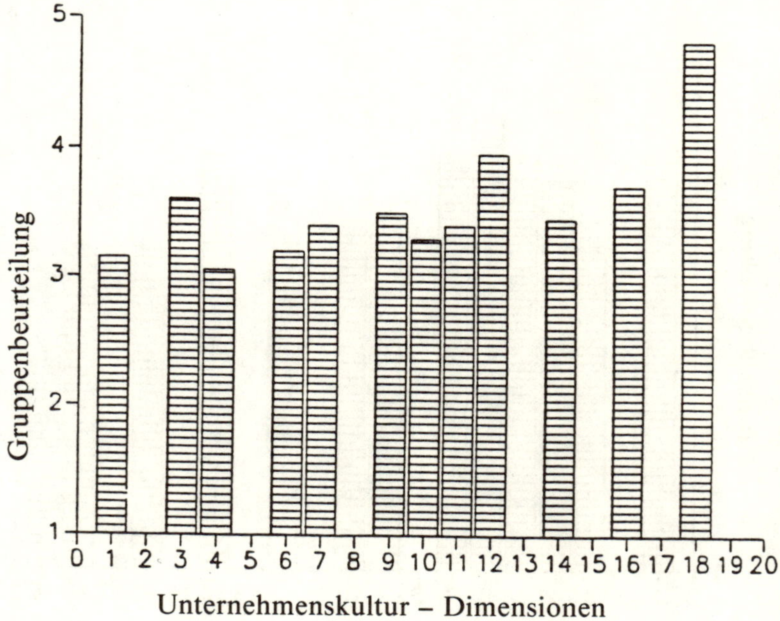

Skala von 1–5
(1 = schwache Ausprägung; 5 = starke Ausprägung)

Beispiel: Unternehmenskulturprofil eines High-Tech-Unternehmens, das in Deutschland zu den „exzellenten Firmen" gerechnet wird
Gruppe: 30 mittlere Führungskräfte

Legende der Dimensionen: siehe Seite 400

BÖNING-TEAM

Unternehmenskultur – Analyse

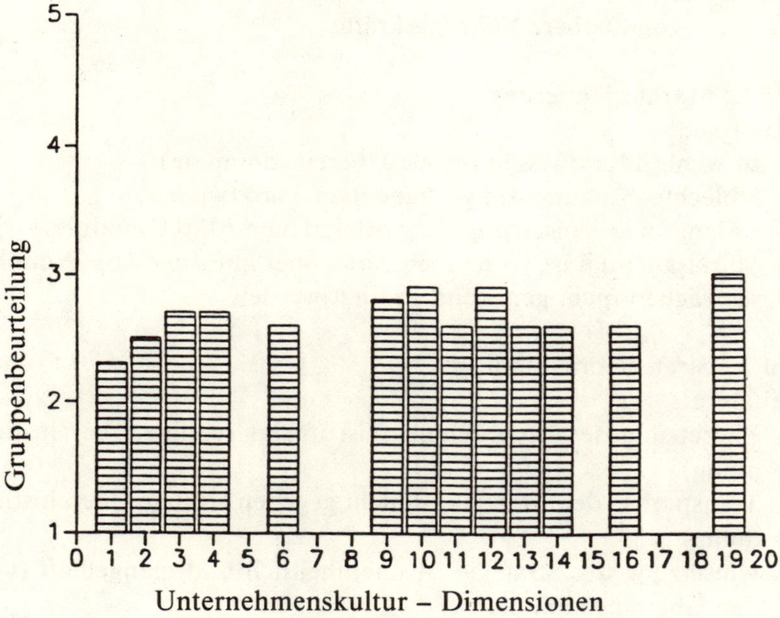

Skala von 1–5
(1 = schwache Ausprägung; 5 = starke Ausprägung)

Beispiel: Unternehmenskulturprofil eines mittelständischen Unternehmens mit technischen Produkten (will sich aus einer wirtschaftlich unbefriedigenden Situation befreien)

Gruppe: ca. 45 obere und mittlere Führungskräfte, d. h. ca. 90% der Führungskräfte dieser Ebenen

Legende der Dimensionen: siehe Seite 400

Beispiel: Auszüge aus den Detailergebnissen eines Technikunternehmens

(wurde von den Teilnehmern selbst für eine Vorstandspräsentation aufbereitet)
Gruppe: ca. 40 obere Führungskräfte

zu 1.: Marktorientierung
Analyse:
- zu wenig Marktwissen (große Übereinstimmung)
- schlechte Nutzung des vorhandenen Marktwissens
- zu langsame Umsetzung der vorhandenen Marktkenntnisse
- Marktpotential ist vorhanden, kann aber aufgrund von Produktschwächen nicht genügend genutzt werden

zu 2.: Strategieorientierung
Analyse:
- Zielsetzung des Unternehmens ist unklar (völlige Übereinstimmung)
- Transparenz der Strategie ist nicht gegeben (völlige Übereinstimmung)
- Umsetzung der Strategie ist uneinheitlich und mangelhaft (völlige Übereinstimmung)
- Identifikation mit den Unternehmenszielen ist erschwert

Verbesserungsvorschläge:
- Formulierung der strategischen Unternehmensziele
- Bekanntmachung der Ziele im Unternehmen
- Überwachung der Durchführung

zu 3.: Kundenorientierung
Analyse:
- Geographische Kundennähe ist gut (völlige Übereinstimmung)
- Kundennähe als Einstellung ist noch verbesserungswürdig (völlige Übereinstimmung)

- Informationsaustausch zwischen Innen- und Außendienst ist schlecht
- Dienst am Kunden ist gut, aber nicht genügend organisiert

Verbesserungsvorschläge:
- Festlegung der Verantwortlichkeit bei Reklamationen
- Betriebs- und Serviceanleitungen erarbeiten
- Einbindung der Ersatzteilplanung in die Produktionsplanung
- Erarbeitung eines SOS-Ersatzteilkonzeptes

Teil 2 der Unternehmenskulturanalyse:
Die indirekte Werteebene

Jenseits der noch relativ „leicht" identifizierbaren Konkretisierungen der Unternehmenskultur auf der geschäftsorientierten Verhaltensebene liegen einige schwer faßbare psychologische Einstellungsfaktoren, die sich aber direkt auf das Alltagsgeschäft auswirken.

Wir prüfen durch verschiedene Vorgehensweisen die Ausprägung und Geltung der spezifischen Werteprinzpien im Unternehmen und erstellen ein entsprechendes zweites Unternehmenskulturprofil der einzelnen Firma bzw. einer (oder mehrerer) Untereinheiten des gesamten Unternehmens. (Wie gesagt, die nähere Darstellung dieses Analyseteils soll einer anderen Veröffentlichung vorbehalten bleiben. Deshalb an dieser Stelle nur die knappen Hinweise.)

Das Ergebnis kann in folgender Form illustriert werden:

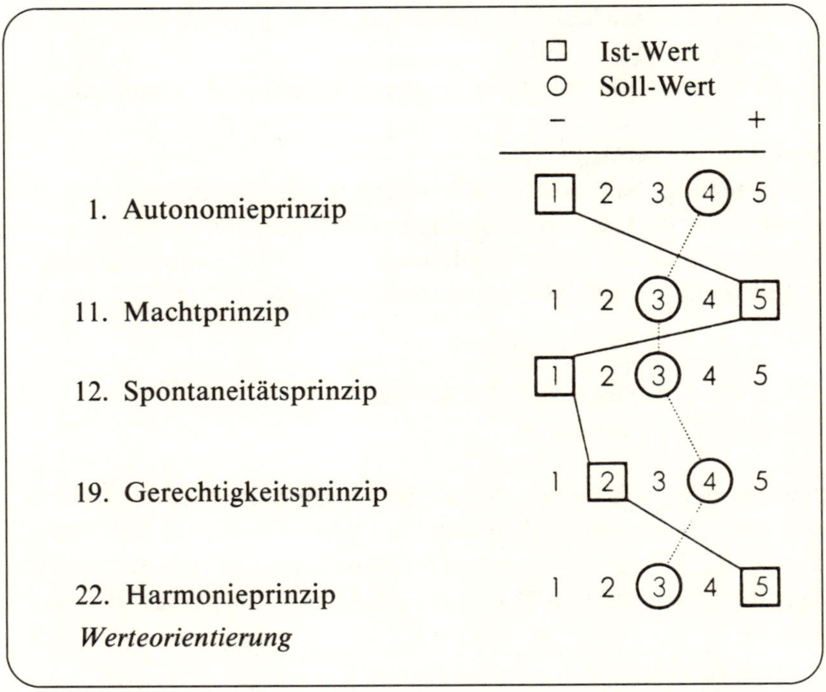

Die jeweils geltenden Prinzipien werden bei der Unternehmenskulturanalyse möglichst präzise herausgearbeitet und an beispielhaften Unternehmensabläufen verankert.

Auf diese Weise kann schließlich die sinnvolle oder notwendige Richtungsveränderung der Einstellungen und Werte im Unternehmen unter aktiver Teilnahme der Führungskräfte und Mitarbeiter herausgearbeitet werden. Hierbei erweist sich klar, inwieweit die formulierten und angestrebten Werteorientierungen nur Lippenbekenntnisse oder die gelebte Unternehmenswirklichkeit darstellen.

Kommentar

Mit dem auf den vorausgegangenen Seiten skizzierten Vorgehen habe ich einen wichtigen Teil der Unternehmenskulturanalyse beschrieben, wie wir sie durchführen – wenn auch nicht alles. Wie aus den vorangestellten Ansätzen von KOBI/WÜTHRICH sowie NEUBERGER/KOMPA schon hervorgegangen ist, gehört eine Vielzahl weiterer Elemente noch dazu. Aber der dargestellte Teil vermittelt einen Eindruck von dem von uns üblicherweise gewählten Einstieg.

Ähnlich wie KOBI/WÜTHRICH orientieren wir uns an den strategischen Zielen des Unternehmens, um anhand der Differenz zwischen Ist- und Soll-Stand der Unternehmenskultur herauszuarbeiten, welche Fragen und Probleme nun gelöst, welche Maßnahmen künftig ergriffen werden könnten und sollten, um das Unternehmen weiterzuentwickeln.

Zwar fällt dieses Vorgehen unter das Diktum von NEUBERGER/KOMPA und von DILL, es handele sich um ein „instrumentalisiertes" Verständnis und Vorgehen, aber wir glauben, es ist ein zweckmäßiges – weil für Führungskräfte eines Unternehmens ein akzeptables und interessantes.

Andererseits haben wir den Eindruck, daß die starke Betonung von Fragebogen und die Art der Datenerhebung in den Interviews (wie KOBI/WÜTHRICH sie selbst beschreiben), die Gefahr nahelegen, die Unternehmenskulturanalyse vielleicht etwas zu stark an der Oberfläche zu halten. Mit viel Aufwand werden bewußte Aussagen und leicht beobachtbare Phänomene (sicherlich sehr sorgfältig) zusammengetragen und visualisiert. Aber die kommunikativen und interaktionellen Aspekte kommen möglicherweise etwas zu kurz, obgleich sie nicht ausgeklammert werden.

Vielleicht bietet die Tatsache, daß KOBI als Jurist und WÜTHRICH als Wirtschaftler auf der einen sowie NEUBERGER und KOMPA auf der anderen Seite (mich selbst als weiteren Psychologen zu nennen, verbietet ja die öffentlich verordnete Bescheidenheit) unterschiedliche berufliche Sozialisationen erfahren haben, einen Erklärungsansatz. Den Psychologen muß wohl ein gewisses Tiefenbedürfnis zugesprochen werden.

Demgegenüber praktizieren NEUBERGER/KOMPA einen auf Tiefendimensionen (oder „Ober-Werte") hin orientierten Ansatz, bei dem sie sich nicht nur einer psychologischen Sichtweise, sondern auch einer kulturanthropologischen Betrachtung bedienen. So sehr ihr Verdienst in ihrem aufklärerischen Interesse liegt, so schwer ist es, diese Grundsatzreflexionen direkt in die praktische Arbeit umzusetzen. (NEUBERGER/KOMPA würden an dieser Stelle vielleicht naserümpfend von „Verwertungsinteresse" sprechen.)

Wichtig an dem von ihnen stellvertretend repräsentierten Ansatz ist die kritische Reflexion von scheinbaren Selbstverständlichkeiten sowohl von den Kulturmitgliedern des Unternehmens wie bei den externen Betrachtern und Beratern. Sie verdeutlichen die Bedeutung und die Äußerungsformen von unanständigen Phänomenen wie Herrschaft, Macht, Verschleierungen, politische Spiele, Eigeninteresse, persönliche Bedürfnisse usw. Sie beschreiben die symbolischen Bedeutungen von Bräuchen, Ritualen und weisen Gemeinsamkeiten zwischen („primitiven") Stammeskulturen und modernen Wirtschaftsunternehmen auf. Gleichwohl bleiben sie hier leider im Aufweis von Grundsätzlichem und sehr Allgemeinem stehen. Dies wird z. B. bei der Analyse von sprachlichen Produktionen (Witzen, Graffiti, Erzählungen, Sprüchen usw.) ebenso deutlich wie bei den Hinweisen auf Kommunikationsabläufe (z. B. den knappen Verweisen auf die Transaktionsanalyse) und die Bedeutung von personenbezogeen und interaktionsbezogenen Tiefenstrukturen.

Allerdings muß ich eingestehen, daß ich gerne auf diese Beschränkungen hinweise, weil es mir sehr klar ist, wie schwer es ist, diese Aspekte theoretisch sauber und zugleich angemessen handlungsorientiert zu behandeln. Weshalb ich ja selbst an dieser Stelle nicht in die Tiefe gehe, sondern mich mit allgemeinen Bemerkungen begnüge. Er sei mir jedoch der Hinweis gestattet, daß ich an einem Manuskript arbeite, in dem es um konkrete Maßnahmen zur Weiterentwicklung der Unternehmenskultur gelt. Es werden darin unterschiedliche Ansätze der Unternehmenskulturentwicklung dargestellt und ihre verschiedenen Ziele und ihr sehr heterogenes (z.T. widersprüchliches) Vorgehen verdeutlicht. Dabei werden sowohl personenbezogene als auch interaktionsbezogene als auch systembezogene (unternehmensbezogene) Konzepte miteinander verglichen und ihre Chancen wie auch ihre Begrenzungen diskutiert.

Dasjenige, was ich als das Spezifische des Böning-Team-Ansatzes bei der Analyse der Geschäftsebene hervorheben möchte, liegt in drei Punkten.

Vorausgeschickt sei wiederholt, daß wir neben den Workshops auch die anderen Zugangswege zur Unternehmenskultur nicht vergessen. Dies in Erinnerung, sei als erster Punkt angemerkt, daß wir die Analyse im ersten Schritt nicht über aggregierte Durchschnittswerte von Einzelmeinungen (Fragebogenergebnisse) oder über vordergründige bewußte bzw. über hochinterpretative Prozesse bis hin zu Tiefenspekulationen zu erfassen suchen, sondern über die Eindrücke der Unternehmensangehörigen selbst, wie sie im interaktionellen Kontext des Workshops herausgearbeitet werden.

Zweitens wird dieser Interaktionsablauf selbst als analoger Mikrokosmos, als mehr oder weniger repräsentative Studie des Makrokosmos „Unternehmen" betrachtet und entsprechend analysiert.

Drittens ist dieser Weg selbst schon ein Schritt in eine Unternehmenskultur-Entwicklungsmaßnahme. Die im Workshop entstehende Dynamik setzt durch die selbst erarbeiteten Ergebnisse andere – stärkere – Veränderungskräfte frei. Wenn dies gelingt, können weitere Maßnahmen eher plaziert werden, weil sie von den Unternehmensangehörigen selbst verlangt wurden und deshalb akzeptiert werden.

Unternehmenskultur-Entwicklung

Unterschiedlich wie die Modelle zur Diagnose der Unternehmenskultur sind auch die Vorschläge, Unternehmenskultur zu entwickeln und zu gestalten. Ich werde in diesem Abschnitt verschiedene Konzepte zur Unternehmenskulturveränderung vorstellen.

Ziel hierbei ist es, einen ordnenden Überblick über verschiedene Vorgehensweisen zu bekommen. Ziel ist es nicht, die möglichen Maßnahmen en détail zu erörtern und systematisch zu vergleichen. Dies soll einer weiteren Arbeit vorbehalten bleiben, die sich speziell mit Maßnahmen zur Unternehmenskulturentwicklung beschäftigen wird.

Die folgenden Ausführungen haben das weitere Ziel, die Darstellung der Unternehmenskultur praxis- und handlungsbezogen abzurunden und die frohe Botschaft zu verkünden: Man kann über die Unternehmenskultur nicht nur nachdenken – man kann sogar etwas Konstruktives tun! Und das ist wichtig für die Praxis, auch wenn es mühsam und langwierig ist. CAMUS schreibt in seinem Buch über den „Mythos von Sisyphos": „Man muß sich Sisyphos glücklich vorstellen."

Unternehmensstrategie und Unternehmenskultur im Einklang

In ihrem schon wiederholt angesprochenen Buch „Unternehmenskultur verstehen, erfassen und gestalten" machen KOBI/WÜTHRICH (1986) deutlich, daß für sie die Unternehmenskultur stets im Verhältnis zur Strategie zu sehen ist, d.h. zu der eingeschlagenen Marschrichtung für das langfristige Überleben einer Firma.

„Das aus dieser Strategie resultierende Anforderungsprofil an die Unternehmenskultur entscheidet letztlich über die ‚Qualität' einer untersuchten Kultur."

Diese Auffassung bildet die Grundlage der folgenden Ausführungen.

Strategie als Beurteilungsmaßstab für die Unternehmenskultur

Nach KOBI/WÜTHRICH ist nur aus einer eindeutig formulierten Strategie die entsprechende Unternehmenskultur sinnvoll ableitbar. Sie formulieren einige Voraussetzungen, die eine Strategie erfüllen muß, damit sie als Beurteilungsmaßstab für die Unternehmenskultur dienen kann:

„○ die Strategie muß das künftige Tätigkeitsfeld klar umschreiben
○ die Strategie muß aussagen, wie wir uns in diesem Tätigkeitsgebiet von unserer Konkurrenz differenzieren
○ die Strategie muß aussagen, welche Absatzmärkte und Kundensegmente mit welcher Priorität zu bearbeiten sind
○ die Strategie muß die für die verschiedenen Unternehmensabteilungen abgeleiteten Teilstrategien festhalten
○ die Strategie muß klare Etappenziele für ihre Umsetzung beinhalten
○ die Strategie muß von einer visionären Kraft getragen sein
○ das Strategiedokument muß nach einer klaren Architektur aufgebaut und von überblickbarem Umfang sein"

Die strategischen Erfolgspositionen (SEPs) sehen KOBI/WÜTHRICH in Anlehnung an PÜMPIN als Kern jeder Strategie an. Die Autoren verstehen darunter „... eine Differenzierung, die es erlaubt, durch bewußt aufgebaute Fähigkeiten längerfristige Marktvorteile und damit überdurchschnittliche Ergebnisse zu erzielen. Sie erfordern eine intensive Aufbauarbeit, also Investitionen, Zeit und spezifisches Wissen."

Aus dieser Sicht heraus schildern sie in ihrem Buch, wie ein Unternehmen zu einer Strategie gelangt (vgl. auch die entsprechenden Publikationen von PÜMPIN, dem „Oberhaupt" des Kreises). Sie übernehmen strategisches Gedankengut aus der Kriegsführungslehre und nennen u. a. folgenden strategischen Grundsatz:

Unité de doctrine
Es muß eine einheitliche Grundauffassung bezüglich der angestrebten Ziele bestehen, denn nur dann ist es möglich, die Mitarbeiter richtig zu motivieren und sie für die Strategie zu begeistern.

Vorgehen zur Entwicklung und Umsetzung einer Unternehmensstrategie

KOBI/WÜTHRICH stellen dar, wie man eine Strategie entwickeln kann. Wir wollen hier die einzelnen Schritte im Überblick nennen:

① Bildung eines Strategieteams aus Führungskräften.

② Durchführung von Analysen zu folgenden Punkten:
- Trends im Markt, Branche und Umfeld
- Verhalten der Konkurrenz
- eigene Stärken und Schwächen
- Diagnose der Unternehmenskultur
- Chancen und Gefahren aus dem heutigen Tätigkeitsgebiet sowie Profilierungsmöglichkeiten

③ Erstellen eines Strategiedokumentes
Dieses beinhaltet:
- das künftige Tätigkeitsgebiet der Firma
- die aufzubauende strategische Erfolgsposition
- die Prioritäten bezüglich einzelner Produkte und Marktsegmente
- die Konsequenzen für Verkauf, Marketing, Entwicklung, Konstruktion, Materialwirtschaft, Produktion, Personal, Finanzen und Administration.

KOBI/WÜTHRICH betonen den folgenden Grundsatz: Die Führungskräfte formulieren gemeinsam die Strategie.

④ Planung der Strategieumsetzung
In dieser Phase wird ein SOLL/IST-Vergleich angestellt bezüglich der
- Organisation
- Managementsysteme
- Ressourcen
- Unternehmenskultur.

Hieraus sind Projekte und Maßnahmen abzuleiten.

⑤ Realisierung der Strategieumsetzung

⑥ Überwachen der Strategie

Unternehmenskulturbeurteilung

Die Unternehmenskultur muß anhand der Strategie beurteilt werden, wobei der folgende Grundsatz gilt:
Je größer die Übereinstimmung der Unternehmenskultur mit der Strategie, desto größer die sogenannte „Stoßkraft" der Unternehmenskultur!

Die Unternehmenskultur wird nach KOBI/WÜTHRICH in drei Schritten beurteilt:

1. Schritt:
Anforderungen an die Unternehmenskultur.
Es stellt sich die Frage, welche Anforderungen aufgrund der Strategie an die Grundorientierung der Unternehmenskultur gestellt werden (sollen).
Welche Ausprägungen der Grundorientierungen sind für den künftigen Erfolg notwendig?
Das Unternehmen muß Soll-Werte bestimmen bezüglich der anzustrebenden Kundenorientierung, Mitarbeiterorientierung, Resultats- und Leistungsorientierung usw.

Weiterhin besteht die Notwendigkeit einer Konsistenz der Unternehmenskultur. Diese läßt sich aus der Antwort auf die Fragen beurteilen:
Lassen sich aufgrund der Strategie Normen erkennen, die sich wie ein Leitfaden durch das Unternehmen ziehen?
Sind gravierende Veränderungen erforderlich, um die Strategie umzusetzen?
Welche Anforderungen werden an die Führungskräfte und Mitarbeiter auf welchen Ebenen und in welchen Bereichen gestellt?

2. Schritt:
Ermittlung einer strategiekonformen Unternehmenskultur.

3. Schritt:
Vergleich des erarbeiteten strategiekonformen SOLL-Profils mit dem Profil der heutigen Unternehmenskultur und Ableitung von Konsequenzen.

KOBI/WÜTHRICH empfehlen für die Beurteilung der SOLL-Unternehmenskultur die intensive Diskussion unter den Führungskräften im Rahmen von Workshops. Denn der Konsens unter allen Beteiligten über das weitere Vorgehen ist entscheidend für den Erfolg von künftigen Veränderungsmaßnahmen.

Ist die Abweichung der IST-Unternehmenskultur von der strategisch gewollten Kultur gravierend, so kann es sich empfehlen, die Strategie nochmals zu überarbeiten. Denn der Versuch einer völligen Umgestaltung der Unternehmenskultur könnte einen schädlichen „Kulturschock" nach sich ziehen. Die entsprechenden Maßnahmen würden u. U. zu viel Zeit in Anspruch nehmen, um die Überwindung massiver Hindernisse und Widerstände zu erreichen.

Unternehmenskultur im Einklang mit der Strategie verändern

Die Unternehmenskultur ist nur über einen langfristigen Lernprozeß der Mitarbeiter zu ändern. Die Veränderung braucht viel Zeit, viel Geduld und auch viel Hartnäckigkeit. Unternehmenskultur kann nicht gekauft oder verordnet werden, sondern sie muß langsam von vielen Beteiligten konsequent entwickelt werden.

Wie kann man die Unternehmenskultur nun verändern?

KOBI/WÜTHRICH nennen fünf Voraussetzungen, die vorhanden sein oder geschaffen werden müssen, um die Unternehmenskultur bewußt gestalten zu können:

1. Kultursensible Geschäftsleitung

Die Unternehmenskultur kann nur dann effektiv verändert werden, wenn die Geschäftsleitung voll dahintersteht. „Unternehmenskultur gestalten" bedeutet, daß die Geschäftsführung die Unternehmenskultur vorlebt. Das kulturbewußte Management zeigt durch sein Alltagsverhalten, welche Normen und Werte in einem Unternehmen faktisch gelten und welche nicht. (Wobei erfahrungsbezogen festzuhalten ist, daß an dieser Stelle oft große Defizite zu beobachten sind. Zwar reden viele Führungskräfte locker – und manchmal auch überzeugt – vom „Vorleben". Realität ist aber, daß die Beteiligten oft nicken – und dann zur Tagesordnung übergehen!)

Zu den Kennzeichen eines kulturbewußten Managements gehören nach KOBI/WÜTHRICH:

- die Fähigkeit, sich selbst zu entwickeln;
- die Sensibilität, um die Reaktionen anderer wahrnehmen zu können;
- die Fähigkeit, Visionen zu vermitteln und die Mitarbeiter zu begeistern;
- die Konfrontation der Mitarbeiter mit der Vision;
- die ständige Kommunikation als Merkmal der Kultur und als Vermittlung der angestrebten Kultur;
- die Wertschätzung und Achtung den Mitarbeitern gegenüber;
- eine glaubwürdige Sinnvermittlung.

2. Integration der Mitarbeiter in den Gestaltungsprozeß

KOBI/WÜTHRICH sprechen sich für einen Gestaltungsansatz aus, der „von oben" und „von unten" getragen wird. Die Mitarbeiter müssen in den Prozeß mit eingebunden werden durch eine bewußte Aktivierung, partizipative Teamarbeit und Förderung des unternehmerischen Denkens durch das Mitarbeiten an den Gestaltungsmaßnahmen.

3. Bildung von Schwerpunkten bei der Gestaltung

4. Zeichen setzen und symbolische Handlungen vornehmen

Hierunter verstehen KOBI/WÜTHRICH solche Handlungen, die sichtbar machen, daß auch etwas geschieht, daß den Worten auch tatsächlich Taten folgen. Die Signalwirkung, die solche symbolischen Handlungen haben, ist für die Durchsetzung von Veränderungen wichtig.

Die Beispiele für symbolische Handlungen dokumentieren die unterschiedlichen Ebenen und Reichweiten möglicher Maßnahmen, die hier angesprochen sind: Sprache, Tonfall, Wortwahl; Argumentationsweise; Managerrituale.

„Alle Zeichen und Maßnahmen müssen konsistent sein"
„... sollen klar in die gleiche Richtung weisen".

5. Kombination von direkten und indirekten Mitteln

Unter direkten Mitteln verstehen KOBI/WÜTHRICH betriebswirtschaftliche Maßnahmen, die die Resultats- und Leistungsorientierung direkt beinflussen. Unter indirekten Mitteln verstehen sie die Beeinflussung der Produktivität eines Unternehmens durch die Gestaltung der Unternehmenskultur.

Gestaltungsprozeß der Unternehmenskultur

Kennzeichen des Gestaltungsprozesses sind nach KOBI/WÜTHRICH:
- der Einstieg in die Hierarchie von oben und von unten,
- die Ansprache sowohl des kognitiven als auch des affektiven Bereichs,
- die Anwendung direkter und indirekter Gestaltungsmaßnahmen und
- die Kombination von Sofortmaßnahmen und längerfristigen Programmen.

KOBI/WÜTHRICH unterteilen den Gestaltungsprozeß in vier Gestaltungsfelder:

1. Feld
Festlegen des Informationskonzeptes
Zweckmäßig ist eine ausführliche Information aller Mitarbeiter

über die Ergebnisse der Diagnose der Unternehmenskultur und über das geplante weitere Vorgehen.

2. Feld

Sofortmaßnahmen und symbolische Handlungen einleiten
„Sofortmaßnahmen sind Aktionen der Geschäftsleitung, die sofort ergriffen und mit denen erste Zeichen gesetzt werden können. Möglicherweise wird dadurch sogar ein Stimmungswandel eingeleitet."

3. Feld

Arbeitsgruppen bilden und die Aufgabenstellung formulieren
Die Mitglieder der Arbeitsgruppe erarbeiten Vorschläge zur Umsetzung der Gestaltungsschwerpunkte unter der Leitung eines Moderators. Die erarbeiteten Vorschläge werden der Geschäftsleitung zur Entscheidung vorgelegt.

4. Feld

Ausgewählte Gestaltungsprogramme werden festgelegt, die von Projektgruppen unter der Leitung eines Direktionsmitgliedes bearbeitet werden.
In den Arbeitsgruppen werden sowohl konkrete indirekte als auch direkte Mittel zur Gestaltung der Unternehmenskultur vorgeschlagen. Die erarbeiteten Maßnahmen können sehr vielfältig sein und sind für jedes Unternehmen völlig individuell zu erarbeiten. Gleichzeitig werden die verschiedenen Aktionen terminiert. Zu ergänzen ist: und nach einem transparenten Fahrplan kontrolliert!

Weitere Unternehmenskultur-Entwicklungsmaßnahmen

1. Human-Resources-Management

Die Veränderbarkeit einer Unternehmenskultur hängt sehr stark von den personellen Ressourcen ab. Deshalb bildet ein gezielt angewandtes Human-Resources-Management die Grundlage zu einer erfolgreichen Gestaltung der Unternehmenskultur.

Folgende Elemente eines Human-Resources-Management sind nach KOBI/WÜTHRICH hervorzuheben:

Personal- und Kaderplanung
Eine sorgfältige Personal- und Kaderplanung ist notwendig,
- weil in vielen Unternehmen ungenutzte personelle Reserven und Fähigkeiten vorhanden sind;
- weil Mitarbeiter dem Unternehmen eher treu bleiben, wenn ihnen anhand einer Nachwuchsplanung Entwicklungsmöglichkeiten aufgezeigt werden;
- um sich ein Bild über die quantitativen und qualitativen personellen Reserven zu verschaffen;
- um für die Zukunft planen zu können.

Kaderselektion
Die richtige Kaderselektion ist wichtig für die Zukunft eines jeden Unternehmens. Fehler, die an dieser Stelle gemacht werden, können nur schwer wieder korrigiert werden.

Personalführung
Es ist wichtig, daß die ersten Erfahrungen, die ein neuer Mitarbeiter in einem Unternehmen macht, möglichst positiv sind. Durch sinnvolle Einführungsmaßnahmen in das Unternehmen könnte der Fluktuationsgrad gesenkt und dadurch unnötiger Zeit- und Kostenaufwand vermieden werden.

Personalförderung und -entwicklung
Es ist wichtig, die Ziele und Werte der einzelnen Mitarbeiter zu ermitteln und mit den Bedürfnissen des Unternehmens in Einklang zu bringen (z. B. durch regelmäßige Mitarbeitergespräche!). Um zu vermeiden, daß gute Mitarbeiter das Unternehmen verlassen, sollten ihnen anspruchsvolle und herausfordernde Aufgaben gestellt werden.

Die Weiterbildung sollte wichtig genommen werden. Sie hat ihren Stellenwert nicht im Bereich der Animation, sondern steht im Dienst der Unternehmensstrategie und Unternehmenskultur.

Führungsgrundsätze und Führungssysteme
„Führungsgrundsätze sollen die Zusammenarbeit zwischen Vorgesetzten und Mitarbeitern regeln und erleichtern."
Sie sind nur dann sinnvoll, wenn sie auch in der täglichen Arbeit berücksichtigt werden. Sie sollten aus der strategiekonformen Unternehmenskultur resultieren und selbst ein Instrument der Veränderung sein.

Personalwesen als „Logistik" des Managements
„Aufgabe des zukünftigen Personalwesens wird es sein, Führungsunterstützung im weitesten Sinne, eingebettet in die strategische und kulturelle Aufgabenstellung, zu leisten."

2. Kulturkonforme Kommunikation

Zu einer gemeinsamen Kultur gehört auch eine gemeinsame Sprache. Hiermit ist nicht nur die faktenbezogene Information gemeint, sondern auch all das, was sich über die Sachebene hinaus auf den zwischenmenschlichen Umgang bezieht. Hier sind Gefühle und Werte mit angesprochen. Information und Kommunikation müssen aufeinander abgestimmt sein, sonst bleibt die Information ohne glaubwürdige oder stimulierende Wirkung.

3. Kulturkonforme Organisation

Auch die betrieblichen Strukturen prägen die Unternehmenskultur und werden wiederum durch diese geprägt. Um die Unternehmenskultur gestalten zu können, müssen die sichtbaren und unsichtbaren Organisationsstrukturen eines Unternehmens erkannt und strategisch wie taktisch sinnvoll genutzt werden. Die Organisation muß der strategiekonformen Unternehmenskultur hinreichend angepaßt werden.

Kommentar

KOBI/WÜTHRICH orientierten sich sehr stark – vielleicht zu stark – an der Strategieentwicklung. Die Frage ist, wieviele Unternehmen denn eine so systematisch ausgefeilte Strategie überhaupt haben, wie das den Autoren vorschwebt. Es klingt zwar vernünftig und fast wie selbstverständlich, daß Unternehmen eine Strategie haben, aber die Praxis zeigt nach meiner Erfahrung oft ein anderes Bild. Unternehmen wachsen und entwickeln sich offensichtlich mit und ohne Strategie. Und jedes Unternehmen hat zwar eine Kultur, solange es existiert – aber nicht unbedingt eine Strategie. Und, selbst wenn es eine Strategie gibt, heißt das noch lange nicht, daß sie konsistent, angemessen, transparent, kontrollierbar und kommunizierbar ist. Manchmal besteht ein Ziel der Entwicklungsmaßnahmen gerade darin, die Kultur sozusagen erst „strategiefähig“ zu machen.

Symbolisches Management

In ihrem Buch „Wir, die Firma“ zeigen NEUBERGER/KOMPA (1987) einen eher qualitativen Zugang zur Unternehmenskulturentwicklung. Ihr Ansatz berücksichtigt wesentlich stärker die mentalen Faktoren, die hinter den manifesten Inhalten, Strukturen und Erscheinungsformen des Unternehmens liegen.

Unter „symbolischem Management" verstehen die Autoren, daß der Vorgesetzte sich nicht nur für konkrete physische Veränderungen einsetzt, sondern auch für die „Deutung" derselben (um es einmal halb-mystisch zu sagen). Er hat die Aufgabe, den Mitarbeitern zu interpretieren, wie bestimmte Ereignisse, Meinungen und Anordnungen im Unternehmen zu sehen sind. Er hat also eine „interpretative Funktion".

Ziel dieser Vorgehensweise ist es, zu erreichen, daß die Mitarbeiter die Sichtweise des (der) Vorgesetzten wahrnehmen und auch übernehmen können. Dies schaffe einen Kreis von Gleichgesinnten und stärke so den Zusammenhalt unter den Mitarbeitern. „Wir-Gefühl" oder gar das Gefühl der „großen Familie" sind Ausdrucksweisen dieses Erlebens.

NEUBERGER/KOMPA ziehen zur theoretischen Fundierung des „interpretativen" Kulturansatzes BERGER und LUCKMANN heran, die zwei sich überlagernde Prozesse unterscheiden, nämlich das „Schaffen und Legitimieren von Wirklichkeit durch primäre Objektivation und sekundäre Objektivation".

Die „primäre Objektivation"

Die Führungskraft kann durch ihr persönliches Auftreten und durch ihr Wirken einen sozialen Konsens erreichen über das, was „wirklich" ist, d. h. wie bestimmte Ereignisse, Gegenstände und Personen im Umfeld „Unternehmen" zu sehen sind (z. B. eine neue Produktidee, ein Kollege, der Erfolg eines Mitbewerbers usw.). Diese Konstruktion der Wirklichkeit erfolgt mehr im Hintergrund des Betriebsalltags und ist hauptsächlich durch die Sprache „vorgeregelt". Gerade weil die Sprache in diesem Zusammenhang eine so wichtige Rolle spielt, darf sich der Vorgesetzte nicht nur hinter seinem Schreibtisch „verkriechen", sondern er muß aktiv an der Kommunikation beteiligt sein, z. B. durch das (nun schon oft angesprochene) „Management by Wandering Around" oder durch die „Politik der offenen Tür". Nur dadurch, daß er „ständig" gesprächsbereit ist, kann der Vorgesetzte den Aufbau von subjektiven Wirklichkeiten deutlich beeinflussen.

Weitere Möglichkeiten zur Beeinflussung der subjektiven Wirklichkeitsauffassung:

- Zeitbudget
  Die Zeit, die eine Führungskraft für einen bestimmten Vorgang faktisch aufwendet, stellt die tatsächliche Wichtigkeit oder Unwichtigkeit des Vorganges heraus.
- Aufmerksamkeitszuwendung
  Die Führungskraft kann die Wichtigkeit von bestimmten Ereignissen, Meinungen und Auffassungen dokumentieren, indem sie immer wieder auf bestimmte Abläufe, Ziele und Maßstäbe zu sprechen kommt, diese kontrolliert, belohnt oder sanktioniert. Der Manager setzt Akzente durch sein Verhalten und steuert damit bewußt oder unbewußt entscheidend die zwischenmenschlichen und motivationalen Geschehnisse im Unternehmen.
  Oder, um einmal zu beschreiben, was Führungskräfte ohnehin wissen, und weil sie es wissen, deshalb um so schneller wieder vergessen: Nicht was Führungskräfte reden, wirkt im Unternehmen, sondern was sie schweigen(d tun)!
- Symbolische Gesten
  Dies sind Unterformen der Aufmerksamkeitszuwendung. Der Vorgesetzte kann durch Übertreibungen, Dramatisierung und theatralische Gesten auch Nebensächlichkeiten wichtig machen.
- Reaktion auf kritische Ereignisse oder in Krisensituationen
  „Situationen mit Bedrohungscharakter zeichnen sich durch einen gesteigerten Affektpegel der Betroffenen aus: auf das Jahresgehalt verzichten (wie IACOCCA, als er bei der darniederliegenden Auto-Firma Chrysler das Ruder übernahm) oder den Betriebsrat rechtzeitig und umfassend über die schlechte Geschäftslage informieren."
  Das Verhalten in diesen besonderen Situationen wird wegen der verstärkten emotionalen Erlebnisintensität von den Beteiligten und Beobachtern als besonders richtungsweisend und charakteristisch empfunden und im Gedächtnis behalten.

- Gestaltung der physischen Umwelt
  Das äußere Erscheinungsbild einer Firma, das zusätzlich permanent auf die Sinnbildung einwirkt.

Die „Sekundäre Objektivation“

Die sekundäre Objektivation hat Legitimationscharakter. NEUBERGER/KOMPA schreiben: „Die Funktion dieses Vorganges besteht darin, den Sinn institutionaler Ordnung ‚objektiv‘ zugänglich und subjektiv einsichtig zu machen. Die Sinnproduktion bewegt sich dabei auf zwei Ebenen: Auf einer horizontalen wird dem Ganzen der institutionalen Ordnung, und zwar für alle daran Beteiligten, ein übereinstimmender Sinn gegeben und auf einer vertikalen dem einzelnen das Ganze seines Lebens in der Abfolge institutionell vorgeformter Phasen subjektiv plausibel gemacht.“

Es besteht ein sozusagen „natürlicher“ Bedarf an Legitimation, weil nur die Mitarbeiter, die seit der Gründungsphase eines Unternehmens beteiligt waren, an der entstehenden Unternehmenswirklichkeit teilhaben konnten. Den nachfolgenden Generationen ist die in eine Unternehmenskultur geronnene Wirklichkeit keineswegs mehr unmittelbar einsichtig und nachvollziehbar. Sie muß deshalb ständig neu geschaffen und erhalten werden. Dies kann z. B. durch Erzählungen über die Gründungsphase oder über Gründerväter oder andere Pioniere geschehen. Oder auch (wenn diesbezüglich die vorzeigbaren Geschichten fehlen) über erzählte vorbildliche Abläufe („Der Chef hat mal ...“), über „explizite Legitimationstheorien“ (Führungskonzepte, Werteaussagen) usw.

Während NEUBERGER/KOMPA nur wenige spezifische und konkrete Ausführungen zu praxisbezogenen Unternehmenskulturentwicklungsmaßnahmen gemacht haben, ist eine theoretische Einteilung von ihnen erwähnenswert.

Sie teilen nämlich die „kombinierte Strategie der Kultur-Gestaltung“ in vier Gruppen ein. Das Differenzierungskriterium liegt in dem Grad, in dem „der Gestaltungsablauf als rational planbar angesehen wird“.

① Der Macheransatz
In einem Top-down-Prozeß wird über ein durchgestaltetes symbolisches Management versucht, Visionen zu schaffen. Die Mitarbeiter sollen eingebunden werden und verstärkt Eigenverantwortung entwickeln. Es herrscht die Basisannahme, „daß Mitarbeiter grundsätzlich im Sinne einer Vision gelenkt werden können“.

② Der Gärtneransatz
Die hier vorherrschende Basisannahme ist nicht die der beliebigen Herstellbarkeit, sondern die, daß schon vorhandenes Potential nur noch richtungsmäßig und graduell geformt werden kann. In der „Schaffung eines lernfreudigen Rahmens, durch den bevorzugte Richtungen begünstigt werden“, liegt dann die Aufgabe des Managements.

③ Der Krisenansatz
„Im Krisenansatz ist weder der emphathische Didaktiker noch der selbstherrliche Sozialingenieur gefragt, denn es wird eine geringe Lernbereitschaft des Menschen unterstellt ...“ Drastische Krisen sind die Vorbedingung, um in einem komplizierten und risikoreichen Machtspiel die entscheidenden Spielzüge für wichtige Veränderungen einzuleiten.

④ Autonomieansatz
Dieser Bottom-up-Ansatz unterscheidet sich von den anderen drei bisher dargestellten Ansätzen erheblich: hat doch hier „die Basis“ die Chance, die Veränderungen selbst zu gestalten – zumindest in einem vorgegebenen Rahmen.

Anders als bei den zuvor genannten Vorgehensweisen, bei denen die Autoren den Unternehmensleitungen (ohne jede angesprochene Einschränkung) ein „Gleichschaltung(s)“-Interesse unterstellen, sehen sie hier eine lebendige Gegenposition. Alternativ- oder Gegenkulturen können hier ihre Möglichkeiten entfalten und sozusagen zum Sauerteig im Unternehmen werden.

Daß die Autoren hier die Einschränkung machen, das funktioniere gerade in kleinen Unternehmen (oder Unternehmensbereichen) mit komplexen Technologien, „in turbulenten Märkten“ und mit qualifizierter und engagierter Mitarbeiterschaft, das klingt angesichts ihrer parteiischen Euphorie fast schon verwunderlich. Die Richtung ist klar: Sie zitieren O'TOOLE, nach dem sich „beliebte“ und „exzellente“ Unternehmen unterscheiden: Die beliebten Firmen praktizieren Partnerschaft mit der Gewerkschaft, favorisieren Arbeitsplatzsicherungsmaßnahmen und Vermögensbeteiligung, „lebenslange Weiterbildung für alle, bedürfnisgerechte Arbeitszeiten und Gewährung geldwerter Leistungen, Entscheidungsbeteiligung und Wertevielfalt“.

Kommentar

Ob NEUBERGER/KOMPA die Ideologie-Produktion nur auf der „Gegenseite“ sehen? Jedenfalls sind ihre Ausführungen über Maßnahmen zur Unternehmenskulturentwicklung dort am stärksten, wo sie theoretische Einteilungen und ideologiekritische Reflexionen machen können. Die Praxis der Veränderungen scheint nicht ihr Metier. Jedenfalls dürften viele Leser nach der Lektüre nicht viel schlauer sein als vorher, was die konkrete Weiterentwicklung der Unternehmenskultur anbetrifft. Dafür aber hören sich die spitzen Kommentare der Autoren zu den Gleichschaltungs-Profis in Unternehmen zumindest beeindruckend an.

Kulturmanagement

Ein weiterer Ansatz zur Unternehmenskulturentwicklung, den ich darstellen will, ist von Peter DILL in seinem Buch „Unternehmenskultur" (1986) vorgestellt worden. DILL sieht Unternehmenskulturgestaltung als ein instrumentalistisches Vorgehen an. „Der Versuch einer bewußten Beeinflussung und Gestaltung der Kultur eines Unternehmens kann nicht unabhängig von den funktionalen Erfordernissen und den generellen, strategischen und operativen Zielen einer Organisation betrachtet werden, da durch ein solches Kulturmanagement letztlich auch angestrebt wird, diese Ziele vergleichsweise effizienter zu erreichen."

DILL sieht aufgrund seiner Überlegungen (die hier nur sehr kurz wiedergegeben werden) die Leitidee eines Kulturmanagements „in der Realisation einer starken Unternehmenskultur".

Unter einer starken Unternehmenskultur versteht DILL,
- daß die unternehmensspezifischen Werte, Normen und Einstellungen tief verankert sind
- daß sie ein hohes Maß an kultureller Homogenität aufweist
- daß die Werte, Normen und Einstellungen zu der Organisation passen.

Die strategischen Ziele eines Kulturmanagements bestehen somit in dem Versuch,
- die Identifizierung der wesentlichen Normen, Werte und Einstellungen zu erreichen und
- den Organisationsmitgliedern diese unternehmensspezifischen Werte, Normen und Einstellungen nahezubringen und ihre Akzeptanz zu sichern.

DILL schlägt in seinem Buch zur Erreichung dieser Ziele die folgenden Maßnahmen vor:

Das Leitbild

Ziele, die von einem Unternehmen verfolgt werden, bedürfen einer expliziten Formulierung, damit sie in einer Organisation stimulierend und handlungsleitend wirken können. Sie werden in einem unternehmensspezifischen Leitbild formuliert.

Mit der Aufstellung eines Leitbildes werden mehrere Ziele verfolgt:
- Die unternehmensspezifischen Ideen und Ziele sollen greifbar und somit handlungsleitend gemacht werden.
- Unternehmensgrundsätze und Leitmotive für unternehmerisches Handeln werden im Leitbild aufgezeigt. So entsteht ein Orientierungsrahmen, der für alle Mitarbeiter im Unternehmen richtungsweisend sein soll.
- Die schriftliche Fundierung eines Leitbildes hat außerdem eine wichtige Legitimationsfunktion, und zwar dadurch, daß es
  - eine Aufklärungsfunktion „über die das Handeln des Unternehmens leitenden Grundsätze" hat,
  - dafür sorgt, daß das Unternehmen an Expressivität gewinnt,
  - „bestimmte Verhaltensweisen im Sinne einer Rechtfertigung begründet".

Formulierung eines Leitbildes

DILL unterscheidet drei Vorgehensweisen, nach denen bei der Formulierung eines Leitbildes vorgegangen werden kann.

1. Die Erstellung und Ausarbeitung des Leitbildes liegt fast ausschließlich in den Händen des Top-Managements. Es ist sehr wahrscheinlich, daß sich bei dieser Vorgehensweise hauptsächlich die Einstellungen und Vorstellungen dieser kleinen Gruppe im Leitbild widerspiegeln werden.

   Da die übrigen Mitarbeiter eines Unternehmens nicht in die Ausarbeitung des Leitbildes involviert werden, ist zu erwarten, daß das Leitbild nicht von allen ohne weiteres akzeptiert oder sogar auf deutliche Ablehnung stoßen wird. Die Widerstände werden um so größer sein, je mehr das formulierte Leitbild von der bestehenden Unternehmenskultur abweicht.

Vorteile dieser Vorgehensweise:
- Aufgrund der Beteiligung von nur wenigen Personen an der Formulierung des Leitbildes kann dieses relativ zügig ausgearbeitet werden.

Nachteile dieser Vorgehensweise:
- Große Wissens- und Erfahrungspotentiale bleiben ungenutzt.
- Das ausgearbeitete Leitbild entspricht nicht den Einstellungen und Vorstellungen aller Organisationsmitglieder.
- Weil nicht alle Mitarbeiter an den Ausarbeitungsprozeß involviert sind, kann es zu Umsetzungsschwierigkeiten des Leitbildes kommen.

2. Eine Projektgruppe, die sich idealerweise aus Mitgliedern der mittleren Hierarchieebene und aus Experten zusammensetzt, wird beauftragt, in der Organisation nach unternehmensspezifischen Werten, Normen und Einstellungen zu forschen, um die gewonnenen Erkenntnisse in die Formulierung des Leitbildes einfließen zu lassen.

   Vorteile dieser Vorgehensweise:
   - Eine größere Zahl von Organisationsmitgliedern wird in den Prozeß mit einbezogen.
   - Die Durchsetzung des Leitbildes im Unternehmen wird wahrscheinlich leichter sein, weil die Mitarbeiter an der Ausarbeitung teilhaben konnten.

   Nachteile dieser Vorgehensweise:
   - Der Zeitaufwand zur Formulierung eines Leitbildes ist erheblich größer als bei der ersten Variante.

- Nur innerhalb der Befragung durch das Projektteam wird den Mitarbeitern die Gelegenheit gegeben, sich zu äußern.

3. Auch bei der dritten Vorgehensweise wird eine Projektgruppe beauftragt. Innerhalb dieser Projektgruppe wird ein erstes Leitbild formuliert. Dieses dient dann als Grundlage für weitere Diskussionen mit verschiedenen Gruppen im Unternehmen. Die Mitarbeiter können somit viel unmittelbarer auf die Gestaltung des Leitbildes einwirken, als das bei den anderen Vorgehensweisen der Fall war.

   Vorteile dieser Vorgehensweise:
   - Es ist wahrscheinlich, daß das auf diese Weise formulierte Leitbild von den Mitgliedern der Organisation eher akzeptiert wird als bei den anderen Vorgehensweisen.

   Nachteile dieser Vorgehensweise:
   - Der Prozeß der Leitbildformulierung wird ungleich schwerer als bei den anderen vorgestellten Vorgehensweisen, weil es sehr konflikthaft und aufwendig werden kann, viele verschiedene Meinungen unter einen „Hut" zu bringen.

Implementierung des Leitbildes

Mit der Formulierung eines Leitbildes ist der Einführungsprozeß noch nicht beendet. Im Gegenteil, es muß davon ausgegangen werden, daß nicht alle Organisationsmitglieder über das verabschiedete Leitbild informiert sind und daß dem Leitbild auch Widerstände entgegengebracht werden. Es ist deshalb notwendig, die Einführung des Leitbildes mit unterstützenden Maßnahmen zu verbinden.

Die von DILL aufgeführten Maßnahmen stützen sich auf bekannte Techniken der Organisationsentwicklung:

① Schulungs- und Informationsmaßnahmen
Sowohl neuen als auch bisherigen Organisationsmitgliedern kann durch Schulungs- und Informationsmaßnahmen das Leitbild nahegebracht werden. Solche Maßnahmen können die Akzeptanz des jeweiligen Leitbildes und der Unternehmenskultur erhöhen.

② Schulungs- und Informationsmaßnahmen für Führungskräfte
Gerade diesem Personenkreis kommt bei der Umsetzung und Verwirklichung des Leitbildes eine besondere Rolle zu. Erreicht man, daß die Führungskräfte von der Idee und von der Notwendigkeit eines Leitbildes und seiner schriftlichen Fixierung überzeugt sind (und von der erwünschten Unternehmenskultur), so können sie einen wesentlichen Beitrag dazu leisten, daß Widerstände innerhalb der Organisation abgebaut werden und die Akzeptanz des Leitbildes steigt.

③ Schulungs- und Informationsmaßnahmen für Gruppen bzw. Abteilungen innerhalb der Organisation
Im Rahmen solcher Maßnahmen wird die Möglichkeit gegeben, potentielle und tatsächliche Auswirkungen des Leitbildes innerhalb bestimmter Gruppen und Bereiche zu konkretisieren.

④ Schulungs- und Informationsmaßnahmen für Mitglieder unterschiedlicher Gruppen innerhalb der Organisation
Dieses Vorgehen bezweckt, daß spezifische Inter-Gruppen-Probleme aufgedeckt und gelöst werden können. Kommunikation und Kooperation zwischen den Gruppen können durch die Maßnahmen verbessert werden.

Alle diese Maßnahmen bewirken allerdings im Normalfall keine Änderung der inneren Einstellung der Organisationsmitglieder.

Hier sind deutlich die Grenzen der „althergebrachten" Organisationsentwicklungs-Techniken bei der Übertragung auf das Konzept der Unternehmenskultur zu sehen.

Die genannten Techniken können folglich nur als erste Schritte auf dem Weg zu dem Ziel gesehen werden, ein konsistentes System von gemeinsamen Werten, Normen, Einstellungen (und Verhaltensweisen) zu schaffen.

Für ein effektives Management der Unternehmenskultur bedarf es einer Reihe weiterer Strategien.

Methoden eines kulturbewußten Managements

Nach DILL ist es bis jetzt noch keineswegs richtig klar, welche Inhalte unter den Begriff „kulturbewußtes Management" bzw. „kulturbewußte Führung" fallen. Seiner Meinung nach deuten zahlreiche Hinweise darauf hin, daß „dem gelebten Wertesystem und der darauf aufbauenden, um kulturelle Aspekte erweiterten Sichtweise des Managements bzw. der Führung betriebswirtschaftlicher Organisationen eine exponierte Stellung zukommt".

Es werden das symbolische, das konsensorientierte und das werteorientierte Management als mögliche Strategien eines kulturbewußten Managements vorgestellt.

1. Gelebte Wertesysteme: werteorientiertes Management

Erst ein „sichtbar gelebtes Wertesystem" trägt dazu bei (PETERS/WATERMAN), daß die in einem Unternehmen geltenden Werte, Normen und Einstellungen auch faktisch handlungsleitend werden.

Die Möglichkeit, ein Wertesystem sichtbar zu leben, setzt allerdings voraus, daß die in einem Unternehmen geltenden Werte erkannt und bekannt werden. Darauf beziehen sich demgemäß die ersten Schritte, die das Management gehen muß. Hat dieser Prozeß stattgefunden, so ist es eine zentrale Aufgabe des Managements, durch ein konsistentes Handeln (d. h. durch Vorleben des Wertesystems) eine starke Unternehmenskultur zu realisieren.

Hier – so habe ich an früherer Stelle schon angedeutet – läßt sich jedoch oft eine Götterdämmerung der Helden im Unternehmen beobachten: Einig sind sich zwar fast alle. Umsetzen tun es allerdings nur wenige. Was fatal ist, weil sich an dieser Stelle ein wesentlicher Teil der Glaubwürdigkeit des Unternehmens entscheidet.

2. Symbolisches Management

Unter dem Begriff „symbolisches Management" versteht DILL: „durch bewußtes Setzen von Zeichen die Unternehmenskultur vorleben".

Nach DILL kann man Symbole und symbolische Handlungen zum einen durch den Einsatz kommunikativer Instrumente gestalten und zum anderen durch die Methode der symbolischen Repräsentation.

Kommunikative Instrumente

DILL verweist auf die Sprache als Symbol-System der Vermittlung und Weitergabe der Unternehmenskultur. Sie trage dazu bei, die vorhandenen oder anzustrebenden Werte, Normen und Einstellungen innerhalb einer Organisation zu beeinflussen.
Weiterhin nimmt er an, daß innerhalb einer starken Unternehmenskultur dieselbe Sprache gesprochen wird, d. h., daß jeder innerhalb eines Unternehmens bestimmte zentrale Aussagen verstehen kann, die außerhalb der Organisation und damit außerhalb der geltenden Unternehmenskultur nicht so ohne weiteres verstanden werden müssen (z. B. der Jargon einer bestimmten Berufsgruppe).

Die Aufgabe eines kulturbewußten Managements besteht nun folglich darin, in der Organisation eine einheitliche Sprache mit einheitlicher Bedeutungsgrundlage zu schaffen, so daß auf der Grundlage von sprachlichen Äußerungen die Handlungen und Einstellungen der Mitarbeiter als positiv oder auch als negativ eingestuft werden können.

Unter „sprachlichen Äußerungen" sind in diesem Zusammenhang die schon bei NEUBERGER/KOMPA aufgetauchten unternehmensspezifischen Geschichten, Erzählungen, Legenden, Stories und Mythen zu verstehen, die alle als symbolische Medien bestimmte Werte, Normen und Einstellungen in der Organisation verdeutlichen.

Für ein kulturbewußtes Management besteht nun die Möglichkeit, auch über Erzählungen, Geschichten usw. die unternehmenskulturellen Werte bewußt zu verändern.
Wobei zu berücksichtigen ist, daß in empirischen Untersuchungen schon mehrfach nachgewiesen wurde, daß Individuen durch zufällige Informationen offenbar stärker zu beeinflussen sind, als dies durch offensichtliche Manipulationen möglich ist. Dies bedeutet in unserem Kontext, daß man gerade durch „zufällig" erzählte Stories, Mythen usw. die Mitglieder einer Organisation eher beeinflussen kann.

Symbolische Repräsentation
Der Leser möge die Dissertationssprache des zitierten Autors verzeihen. Zwar nicht gerade leicht verständlich und abgehoben abstrakt, aber gleichwohl richtig schreibt DILL: „Als weitere Medien zur Vermittlung und Weitergabe der Unternehmenskultur können habitualisierte Symbole in Form bestimmter Riten, Rituale und Zeremonien gelten. Sie tragen ebenso wie die kommunikativen Instrumente zur Konkretisierung, Durchsetzung und Verankerung unternehmenskultureller Werte, Normen und Einstellungen bei."

Offenbar möchte der Autor damit sagen, daß durch gewohnheitsmäßige Arbeitsabläufe, Botschaften und „festliche" Zeremonien eine demonstrative Erhöhung wichtiger Geschehnisse stattfinden soll (z. B. Betonung von „Leistung" durch Auszeichnungen, von „Gemeinsamkeit" durch Feste oder von „Identifikation" durch Einbeziehung der Ehefrauen usw.)

DILL folgert daraus, daß
- symbolisches Management nur unter Berücksichtigung der Erfahrungen und Lernprozesse der Organisationsmitglieder verwandt werden sollte
- die symbolischen Handlungen mit den in der Organisation anzutreffenden Werten konsistent sein müssen
- kulturelle Entwicklungsprozesse im Rahmen eines symbolischen Managements nicht stark reglementiert werden dürfen.

Sie dürfen sich von innen her entwickeln – und dies braucht Zeit.

3. Konsensorientiertes Management

DILL versteht unter einem konsensorientierten Management den Versuch, in betriebswirtschaftlichen Organisationen in systematischer Weise eine Kommunikation aufzubauen, die es ermöglicht, daß die Organisationsmitglieder in einem offenen Dialog zu einer Konsensbildung über wichtige Sinnzusammenhänge kommen können.

„Leitidee konsensorientierten Managements ist somit die Verwirklichung kommunikativen Handelns, in dem es darum geht, durch sprachliche Verständigung gemeinsame Weltinterpretationen und Handlungsorientierungen zwischen Individuen zu schaffen."

Als ein mögliches Beispiel zur Realisierung des konsensorientierten Managements nennt DILL die „Qualitätszirkel", „in denen dialogisches Lernen am Arbeitsplatz oder in der Arbeitsgruppe zur selbstinitiierten und selbstverantwortlichen Verbesserung von Methoden und Techniken der Arbeit, von Arbeitsbedingungen sowie der Produktqualität führen kann".

Alle Möglichkeiten, die den Ermessensspielraum in der unteren Hierarchieebene erweitern und dadurch die persönlichen Freiräume und die Selbständigkeit der einzelnen vergrößern, können als Wege zum konsensorientierten Management angesehen werden, wenn dabei die Chance enthalten ist, eine offene und tragfähige Kommunikation aufzubauen.

4. Werteorientiertes Human-Resources-Management

Ziel eines werteorientierten Human-Resources-Managements ist es nach DILL, „... durch die Unternehmenskultur und die, individuelle Werte und Einstellungen berücksichtigenden, Entscheidungen und Maßnahmen einen sinnvollen und tragbaren Ausgleich zwischen den Zielen der Organisation und den partikulären Interessen betroffener Organisationsmitglieder zu finden".

DILL nennt vier zentrale Aspekte des werteorientierten Human-Resources-Managements:

Personalrekrutierung und Auswahl
Ein werteorientiertes Human-Resources-Management beginnt bereits bei der Auswahl neuer Mitarbeiter. Es ist festzustellen, ob der Bewerber neben den geeigneten fachlichen Qualifikationen auch den offiziellen Rollenerwartungen innerhalb des Unternehmens entspricht, d. h. ob er zu dem Unternehmen paßt.

Personaleinführung
Ein umfassendes Einführungsprogramm (auch im Hinblick auf das Unternehmensleitbild und die Unternehmenskultur) ist für einen neuen Mitarbeiter von besonderer Bedeutung; denn es ermöglicht ihm, gleich von Anfang an einen Einblick in das Unternehmen und dessen Kultur zu erlangen.

Weiterhin schlägt DILL die Einrichtung eines „Patensystems“ vor, bei dem ein Mitarbeiter, der schon länger im Unternehmen beschäftigt ist, sich um den Neuling kümmert und ihm für einige Zeit hilfreich zur Seite steht.

Solche und ähnliche Maßnahmen erleichtern die Integration neuer Mitarbeiter in das Unternehmen erheblich.

Personalentwicklung

„Für die Ausgestaltung einer der Unternehmenskultur entsprechenden Personalplanung ist es von besonderer Bedeutung, Karriere- und Einsatzplanung, d.h. Strategien und Human-Resources, aufeinander abzustimmen. Eine solche Abstimmung kann für beide Seiten hilfreich sein.“ Weiterhin empfiehlt er, mit den Mitarbeitern regelmäßig Beratungs- und Entwicklungsgespräche durchzuführen, um weiterführende Karriere- und Förderungsmaßnahmen planen zu können. Durch die Gespräche kann festgestellt werden, inwieweit ein Mitarbeiter für bestimmte gegenwärtige oder künftige Funktionen geeignet ist. Dies hängt nicht zuletzt davon ab, inwieweit er zur Unternehmenskultur einer Organisation „paßt“.

Außerdem schlägt DILL vor, spezielle „Unternehmenskultur-Programme“ zu initiieren (z.B. Seminare oder Workshops), in denen versucht wird, den Mitarbeitern die unternehmensspezifischen Werte, Normen und Einstellungen zu vermitteln bzw. die Auseinandersetzung damit zu ermöglichen.

Anreizgestaltung

Wie bestimmte Anreize (verschiedene materielle und immaterielle Anreize wie z.B. Anerkennung, Wertschätzung, Selbstverwirklichung) von den einzelnen Mitarbeitern bewertet werden, hängt von der jeweiligen individuellen Bedürfnisstruktur und den persönlichen Werten und Einstellungen ab. Im Rahmen eines werteorientierten Managements hat sich die konkrete Ausgestaltung von materiellen und immateriellen Anreizen zweckmäßigerweise dementsprechend an den Motivationsstrukturen der Mitarbeiter zu orientieren.

Kommentar

Die Ausführungen DILLs klingen logisch und sind gut strukturiert. Sie klingen allerdings leider auch sehr theoretisch und abstrakt. Eine typische Dissertation, die anscheinend nicht in der Absicht geschrieben wurde, daß sie auch einem Nichtwissenschaftler leicht verständlich wird.

Ob es vielleicht mit einem Mangel an praktischer Erfahrung zu tun hat, daß manche Ausführungen etwas abgehoben wirken, kann ich natürlich nicht beurteilen. Damit aber könnte zusammenhängen, daß bei DILL die Unternehmenskultur als etwas Künstliches, Hergestelltes erscheint. Er kritisiert zwar den instrumentalisierten Charakter der Unternehmenskultur, bei mir aber entsteht die Frage, inwieweit das „Instrumentalisierte" auch einfach Ausdruck seiner persönlichen Sichtweise sein könnte.

Der symbolische Manager

Als nächstes möchte ich untersuchen, welche Maßnahmen zur Unternehmenskulturentwicklung DEAL/KENNEDY (1986) in ihrem Buch „Unternehmenserfolg durch Unternehmenskultur" vorschlagen.

„In Unternehmen mit starken Kulturen übernehmen Manager die Führung, indem sie die Kultur stützen und formen. Wir nennen diese Leute ‚symbolische Manager', weil sie viel Zeit auf das Überdenken von Werten, Helden und Ritualen der Kultur verwenden. Sie sehen ihre wichtigste Aufgabe darin, Wertkonflikte zu lösen, die in der Tagesarbeit bestehen."

Nach DEAL/KENNEDY unterscheiden sich symbolische Manager von den anderen dadurch, daß

- sie auf die Kultur eingehen und ihre Bedeutung für den langfristigen Erfolg eines Unternehmens erkennen.
- sie ihren Mitarbeitern vertrauen und mit ihnen kooperieren.
- sie sich als Drehbuchautoren, Regisseure und Schauspieler im täglichen Geschäft sehen. Sie erkennen den Einfluß symbolischer Handlungen auf die Kultur und verwenden diese absichtsvoll, wann immer sich eine Gelegenheit dazu bietet.
- sie ihre Mitarbeiter dort einsetzen, wo sie der Kultur entsprechend am besten hinpassen.
- sie sowohl bei Einstellungsgesprächen als auch bei Kündigungen anwesend sind; denn es ist ihre Aufgabe bei beiden Anlässen, den kulturellen Hintergrund des Unternehmens angemessen zu vermitteln.
- sie die Fähigkeit besitzen, Entscheidungen zu delegieren und so das Verantwortungsbewußtsein und die Eigenverantwortung der Mitarbeiter erhöhen.

Wichtig ist, daß der symbolische Manager die Kultur seines Unternehmens genau kennt und tatsächlich kulturkonsistent handelt.

Techniken, mit denen sich die Kultur verändern läßt

Auch für DEAL/KENNEDY ist kultureller Wandel bisher noch eine Geheimwissenschaft. Sie wissen, wie sie selbst sagen, auch noch nicht viel mehr darüber als andere. Dennoch fühlen sie sich in der Lage, dem Leser einige Tips zu geben, wie ein Manager den Wandel managen kann.

Konsens als wichtigster Einflußfaktor

Die meisten Menschen bringen jeder Art von Veränderung Widerstand entgegen. Dieser läßt sich dann am leichtesten überwinden, wenn sich die Mitarbeiter als Teil einer Gemeinschaft fühlen. Nur wenige wollen ihren Weg allein gehen. „Daher führt ein Weg zur Veränderung einer Kultur über die Beeinflussung der Prozesse, die Individuen zu einer Gruppe Gleichgesinnter machen."

Vertrauen und Kommunikation

Eine Kommunikation wird besser, wenn sich die Gesprächspartner gegenseitig vertrauen.
„Offenheit und Vertrauen haben daher einen großen Einfluß darauf, ob und wann sich Veränderungen in einer Kultur einstellen."

Anleitung zur Veränderung

Die Anleitung zur Veränderung ist oft schon ein Teil des Wandels selbst. Vielen Menschen fehlt nämlich die Fähigkeit zur eigenständigen Veränderung, selbst wenn sie diese faktisch befürworten. Anleitung und Ausbildung sind notwendig, wenn in einem Unternehmen ein kultureller Wandel herbeigeführt werden soll.

Kulturveränderung braucht Zeit

Es braucht viel Zeit, bis sich eine Veränderung in einer Organisation durchsetzt und von den Mitarbeitern akzeptiert wird. Der Zeitfaktor muß von dem Management, das eine kulturelle Veränderung herbeiführen will, berücksichtigt werden.

Die Mitarbeiter mitgestalten lassen

Es ist schwer möglich, einen kulturellen Wandel einfach dadurch herbeizuführen, daß er den Mitarbeitern aufgezwungen wird. Eine Veränderung wird sich um so schneller durchsetzen, je mehr die Mitarbeiter an ihr beteiligt sind und sie selbst mitgestalten können.

„Wahrscheinlich gibt es noch tausend andere gute Ratschläge. Diese fünf jedoch – Konsens, gegenseitiges Vertrauen, Anleitung, Geduld und Flexibilität – haben wir in unserer eigenen Arbeit als besonders nützlich empfunden."

Kommentar

Verglichen mit den weiter vorn dargestellten Maßnahmen zur Entwicklung der Unternehmenskultur erscheinen die Ausführungen von DEAL/KENNEDY etwas schmalbrüstig.

Man könnte sagen: typisch amerikanisch. Oder: typisch für Praktiker, nämlich theoretisch wenig differenziert. Oder: typisch akademisch – weil keine guten Beispiele gegeben werden, die direkt praktisch umsetzbar sind. Aber man kann auch sagen – und das will ich hiermit tun: eigentlich eine knappe Zusammenfassung einiger wichtiger Aspekte zur Veränderung der Unternehmenskultur. Auch (bei aller Vereinfachung) eine passende Zusammenfassung, wird doch schon im Titel des Abschnitts deutlich, worauf es bei der Unternehmenskulturprägung und -entwicklung wesentlich ankommt: auf den symbolischen Manager.

Einerseits müßte ich sagen: Zur Unternehmenskulturentwicklung haben sie schlichtweg wenig bis nichts zu sagen – außer, daß sie das Gefühl vermitteln, an etwas zwar wenig Greifbarem, aber dafür Großartigem beteiligt sein zu können.

Andererseits könnte ich sagen: Sie verdeutlichen, wie sehr am Anfang einer praktischen und aktiven Gestaltung der Unternehmenskultur wir stehen. Insofern haben nicht nur DEAL/KENNEDY, sondern alle, die Unternehmenskultur-Entwicklung betreiben, eine gewisse Nachsicht verdient. Denn alle bemühen sich doch um etwas Wichtiges und Schwieriges zugleich, das nur allmählich und durch das Bemühen vieler Beteiligter schließlich zum Erfolg führen kann.

7. Kapitel

Schlußbemerkungen

Jede weite Reise
beginnt mit dem
ersten Schritt!

Chinesische Spruchweisheit

Mit den Ausführungen von DEAL/KENNEDY über den symbolischen Manager sind wir thematisch schließlich wieder am Anfang des vorliegenden Buches angelangt: bei der Bedeutung der Führungspersönlichkeiten und den Anforderungen, die an sie gestellt werden.

Vielleicht haben meine Ausführungen deutlich werden lassen, welche komplexen Anforderungen zunehmend auf die Führungskräfte in einer komplizierten und globalisierten Welt zukommen werden, deren Subsysteme sich zugleich differenzieren und immer mehr vernetzen. Insofern hängen internationale Wirtschaftsentwicklungen und Werteentwicklungen bei Führungskräften und Mitarbeitern zuweilen mehr zusammen, als auf den ersten Blick für manchen erkennbar ist. So ist z. B. eine werteorientierte Personalpolitik (siehe z. B. WOLLERT, 1988) nicht einfach ein programmatisches Feigenblatt für Unternehmen, sondern (relativ unabhängig von ihrer konkreten Realisierung in Firmen) ein sinnfälliger Hinweis für vernetzte Zusammenhänge, auf die reagiert werden muß.

Es ist deshalb verständlich (und eigentlich längst überfällig), wenn WOLLERT (1988) von den Führungskräften erwartet, daß sie „Gestalter" werden, die fachliche Kompetenz mit „geistiger Führung" verknüpfen können, die „Neben- und Zwischenfachliches" aufgreifen können, um mit einer hohen Kontakt- und Kommunikationsfähigkeit „Sinnvermittlung" betreiben zu können. Als „Klimamacher und Gestalter" hält er sie für die wichtigsten „Trainer ihrer Mitarbeiter". WOLLERT schreibt über den gewünschten Manager: „Er wird Initiator, Moderator und Konsenshersteller sein müssen, um Unternehmensziele zu realisieren. Dabei müssen Führungskräfte gleichzeitig Gestalter von Beziehungen zwischen ihren Unternehmen und der Gesellschaft sein."

Aber der heutige Hertie-Vorstand hält auch fest, daß Führungskräfte in der Regel nicht auf gesellschaftspolitische Aktivitäten eingestellt sind.

Ähnliches wie die hier angerissenen vernetzten Zusammenhänge meint wohl auch Daniel GOEUDEVERT, der kürzlich ausgeschiedene, sehr erfolgreiche Ford-Deutschland-Chef (der früher mal Literaturwissenschaftler war), wenn er ein „vernetztes Denken" fordert, das dem Kunden wie auch dem Unternehmen dient: In einem Bericht und einem Interview schrieb das „Industriemagazin" im Mai 1989 über den „Ford-Aussteiger": „Und fast schon als Häresie gelten GOEUDEVERTs Gedanken über eine Vernetzung der Verkehrssysteme, die dem Auto im Verbund von Schiene, Luft und Straße eine eher sekundäre Rolle zubilligen ..."

„‚Vernetztes' Denken ist derzeit die Hauptforderung GOEUDEVERTs an das Management. Eben nicht von Modellzyklus zu Modellzyklus nur größer, schöner, besser, schneller, sondern Berücksichtigung gesellschaftlicher Trends wie Umweltbewußtsein, mehr Freizeit, ausgeprägtere Individualität, sich dramatisch verändernde Altersstruktur der Bevölkerung oder differenzierte Einstellung zu Technik und Fortschritt. Daraus folgt für ihn aber nicht nur ein breiterer Ansatz bei der Produktgestaltung. Auch die Akquisitions- und Fusionspolitik müsse an Systemüberlegungen geknüpft sein."

Und weiter: „Ihnen schwebt eine breite ‚humanistische Bildung' für Führungskräfte vor, die unter anderem eine ‚neue Einstellung zum Export' lernen sollen: das Verständnis für die Kultur, die gesellschaftlichen Rahmenbedingungen, für Literatur, Presselandschaft, Erziehung und Religion eines Landes, denn ‚nur dieses ganzheitliche Wissen und Verstehen wird es uns ermöglichen, für die Menschen in den Exportländern Produkte zu entwickeln, die zu ihnen passen.'"

Auf die Frage der Zeitschrift, ob denn die Wirtschaft einen „völlig neuen Typus von Manager" brauche, antwortete GOEUDEVERT einfach: „Hundertprozentig."

Diese Zitate sollen deutlich machen, wie konkret z. T. selbst schon von einigen „unverdächtigen" Managern gedacht und gehandelt wird, die ja Nutzen und Gewinn nicht vergessen haben. GOEUDEVERT kann fast als Paradebeispiel für eine Reihe der in diesem Buch zusammengetragenen Entwicklungen, Aussagen und Thesen gelten. Und das nicht nur, weil er bis hin zum (vielleicht vorübergehenden) Aussteigen ging. Vielmehr: Selbst bis auf diesen Punkt kann er als Vertreter einer neuen (breiter werdenden) Entwicklung gelten.

GERD GERKEN konstatiert etwas schwärmerisch, aber er dürfte zumindest im Trend liegen: „Der ‚Umbau der Wirtschaft' hat begonnen." Und Träger dieses Umbaues sind unter anderem die Führungskräfte, die die Unternehmenskultur gestalten. Wobei sich die Manager wohl auf einen Aspekt werden einlassen müssen, der ihnen fast wesensfremd zu sein scheint: auf die „weiche", „weibliche", „intuitive", „rechtshemisphärische" Seite der Bewältigung der Welt – nicht als Wechsel zu einem anderen Extrem, sondern als Vervollständigen zu einem wirksameren Ganzen. Denn dies ist z. B. eine Voraussetzung für die Gestaltung der Unternehmenskultur, die wachsen muß, die man hegen und pflegen muß, die man aber nicht herbei-befehlen kann. In diesem Sinne formuliert GERKEN (1986): „Kulturmanagement ist aktive Bewußtseinsförderung und nicht Bewußtseinsbefehl ... Damit wird deutlich, daß die sich langsam entwickelnde Kulturtechnologie des Managements fast gar nichts mit der rationalen Betriebswirtschaft, viel aber mit den Therapiemodellen der Human-Potential-Bewegung zu tun hat. Die in der ‚spirituellen Szene' entwickelten Techniken der Selbsttranszendenz und der Bewußtseinsentwicklung werden zur Basis des neuen Instrumentariums für die Corporate Culture."

Die letzten Aussagen gehen mir persönlich etwas zu weit ins Wortmysthische – und gehen damit in eine Richtung, in die ich nicht folgen möchte. Gleichwohl betont GERKEN bei der Beschreibung des die Unternehmenskultur gestaltenden „dualen Managers" genau das, wofür das vorliegende Buch u.a. ebenfalls plädiert: Konsensbildung durch Kommunikation und Interaktion sowie das symbolische Management durch sinn- und identifikationsstiftende Aktionen und Rituale. Wobei GERKEN gern zu einer „Metaphysik des Managements" vorstoßen möchte und ich es gerne etwas irdischer und realistischer haben möchte – und auch sehe. Das hindert mich nicht, mit einem Zitat von ihm auf einen zentralen Punkt hinzuweisen: „Aber eine gute Firmenkultur ist nie strategisch-systemisch zu managen. Sie ist das Ergebnis echter Co-Evolution zwischen Mitarbeitern und der Chefetage: die Kunst des gemeinsamen Wachsens." Ob aber die New-Age-Bewegung die zentrale Ausdrucksform der künftigen Entwicklung werden wird, daran habe ich Zweifel. Mir erscheint sie gegenwärtig eher als eine Variante, die ihren kristallisierten metaphysik-bezogenen Höhepunkt vielleicht schon überwunden hat. Zumindest wird sie in den USA schon mancherorts als etwas überholt apostrophiert. Wie dem auch sei, als eine Farbe im Regenbogen der gegenwärtigen Entwicklung ist sie nicht zu übersehen und verweist auf neue Horizonte.

Abschließend läßt sich folgendes sagen: Der wirtschaftliche, technische, politische und gesellschaftliche Wandel ist gekennzeichnet durch zunehmende Dynamik, erhebliche Differenzierung und eine bemerkenswerte Relativierung unserer Sichtweisen auf viele Problemfelder. Als Folgen werden Turbulenzen, hohe Komplexität und ein neuer Verantwortungsdruck wahrgenommen. Sie äußern sich u.a. in erlebten Mängeln, in großem Unbehagen und in Ratlosigkeit.

Konsequenterweise werden an Unternehmen neue Erwartungen herangetragen. Dazu gehören u.a. eine ungeheuere Produktvielfalt, das Entstehen eines neuen Paradigmas (einer fundamentalen Veränderung unseres Weltbildes – hier vereinfacht: der Wechsel vom naturwissenschaftlichen zum ganzheitlichen Weltbild), neuer Anforderungen an Führungskräfte bezüglich ihres kommunikativen Handelns und ihrer Fähigkeit zur sinnstiftenden Interpretation des Arbeitslebens und neuer Konzepte zum Begreifen und Gestalten der geradezu wuchernden Komplexität. Systemtheoretische Betrachtungen (kybernetische Managementtheorie) und Unternehmenskulturansätze sind Ausdrucksformen, die erkannten Vernetzungen begrifflich und praktisch-gestalterisch in den Griff zu bekommen. Weiche Faktoren werden (wieder) wichtig und ergänzen die logischen und harten Vorgehensweisen. In dieser Perspektive erhält die Intuition nicht nur eine alte Bedeutung, sondern auch eine neue Rechtfertigung: Galt Intuition lange Zeit als Ausdruck des eigentlich vernünftig zu überwindenden Nicht- oder Noch-Nicht-Wissens, so ist sie heute eher Ausdruck des Umgangs mit der allein vernünftig nicht zu bewältigenden Komplexität des Unternehmens und des gesamten Lebensfeldes. Systemtheoretisch verständlich wird somit auch das Auftauchen des Wertewandels und der damit verbundenen Ethikdiskussion. Jenseits ihrer Überbaufunktion ist die Ethikentwicklung einfach ein Ausdruck des Versuches, in einer turbulenten Zeit Orientierung zu erhalten und zu geben. Die steigenden kommunikativen Anforderungen an Manager sind somit auch nicht der bloße Widerschein des Wertebedürfnisses kränkelnder Literaten und Philosophen, sondern Folge eines Informationszeitalters, in dem Informationen schnell und kooperativ ausgetauscht werden müssen, um zu sinnvollen komplexen Problemlösungen kommen zu können. Darüber hinaus ist die Forderung nach einer verbesserten zwischenmenschlichen Kommunikation auch das Symptom der gelockerten (abgekühlten) zwischenmenschlichen Verbindungen, da die alten Sozialsysteme aufbrechen, die gesellschaftlichen Subkulturen sich heterogenisieren und sich immer schneller wandeln. In dieser Zeit wird somit folgerichtig weniger Geborgenheit erlebt, Sinn und Wir-Gefühl vermißt und dementsprechend gerade in wirtschaftlichen Unternehmen gesucht, die ja der sinnfällige Ort der Veränderung und der zentralen Spielregeln unseres gesamten Lebens sind. Die Welt ist eine ökonomische, und sie muß psychologisch neu interpretiert werden. Folglich fällt den Unternehmen (wieder) eine sozialstabilisierende Funktion zu. Es ist eine alte Rolle im neuen Gewand. Die Führungskräfte müssen sich entsprechend über ihre rein fachlichen Kompetenzen hinausbewegen, um ihre neue Rolle als soziale Architekten der Unternehmenskultur spielen zu können. Sie „müssen" von leitenden Angestellten zu leitenden Persönlichkeiten ihrer Mitarbeiter werden, damit sie Sinn in der Arbeit, wirtschaftlichen Erfolg und Daseins-Sinn miteinander verknüpfen können. Für diese Aufgabe sind die „Instrumente" erst im Ansatz geschaffen und noch unvollständig. Aber die Aufgabe ist klar, und der Weg zeichnet sich ab.

Literaturverzeichnis

ANSOFF, J. H., Strategic Management, London, 1979.
BASS, B. M., Charisma, Landsberg/Lech, 1986.
BECHTLER, C. H., Management und Intuition, Zürich, 1986.
von BECKERATH, P. G., Verhaltensethik im Personalwesen, Stuttgart, 1988.
BENNIS, W. / NANUS, B., Leaders, New York, 1985, deutsch: Führungskräfte, Frankfurt-New York, 1985.
BEST, J., Cognitive Psychology, 1986.
BURNS, J. M., Leadership, New York, 1978.
CAPRA, F., Wendezeit, Bausteine für ein neues Weltbild, Bern–München–Wien, 1983.
CLAASEN, U., Großhirnforschung, Unternehmer und Wirtschaftspolitik, Frankfurt, 1987.
CORRELL, W., Zehn Regeln für mehr Erfolg, in: Capital 7/1986.
DE BOARD, R., The Psychoanalysis of Organizations, London, 1978.
DEAL, T. / KENNEDY, A., Corporate Cultures – the Rites and Rituals of Corporate Life, Reading, 1982, deutsch: Unternehmenserfolg durch Unternehmenskultur, Bonn, 1987.
DILL, P., Unternehmenskultur. Grundlagen und Anknüpfungspunkte für ein Kulturmanagement, Bonn, 1986.
DRUCKER, P. F., Managing in Turbulent Times, Düsseldorf–Wien, 1980, deutsch: Management in turbulenter Zeit.
DRUCKER, P. F., Innovations-Management für Wirtschaft und Politik, Düsseldorf–Wien, 1985.
DRUCKER, P. F., Die Chance des Unternehmers, Düsseldorf–Wien, 1987.
EXNER, A. / KÖNIGSWIESER, R. / TITSCHER, S., Unternehmensberatung – systemisch, Theoretische Annahmen und Interventionen im Vergleich zu anderen Ansätzen, in: Zeitschrift für Organisation 4/1988.
FISCHER, G., Der schöne Schein, in: Manager Magazin, 2/1989.
FÜRSTENBERG, F., Haben sich die Menschen oder hat sich die Arbeit verändert? Der Wunsch in der Arbeitsmoral, in: gdi-impuls 1/1986.
GENEEN, H., Manager müssen managen, Landsberg, 1985.
GERKEN, G., Der neue Manager, Freiburg, 1986.
HANDY, C., Zur Entwicklung der Organisationskultur einer Untersuchung durch Management-Development-Methoden, in: Zeitschrift für Organisation 47/1987.
HERKNER, W., Einführung in die Sozialpsychologie, Bern, 1983, 3. Auflage.
HOFFMANN, F., Unternehmenskultur in Amerika und Deutschland, in: Harvard Manager, 4/1987.
HOFFMANN, L., Grundlagen der Familientherapie, Hamburg, 1982.
HOUSE, R. J., Leadership: The Cutting Edge, in: Staw, B. M. (Hrsg.) Research in Organizational Behavior, Vol. 1, Greenwich, 1977.
HÖHLER, G., Die Zukunftsgesellschaft, Düsseldorf–Wien, 1986.

IACOCCA, L. / NOVAK, W., Iacocca – An Autobiography, New York, 1984, deutsch: Iacocca – Eine amerikanische Karriere, Düsselorf–Wien, 1985.

JONES, G. R., Transaction Costs, Property Rights and Organizational Culture, in: Administrative Science Quarterly (1983).

KETS DE VRIES, M. F. R., Die Schattenseiten des Entrepreneurs, in: Harvard Manager, 2/1986.

KEMPER, K., Heinz Nixdorf: Eine deutsche Karriere, Landsberg, 1986.

KILMANN, R. H. / SAXTON, M. J., The Kilmann-Saxton Culture-gap survey, Pittsburgh, 1983.

KIRSCH, W. / ROVENTA, P. / TRUX, W., Wider den Haarschneideautomaten – Ein Plädoyer für mehr „Individualität" bei der strategischen Unternehmensführung, in: Kirsch, W. / Roventa, P. (Hrsg.) Bausteine eines strategischen Managements, Berlin–New York, 1983.

KLIEM, O., Was Menschen erfolgreich macht, in: Harvard Manager, 2/1989.

KOBI, J. M. / WÜTHRICH, H. A., Unternehmenskultur verstehen, erfassen und gestalten, Landsberg, 1986.

KRÜGER, W., Hier irrten Peters & Waterman, in: Harvard Manager, 1/1989.

LAY, R., Die Last der reinen Lehre, in: Manager Magazin, 2/1989.

LEVINSON, H., Qualifikationskriterien tür Topmanager, in: Harvard Manager, 2/1981.

MALIK, F., Kybernetische und methodische Grundlagen des Strategischen Managements, Bern, 1981.

MALIK, F., Strategie des Managements komplexer Systeme, Stuttgart, 1984.

MANDEL, A. / MANDEL, K. H. / STADTER, E. / ZIMMER, D., Einübung in Partnerschaft durch Kommunikationstherapie und Verhaltenstherapie, München, 1971.

MANAGER-MAGAZIN-ENQUETE, Die Manager von morgen, in: Manager Magazin, 11/1986.

MASLOW, A. H., Motivation and Personality, New York, 1954, deutsch: Motivation und Persönlichkeit, Olten–Freiburg, 1977.

MINTZBERG, H., Planing on the Leftside and Managing on the Right, in: Harvard Business Review, 1976.

MORITA, A., mit REINGOLD, E. M. / SHINOMURA, M., Made in Japan, The Genius Behind Sony, New York, 1986, deutsch: Made in Japan, Bayreuth, 1986.

NAISBITT, J., Megatrends – 10 Perspektiven, die unser Leben verändern werden, München, 1986.

NEUBERGER, O., Führungsverhalten und Führungserfolg, Berlin, 1976.

NEUBERGER, O. / KOMPA, A., Das Gesicht der Firma, in: Psychologie heute, 6/1986.

NEUBERGER, O. / KOMPA, A., Wir, die Firma, Weinheim–Basel, 1987.

NOELLE-NEUMANN, E. / KÖCHER, R., Die verletzte Nation. Über den Versuch der Deutschen, ihren Charakter zu ändern, Stuttgart, 1987.

NUBER, K.-H., Management by Corporate Identity, in: Harvard Manager, 3/1985.

OHMAE, K., Macht der Triade. Die neue Form weltweiten Wettbewerbs, Wiesbaden, 1985.

o. V., Die Japan AG wankt, in: Wirtschaftswoche, 26/1987.

o. V., Wie der Chef sein sollte und wie er ist, in: Capital 9/1983.

o. V., Bewegung mit Werten, in: Wirtschaftswoche, 47/1985.

o. V., Industriegesellschaft: Mehrheit auf der Anklagebank, in: Wirtschaftswoche, 43/1986.

PASCALE, R. T. / ATHOS, A. G., The Art of Japanese Management, Harmondsworth, 1981, deutsch: Geheimnis und Kunst des japanischen Managements, München, 1982.

PETERS, T. J. / WATERMAN, R. H., In Search of Excellence. Lessons from America's Best Run Companies, New York, 1982, deutsch: Auf der Suche nach Spitzenleistungen. Was man von den bestgeführten US-Unternehmen lernen kann, Landsberg, 1983.

PRIEWE, J., Moral und Markt, in: Management Wissen, 8/1986.

PÜMPIN, C., Extrovertierte sind erfolgreicher, in: Manager Magazin, 9/1982.

PÜMPIN, C., Management strategischer Erfolgspositionen. Das SEP-Konzept als Grundlage wirkungsvoller Unternehmensführung, Bern–Stuttgart, 1983, 2. Auflage 1984.

PÜMPIN, C., Unternehmenskultur, Unternehmensstrategie und Unternehmenserfolg, in: gdi-impuls, 2/1984.

PÜMPIN, C., Visionen gefragt, in: Wirtschaftswoche, 31/1985.

REICH, R. B., Die Mär vom Entrepreneur, in: Harvard Manager, 1/1988.

RIEKHOF, H.-C., Grenzen der Mitarbeiterführung, in: Harvard Manager, 3/1985.

ROSENSTIEL, L. v., Wertewandel und Führungsnachwuchs, in: Personalführung, 11/1983.

ROSENSTIEL, L. v., Zielkonflikte in der Karrieremotivation, in: gdi-impuls, 1/1986.

ROSENSTIEL, L. v., u. a., Betriebsklima heute, München, 1983.

ROSENSTIEL, L. v. / STENGEL, R., Manager von morgen: Alternativ und grün?, in: Psychologie heute, 11/1987.

ROWAN, Der Heureka-Effekt, Düsseldorf–Wien–New York, 1986.

SCHEIN, E., Wie Führungskräfte Kultur prägen und vermitteln, in: gdi-impuls, 2/1986.

SCHMIDT, W., Führungsethik als Grundlage betrieblichen Managements, Heidelberg, 1986.

SCHOLZ, C., Management der Unternehmenskultur, in: Harvard Manager, 1/1988.

SCHUMACHER, B., Handbuch: Führungsgrundsätze und Führungshilfen entwickeln und einführen: Bausteine der Organisationskultur, Landsberg, 1985.

SEGAL, L., Das 18. Kamel oder Die Welt als Erfindung, München, 1988.

STRÜMPEL, B., Menschliche Arbeit unter veränderten Bedingungen, Bad Honnef, 1985.

TAPIE, B., Gagner, Paris, 1986, deutsch: Gewinn auf der ganzen Linie, Hamburg, 1987.

TULEJA, T., Ethik und Unternehmensführung, Landsberg, 1987.

ULRICH, H. / PROBST, G., Werthaltungen schweizerischer Führungskräfte, Bern–Stuttgart, 1982.

WATSON & CRICK, „Die Doppel-Helix“

WATZLAWICK, P. / BEAVIN, J. H. / JACKSON, D. D., Menschliche Kommunikation, Wien, 1972.

WEBER, D., Der Chef als Coach, in: Management Wissen, 10/1986.

WEBER, D., Die zerstrittene Gesellschaft, in: Management Wissen, 1/1988.

WEINERT, A. B., Lehrbuch der Organisationspsychologie, München–Wien–Baltimore, 1981.

WOLLERT, A. / BIHL, G., Wertorientierte Personalpolitik – Ein Beitrag zur Diskussion des personalpolitischen Gesamtkonzepts der Zukunft, in: Personalführung 8/9/10/1983.

WRIGHT, J. P., On a clean day you can see General Motors, Grosse Point, 1979.

CAPITAL, Heft 9/1983
DER SPIEGEL, Heft 16/1989
DER SPIEGEL vom 10.8.1987
DER SPIEGEL vom 27.5.1985
DER STERN, Heft 12/1987
DIE ZEIT vom 7.8.1987
HANDELSBLATT vom 13.5.1985
HARVARD MANAGER, Heft 1/1987
HARVARD MANAGER, Heft 4/1987
MANAGER MAGAZIN, Heft 3/1989
MANAGER MAGAZIN, Heft 7/1988
MANAGER MAGAZIN, Heft 11/1987
MANAGEMENT WISSEN, Heft 1/1989
SÜDDEUTSCHE ZEITUNG vom 11.8.1987
SÜDDEUTSCHE ZEITUNG vom 12.11.1986
TAGES-ANZEIGER (Zürich) vom 28.7.1987
WIRTSCHAFTSWOCHE, Heft 16/1989
WIRTSCHAFTSWOCHE, Heft 40/1986
WIRTSCHAFTSWOCHE, Heft 39/1985
INDUSTRIEMAGAZIN, Heft 5/1989, S. 28 ff.

Anhang: Werte-Orientierte Personalpolitik bei BMW (Auszüge)

Die Grundrechte des Grundgesetzes als Ausgangspunkt der **traditionellen** Werteordnung	Daraus abgeleitete traditionelle Wertevorstellungen, Ideale und Leitbilder	Prozesse der Werteveränderung	**Progressive** Grundwerte/ Grundwerte der Jugend
• Achtung und Schutz der **Würde des Menschen**	• Humanität, d. h. Menschlichkeit der Gesellschaftsordnung und des Verhaltens der verschiedenen gesellschaftlichen Gruppen	• Aufgrund der erkannten Negativabweichungen zwischen dem Ideal der Menschlichkeit und dem tatsächlichen Verhalten tritt das Streben nach mehr Menschlichkeit und Offenheit immer stärker in den Vordergrund	• Streben nach – Mitmenschlichkeit – Offenheit – ethischen Zielen • Totale Ablehnung des Prinzips: „der Zweck heiligt die Mittel" als Grundlage des menschlichen Verhaltens
• Freie Entfaltung der **Persönlichkeit**	• Recht auf persönliche Freiheit	• Das Streben nach Individualität verstärkt sich noch • Antiautoritäre Entwicklungen • Andererseits ist das Bedürfnis nach sozialen Kontakten (in der Gruppe) stark ausgeprägt	• Wiederaufbau „verlorener" Freiräume (z. T. Ausweichen auf private Freiräume) • Innerhalb der Gruppengemeinschaft Drang zum Individualismus der Persönlichkeit
	• Selbständigkeit	• Obwohl der Drang zur Selbständigkeit unverändert gegeben ist, nimmt die Bereitschaft, persönliche Verantwortung zu übernehmen, tendenziell ab	• Selbstbestimmung (auch bei der Gestaltung der persönlichen Lebensziele)
	• Liberalität und Toleranz	• Teilweise ist ein Abnehmen von Liberalität und Toleranz unverkennbar (z. B. wachsende Ausländerfeindlichkeit)	• Minderheitenschutz hat jedoch gerade bei der Jugend eine hohe Priorität • Aufgeschlossenheit und Toleranz („ein weniger verkrampftes Lebensgefühl")
I	II	III	IV

Die Grundrechte des Grundgesetzes als Ausgangspunkt der **traditionellen** Werteordnung	Daraus abgeleitete traditionelle Wertevorstellungen, Ideale und Leitbilder	Prozesse der Werteveränderung	**Progressive** Grundwerte/ Grundwerte der Jugend
• Recht auf **Eigentum**	• Leistungsprinzip d. h. auch – Prinzip von Leistung und Gegenleistung	• Verlagerung des Leistungsprinzips und der Leistungsmotivation auf den außerbetrieblichen Bereich immer dann, wenn sich der einzelne von den betrieblichen Belangen nicht persönlich angesprochen und gefordert fühlt • Zunehmende Freizeitorientierung (z. T. auch unter Inkaufnahme von Entgelteinbußen/ Beispiel: Teilzeit)	• „Arbeiten um zu leben" und nicht umgekehrt, was – wie dargestellt – jedoch nicht die Bedeutung einer interessanten beruflichen Tätigkeit herabsetzt • Verstärktes Engagement für außerbetriebliche „Leistungs"-Ziele (z. B. in der Friedensbewegung) • Verbindung von Leistung und Gegenleistung tritt bei einem Teil der heutigen Jugend in den Hintergrund. (Dies kann zum Beispiel bei Herkunft aus einem „gutsituierten" Elternhaus aus dem Erlebnis herrühren, daß eine Erfüllung der persönlichen Ansprüche auch losgelöst von der tatsächlich erbrachten persönlichen Leistung gegeben ist)
	• Streben nach – materieller Sicherheit – Lebensstandard – Besitz – Karriere – Statussymbolen	• Tendenz eines Strebens nach „höheren" als materiellen Werten (sog. postmaterielle Werte)	• Zunehmende Zahl von Menschen mit Tendenz zur – Selbstbeschränkung – Rückkehr zu einfacheren Lebensformen – Bevorzugung immaterieller Werte – Streben nach privatem Glück
	• Bereitschaft zur Übernahme von persönlicher Verantwortung und Risiko	• Abnehmende Bereitschaft, Einzelverantwortung mit entsprechendem Risiko zu übernehmen (das „beamtenhafte" Sicherheitsdenken breitet sich aus)	• Anstreben gemeinsamer Verantwortung, d. h. „Solidarität"
I	II	III	IV

Gesellschaft/Mitarbeiter		**Personalpolitik**	
Grundwerte[1]	Ziele	Strategien/Konzepte	Instrumente/ Maßnahmen
• Orientierung des Verhaltens an ethischen Zielen	• Schaffung einer neuen Führungsethik bei BMW	• Führungskonzeption basierend auf den Werten: Vertrauen, Vorbild, Glaubwürdigkeit, Moral usw. • Führungsleitsätze	• Situativer Führungsstil • Führungsinstrumente, z. B. regelmäßige Mitarbeitergespräche • Schulung des Führungsverhaltens • Aufwärtsbeurteilung
• Menschlichkeit (Humanität)/Würde des Menschen	• Stärkere Berücksichtigung der Behindertenproblematik	• Bereitstellung der erforderlichen Arbeitsplätze für Leistungsgewandelte und Behinderte unter der Berücksichtigung der Fertigungstiefe	• Schaffung geeigneter Arbeitsplätze (Behindertenprojekt)
	• Optimierung der Arbeitsstrukturen in Fertigung und Verwaltung	• Schaffung neuer Formen der Arbeitsorganisation • Übernahme hochwertiger Funktionen • Arbeitsstrukturierung bei Bildschirmarbeiten	• Flexible Organisationsformen • z. B. ASTEX im Verwaltungsbereich • CAD, CAM-Gestaltung
	• Verbesserung des ergonomischen Niveaus	• Abbau von Belastungsfaktoren • Gestaltung der Arbeitsplätze unter ergonomischen Aspekten	• Abbau z. B. von Lärm und Überkopfarbeit • Arbeitsplatzgestaltung • Schulung der Arbeitsplatzplaner
	• Verbesserung der medizinischen Betreuung	• Gesundheitspolitik	• Vorsorgeuntersuchungen • Verbesserung des Arbeitsschutzes
• Liberalität und Toleranz	• Angemessene Berücksichtigung der Randgruppen und Minderheiten	• Kontinuierliche Ausländerpolitik • Integration der ausländischen Mitarbeiter	• Sprachkurse • Wohnraumbereitstellung • Spezielle Personalentwicklungsmaßnahmen (z. B. Facharbeiterschulung für jugendliche Ausländer) • Lernstatt • Fremdsprachliche Werkzeitungen • Dolmetscher

[1] Häufig sind verschiedene Grundwerte für einzelne personalpolitische Ziele und Strategien von Bedeutung. Aus Gründen einer übersichtlichen Darstellung wurde die Zuordnung jeweils zum am stärksten bestimmenden Grundwert vorgenommen.

V VI VII VIII

Gesellschaft/Mitarbeiter		Personalpolitik	
Grundwerte[1]	Ziele	Strategien/Konzepte	Instrumente/ Maßnahmen
• Gerechtigkeitsstreben	• Chancengleichheit bieten	• Gleichbehandlung gleicher Tatbestände (d. h. nicht Nivellierung!)	• z. B. bei der Durchführung von – Entgeltmaßnahmen – Förderungsmaßnahmen – personellen Einzelmaßnahmen (Versetzung usw.) – Auswahlentscheidungen usw.
• Eigentum/ Besitzstreben	Förderung des persönlichen Eigentums	• Vermögensbildungskonzept	• NGS • Tarifliche vermögenswirksame Leistung • Überdurchschnittliche Einmalzahlungen (Tantieme, Weihnachtsgeld, Urlaubsgeld) • Direktversicherung
• Prinzip von Leistung und Gegenleistung	• Persönliche Leistung sowie Höhe der Anforderungen als Maßstab für Entgelt und Zusatzleistungen (Leistungsanreiz)	• Differenzierte Entgeltpolitik auf allen Ebenen	• Arbeitsbewertung als Basis der Eingruppierung • Nach Gehaltsgruppen abgestuftes Zusatzleistungsprogramm im AT-Bereich • Leistungsbeurteilung mit Auswirkung auf das Entgelt • Außertarifliche Zulage
		• Schaffung und Anwendung leistungsfördernder Entlohnungssysteme	• Prämienlohnsystem • System von Sondervergütungen/Einmalzahlungen (wird z. Z. noch diskutiert)
	• Berücksichtigung des Unternehmensergebnisses (d. h. der Unternehmens-Gesamtleistung) bei den Zusatzleistungen	• Ausrichtung von Bar-Zusatzleistungen auf das Unternehmensergebnis	• Erfolgsbeteiligung • Tantieme

[1] Häufig sind verschiedene Grundwerte für einzelne personalpolitische Ziele und Strategien von Bedeutung. Aus Gründen einer übersichtlichen Darstellung wurde die Zuordnung jeweils zum am stärksten bestimmenden Grundwert vorgenommen.

V VI VII VIII

Gesellschaft/Mitarbeiter		Personalpolitik	
Grundwerte[1]	Ziele	Strategien/Konzepte	Instrumente/ Maßnahmen
	• Anstreben einer (relativen) Lohn- und Gehaltsgerechtigkeit • Leistung als Maßstab für die berufliche Entwicklung	• Einbeziehung des überbetrieblichen Lohn- und Gehaltsniveaus in die Entgeltplanung • Qualitative Personalplanung • Nachfolgeplanung • Flexible Führungskräftestruktur	• Überbetriebl. Lohn- und Gehaltsvergleiche • Führungskräftebeurteilung • Potentialerfassung • Auswahlkriterien/ Auswahlkreis • Persönliche Rangstufen • Facharbeiterlaufbahn
• Selbständigkeit und Individualität	• Schaffung persönlicher Freiräume und Wahlmöglichkeiten	• Flexibilisierung des Zusatzleistungsprogramms • Flexibilisierung der Arbeitszeit	• Cafeteria-System (z. Z. in Bearbeitung) • Teilzeit • Trennung Arbeitszeit/ Betriebszeit • Gleitzeit • Brückentagregelungen • Vorzeitige Pensionierung • Alternative Schichtpläne
	• Förderung der Selbständigkeit	• Förderung der Übernahme persönlicher bzw. gemeinsamer Verantwortung	• Führungsstil • Prinzip der Delegation (Übertragung von Aufgaben, Befugnissen und Verantwortung) • Projektmanagement/ Teamarbeit
		• System der Zielvereinbarung • Beteiligung der Betroffenen an Entscheidungen	• Beteiligung der Mitarbeiter an der Zielvereinbarung • Lernstatt/Qualitätszirkel • Organisationsentwicklungsmaßnahmen • Einbeziehung der Mitarbeiter in Arbeitsgestaltungskreise (z. B. beim Behindertenprojekt)

[1] Häufig sind verschiedene Grundwerte für einzelne personalpolitische Ziele und Strategien von Bedeutung. Aus Gründen einer übersichtlichen Darstellung wurde die Zuordnung jeweils zum am stärksten bestimmenden Grundwert vorgenommen.

V VI VII VIII

Gesellschaft/Mitarbeiter		Personalpolitik	
Grundwerte[1]	Ziele	Strategien/Konzepte	Instrumente/ Maßnahmen
• Selbstverwirklichung in der Arbeit/Interessante berufliche Tätigkeit	• Förderung der Leistungsfähigkeit	• Personalentwicklungskonzept	• Weiterbildung (Fachkolleg und Führungstraining) • Führungsreserve • Traineeprogramm • Höherqualifizierungs- und Anlernprogramme • Job-Rotation
		• Schaffung neuer Berufsbilder	• Ausbildung zum Fertigungsmechaniker • Ausbildung zum Hybrid-Facharbeiter
	• Förderung der Leistungsbereitschaft (Motivation)	• Durchsetzung einer mitarbeiterbezogenen Personalpolitik • Verbesserung der Personalbetreuung • Einführungs- und Einarbeitungsprogramm für neu eingetretene Mitarbeiter	• Praktisch alle hier beschriebenen Instrumente und Maßnahmen • Referentensystem im Personalwesen • Einführungsveranstaltung • Intensive Personalbetreuung in der Einarbeitungsphase neuer Mitarbeiter
	• Förderung der Leistungsmöglichkeit	• Verbesserung der organisatorischen Rahmenbedingungen	• Flexible Organisationsformen • Teamarbeit • Projektmanagement
	• Möglichst hohe Übereinstimmung zwischen Qualifikation und Anforderungsprofil	• Qualitative Personalplanung • Optimierung der Personalbeschaffung	• Personaleinsatzplanung • Personalauswahl
	• Neue, ansprechende Arbeitsformen und Arbeitsinhalte	• Arbeitsstrukturierung	• Darstellung der einzelnen Instrumente siehe Grundwert „Menschlichkeit"

[1] Häufig sind verschiedene Grundwerte für einzelne personalpolitische Ziele und Strategien von Bedeutung. Aus Gründen einer übersichtlichen Darstellung wurde die Zuordnung jeweils zum am stärksten bestimmenden Grundwert vorgenommen.

V VI VII VIII

Gesellschaft/Mitarbeiter		Personalpolitik	
Grundwerte[1]	Ziele	Strategien/Konzepte	Instrumente/ Maßnahmen
	• Förderung von Innovation und Kreativität	• Innovationsstrategie	• BMW-Tag • Arbeitsklausuren zur Ideenfindung • Innovations- und Kreativitätsseminare
• Selbstverwirklichung außerhalb der Arbeit	• Ausbau der Sportaktivitäten	• Erstellen eines umfassenden BMW-Sportkonzeptes	• Systematisierung und Konsolidierung der BMW-Sportaktivitäten
	• Steigerung des persönlichen Engagements auch außerhalb des Unternehmens	• Anregung zur aktiven Mitgestaltung unserer gesellschaftlichen Zukunft	• Förderung des gesellschaftspolitischen Engagements von Mitarbeitern und Führungskräften
	• Schaffung der entsprechenden organisatorischen Rahmenbedingungen	• Flexibilisierung der Arbeitszeit	• Teilzeit • Gleitzeit • Vorzeitige Pensionierung
• Status, Macht, Hierarchie (Streben nach sozialem Aufstieg)	• Schaffung von Aufstiegs- und Entwicklungsmöglichkeiten auf allen Ebenen	• Interner Aufstieg vor externem Einstieg	• Durchlässige, flexible, transparente Organisations- und Führungskräftestruktur
		• Nachfolgeplanung	• Personalauswahlkriterien • Facharbeiterlaufbahn-Modelle
		• Statussymbole	• Zusatzleistungsprogramm mit klaren Abgrenzungen
• Streben nach sozialen Kontakten/Gemeinschaftsgefühl	• Schaffung eines „Wir"-Gefühls (Bindung an das Unternehmen)	• Identifikationsprogramme für Mitarbeiter (für 1983 geplant)	z. B • Werksbesichtigungen für alle Mitarbeiter • Familienprogramme für Angehörige • Informationen über Unternehmen und Umfeld usw.

[1] Häufig sind verschiedene Grundwerte für einzelne personalpolitische Ziele und Strategien von Bedeutung. Aus Gründen einer übersichtlichen Darstellung wurde die Zuordnung jeweils zum am stärksten bestimmenden Grundwert vorgenommen.

V VI VII VIII

Gesellschaft/Mitarbeiter		Personalpolitik	
Grundwerte[1]	Ziele	Strategien/Konzepte	Instrumente/ Maßnahmen
• Information und Kommunikation	• Aufklärung und Einbeziehung des Mitarbeiters	• Übergreifende, vorausschauende Informationspolitik	• bm • BMW-Intern • Verschiedene Veröffentlichungsreihen • Informationsbriefe (z. B. für Meister) • Info OFK
		• Transparenz der betrieblichen Systeme (z. B. auch der personalpolitischen Systeme)	• Konzept- und projektbezogene interne „Öffentlichkeits"-Arbeit
• Freie Meinungsäußerung	• Berücksichtigung der Meinungen und Interessen der verschiedenen Mitarbeitergruppen bei der Gestaltung der Personalpolitik	• Gruppenspezifisch orientierte Personalpolitik	• Mitarbeiterbefragung z. B.: – E-Ressort – Ausländerbefragung • Workshops (und andere OE-Maßnahmen)
	• Berücksichtigung der Erkenntnisse über das Betriebsklima	• Betriebsklimauntersuchungen	• z. B. Landshut-Befragung • Diskussion mit Mitarbeitern und Meinungsbildnern
• Sicherheitsstreben	• Materielle Sicherheit für Mitarbeiter	• Ausrichtung von Entgeltpolitik und Zusatzleistungspolitik unter diesem Aspekt	• Angemessenes Entgelt • Altersversorgung • Gehaltsfortzahlung im Krankheitsfall • Gehaltsfortzahlung im Todesfall • Unfallversicherung
I	II	III	IV

[1] Häufig sind verschiedene Grundwerte für einzelne personalpolitische Ziele und Strategien von Bedeutung. Aus Gründen einer übersichtlichen Darstellung wurde die Zuordnung jeweils zum am stärksten bestimmenden Grundwert vorgenommen.

Quelle: SCHUHMACHER, 1985, S. 67–73

Stichwortverzeichnis